土地の値段から
地域を読みとく

路線価図でまち歩き

中川寛子 著

学芸出版社

まえがき

地形、暗渠、歴史その他世の中にはさまざまなテーマのまち歩きがあるが、おそらくそのうちでも「路線価図でまち歩き」は異色だと思う。今のところ、私以外にこんな酔狂なことをやっている人には会ったことがない。

そもそも路線価図（ここでは相続税路線価図）は相続税、贈与税を算定するためのベースとなるものであり、手にして歩くなどということは全く想定されていない。地図としても地域ごとに縮尺が違うなどちょっと変な存在である。

だが、これを持って歩くと地形の上に歴史が重なって街ができていること、自治体の境界や都市計画もまたその上にあることがよく分かり、土地の上にあるあらゆる要素が路線価に収斂していることが体感できる。土地の値段は適当に付けられているわけではなく、意味あってその価格になっているのである。

もちろん、それを実感するためには情報を積み重ねていく、現地に行ってみることが必要で、この本ではそのためのノウハウ、コースをご紹介する。路線価そのものから何が分かるのか、どんな情報を重ねるとそれが深まるのか、現地に行かなければ分からないものは何か。路線価図のサイズと書籍のそれの違いその他、書籍化に当たっての問題もいくつかあり、全てがお伝えできているか、多少心もとないところもあるが、路線価図を持って歩くことの意味、面白さはお伝えできていると思う。

世の中にはそれがそこにあることを知るだけで満足する人と、それがなぜ、そこにあるのかまでを知りたい人がいると思うが、後者にとっては土地の価格や街の成り立ち、問題点、これからが分かるなど路線価図でまち歩き的視点は街がこれまでと違う姿に見えて面白いものと思う。より深く街を、不動産を知るためにぜひ、路線価図でまち歩きを試してみていただきたいと思う。

第一章 ━ 路線価図を持って歩いてみよう

まずは路線価を知り、それを持って歩いてみよう。路線価図だけでも土地の価格の決まり方にはある種の法則性があることが分かるはずだ。

そもそも路線価図って何？

一物四価。土地価格は複雑だ

この本で使う路線価図とは国税庁が毎年公表している相続税、贈与税を算出するための基準となる土地の価額。相続、贈与に縁が無ければ、あるいはあったとしても自分で税額を算出しようと考えなければ縁のないもので、見たことも聞いたこともないという人も少なくないはず。私がやっている「路線価図でまち歩き」というイベントでも毎回、路線価図を見るのは初めてという人がかなりの割合で参加されているほどだ。

その話をする前に日本の土地の価格の話をしたい。日本の土地の価格は一物四価と言われている。ひとつのものに四種類の価格があるというのが一物四価の意味。実際には四種類ではなく、五種類あるので一物五価だという人もいるほど複雑なのが日本の土地価格である。同じ土地でも何のための価格かによって異なる額で表されるのである。では、その四あるいは五種類とは何か。

ひとつは「実勢価格」である。これは実際に売買された取引価格で、一見もっとも分かりやすい。だが、実勢価格は非常に個別性が高い。同じ地域にある同じ面積の土地であっても形状や方角、接道の状況などによって条件が異なり、それによって当然、価格は変わってくる。

また、売買当事者の事情によって価格が変わることもある。相続税支払いのために売り急ぐなら安くなるだろうし、隣地を買うことで開発が進むなら高く買うこともある。そうした事情を考えると、実勢価格は取引の際に参考にはなるものの、その額をそのまま他の土地の取引に当てはめるには無理があることがお分かりいただけよう。ちなみによく聞く時価とは実勢価格を参考に、このエリアでこの広さならこのくらいとざっくり示すものと考えると分かりやすい。

二つ目の価格は毎年新聞発表で見かける「公示地価」「基準地価」である。まず、公示地価だが、これは一般の土地取引の指標や公共事業用地を取得する際などに基準となる価格で、地価公示法に基づき、国土交通省土地鑑定委員会が毎年三月下旬に公表する。その年の一月一日における全国二万数千地点の標準地の一㎡当りの価格を各標準地につき二名以上の不動産鑑定士が鑑定評価を行い、それを元に判定が行われている。

これに対して毎年七月一日時点での全国の基準地約二万地点の価格が九月下旬に公表されるのが基準地価。都道府県が調査主体となっており、標準地が都市計画区域内中心であるのに対し、基準地は一部標準地と重なるものの、都市計画区域外や林地なども対象となっており、公示地価の補完的な役割もあるとされている。また、公表時期に差があることから、土地価格の動向を知る意味があるともされる。いずれの調査も建物がある場合には建物がない更地として評価されている。

ここまでの価格については国土交通省の土地総合情報システム（図1）というサイトに掲出されており、いつでも閲覧が可能である。

三つ目の価格は「固定資産税評価額」。これは固定資産税や都市計画税、不動産取得税、登録免許税の算定基準となる価格で、各市町村（東京二三区は、東京都）によって決定され、公示地価の七〇%が目安。基準日は毎年一月一日で、三年ごとに評価額が見直され、最近では二〇二一年度に見直しが行われた。

四つ目の価格は「相続税評価額」で、この本のまち歩きはこの価格を図化した路線価図を使用する。前述した通り、相続税や贈与税を計算するにあたり、宅地（土地）の課税価格を評価する基準となる価額で、毎年一月一日を基準日として、七月一日に公表されている。

路線価図では価格がおおむね同じくらいと認められる路線（道路）ごとに地価公示価格、売買実例価額、鑑定評価額、精通者意見価格、全国にある「標準地」などを参考に各国税局の局長が一㎡あたりの価格を評定。平成四年以降は「地価公示」の八〇％程度になるように評定されている。国税庁が専用のサイトを作っており、閲覧はいつでも可能。当年を含め、七年分の路線価図を見ることができるようになっている。

また、実勢価格を除く四価については一般財団法人資産評価システム研究センターによる「全国地価マップ」(https://www.chikamap.jp/chikamap/Portal) で見るこ

図１　土地総合情報システム

公示地価、基準地価については国土交通省の土地総合情報システム内に不動産取引価格情報検索（https://www.land.mlit.go.jp/webland/servlet/MainServlet）というページがあり、そこから検索することができる。公示地価、基準地価、両方を表示してもこれだけで比較をするのは難しい。

ともできる。シームレスに、異なる価格を切り替えながら見ることができるので、閲覧だけならこのサイトが便利だ。

道路一本ごとに価格が分かる路線価図

複数の土地価格のうちでまち歩きに路線価図を利用するのには理由がある。公示地価、基準地価では地点の数が少なすぎ、ピンポイントすぎて、土地同士の比較ができない。それよりは道路一本ごとに、その道路に面した土地の一㎡がいくらかが分かるほうがよい。だが、固定資産税評価の更新は三年に一度。それよりは毎年更新される相続税評価のほうがリアルタイムの価格が分かる上、何年分かを比べれば、その地域の価格動向が見えてくる。

国税庁ホームページですぐ、誰にでも手に入るのもメリットのひとつ。一枚ずつ取り出しやすいのである。ただし、担当する税務署ごとに作られているので、ある地域を見るのに二枚、三枚の路線価図を重ね合わせなくてはいけないこともある。時々、見たいところがちょうど分断されていて枚数を用意しなくてはいけないこともあるが、そのあたりはご愛敬ということにしたい。そうしたさまざまな点からまち歩きのお供には路線価図がベストなのである。

注意したいのは路線価図に記載されているのはリアルな価格ではないということ。時々、この街で不動産を買いたいからとまち歩きに参加、真剣に価格を眺めている人がいるが、説明したように公示価格の八割程度に設定された数字であり、そもそも公示価格と実勢価格にも乖離がある。まち歩き時の路線価の数字は比較のための手立てであり、差額そのものに意味があるのではなく、差があること、差の割合に意味があるのである。

さて、実際の路線価図を見てみよう（図2）。一般の地図は同じ種類であれば同じ縮尺だが、面白いことに路線価図は地域によって縮尺が違う。それは同じ広さでも東京のように細かく道1本ごとに路線価が異なり、道が入り組んでいるような場所とそうではない場所を同じ縮尺で表現しようとすると見えにくい図になったり、逆にほとんど何も記載されていない図になったりするため。地域の状況に合わせてもっとも適切な縮尺が選ばれているというわけだ。

といっても隣接する場所で全く縮尺が違うのも見にくいので自治体単位などでは揃っている。二千八百分の一が多いそうだが、四千二百分の一などもあるとか。あちこちの地域の路線価図を見比べているとくらくらするのはそのせいかもしれない。

記載されているのは道路と町丁目、番地、そして価格とシンプル。目的地を探す時には駅、幹線道路、小中学校などの公共の建物を目安にすると探しやすい。

道路ごとに数字が書いてあるが、これが一㎡辺りの価格で千円単位で表記されている。例として挙げたのは東京都世田谷区の三軒茶屋駅前。東急田園都市線の三軒茶屋駅は国道二四六号、世田谷通りなどが集まっている図の右下地下にある。鉄道の駅がある場合には駅周辺が地域内でもっとも高い地点であることが多いので、その周辺の数字を見ると最も高いのが二三〇〇という数字（①）。千円単位だから、この道路に面した土地一㎡の価格は二三〇〇万円。不動産取引でよく使う坪（三・三㎡）＝畳二枚分に換算すると七五九万円である。

この地点は三軒茶屋のシンボルとなっているキャロットタワーの足元でもっとも駅寄りの場所。この地域では一九九六年に再開発が行われたのだが、それによって最も価格が上がった場所というわけである。

繁華な場所だけあって高額だが、この地点の周りを見回してみるともう少し安いところ、かなり安いところもある。初めて見た人であれば同じ一枚の地図の中にかなりの価格差があることに驚かれるのではなかろうか。

この一枚の中で最も安いのは左上の隅に見えている四六〇（②）という地点で、ここは一㎡で四六万円。駅

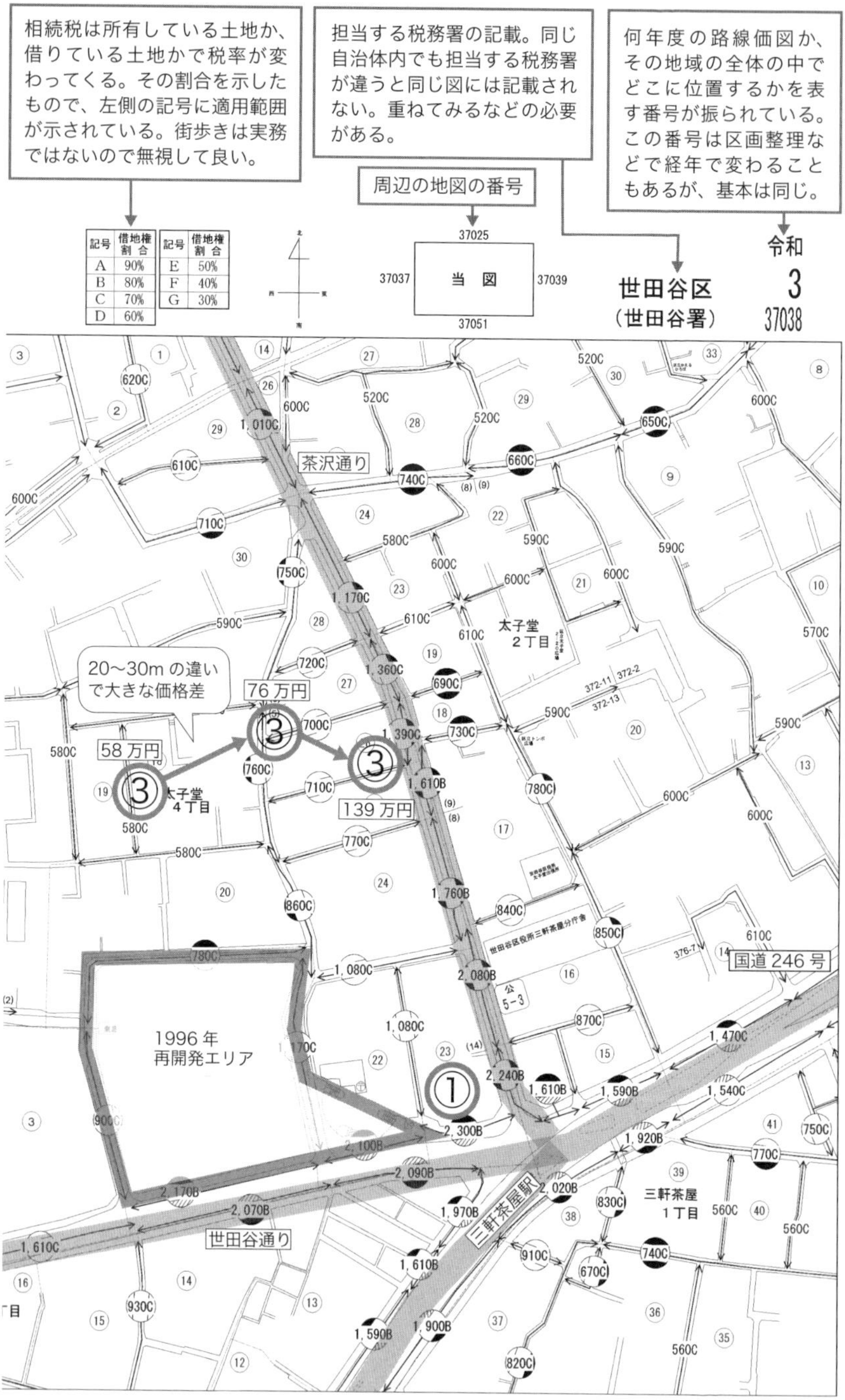
相続税は所有している土地か、借りている土地かで税率が変わってくる。その割合を示したもので、左側の記号に適用範囲が示されている。街歩きは実務ではないので無視して良い。
担当する税務署の記載。同じ自治体内でも担当する税務署が違うと同じ図には記載されない。重ねてみるなどの必要がある。
何年度の路線価図か、その地域の全体の中でどこに位置するかを表す番号が振られている。この番号は区画整理などで経年で変わることもあるが、基本は同じ。
周辺の地図の番号
記号 借地権割合
A 90%
B 80%
C 70%
D 60%
E 50%
F 40%
G 30%
37025
37037 当 図 37039
37051
世田谷区
(世田谷署)
令和
3
37038
茶沢通り
太子堂
2丁目
太子堂
4丁目
20～30m の違いで大きな価格差
76 万円
58 万円
139 万円
1996 年
再開発エリア
国道 246 号
世田谷通り
三軒茶屋駅
三軒茶屋
1丁目

その場所がどういう場所かをぱっと見て分かるように形などで分けてある。都市計画図を見なくてもおおよそどんな感じの場所かが分かるので便利。都心部では様々な形が入り組むことになる。借地権割合の適用範囲が示されている。

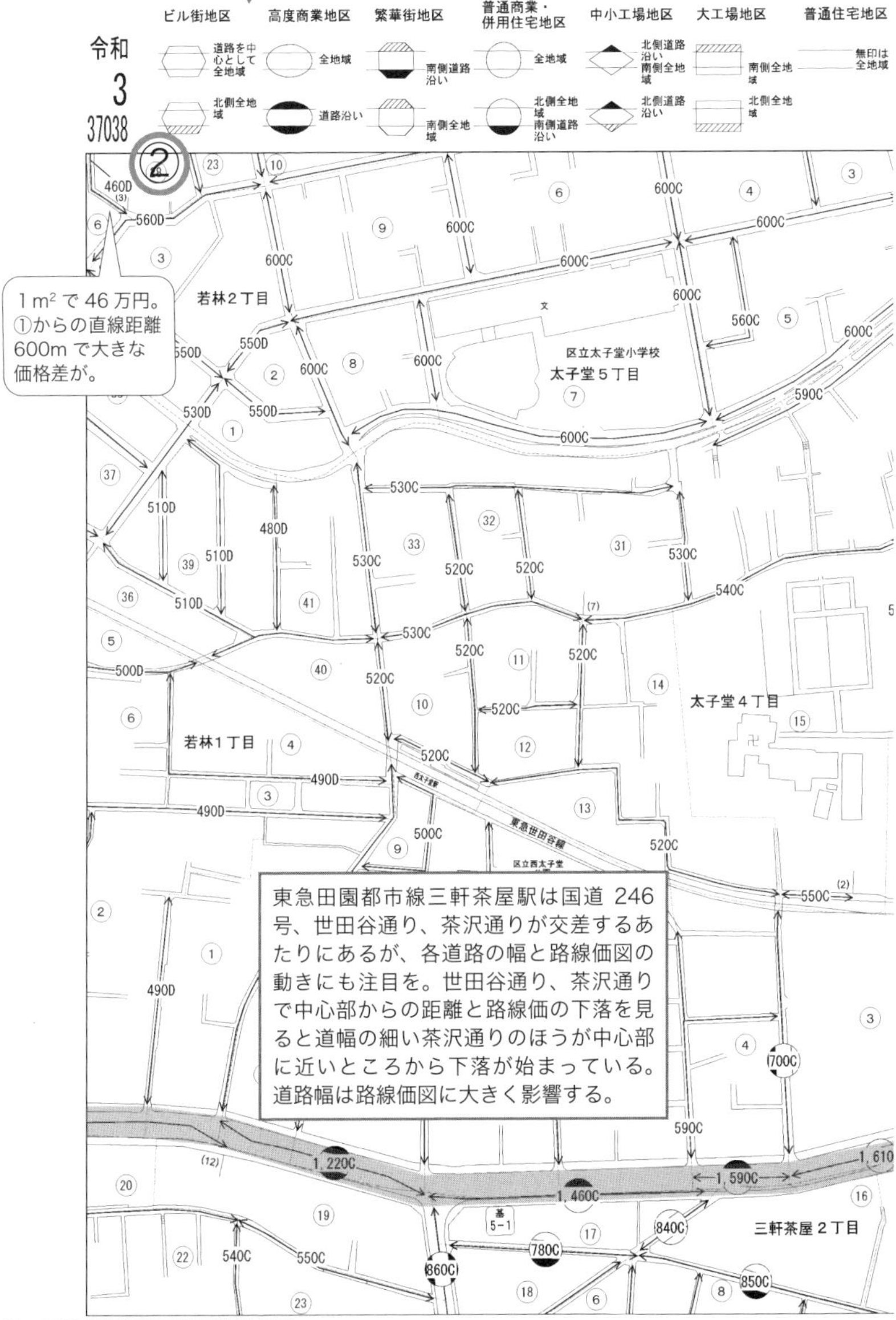

図２　三軒茶屋駅周辺路線価図

前の最高額の地点（①）と比べると二割ほど。直線距離で六百メートルちょっと離れるだけで大きな価格差が生じているのである。

隣り合っている地点でも価格差は生じている。地図の中央、太子堂四丁目と書かれた周辺は五八〇（五八万円）、その少し右は七六〇（七六万円）、さらにもっと右には一三九〇（一三九万円）という数字がある。ものの二〇メートル、三〇メートルほどでこれだけの価格差が生じるのはなぜか。路線価図でまち歩きはその理由を現地を歩いて探るものである。

ちなみに欄外には何年の、何番の路線価図か、担当税務署はどこか、その図の上下左右の図の番号のほかに凡例が記載されている。ここで参考にしたいのは地域分け。数字が○や◇で囲われている場合には、欄外を見てそれがどの地域に該当するかを見るようにする。

欄外中央にある借地権割合は実務で使うわけではないので忘れておいて良い。また、路線価図内に公示地価の標準地、基準地価の基準地がある場合には角のない□で表記される。ただし、地点番号だけの記載なので、それがいくらかは別に調べる必要がある。

交差点を渡ると価格が倍!?の不思議

私が「路線価図でまち歩き」を思いついたのは二〇〇五年にオールアバウトという総合情報サイトのガイド役を始めてしばらくしてのこと。編集部から土地価格についての記事を書いてほしいと頼まれたのだが、新聞や雑誌が公示地価、基準地価の発表時によくやる「今年はどこがいくら、上がった理由はこれ」といった解説記事を書くのはつまらないと思った。他人がすでに書いている内容でもあるし、もっと土地の価格について広く、客観的に判断できるようなノウハウを提供できないかと思ったのである。

では、何をすればそのような記事になるか。まずは路線価図を眺めることから始め、すぐに気づいたのは前項で触れた通り、交差点を渡ると価格が倍になることもあるという不思議だった。駅から離れるにつれて徐々に価格が下がるなら現地に行かなくても理由は推察できる。駅から離れるにつれて利便性が落ちる、だから価格も下がるのだろう。だが、いきなり倍になるのはどうしてだろう。隣合う道なのに価格差が生まれるのはどうしてだ？

さらによく見ると駅から離れているのに、離れるにつれて少しずつ価格が上がっているところもある。駅に近いのに妙に安いところもある。これは現地に行かなければ分からない。

そもそも、私がオールアバウトでやっていたのが首都圏の街を歩き回ってそれをガイドするというものでもあり、歩き回るのは日常。それで路線価図を持って歩いてみたところ、後述するように土地の価格にはいくつかの要素があることが分かってきた。平面の路線価図では分からないことが現地を立体で見ることで分かることが多数あったのである。

しかし、それでも価格差の理由が分からないこともあり、次は地図を重ねてみることにした。旧版地図（昔の地図）や戦災焼失地図に加え、都市計画図やハザードマップなども重ねてみると、見えなかったものがどんどん見えてくるようになった。倍になるには倍になるだけの理由があるのである。また、過去の路線価と比べて値上がり率を比べるというやり方をすると再開発が地域に与える影響にばらつきがあることなども分かってきた。

最終的に分かってきたのは土地に関するあらゆる要件、つまり、地形や歴史、法令その他は最後に価格に収斂するということ。逆にいえば、その土地の価格がどのように決まっているかを考え、知ることはその土地をあらゆる方面から見て、理解することだということである。

面白いじゃないかと思うと同時に、これを広めたいとも思った。防災的な観点からである。私は大学で社会科の教員になるために地理、歴史を学んだのだが、卒業後は教員にはならずに原稿を書く道へ。社会人になってしばらくして起きたのが阪神・淡路大震災である。あの惨状を見て、自分ができることは何かを考えた。そこで決めたことは地震や地盤その他について勉強を続け、可能な限り発信をすること。東京二三区の職員向けの防災関係の講座に参加、研究はしないものの学会にも参加するなどを続け、東日本大震災後には地盤を解説するセミナーを最初は自主開催、後半は呼ばれて講演するなどしていた。

だが、非常に残念なことに不動産会社や不動産の管理会社などは関心を持って参加してくれるものの、これから住宅を買う、借りる一般の方々の割合は少なく、あまり関心を持たれているようではなかった。カルチャーセンターに営業に行っても、「地盤の話なんて誰も聞きたがりませんよ」といわれたものである。

そこでもっと身近な話から入って、でも地盤や地形を見ることの意味を実感できる内容はないかと考えた時に思い出したのが路線価図だった。価格の高い、安いという至って下世話な話なら難しそうと敬遠されることなく聞いてもらえるのではないかと思ったのだ。幸い、その意図はある程度は当たった。面白そうなまち歩きということで参加する人がかなりの数、いらっしゃるのである。

実際のまち歩きでは途中にある不動産の価格当てクイズを出したりするのだが、毎回、その部分は大盛り上がりする。「そんなに高いのか」「意外に安いな」という声の他に、「自分ならここは借りない」「買わない」という声も出る。価格とその土地の条件を考えながら歩いてみると自分なりの不動産観が養われるのだろう。最近では路線価の変化とまちの課題、問題を考えるようになり、まち歩きでもそんな話が出る。一枚の路線価図からさまざまなことが推察でき、読み取れるのである。

ただ、注意していただきたいのは価格の高い、安いあるいは価格が上がった、下がったが良い、悪いという判断ではないという点。不動産、特に住宅の場合には価格の高さとその人にとっての良し悪しは必ずしもリンクしない。価格が高い場所でも、なんだか気に入らないという人もいるのだ。

また、価格の上昇も街にとって必ずプラスになるというものではない。急激な価格上昇は街にマイナスをもたらすこともあるのはご存じの通り。だが、価格の変動が引き起こすものまでを視野に入れるには紙幅が足りない。この本では単純に上がった、下がったというところまでにとどめておきたい。

立場別・路線価図の見方、使い方

土地を知り、値段を比較できる→住宅購入、賃貸に役立つ

では、路線価はどんな人の役に立つか。まず、挙げられるのは不動産、マンションや一戸建てなど、建物と土地を一緒に買おうとしている人である。大きな買い物をする前に土地の安全性や利便性、価格の妥当性、どんな暮らしができるのか、まちの将来はどうかなどについてきちんと調べたい、考えたい。そんな人ならぜひ、路線価でまち歩きをすべきである。

借りる人はそこまで地域を気にしないことが多いが、それでも安全な場所に住みたい人にはぜひ、試してみてもらいたい。コロナ禍で在宅時間が増え、賃貸暮らしでも地元に目が向くようになった人もいると思う。住み始める前にこれから住む地域を知っておくことは役に立つはずだ。

なぜ、役に立つか。路線価図でまち歩きでは歩こうとするエリアの地形の全体像から始まり、歴史や都市計画などさまざまな面から今いる地点がどういう場所かを考えていく。その過程でその土地やそこに建つ不動産について深く、広く知ることができるようになるのだ。いくつか例を挙げよう。

ある時、歩いたコースの中に互いに見えるほどの距離に二つのマンションがあった。多摩川と並行して流れ

る丸子川沿いの、ひとつは浸水の危険がある低地側、ひとつは浸水の心配はしなくて済むだろう高台側にあり、差はあるものの、比較するには差し支えないほどの近しい広さの部屋があった。ハザードマップではそれほどの浸水は想定されていないものの、その近くにある大学で二〇一九年にかなりの深さまで水が来たことを考えると軽視はできない立地である。

加えてこの二つは築年数に大きな差があった。低地側の物件は築数年と新しく、設備等も最新のものが入っていることが予測できた。一方、高台側は築二〇余年とかなり古く、新築に比べると見劣りする可能性はある。また、高台側は財閥系の大手デベロッパーが開発したもので、低地側は近年、デザイン性で評判の高いデベロッパーの分譲である。価格は低地側のほうがやや高めと想定されるのだが、もし、この二物件が同時に売り出されていたら、あなたはどちらを選ぶか。

互いに見えるほどの距離にあるので、駅からの所要時間などといった利便性はほぼイーブン。だが、防災上の懸念、建物の築年が異なることで、住み心地は大きく異なる可能性がある。どちらを選ぶかはその人の優先順位次第だが、価格の背景を知って選ぶのと何も知らずに選ぶのは意味が違う。背景を知っている人なら、どこに危険があるのか、何を比べるべきなのかも分かる。また、危険が分かっていれば低地側の、浸水が及ばない階を買うという選択もできる。

実際に住宅を買う時にはこんなに目と鼻の先にある二軒を検討することはないと思うが、欲しいいくつかの物件を同じような項目で比べてみて自分の優先順位に当てはめて考えてみれば、自分たちにとってベター、ベストは分かってくるのではないかと思う。

ちょっと脱線するが、不動産選びでは予算に際限がないという場合ですら、すべての条件を満たす物件を手に入れることは難しい。そのため、自分の条件に優先順位を付けて、それらのうちのいくつかを満たしてくれるものを探すというやり方になるのだが、路線価図とそれ以外の図面を重ね合わせながら土地、不動産を見ていると条件のプラスマイナスが価格に反映されていることが嫌でも分かってくる。この土地の価格は高台であるというプラス、駅から遠いというマイナスが合わさって成り立っているというような具合だ。

その時に利便性を重視する人ならそこは選ばないかもしれないし、安全を重視する人なら選ぶかもしれない。そこで自分ならどうするだろうと考える。その思考実験を繰り返していると、自分にとっての優先順位が明確でなかった人も次第に明確になってくる。自分の望む暮らしが見えてくると言っても良い。そうなったほうが自分らしい住まい選びができることは言うまでもない。

本題に戻ろう。ある時のコースではなんとなく雑然とした雰囲気のある通りなのに、妙に路線価が高い場所があった。参加した人たちの何人かは「住むならその道の前に歩いてきたより安価な住宅地のほうが雰囲気が良かった」と言っていたのだが、この違いは用途地域によるもの。

用途地域とは都市計画法で定められた、用途に応じて一三地域に分けられたエリアのことで、建てられる建物の種類や大きさなどがエリアごとに定められている。これは住宅と商業施設、工場などのように用途の異なる建物が混在することで住環境が悪くなったり、工場への資材搬入がしにくくなるなどの弊害を防ぐため。大きく分けると住宅系、商業系、工業系に分けられており、住宅系の用途地域か、商業系かで路線価は算定方法が異なる。

算定方法は後述するが、その結果、ほぼ同じ立地でも商業系用途地域内の路線価は住宅系よりも高いのが一般的だ。しかし、路線価の高さと住宅を建てるのに良い場所かどうかは必ずしもイコールではない。商業地は利便性を重視、住宅地は環境を重視するため、静けさやのんびりした雰囲気を求める人にとって商業地は落ち着かない、ざわざわしていると感じられることがある。それならその近くの、路線価も安く、静かな住宅地で探すほうが希望に近い家が手に入るはず。これも知っていて選ぶのと、知らないで選ぶのでは大きな差になる。

自分が選ぼうとする不動産のある場所とその周辺の用途地域を知っておくことは将来の住環境の変化の予測にも繋がる。制限の厳しい住宅地であれば既存住宅の日照を大幅に遮るような建物が建つ可能性は低いが、商業地、工業地であればそうした日照等に関する制限がない場合もあり、住んでいるうちに日当たりが悪くなる可能性があるのだ。特に周辺に空き地などこれから開発されるかもしれない土地がある場合には要注意である。

自分の買おうとしている土地の用途地域は誰でも調べる、あるいは不動産会社に教えてもらうなどで知っているはずだが、近隣についてまでは調べないのが普通。だが、マンション建設の反対運動が用途地域の境界近辺でしばしば起きていることを考えると、周辺を見ておく、面で考えておくのは大事なことである。

また、その土地、不動産について深く、広く知っていることは住んでからも役に立つ。災害が起きた時、その土地、その不動産では何が起きるかが分かるからである。二〇二〇年から不動産取引時の重要事項説明で宅地建物取引業者が水害ハザードマップを提示、取引の対象となる物件の位置等について情報提供することが義務付けられたが、ピンポイントでその土地が何cm浸水するかを知っているだけでは避難時には役に立たない。その土地が周囲から底にあたる場所にある場合ならハザードマップに示されているより深く浸水する可能性はあるし、逆に高台ならそれほどの浸水にならないかもしれない。避難時は少しでも高台を目指す必要があるが、その土地が平坦なのか、あちこちに窪地があるのかで安全に逃げられるルートは異なる。まちは点ではなく、面で見なければいけないのだ。

路線価図の経年変化を見ることで土地のこれからを推測することもできる。三年なり、五年なりを比べて見て少しずつでも上がっている、地域の中で変動している場所がある地域と毎年一定割合ずつ下がっている地域では不動産の流動性が違い、将来もおそらく違う。動いている、上がっている地域のほうが可能性があるのは言うまでもない。

この場合には自分が購入したい土地だけではなく、周辺の住宅地、最寄りの駅や商業エリアの路線価の変動も見ておきたい。住宅地の路線価は経済の動向と周辺の商業地の影響で動くものだからである。

また、もっと具体的には購入したい不動産の路線価を知り、比べることで価格の妥当性を推測することもできる。特に建物の良し悪しが分かりにくいという意味で新築マンション、新築建売一戸建ての場合には価格が妥当であるかどうかを考える際の手がかりになる。

不動産の価格は建物、土地と営業利益や広告費その他と、大きく三種類から成り立っているが、その内訳は当然ながら公表されていない。その状態で複数物件を検討する場合、要素のひとつだけでも分かっていれば比較はしやすくなる。

たとえば離れた場所に建つ同じ五〇〇〇万円で七〇㎡のマンションがあるとして、Aマンションの路線価は二〇〇万円でBマンションが一七〇万円だとしよう。実際の価格ではないものの、比率で考えるとAマンションのほうが土地代は多くかかっていると思われるわけで、それで総額が同じ額になるということはどういうことだろう。

さまざまなことが考えられる。Aマンションが建物、設備の価格・質を圧縮したのかもしれないし、Aマンションの土地は以前から建主が保有していたので実は土地代はかかっていないため、その分安くできたのかもしれない。あるいはBマンションが建物にこだわったために高くなったこともあるだろう。Aマンションが総戸数二五〇戸でBマンションが五〇戸だとしたら、規模の違いが価格差に出ているのかもしれない。いずれが正解かは分からないが、考えるべき、質問すべき手がかりにはなるわけである。

ちなみに中古マンションの場合には三要素のうちの営業利益等が無くなるが、管理や部屋の使用状況など新築時とは異なる要素を勘案して比較検討する必要が出てくる。一戸建ての場合も同様である。

本題からは離れるが、新築マンション、新築建売住宅購入の場合には路線価で土地の価格の比率が分かるのに加え、消費税を知ることで建物価格も知ることができる。土地には消費税がかからないが、建物には消費税がかかるからだ。

ただし、広告等で消費税額が記載されることはないので、個別に問い合わせをする必要がある。中古については売主が個人の場合には建物も非課税、事業者がリノベーション後に再販する場合には課税などといささか複雑。個別に問い合わせをする必要がある。

周囲より安い場所が分かる↓不動産投資に役立つ

路線価図を見ていると、駅に近い立地なのに妙に高い場所、安い場所があることに気づく。たとえば渋谷駅周辺は百年に一度といわれる巨大開発で路線価は上昇傾向にあるが、周囲に比してあまり上がっていない地域がいくつかある。

そのひとつが渋谷駅の南側、鶯谷町にある。鶯谷町の北には桜丘町があり、渋谷駅からは桜丘町を経由してアプローチすることになるのだが、歩いてみて分かるのは鶯谷町は谷だということ。桜丘町も同様に丘となっており、いずれも地名通りの場所なのである。

そして桜丘町と鶯谷町を隔てる道路の南側にはかつての川跡が暗渠となって残されており、町の境界となる道路から暗渠にかけてさらに一段下がる場所も。その細長い一画の周辺では路線価が明らかに低く、値上がりの割合も低いのである。これについては「紙上再現！路線価図でまち歩き①」で当該コースを掲載しているので、確認してみてほしい。

低地で川跡となるとは自分が住むと考えた場合の住環境として好まれないことがあり、それが路線価に反映されているわけだが、こうした場所は投資として考えると面白い場所でもある。自宅として住宅を買う人は長期的な目で安全性、居住性などを考えるし、人によっては地位（「ちい」ではなく「じぐらい」と読む。簡単に言えば場のブランド力のようなものである）を意識する。その観点では暗渠周辺はあまり選ばれない。だから、路線価は低くなる。

だが、賃貸住宅あるいは店舗、オフィスの立地として考えると、そうした点は気にならなくなってくる。若い単身者が住宅に求めるものとして利便性は優先順位が高く、住環境はそれほどでもない。渋谷駅徒歩圏であれば、多くの人たちは多少の湿っぽさや日当たりの悪さは気にしないだろう。実際、この地域には明らかに単身者を狙った賃貸住宅が建てられているし、それらの多くはきちんと埋まってもいる。ここ以外でも利便性は良いのに低地であるなどの理由で路線価が安い地域ではコンパクトな賃貸住宅を見かけることが多い。

不動産投資では初期の投資をいかに抑えて、でも高値で貸せるかが将来の収益を左右するが、立地が良いのに土地の価格が安い地域はそのためにはうれしい存在なのである。

地形的要因以外では再開発エリアとその周辺でも価格差は生じる。再開発エリアでは容積等が緩和され、大きな建物が建てられるようになって土地の稼ぐ力がアップする。それが路線価上昇に繋がるのだが、道一本隔てた土地にはそうした緩和は及ばない。

となると、道を渡るだけで路線価が半分になることも。路線価は再開発前後でさほど変わらないこともあるが、外から見ると再開発で便利になった場所に見える。そのため、以前よりも高値でオフィスを貸し出しても不思議に思われることはない。

こうした価格のギャップと買う人、借りる人が優先するもののギャップを上手に組み合わせると良い投資ができる。それを知っているからか、リアルな「路線価図でまち歩き」では不動産投資家を含め、不動産関係者の参加が多い。まち歩きとして楽しいだけでなく、実際に役立つ知識であると認識されているわけだ。

まちの課題が価格に出る→まちづくりに役立つ

路線価を比較していくことで、まちの課題が見えてくることもある。最初に気が付いたのは千葉県流山市の例だ。千葉県流山市は二〇〇五年のつくばエクスプレス開業以降、子育て世帯にフォーカスした施策で人気を集め、二〇二二年まで六年連続で全国の市トップの人口増加率が続いているまちである。二〇一八年に訪れた時、地元の方々に「路線価図でまち歩き」の話をしたところ、流山市でもやってほしいと言われ、路線価図を見たところ、あることを発見した。

路線価の動きがざっくり二種類しかなかったのである。ひとつはつくばエクスプレス沿線の再開発エリアで、その時点ではまだ開発は完了しておらず、そのため、路線価は振られていなかった。再開発エリアでは再開発が終了、道路がすべてできあがってからでないと路線価は付けられないのである。だが、このところの流山人気、そしてまだまだ続く周辺でのマンション建設などを考えると、上がっているであろうことは想像できる。

そしてもうひとつは流山電鉄沿いの住宅地のようにほとんど変動がない地域だった。路線価図一枚の中でどの地点も同率で下落方向に動いているということはこの地域では不動産に動きがない、流通していないということである。

流山電鉄は一九一六年に流山市で最初に敷かれた鉄道で、当然ながら沿線は市内ではもっとも早い時期に開発された、日当たりの良い高台に広い敷地を持つ住宅が並ぶエリアである。住環境としてはとても素晴らしい場所だが、不動産取引は停滞していたのだ。

ここから読み取れるのは流山市では再開発エリアと既存エリアで不動産の動き、価格が二極化しているということであり、それは住んでいる人たちの二極化でもあるということ。日に日に整備される地域の、主にマンションに住む若い子育て世帯と、そこからさほど離れていない、でも一戸建てしかない住宅地に住む高齢者。この両極端な人たち双方が満足するような市政の舵取りは非常に難しいだろうし、ここに生まれている断絶は街の課題のひとつだろうと思ったものである。

そこで流山市の人口構成を見ると、子育て世代と高齢者の二つの山ができており、路線価図が告げている通りのことが起きていたのである。幸い、現在は子育て世代の流入が続いていることから、若い世代の山のほうが大きくなり、高齢者の山は緩やかに減少している。一戸建てエリアの路線価も以前よりは動きが出始めている。だが、それは今後、この地域では空き家が多数発生する可能性があることをも予測させる。（図3）

その一方でここで空いた住宅をうまく循環させられればとも妄想する。現在駅前のマンションに住んでいる子

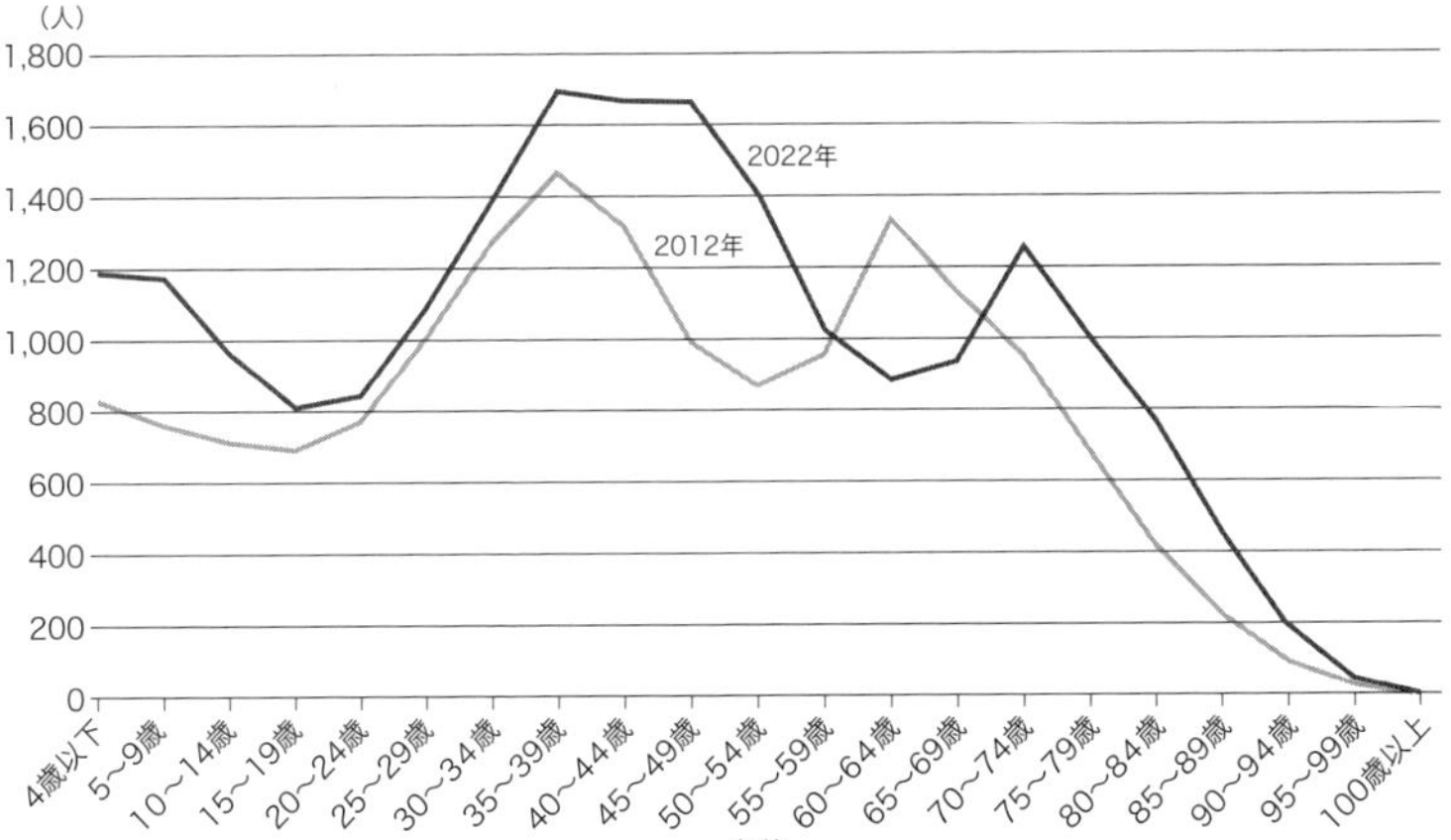

図3　流山市人口構成の変化

流山市では高齢化が進展しており、その問題解決のために子育て世代に向けてキャンペーンを展開、その成果がこの間の変化である。

出典：流山市ホームページ（2023年3月6日閲覧）
https://www.city.nagareyama.chiba.jp/appeal/1003878/1003882.html

育て層が子どもの成長に伴ってより広い家を必要とした時に、現在停滞している、でも環境の良い広い住宅をマンションと交換に使えるようにする、循環させられるようにできたら面白いのではないかと思うのだ。そうすれば若い世代が広さを求めて他の街に引っ越すことはなくなる。

子どもが小さいうちは駅前のマンションで、子どものためにスペースが必要になったら既存住宅地の一戸建てへ、そして子どもが巣立って高齢になったら再度駅前のマンションに。具体化しようと考えるとさまざまな障壁はあるものの、こうした住宅、人の循環が可能な街を作れたら解決される問題も多いのではないかというのが路線価図を見ながらの夢想である。

それ以外でも路線価図を見ていくと、ある場所、通りを境に価格が落ちる、あるいは価格の上昇、下落の割合が変わる地点があること、ある地域に価格下落が集中していることなど、その地域の土地の価格、値動きの凸凹が見えてくる。実際のまちづくりではその凸凹を平準化しようとするのか、凸凹の凹の部分あるいは凸に注力するのか、その他やり方はその地域ごとに違うだろうが、それを考えるベースとして路線価図は参考になると思う。

路線価図を持ってご近所を歩いてみよう

路線価の規則性、不規則に注目

さまざまな目的に役立つ路線価図だが、よりよく理解するために、まずは自分が住んでいる場所あるいはよく行く場所などの路線価図を入手、それを持って歩いてみよう。入手方法は簡単だ。路線価図で検索をかければ、国税庁の路線価図のページが出てくる。

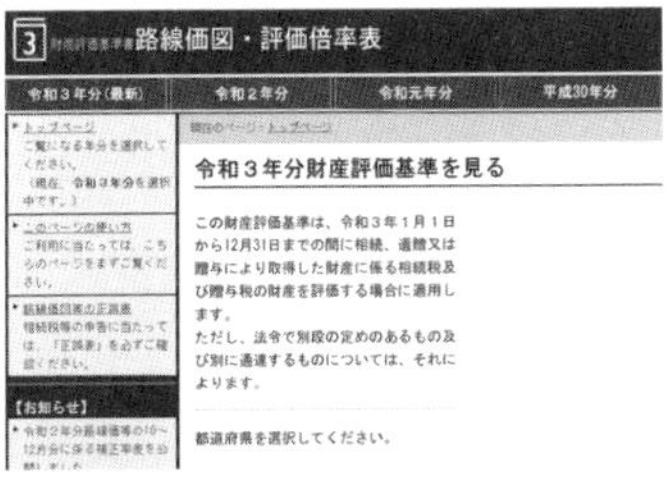

①トップページ：最新年度から７年分の路線価図が掲出されている。

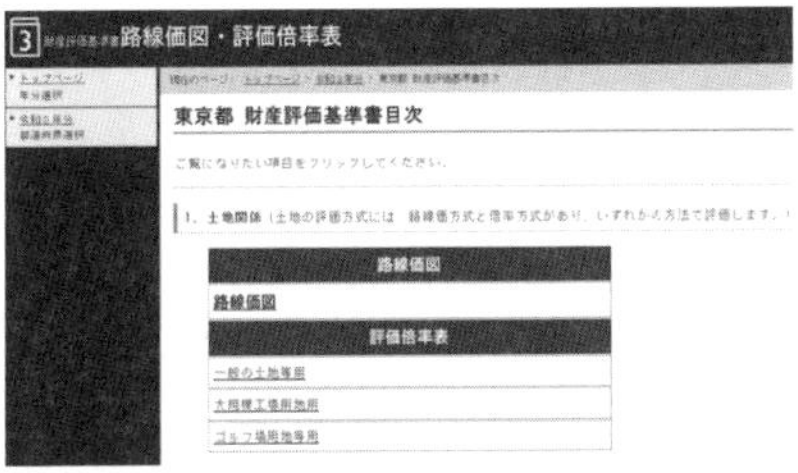

②まち歩きで使うのは主に上段の路線価図。都市部では評価倍率地域はあまりない。評価倍率地域で見るべきは一般の土地等用の部分。

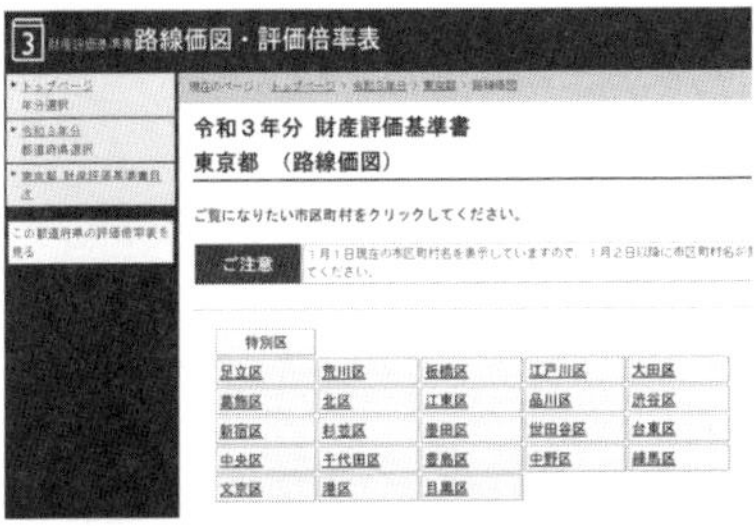

③都道府県から市区町村へと選択していく。

④最後は町丁目を選択することでようやくたどり着く。地図を用意して付き合せながら作業をすると分かりやすい。

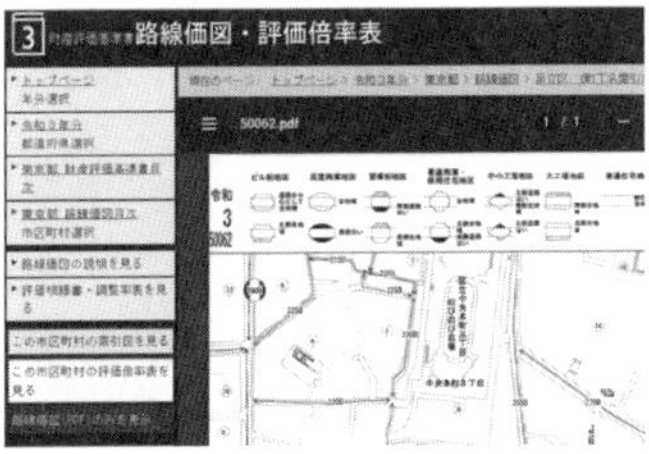

⑤実際にプリントアウトして使う時にはPDFを表示してそれを使うと良い。

図４　お目当ての路線価図にたどり着くまで
出典：https://www.rosenka.nta.go.jp/

トップページに日本地図が出ているので、そこから東京都、大阪府などと見たい地域をクリックする。すると次のページのトップに路線価図とあるので、次はそこをクリックである。（図4）

ちなみにその下にある評価倍率表というのは郊外の、住宅が少ない、農地などが中心になった地域を対象にしたもので、道一本ずつに路線価を振るほど頻繁に不動産の取引はないので、相続税評価額を固定資産税評価額に一定の倍率をかけて運用しようというもの。地方都市、都市の郊外住宅地の場合には外延部にこうした地域が広がっていることがある。

こうした地域は歩いても路線価に変化がないため、この本では基本、対象外としている。車利用が中心の地方、郊外エリアでは鉄道利用の地域ほど地点へのこだわりが少なく、それもあって道一本ごとに価格が違うなどの差異が生じにくいという理由もある。まち歩きはある意味街の変化を楽しむものであり、変化のない場所ではまち歩きは成り立たちにくいのである。

さて、日本地図で都道府県をクリックした後に出てくるのは市区町村。そこで見たいところを選ぶと次は地名から場所を選んでいくことになるが、初めての場合には住宅地図などと照らし合わせながら見たほうが分かりやすい。また、最寄り駅を基点にするほうが道筋を辿って行きやすい。

「路線価図でまち歩き」の例「人気の街 中目黒〜渋谷であなたはどこを選ぶ？」

ここでは例としてリアルの「路線価図でまち歩き」のコースのうちでも、路線価を構成する要素が見えやすい中目黒から渋谷のコースを取り上げ、実際に歩いてみると何が分かるのかを図と写真で見ていこう。最初に注目するのは規則性とそれに反した不規則な部分である。それを意識すると路線価の法則性が見えてくるのだ。

中目黒－渋谷

中目黒・渋谷の地形図

桜で有名な目黒川沿いの低地を挟んで両岸に位置する武蔵野台地のうち、淀橋台（目黒川左岸）、目黒台（目黒川右岸）と呼ばれる二つの台地の間を上り下りするコースで、利便性、安全性、居住性のお手本のような場所が点在する。

＊地形図はグーグルアースに東京地形地図（いずれも詳細 194P）を重ねた上で適宜目印となる地点などを記載（以下特記がない限りすべて同じ）。

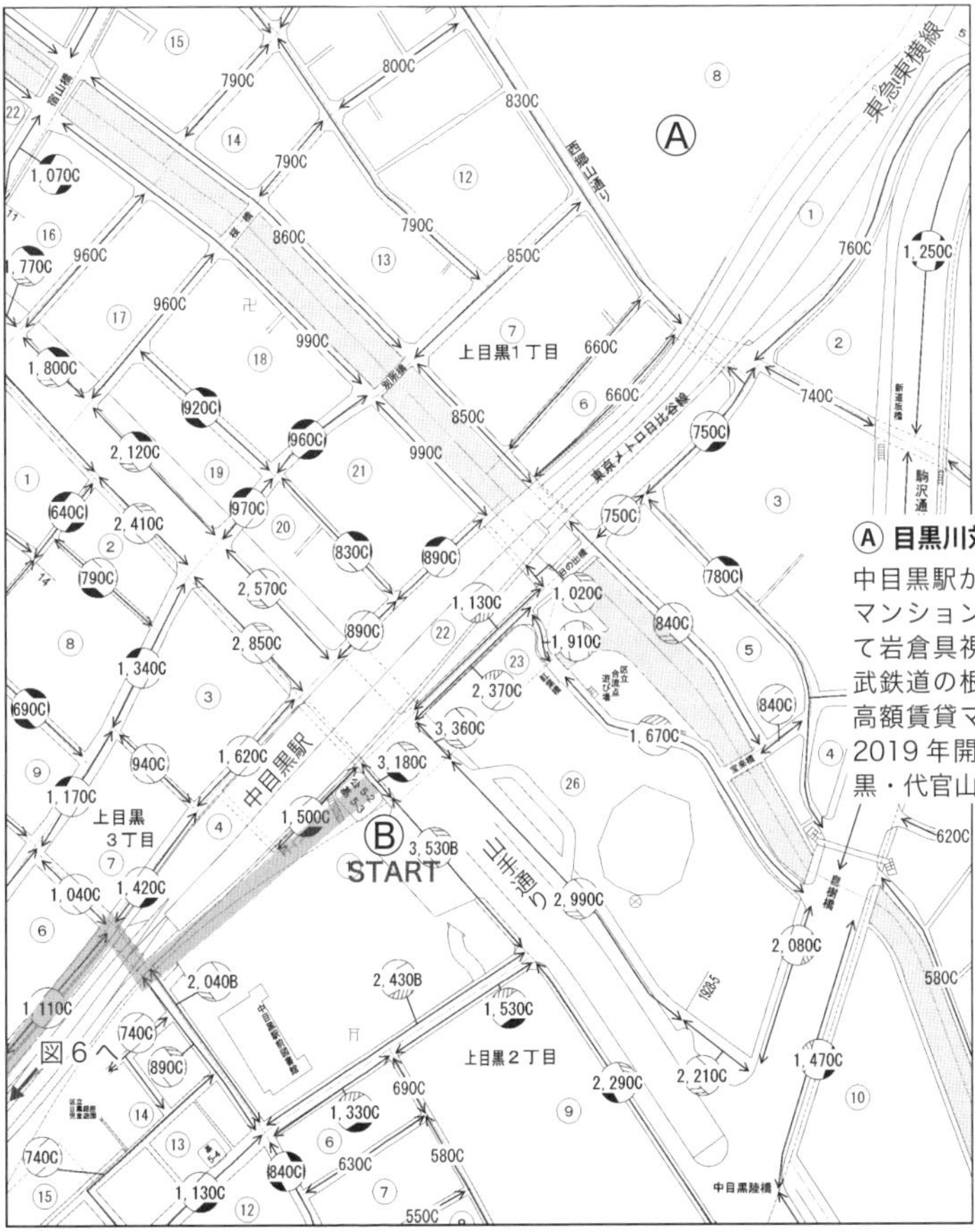

Ⓐ 目黒川対岸はお屋敷地

中目黒駅から対岸の高台に大きなマンションがあるが、ここはかつて岩倉具視邸があり、その後、東武鉄道の根津嘉一郎邸に。現在は高額賃貸マンション。その隣には2019 年開校の東京音楽大学中目黒・代官山キャンパスがある。

＊地点は内容によって特定の場所ではなく、周辺の状況を解説していることもあり、おおよそ、そのあたりという意味。

Ⓑ 再開発で人気上昇の中目黒駅前

スタートは山手通りに面した東急東横線の中目黒駅前。通りを挟んで両側で再開発が行われており、それに伴って人気が上昇。2016 年に東横線の耐震改修で誕生した高架下の飲食店街も話題を集めた。その結果が駅前の路線価に表れている。

図 5

スタート地点は東急東横線中目黒駅前（図5）。二〇〇二年の中目黒ゲートタウンに始まり、駅周辺が断続的に変化、ここ十数年ほどで人気と言われるようになった街である。

駅前のスタート地点に注目して路線価図を見ると、最初に分かることは駅周辺の路線価が目立って高いということである。そして次に分かるのは駅から遠ざかるほどに路線価は安くなっていくということ。分かりやすいのは山手通り沿いである。駅前から離れるごとに少しずつ価格は下がっていっていることが分かる。

また、山手通りと交差し、東急東横線と並行する高架沿いの道も同様に駅から遠ざかるにつれて路線価は安くなっている。賑わいから遠ざかるにつれて路線価は安くなるのであ

Ⓒ 路線価が設定されていない川跡の緑道

中目黒駅から区立蛇崩川緑道を通って諏訪山と呼ばれる高台へ。蛇崩川は世田谷区の馬事公苑近く、旧弦巻村あたりから流れ出し、目黒川に合流していた川で1960年に暗渠化が決定、埋め立てられた。

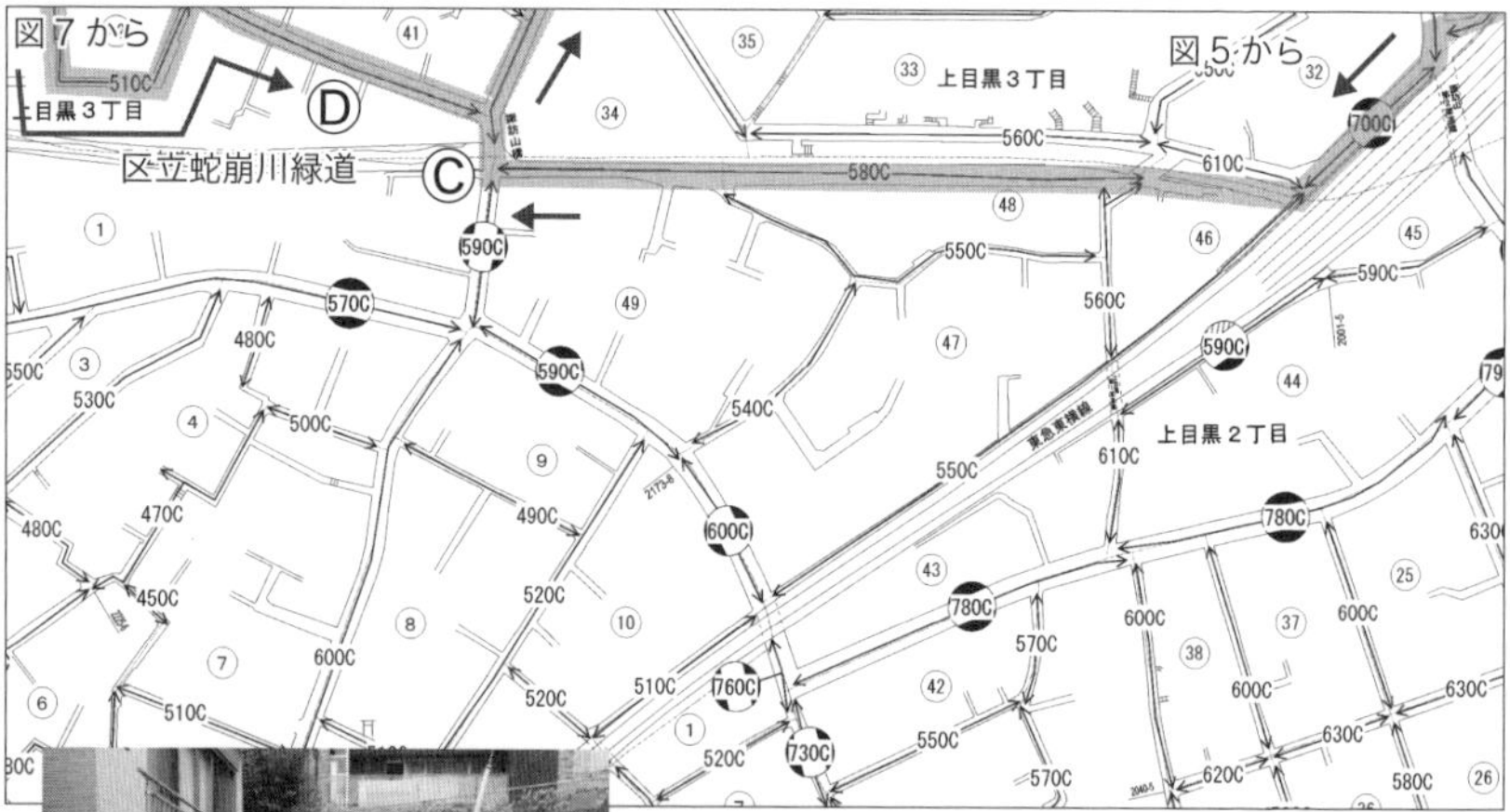

Ⓓ 階、段も多く手頃な賃貸住宅が点在

蛇崩川緑道を底に北、南に向かうほど土地は高くなる。傾斜地のため、開発が進んでおらず、細い路地、階段などが多く、古い木造アパートなども点在。中目黒を最寄駅として手頃な賃貸住宅を探すとこのエリアになる。

図6

る。コースは高架脇を通って駅から遠ざかるのだが、ここでも路線価は進むほど、つまり、駅から遠ざかるほどに安くなっている。

これについては路線価図を見なくても分かるだろう。普通に不動産を探す場合にも駅から徒歩○分は利便性と同時に価格の目安になる。駅前は利便性が高く、それに応じて不動産価格も賃料も高く、離れるにつれて安くなるという規則性があるのである。

路線価図二枚目（図6）の西に向かう道は、その先に「区立蛇崩川緑道」と記載されている通り、元々は目黒川に注ぐ蛇崩川が流れており、現在は暗渠になっている。蛇がのたうつように流路が左右して荒れ狂い、周囲の土地を崩したことを意味する名まえの通り、かつては暴れ川だったようだ。緑「道」とはあるものの、ここは道路ではなく、公園扱いになるので路線価は設定されていない。

突然安くなる、その土地には何があるのか

緑道から右折して路線価図三枚目（図7）に入り、北へ向かってすぐを左折。ここで注意してほしいのが左折してすぐの道と交差する道を超えたところで路線価に差があるという不規則だ（Ⓔ）。手前の道のほうが中目黒駅に近いにも関わらず、遠いほうが高いのだ。路線価図では分かりにくいが、現地に行けばその理由は一目瞭然。この連続する道は途中から道幅が違っている。手前の細い道よりも、その先の太い道のほうが高いのである。

これについては駅前の時点で気が付いていた人もいるのではないかと思う。中目黒駅周辺でもっとも道幅があるのは最も高い山手通りだった。周囲を見ると駅から離れ、かつ細い道のほうが安い。道幅は路線価に影響するのだ。

Ⓕ **階段で価格差**

階段を挟んで価格が異なっている。階段の上は 59 万円、階段部分は 51 万円。階段があると車の通行ができず、建物を建てたり、解体するのが大変だからだ。

Ⓔ **道幅に注目**

道を渡るだけで 63 万円から 68 万円と路線価が変わっているのは道幅による。また、この道では小学校のあたりがもっとも標高が高く、その影響もあると思われる。

Ⓖ **土地の高低差で価格差**

二股に分かれる道の北側は 59 万円、南側は 52 万円。北側の道は双方向通行で台地の上を平坦に進むが、南側の道は一方通行で坂を下る細い道。交差する地点を見ると土地の高低、道幅の影響の大きさが実感できる。

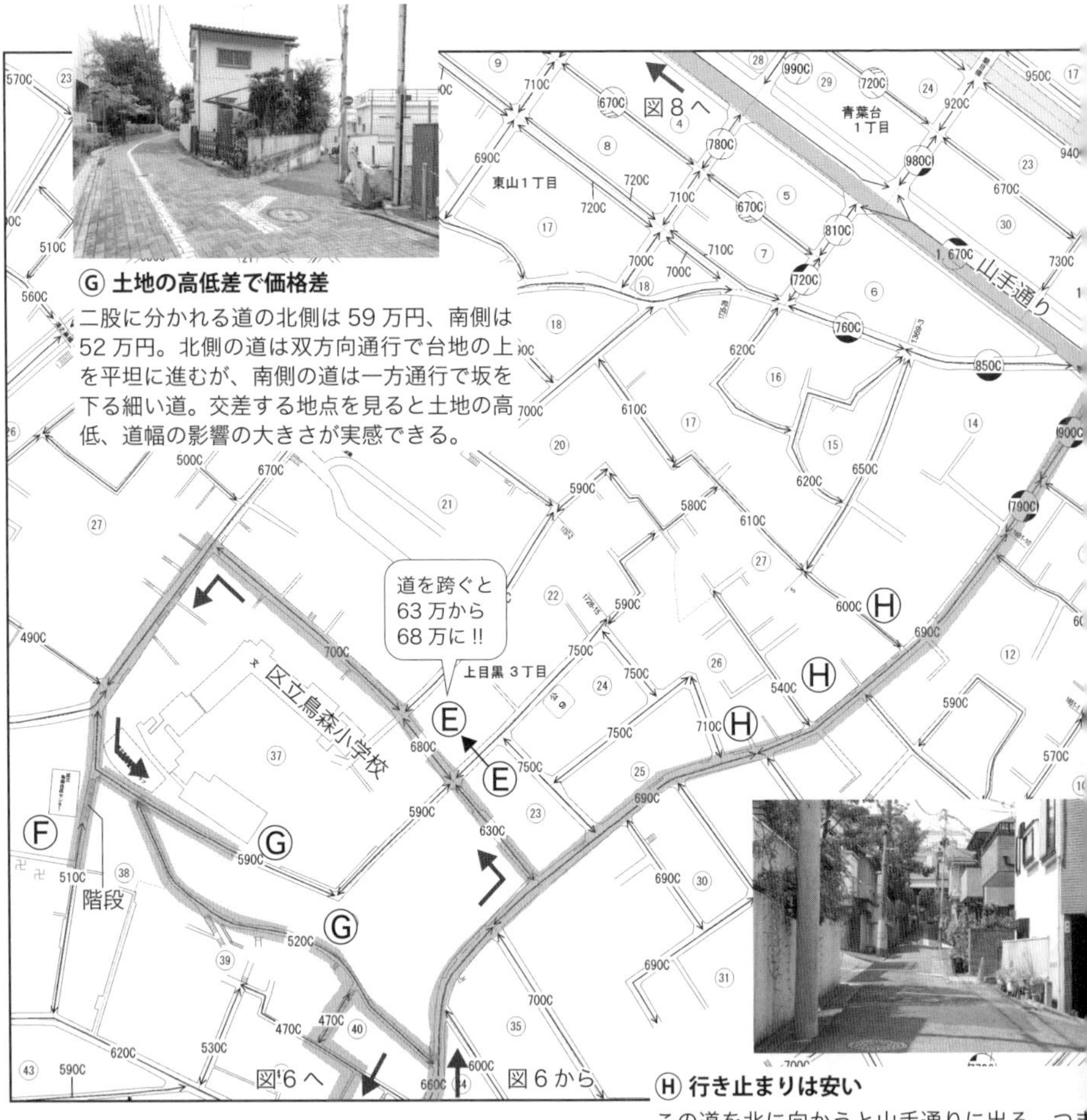

Ⓗ **行き止まりは安い**

この道を北に向かうと山手通りに出る。つま
北に近いほど利便性は高いのだが、価格を見
と真ん中の道が一番安い。これは図からも分
るように行き止まりの道であることが要因だ

図 7

続いて区立鳥森小学校の周囲を回って南へ向かうと、いくつか見ていただきたい場所がある。この一角にはごく近いのに価格差が多数あるのだ。まず、Ⓕ地点は道に横線が描かれているが、これは階段である。この階段の手前までと階段を超えた地点では、一本の道にも関わらず路線価は異なっている。階段の部分は周囲より安くなっているのである。

この一角は先ほどの蛇崩川緑道から坂を上がった高台になっており、この階段は緑道方面に下るもの。階段があると車は通れず、人間が歩くにも不便。家を建てる、壊すことなどを考えると手間もかかる。そうした事情から階段があると、それを境に一本の道が別路線として設定され、路線価に変化が生じるのである。

その右側には二股に分かれた道（Ⓖ）があるが、北側と南側では明らかに路線価が違う。これはどうしてか。北の道は平坦なまっすぐの道で、南側は高台を下る坂道である。しかも、北側は双方通行ができるが、南側は一方通行である。平面図で見た時には分からない違いが路線価に出ているのである。

一方通行の坂を下りていくと、さらに安い部分もある。このあたりは道が細い上に道が直角に曲がっていて車が通りにくい場所も多く、そうした不便さもマイナスとされている。坂を下りたところから一度、二枚目（図6）を経由して三枚目（図7）の右側へ。これは山手通りに向かう道で、そのため少しずつ路線価は上がっている。

この道の北側にも記号（Ⓗ）を付けた三本の道がある。山手通りに最も近いのは一番北側だが、価格で一番高いのは最も遠い南側である。この差の理由が道幅であることはすぐ分かるが、では、なぜ、真ん中の道が最も安いのか。

他の道との違いを見てみると理由が分かる。この道は行き止まりである。しかも、左右に伸びている道に路線価が設定されていないことからすると私道である。

ここまでにすでに疑問に思っていた人も多いだろう。公園扱いとなる緑道以外にもこの道のように路線価が設定されていない道があるではないか、これはなんだ？と。

路線価が設定されていない、行き止まりの道は私道である。株式会社みなとシティアプレイザルの不動産鑑定士・木下典子氏によると、相続税評価額は公道（都道、区道など）に付設され、私道でも建築基準法上の道路と認定されていて通り抜けができる私道には付設される。

通り抜けができない私道では付設されないことになるが、それでも付設されている私道もある。この道はその例。路線価が設定されていない道路のみに接している宅地で相続、贈与などが発生した場合、路線価が分からないと申告ができない。そこでそんな場合には税務署長に対して特定路線価の設定を申し出ることができるようになっている。

H地点については二〇一四年から路線価が付設されているが、目黒税務署によるとその理由が特定路線価の設定申し出によるものかは不明。過去においては同じ道路について特定路線設定の申し出が多数行われた時期があり、どの道路にも特定路線価が付けられた時期もあったそうだが、現在は行われていない。

ちなみに税務署は肯定しないが、実際に路線価図を持って歩いてみると通り抜けのできない私道では周辺の路線価よりも一割、二割近く安く設定されていることもある。通り抜けできない、災害時などの不安、日常の不便さが反映されたものだろう。

それ以外でも行き止まりの先に公園があるなどで不特定多数がその道を使う場合には設定されていることがある。また、かつて設定された路線価がそのまま生きていることもある。路線価が設定された私道、設定されていない私道が混在しているのはそうした事情からだ。

もうひとつ、なぜ、相続、贈与などの事由以外では通り抜けのできない私道に路線価が設定されなくなったか。道路の角にある土地で、正面路線と側道の両方に路線価が付設されていると、相続税路線価評価としては

Ⓚ **価格差の理由**

ほんのわずかしか離れていない場所なのに大きな価格差。土地の高低によるもので、92 万円となっている道（写真一番左）は下り坂。このあたりの標高は 30 m以上。中目黒駅は 9 mほど。

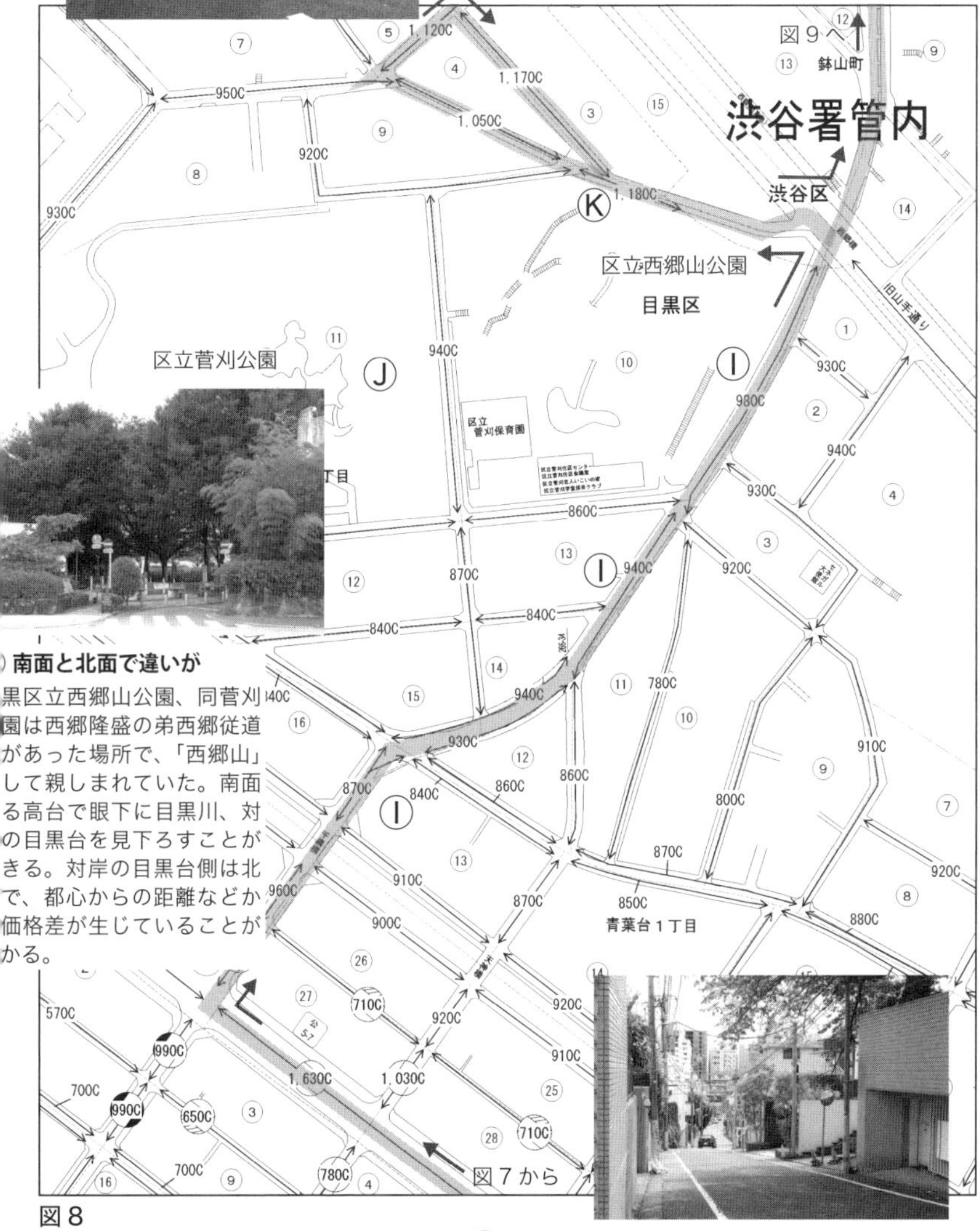

）**南面と北面で違いが**

黒区立西郷山公園、同菅刈園は西郷隆盛の弟西郷従道があった場所で、「西郷山」して親しまれていた。南面る高台で眼下に目黒川、対の目黒台を見下ろすことがきる。対岸の目黒台側は北で、都心からの距離などか価格差が生じていることがかる。

図８

Ⓘ **坂を上がると高く**

この交差点までが低地でそれより北側は上り坂。交差点を渡った地点から価格が上がっており、坂を上るに連れてさらに上がる。写真はこの路線価図より少し東、美空ひばり記念館がある通り。

Ⓛ 高台に大きな区画

旧山手通りを渡って南平台町へ。このあたりは地名も見よう。南平「台」、鉢「山」町、青葉「台」、玉川通りを挟んでは神「泉」町、円「山」町と高低を表す地名ばかりで、しかも、それぞれがその名の通り。大きな区画が多く、細街路が少ない、いわゆるお屋敷街である。図6と比べると街の雰囲気の違いが読み取れる。

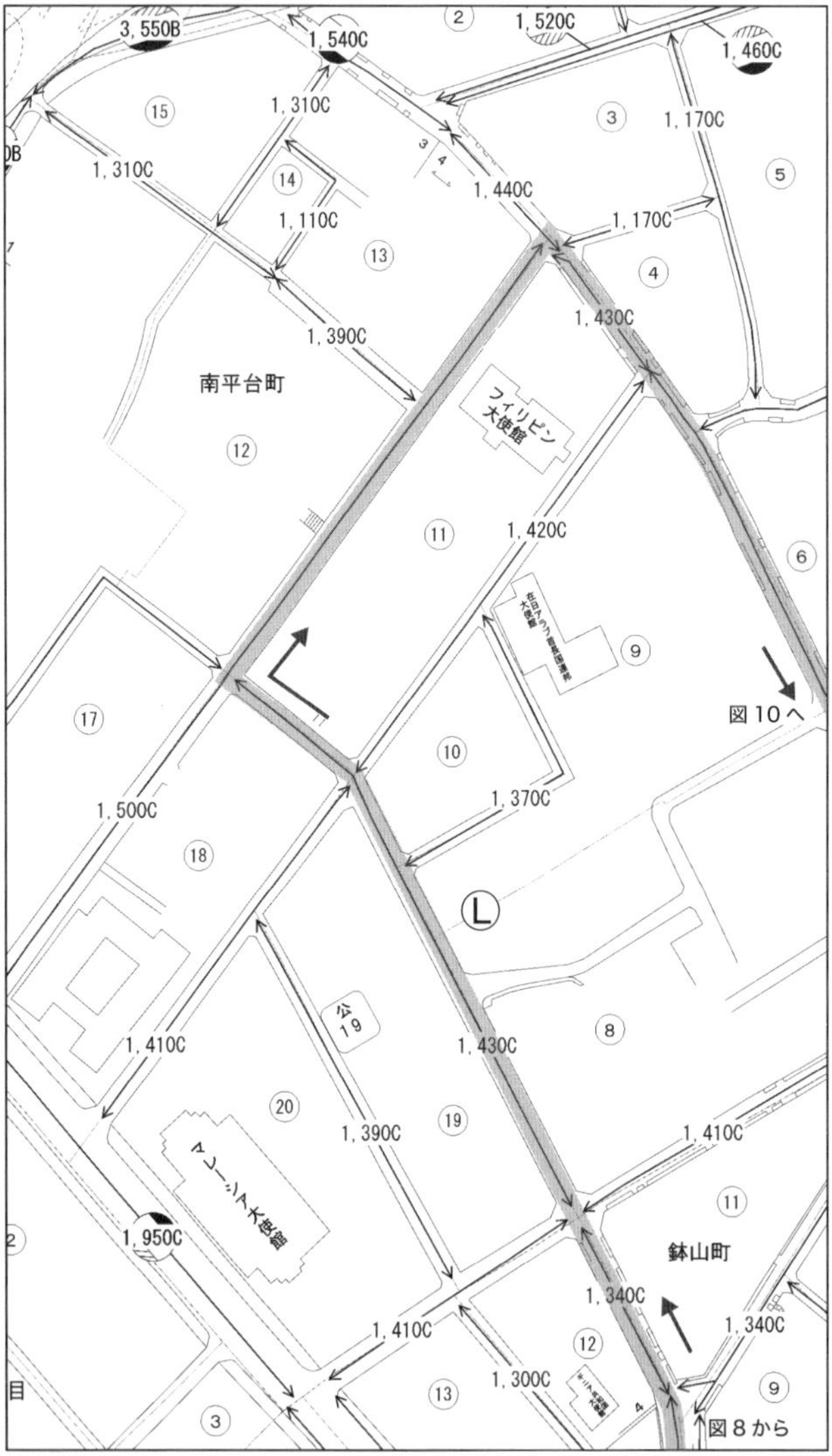

図9

角地と認定される。そして角地は利便性が高いとされ、相続税上は評価額が高くなってしまう。実際には建築基準法上の道路でないなど、必ずしも利便性が高いわけではないのに、路線価が付加されていることで利便性が高いとの判断になるのは矛盾。それが理由である。

ちなみに建築基準法上の角地の建蔽率の緩和は路線価の有無ではなく、道路の幅員や角度などによって角地として認定されているかどうかによる。

目に見えないモノも価格を左右する

さて、先へ行こう。山手通りに出たら左折、通りを渡って区立西郷山公園へ向かうのだが、ここで気づくことがある。これまでは駅から離れると路線価は安くなるものだった。だが、四枚目の路線価図（図8）を見ると中目黒駅から離れていっているのに、ある地点から路線価は高くなっている。コースが三角になっている地点など山手通り沿いよりも高いほどで、周辺を見ると大使館があったり、豪邸と呼ぶにふさわしい家が並んでいる。芸能関係に詳しい人であれば有名人宅を発見することもできるだろう。

この理由は隣接する区立西郷山公園を想像すると分かってくる。この公園は西郷隆盛の弟で明治時代に政治家・軍人であった西郷従道邸の北東部分にあたり、長く西郷山という通称で知られたところ。台地の端に立地しており、斜面の木々の向こうには目黒川、中目黒を見下ろす。晴れた日には富士山も望めるというから、日当たり、眺望に恵まれた土地なのである。

そして、それがこの土地の路線価が飛びぬけて高い理由である。歩いてみると、けっこうな傾斜の斜面を登ることになるが、ここに家があったらどんなに気持ちが良いかは体感できるはずである。日当たり、眺望、通風などといった居住の快適性が価格に反映されているのである。

四枚目（図8）から五枚目（図9）は南平台町を歩く。ここも渋谷駅周辺では知られたお屋敷街で、路線価図で見ていると駅からの距離は分からないが、かなり駅に近くて便利な場所。高台でもあり、区画の大きな住宅が続き、建物好きなら楽しいコース。広いお屋敷跡の門に置かれていたであろう石塔を残してマンションに建て替えられている場所など、どのような歴史があったのだろうと妄想を掻き立てる場所もある。途中にはかつての首相宅もある。

ここで見ておきたいのは町名。コースで通るのは南平「台」町だが、その北側、玉川通り（国道二四六号）を挟んでは円「山」町、神「泉」町がある。渋谷周辺は渋「谷」もそうだが、地形を表す地名が多く残されているのだ。そして、明らかに高台の住宅街は路線価も高いのである。

そして六枚目で（図10、11）コースは南平台町から鉢山町の角を左折して鶯「谷」町へ。高台から低地である。この路線価図は「立場別・路線価図の見方、使い方」の項で「周囲より安い場所が分かる」として言及したもの（22頁）。コースの南側にある川跡と思われる場所と周辺の価格差を見ると土地の高低差も路線価の違いの大きな要素であることが分かる。

ただ、鶯谷町はその名にもかかわらず暗渠沿いの低地は町全体としては一部。実は暗渠から南側は坂を上る高台になっており、コースを歩いていても右手に崖が見える箇所がある。地名のうちにはごく一部の地域を指していたものが、町名変更などで周辺に拡大、広い範囲に及ぶようになった町名も多いのである。

このコースは最後にＪＲ線沿いに到着、二〇二三年の時点では北側の渋谷駅前の再開発エリアを抜けて渋谷駅に向かうのだが、現時点での再開発エリアとそれ以外の差はまだそれほどではない。今後、開発が進むにつれ、そして新しいビルが誕生、使われていくにつれ価格差は広がっていくはずで、同じコースを何年か後に歩くと新しい発見ができるはずである。

Ⓜ **町境の道**

コースは南平台町、桜丘町と鶯谷町の間を通って渋谷駅方向に向かう。渋谷に向かって左側は地名通りの高台で上り坂、右側は低地で下り坂となっている。

Ⓝ **路線価が振られていない暗渠**

町の境となっている通りの南側には川跡が暗渠となっている。通りからは階段、坂で下る場所も多い。暗渠は水路で道ではないので、路線価は振られていない。家は暗渠に背を向けるように建てられている。

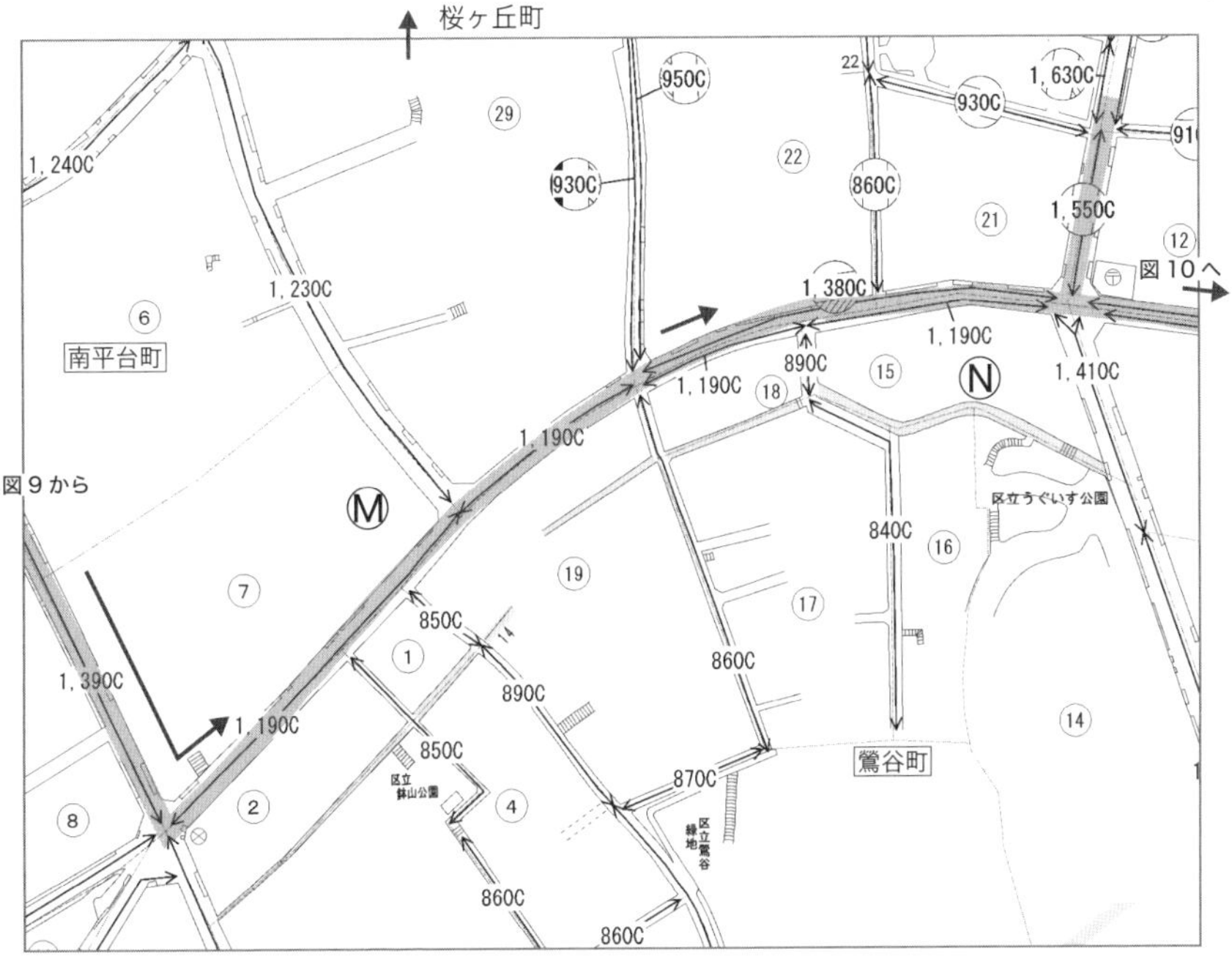

図11

Ⓠ 再開発エリア

2023年度竣工予定の渋谷駅桜丘地区。再開発事業区域はこのように記載され、路線価は振られない。まだそれほど路線価は高くなっていないが、これが完成後にどうなるか。

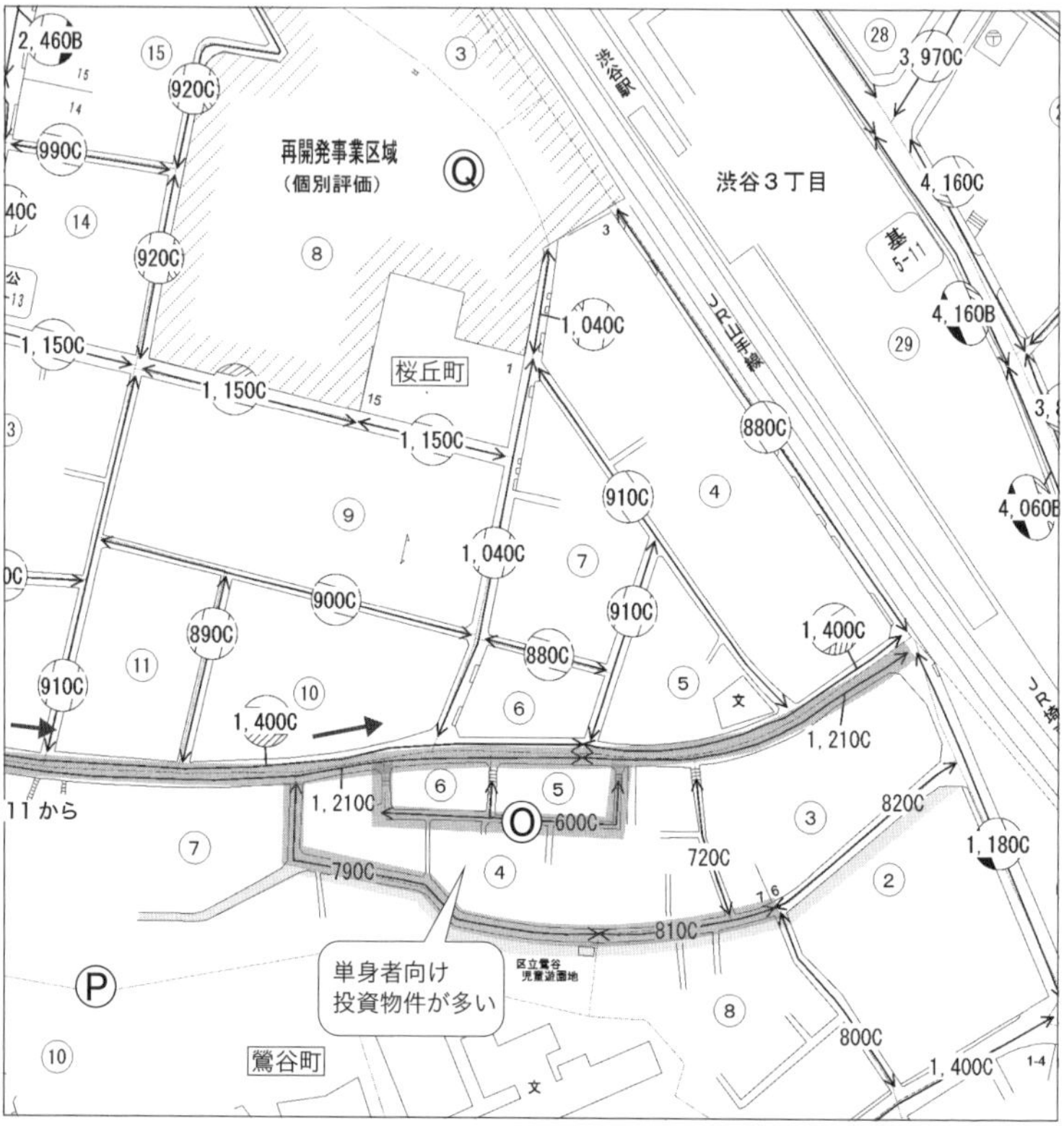

図10

Ⓟ 破線は崖を示す

この線は崖を意味する。コース上から眺めると極端な高低差が分かる。土地だけでなく、路線価にも大きな高低差がある。

Ⓞ 低地の路地

暗渠近くの路地が集中するエリア。階段、坂を下りなくてはならず、道が細いため、路線価は渋谷駅に近いのにかなりお手頃。暗渠沿いには単身者向けの投資用不動産が多い。

「不動産に掘り出しモノはない」は本当か？

掘り出しモノをどう定義づけるかにもよるが、路線価図で土地の価格を見ていると、それぞれの価格にはその価格に至った理由があることが明らかである。ちょっと歩いてみただけでも駅からの距離や道幅、階段の有無、双方通行か一方通行か、私道か、高台か低地かなどの要因で規則的に価格は変わるし、不規則な場合にはその場に特有な要因がある。掘り出しモノを「何の理由もないのに安い土地」と考えると、そうした土地は現れないのである。

それは路線価の設定が非常に論理的に行われているため。実際の取引では売主が個人の場合、売り急ぐから極端に安くする、土地勘のない不動産会社が間違って安値を設定（意外にこういうケースはある）など価格に個別の事情が反映されるが、路線価を設定する場合には公示地価、複数の取引事例を参考にするなど、個別性をできるだけ排除した値が追求される。

地盤や地形を参考にしているわけではないのに、そうした事情が路線価に反映されているのも同じ理由から。高台のほうが住環境として優れていると判断され、そうした取引が続いてきた結果、高台の価格は高くなっており、その逆もまた同じ。長年の取引の積み重ねが価格のベースになっており、価格の中に地域の特性が自然な形で盛り込まれているのである。

ここで一度、路線価が決まるまでを整理しておこう。ベースになっているのは標準地と呼ばれる、近隣地域の中で環境、地形、駅までの距離やライフラインの整備状況などから平均的と思われる土地で、それが更地であったとした場合の価格で表出される。

標準地の代表的なものが公示地価の調査地点。ただ、これだけだと少ないので、固定資産税、相続税等の路線価を設定するにあたっては、追加で標準地が設定され、不動産鑑定士が評価することになる。

公示地価の場合、鑑定には二人以上の不動産鑑定士があたる。誰か一人の意見で決まってしまわないよう、平準化を図るということである。

鑑定方法は取引事例比較法、収益還元法等のやり方で行う。その上で両方の価格のどちらを重視するかが住宅地と商業地で異なり、住宅地では前者の取引事例比較法、商業地では収益還元法を重視して評価する。宅地の場合に中心となる取引事例比較法は簡単に言えば、最近、いくらで取引されたかを調べて、それに比べてこならいくらくらいだろうと評価するというやり方である。取引の少ないところでは、隣接する標準地や経済の動きなどを勘案して評価する。郊外の不動産取引のない、毎年一定率ずつ下がっている住宅地はそうやって評価されているわけだ。

商業地（近隣商業含む）で主になる収益還元法は更地をもっともフルに使って建物を建て、それを貸したらいくらの賃料が得られるかを評価するというもの。どれだけ大きな建物が建てられるかで収益が変わってくるため、再開発地域など特例として高層化が可能な場所は非常に高く評価されることになる。住宅地と商業地で路線価が大きく異なることが多いのは算定方法に違いがあるからでもあるのだ。

また、取引事例を参考にする際には景気動向や各種経済指標のような一般的要因、地形や地位などの地域要因、角地である、公園に接しているなどの個別的要因を勘案、極端な数値にならないような配慮も行われる。

国土交通省が出している不動産鑑定評価基準を見ると、土地価格の形成要因のうちの一般的要因ひとつをとっても、そのうちには地質、地理的位置関係などの自然的要因、人口の状態や都市形成及び公共施設の整備の状態といった社会的要因、貯蓄、消費、投資及び国際収支の動向などといったミクロからマクロにいたる経済的要因、さらには行政的要因までが盛り込まれている。実際の鑑定評価の現場でそうした地図類、その他のデータをひとつひとつ重ねる作業はしていないとしても、非常に広い視野で考えられていることは分かる。

そのため、路線価図中には誰にとっても好条件なのに安い、ある意味、棚からぼた餅的な意味での掘り出しモノはない。だが、自分にとっての優先順位や、現地の個別性、実際の取引などで考えると掘り出しモノは十分あり得る。

たとえば階段のある土地は階段を上り下りする面倒、防災上の懸念、建築のしにくさなどからマイナス評価をされてしまうわけだが、その分、眺望が良い可能性があり、そちらを優先する考え方からすればお買い得、掘り出しモノとも考えられる。実際、これまで見た土地の中には階段があり、途中から私道という不利な条件下にあるものの、その分、私道を抜けると急に眺望が広がり、他の区画よりはるかに広いという例も少なくなかった。プラスもマイナスも含め、その土地の価格の背景を知っていればそうした自分なりの判断を下すこともできるはず。路線価図で土地の価格の理由を知ることは掘り出しモノを見抜く目にもなるというわけである。

実際の取引ではいうまでもなく、掘り出しモノはあり得る。繰り返すが、個人が売主の場合にはその人の事情が反映されることがあるためで、路線価その他の平均的な数値に慣れている人であれば、それを見抜くことができるのではないかと思う。

土地価格を左右する三要素とは？

不動産価格の八割は利便性

数年以上に渡って路線価図を持って歩いてみて分かったのは不動産の価格は三つの要素から決まるということ。そのうちでもメインとなっているのが利便性。どれだけ便利かという点である。

見出しには土地の価格を決める要素の八割が利便性と書いたが、不動産に関わる人のうちには九割、いや、ほとんどが利便性という人もいる。利便性のもっとも高いとされる都心の中心部ほど不動産の価格が下がらないからである。

一般的にも都心回帰が言われだした一九九〇年代以降、住まいを選ぶ際には利便性を最優先とする人が増えている。コロナ禍で利便性以外に目を向ける人も出てきてはいるが、特に都心などの利便性の高さは都市の魅力でもあり、コロナ禍にあってもそれは失われてはいない。利便性は言い換えれば選択肢の多さであり、好きなモノが選べる暮らしといえる。生活の多様化する現代にあっては選ばれて当然の価値であり、路線価のうちの八割を占めていても不思議ではないのである。

さて、利便性には二つの要素がある。ひとつは鉄道、道路などに関する交通の利便性であり、もうひとつは買い物、娯楽その他に代表される生活の利便性で、たいていの場合、この二つには密接な関係がある。買い物客を獲得しようと考えると人が集まりやすい、交通の利便性の良いところが選ばれると考えれば分かりやすいだろう。その結果、この二つの利便性は一方が高まると、もう一方も付随して高まることになり、そうやって二つが揃うことでまちの人気、価格は安定する。

この状況は路線価図にも反映されている。ある特定の駅周辺で見た場合にはたいてい駅前が最も高く、駅から離れるにつれて路線価が下がっていくことになる。これは交通、生活の利便性が駅を頂点にして離れるにつれて下がっていくという状況を示しており、実際の街を歩いてみてもそうなっていることが多い。つまり、繁華な駅前から商店街を歩いているうちに徐々に店が少なくなり、やがては住宅街に至るといった状況である。

ただ、同じ沿線の複数の駅で見ると、特定の駅で見た時ほど規則的ではないのが面白いところ。都心近くのほうが交通の利便性は高いわけだが、鉄道の場合には急行等が停まる駅、各駅停車しか停まらない駅では距離と関係なく利便性に差が生じる。都心からは遠いけれど、所要時間では近い駅が存在するわけで、そこに商業

都心に近くても安い、遠くても高い駅がある

東急東横線の目黒区内の５駅の駅前で最も路線価の高い場所をプロットした。中目黒駅 334 万円、祐天寺駅 102 万円、学芸大学駅 160 万円、都立大学駅 137 万円、自由が丘駅 444 万円と大きな差が出た。

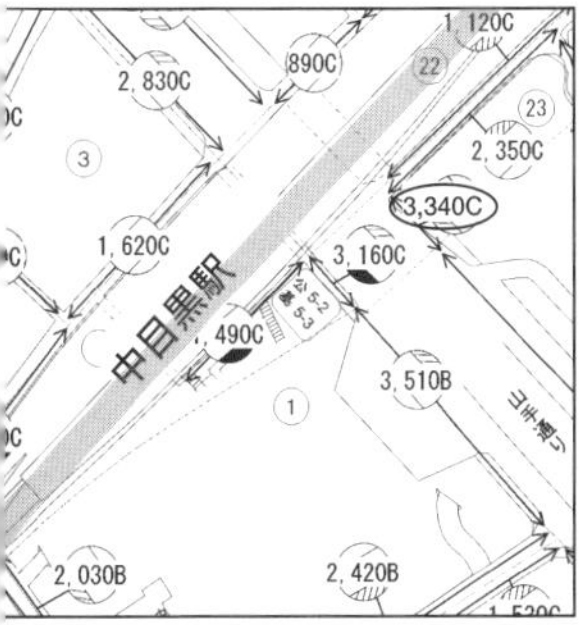

中目黒駅（図 12）

東京メトロ日比谷線、東急東横線の２路線が使える中目黒駅。桜や飲食店に若い人たちが集まる。

祐天寺駅（図 13）

耐震補強が終わり、駅ビルが建設されたが、各駅停車だけが停まる祐天寺駅。駅名は古刹祐天寺から。

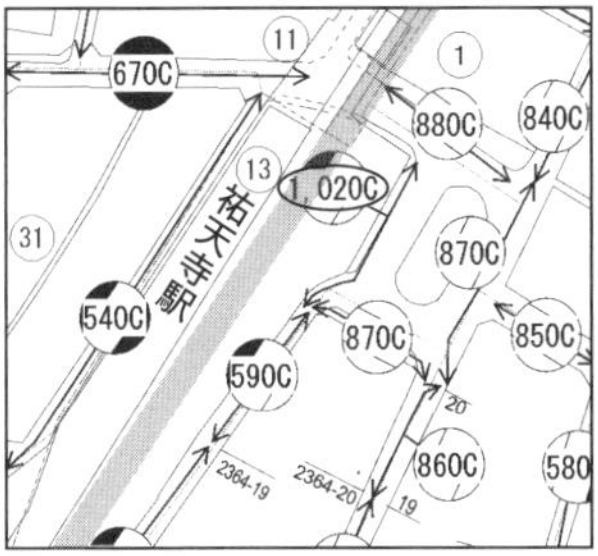

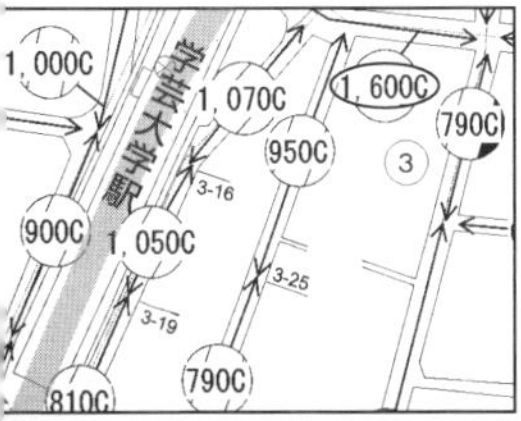

学芸大学駅（図 14）

大きな開発は行われておらず、路地に飲食店が集まり、活気がある。駅名の由来となった東京学芸大学は 1964 年に小金井市へ移転。

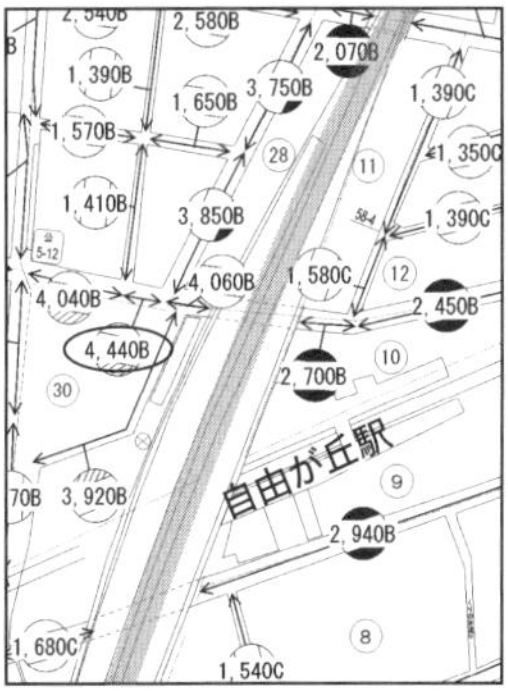

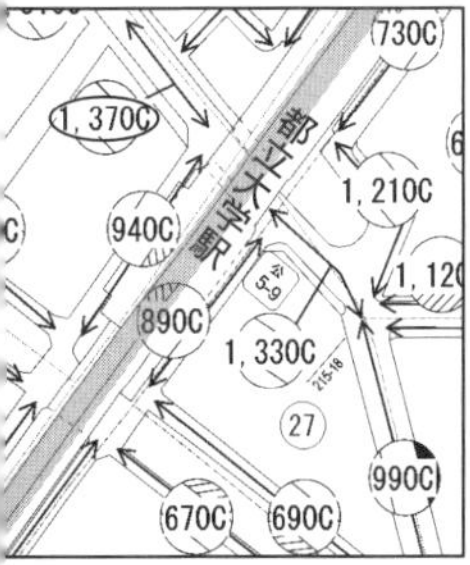

都立大学駅（図 15）

各駅停車しか停まらない都立大学駅。駅の西側に八雲、柿の木坂といった高台の住宅街、反対側の学芸大学との間に碑文谷という名の通った住宅街がある。

自由が丘駅（図 16）

東急東横線、東急大井町線が交差する自由が丘駅。丘と言いながら実際には低地だが、ネーミングからか女性を中心に来街者が多い。

施設の集積の違いが加わると単純にはいかない。中心部に近いのに安い場所、遠いのに高い地域が出てくるのだ。例として東急東横線の中目黒駅以遠、目黒区内の五駅の例をご紹介しよう。

渋谷駅から発する東急東横線は渋谷区にある代官山駅を経て、都心から順に中目黒駅（図12）、祐天寺駅（図13）、学芸大学駅（図14）、都立大学駅（図15）、自由が丘駅（図16）と遠くなっていくのだが、駅の近くで最も路線価が高い地点を見ていくと必ずしも都心からの距離順になっていない。「遠いから安い」は当てはまらないのである。

令和三年度の路線価図で見ると、最も高いのは最も都心から遠い自由が丘。自由が丘は東急東横線と同大井町線の交差する乗換駅であり、特急・通勤特急・急行停車駅であり、商業施設が駅周辺に広範に分布、住んでみたい街としても人気が高く、最近、駅前での再開発計画も公表された。足回りに加えて生活の利便性がダントツに高いのである。

また、長らく女性誌の街特集で定期的に取り上げられるなど認知度も高い。今は若い女性よりも中高年の女性のほうが多いようだが、それでも自由が丘といえばたいていの人が名まえだけにせよ知っているまちと言えるだろう。

それに次ぐ中目黒は東急東横線と東京メトロ日比谷線の二路線が利用でき、自由が丘同様特急等の停車駅。駅前の再開発、東横線高架の耐震改修後には高架下に商業施設も誕生、生活の利便性も近年アップしており、「住んでみたいまち」として主に若い世代の人気を集めている。

だが、それでも自由が丘に及ばないとしたら、中目黒は狙い目ともいえるし、あるいはまだまだ上がる余地があるともいえる。ちなみに中目黒駅脇でも近年再開発の計画が発表されており、その影響が今後出てくると考えると、以降の土地価格上昇はまず間違いないだろう。

残りの祐天寺、学芸大学、都立大学の三駅でみると交通、生活の利便性は見事に反映されている。祐天寺は三駅のうちで最も都心に近いにも関わらず、各駅停車しか停まらない駅で、駅前の商業施設もさほど集積しているわけではない。そのためだろう、五駅の中ではもっとも路線価が低い。

ところが、それよりも一駅先の学芸大学は急行・準急の停車駅であり、駅周辺には商業施設、特に飲食店が充実しており、いつも賑わっている。交通の利便性は多少のプラスだとしても、生活の利便性はおおいにプラスとなっており、それが自由が丘、中目黒に継ぐ路線価になっていると思われるのである。

さらにその先の都立大学も祐天寺同様に各駅停車しか停まらない駅で、駅周辺の商業的な集積も祐天寺と似たり寄ったり。だが、都立大学にはひとつ大きなアドバンテージがある。近隣に碑文谷、八雲といった首都圏では名の知れた住宅街がある点だ。認知度、ブランド力において都立大学にプラスがあり、それが二駅都心に近い祐天寺よりも高い路線価になっているのである。

もうひとつ、見ていただきたいのは最高値の地点から周辺にかけての路線価の下がり方である。頭の中で最高値を頂上に山の形をイメージしてみていただくと良いと思う。自由が丘の場合には四百万円台を頂上に三百万円台、二百万円台と緩やかに山すそが広がる山形になっているが、祐天寺では百万円ほどを頂点に自由が丘よりも狭い山頂部から一気に下落している。この山が緩やかであればあるほど、そのまちには稼ぐ力があるといえ、乗降客数の多い、ターミナル駅などではとても緩やか。駅周辺を見るだけで、その街の力がなんとなくではあるが推察できるのである。

ここでは例として東急東横線を挙げたが、他の路線でも交通 × 生活の利便性の掛け合わせで距離とリンクしない価格になっている路線もある。最寄りの路線あるいは住んでみたい路線の各駅駅前を調べてみると意外な発見があると思う。

価格差が教える危ない場所

土地価格の三要素のうち、利便性は例外はあるものの、一枚の路線価図中では駅から、中心部から遠ざかるにつれて下がっていくという規則性として見ることができる。だが、その規則性に反するものが二種類ある。それが三要素の残りの二つで、そのうち、価格を下げる方向に作用するのが防災に関する安全性である。ここまでで挙げてきたように道幅が狭い、階段があるなどで災害時に逃げにくい、逃げ道が閉塞してしまうなどの懸念がある場所は安くなっているのである。

ただ、道幅、階段は路線価図だけでも理由が分かるが、それ以外は実際に行ってみる、あるいは他の地図と重ねて見ないと分からないことが多い。もっとも納得できるのは実際に行ってみることで、現地に行けば突然安くなっているその場所が周囲からみて低地、窪地になっている、道が蛇行していて明らかに川跡であるなどといった低地であったり、車の入れない細街路が続く急傾斜地であったりすることが一目瞭然である。

路線価図に慣れてくると、図を見るだけで懸念要因が推測できるようになり、地形図、ハザードマップと重ねてみようという気になるものである。いずれにしても災害に弱い条件のある土地は長年の取引の間で弱点が分かるようになっているのである。

これに関しては災害時に弱い場所は建物建設時にも不利があり、それが土地価格に影響していることを指摘しておきたい。

たとえば道の途中に階段があると逃げにくく、消防活動にも支障をきたしかねないが、それは同時に建設時、解体時に資材や瓦礫を運ぶ際の手間でもある。通常ならトラックを横付けして機械に任せられるものを人力に頼らざるを得ず、時間も人手も余分にかかる。当然、そのハンディは価格にも反映する。土地を造成する必要もあるかもしれない。建設費が高くつくなら、土地代は安くということで市場はバランスを求めるのである。

それに、そもそも道幅は災害時の逃げやすさ、閉塞の不安と同時に建物のサイズに影響する。土地の面積に対してどのくらいのボリュームの建物が建つか（容積率という）はその場所の用途地域、前面道路の幅員に応じて最大値が決められている。同じ面積の土地があっても前面道路の道幅が狭い土地では広い道に面した土地に比べて小さな家、建物しか建てられないことになり、土地のポテンシャルを最大限に生かすことができない。こうした不利益が土地の価格に反映されているのだ。

日当たり、通風も価格に含まれている

規則性に反して安い場所の安い理由は防災上の安全性だが、逆に高いところでは住環境の良さがプラスに働いており、価格アップに寄与している。

たとえば桜が名物の目黒川から中目黒駅とは反対側、青葉台方面に坂を上っていくと、駅からは離れていくことになり、路線価はあるところまでは下がっていく。だが、ある地点からは逆に上がり始める。その理由は住環境である。

青葉台、坂という言葉からお分かりだろう、目黒川の都心側は段丘になっており、その上部は目黒川沿いの低地を見渡す眺めの良い高台。中目黒から渋谷へのコースにあった西郷山公園のように、眺望だけでなく、採光、通風にも恵まれており、もちろん、川沿いと違い、浸水の危険なども少ない。そのため、路線価は高く、一帯には大使館や著名人宅その他お屋敷というにふさわしい住宅が並ぶことになるのである。

以上、路線価図から分かる土地の価格の三要素である利便性、防災上の安全性、住環境について簡単に説明した。それを踏まえて、以降では路線価図の上に他の地図を載せることで分かることを見ていこう。

江戸から令和の400年を歩く。佃、月島、豊洲、新豊洲

江戸時代初期の入植と言われる、湾岸エリア最古のまち・佃島から明治時代に工場街として開発された月島、昭和63年頃から大規模再開発が行われた大川端リバーシティ、平成15年以降に開発された豊洲、令和に誕生した新豊洲と江戸から現在までを歩く。江戸時代は佃、石川島（大川端）の一部があっただけで、それ以外は以降の埋立てによる。土地はほぼ平坦。月島〜豊洲間は東京メトロ有楽町線で一駅移動。帰路は豊洲から新橋まで新交通ゆりかもめを利用すると豊洲市場、有明など開発が進む湾岸エリアを車窓から眺められる。

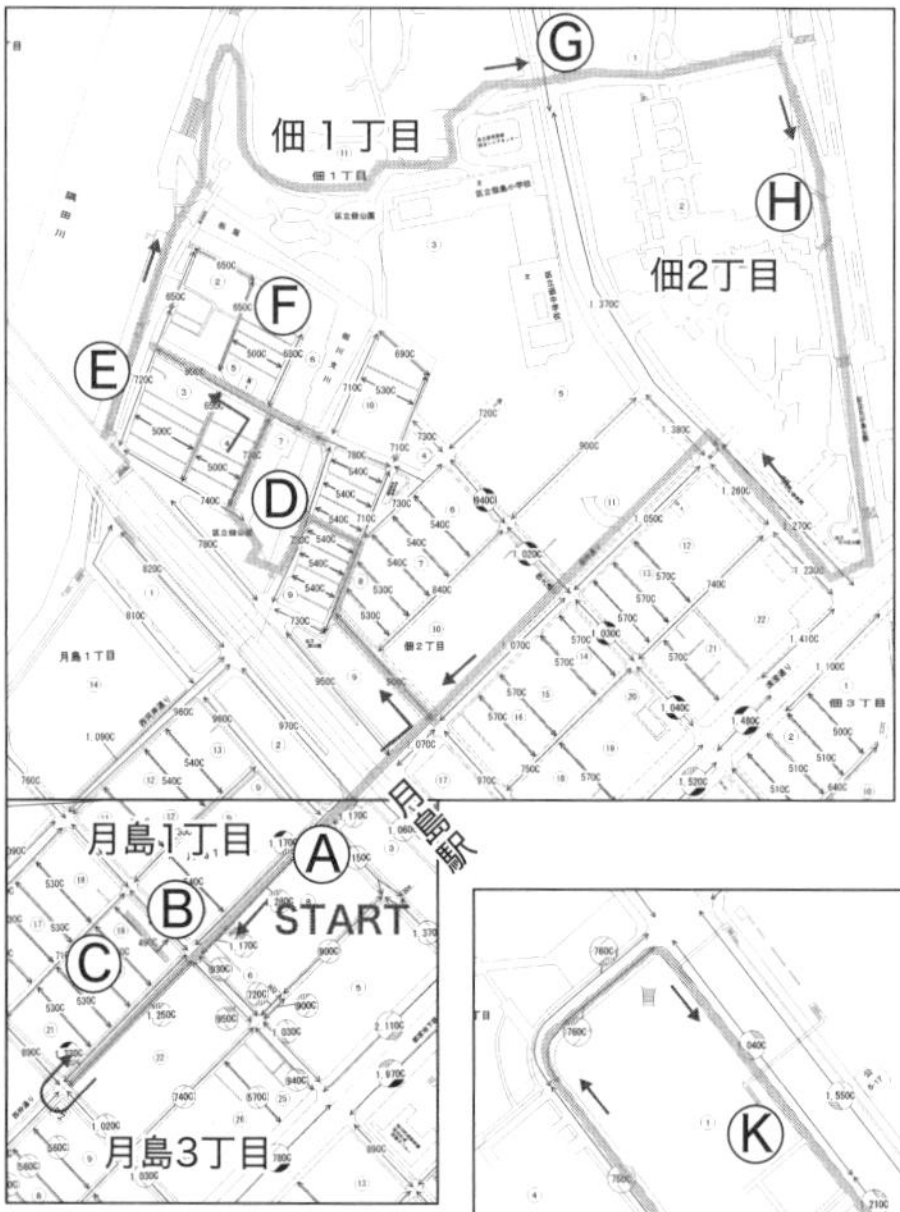

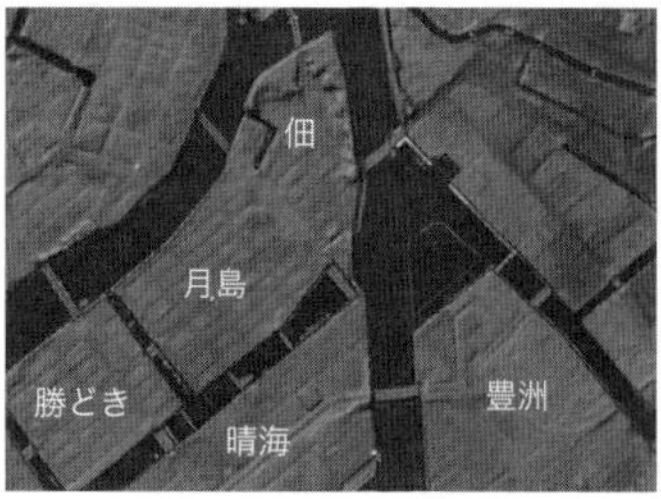

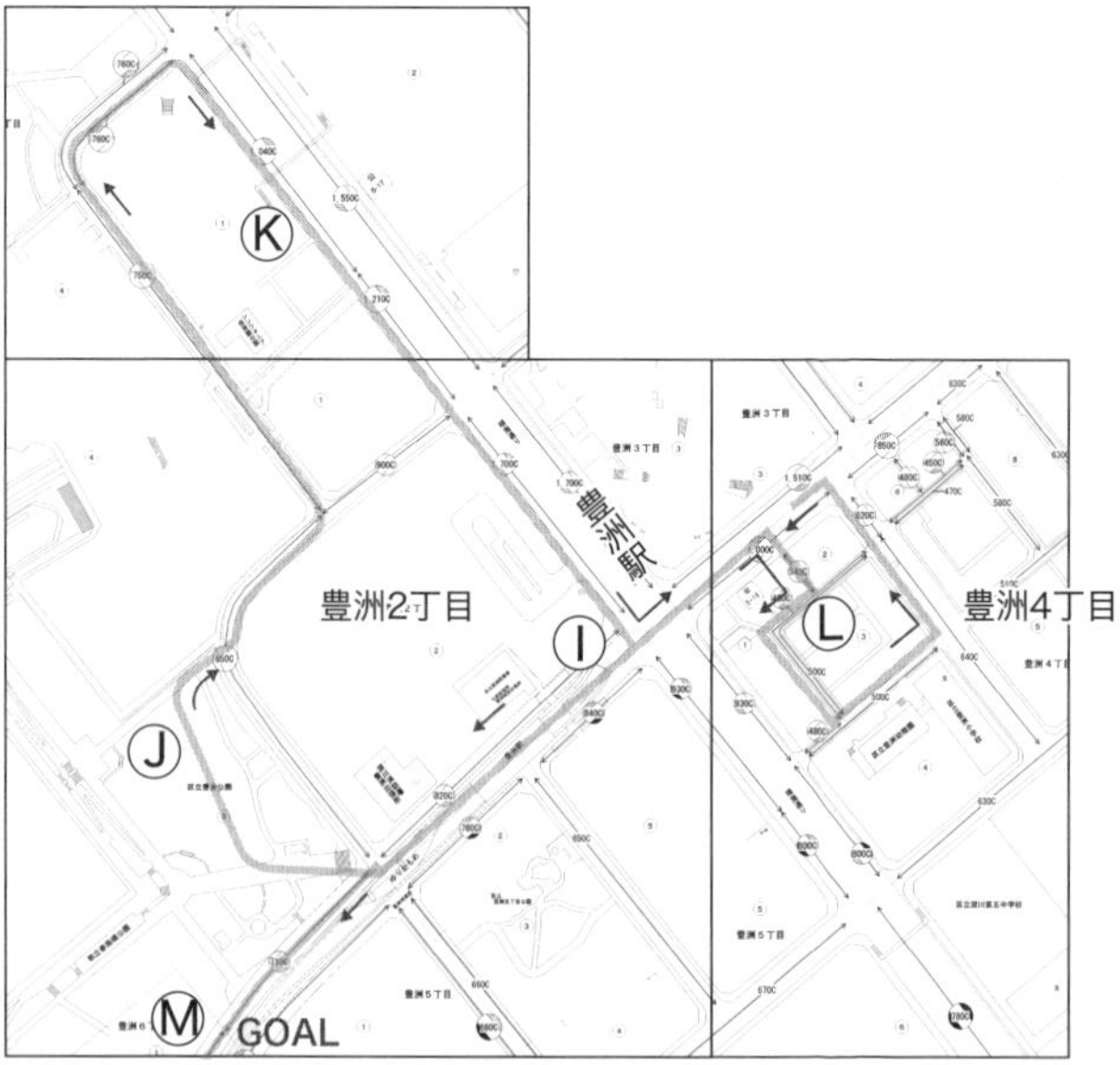

Ⓑ 細い路地に入ると半額に

土地の高低がほとんどなく、月島駅、勝どき駅の2駅があることから利便性にも大差はなく、路線価を決めるのは主に道路幅、区画のサイズ。通り沿いと路地沿いは半額に近い大差がある。月島エリアから佃にかけては関東大震災で大被害を受けたが、戦災は受けておらず、古い建物や井戸などが残されている。

Ⓐ タワマンが増える西仲通り

月島は明治20年くらいから埋立てが始まり、明治24年に竣工。小工場と労働者のための三軒長屋が並ぶエリアだった。1988年の有楽町線開通以来もんじゃで有名に。ここ20年ほどでタワーマンションが増加した。

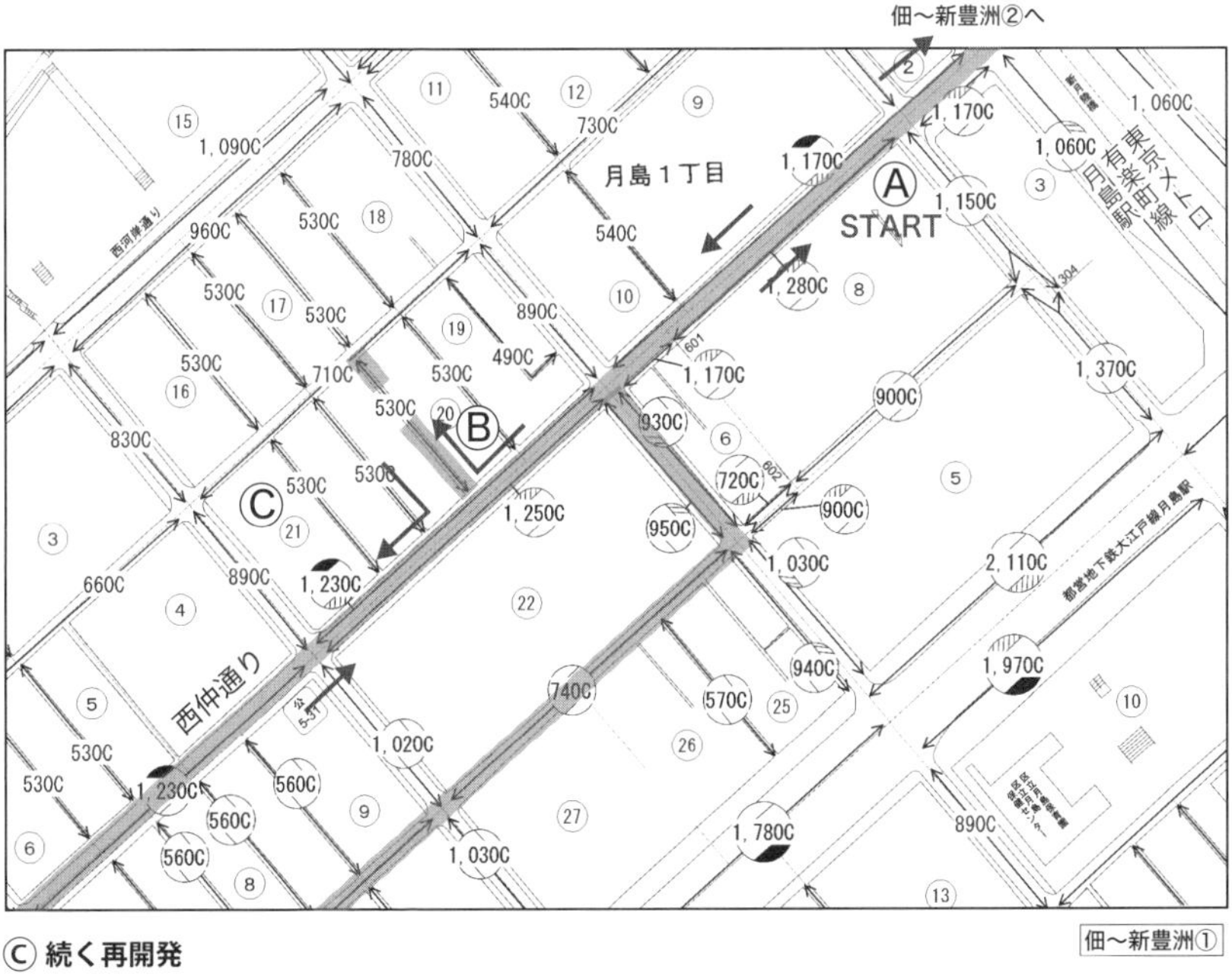

Ⓒ 続く再開発

駅前のタワーマンションの開発以来、ここ20年ほど延々と再開発が続いており、現在も西仲通りの両側で2026年完成を目指して2つの再開発が行われる。該当地域の路線価も大きく上がるだろう。

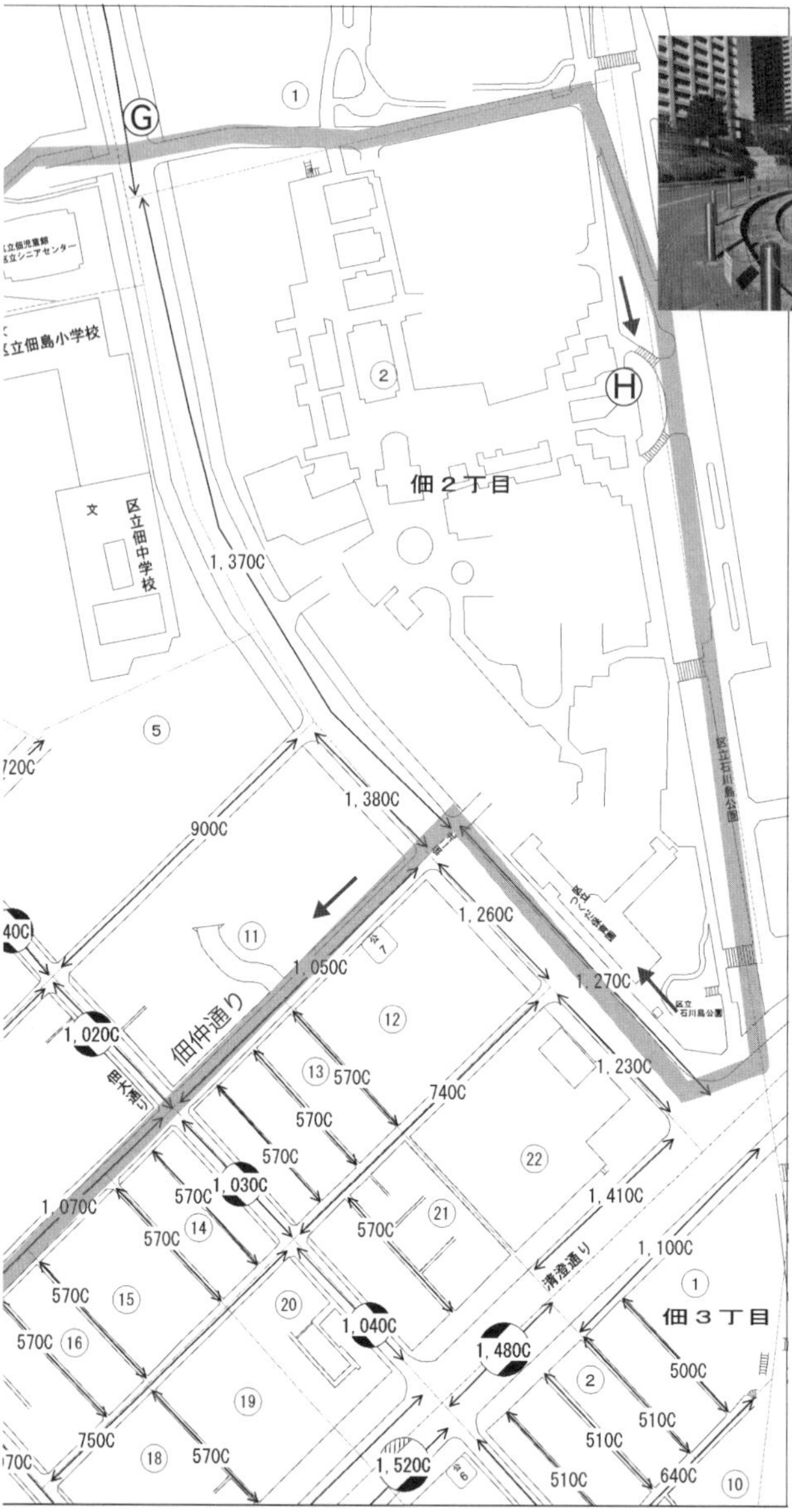

佃〜新豊洲②

Ⓗ 開発された水辺

大川端の開発は日本のウォーターフロント開発のはしり、眺望を売りにするタワーマンションの原型と言われるが、当初は眺望は評価されておらず、賃料にも大差はなかった。

Ⓓ 新旧の風景が交差する区立佃公園

佃島は徳川家康が連れてきたと言われる摂津国佃村（現在の大阪府西淀川区佃町）の漁師のまち（現在の町名は佃）。路地、古い街並み、住宅が残されており、井戸、お地蔵さんなども。新旧が交差する風景も名物のひとつだが、風情は路線価には反映されないようだ。

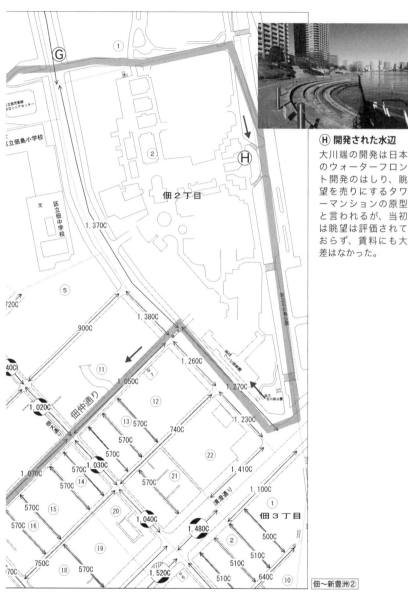

Ⓖ **大川端リバーシティ**

元々は石川島と呼ばれており、江戸時代の人足寄場から石川島監獄署になり、その後、石川島播磨重工業は、1962 年には国内最大の造船所に。しかし、造船不況で工場が閉鎖、都心回帰促進のために 1986 年に再開発がスタート。2010 年にかけて建設された。この区画の路線価とそれ以外の風景を比べてみると生活の変化が如実に感じられる。

Ⓕ **住吉大社**

まちと同様江戸初期からの歴史を持つ住吉大社。大阪にある航海安全の神である住吉大社の分社。３年に一度の大祭で知られる。

Ⓔ **佃煮屋**

今では一般名詞となった佃煮の発祥の地が佃。現在も 1800 年代に創業した３軒が健在、風情のある建物も名物。路地の路線価は道幅に応じてほぼ同じ額になっており、再開発を除くと不動産が大きく動いていないであろうことが推察される。佃煮屋の並ぶ通りのあたりには 1964 年まで渡し場があった。

Ⓙ 豊洲公園、ららぽーとなど

まちを大きく変えたのは 2002 年、石川島播磨重工業・東京第一工場の閉鎖。跡地では豊洲二丁目土地区画整理事業が実施され、2006 年にまちびらき。同年にはゆりかもめ豊洲駅、商業施設が開業、路線価も以降アップした。

Ⓘ 豊洲駅前

昭和 14 ～ 18 年豊洲に東京石川島造船所が建設され、工場、作業員の宿舎等が作られた。昭和 20 年代には都営住宅、その後豊洲ふ頭の建設が始まったことから埋立て関係者も集まった。1988 年に東京メトロ有楽町線豊洲駅が完成。佃、月島とも異なる区画のサイズが見もの。路線価も比べてみたい。

Ⓜ 新豊洲

築地から移転した豊洲市場があるのが豊洲六丁目。駅としてはゆりかもめの新豊洲、市場前の２駅。路線価は現状は月島の路地あたりのレベル。オープンするはずだった観光施設がオープンできていない点が影響しているのだろうか。

佃～新豊洲③

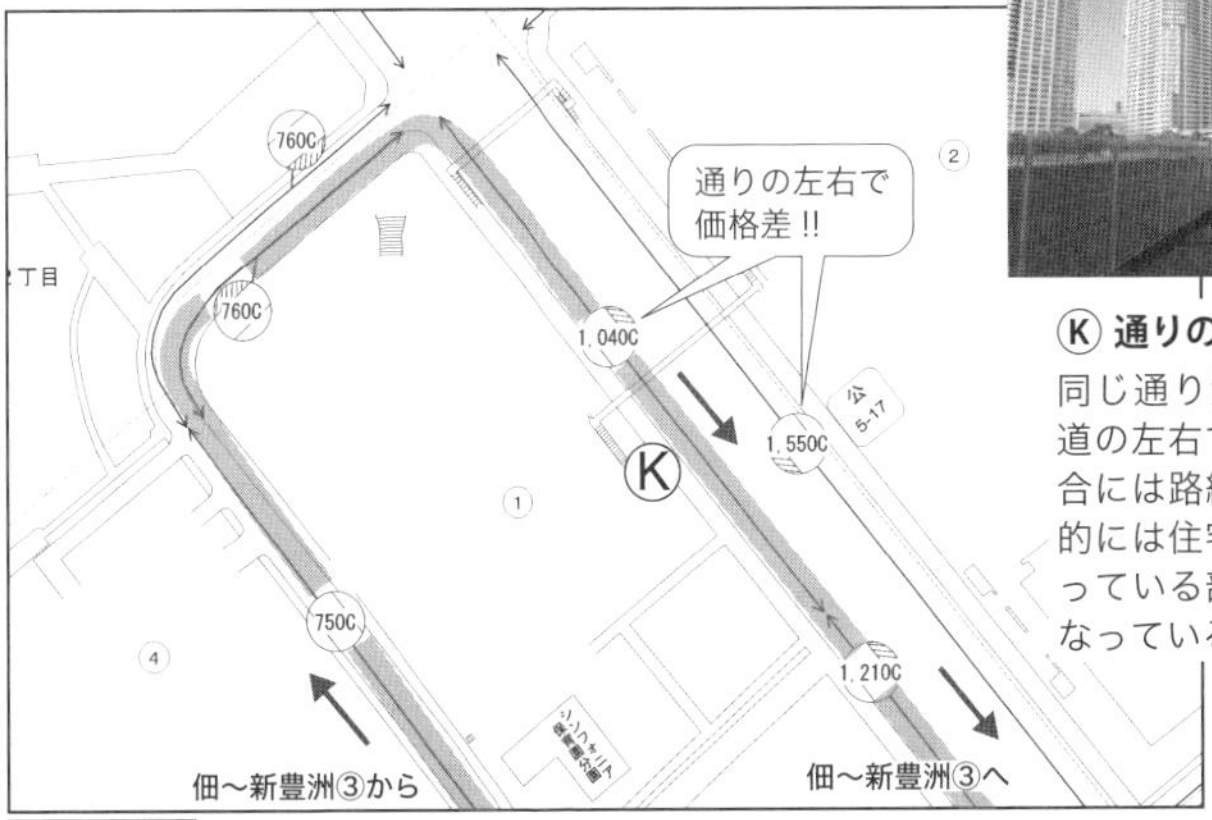

佃〜新豊洲④

Ⓚ 通りの左右に価格差

同じ通り沿いでも、道幅があり、道の左右で利用法に違いがある場合には路線価に違いが出る。一般的には住宅とオフィスが向かい合っている部分ではオフィス優位となっていることが多い。

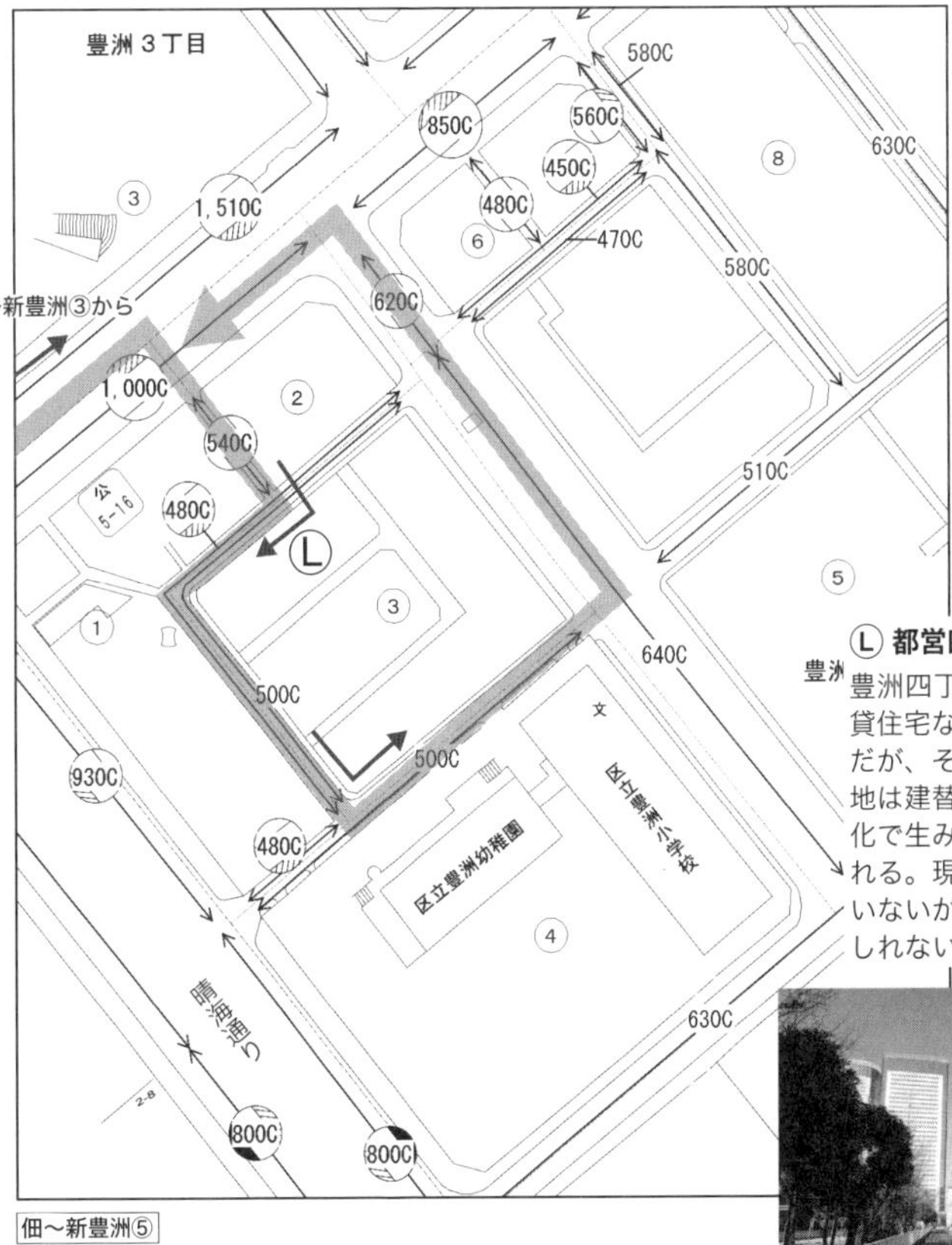

佃〜新豊洲⑤

Ⓛ 都営四丁目団地建替え

豊洲四丁目は都営住宅、UR 賃貸住宅などが集まっている地域だが、そのうち、都営四丁目団地は建替えが終了。今後は高層化で生み出された更地が開発される。現状の路線価は変化していないが、今後は変化するかもしれない。

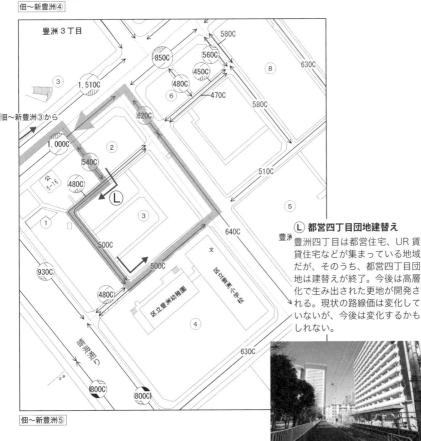

昭和のお屋敷街・田園調布から平成・令和の住みたい街・武蔵小杉へ

1923（大正 12）年に渋沢栄一らが立ち上げた田園都市株式会社によって分譲が開始された大田区田園調布（東急東横線・同目黒線）は 1980（昭和 55）年の漫才コンビ星セント・星ルイスの「田園調布に家が建つ」のネタで一躍全国に知られるようになった。同心円と放射線からなる独特で印象的な区画でも有名で、長らく憧れの住宅地のひとつとされた。川を挟んで反対側にあるのが 2007（平成 19）年に最初のタワーマンションが建って以来住みたい街として人気の高い武蔵小杉である。このコースでは高台の静かで緑豊かな環境を良しとした昭和から、利便性優先になった平成、令和の住宅観を意識しながら歩く。

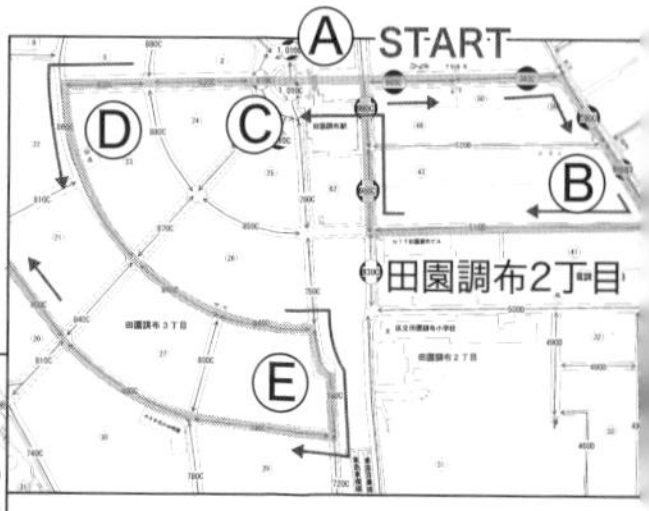

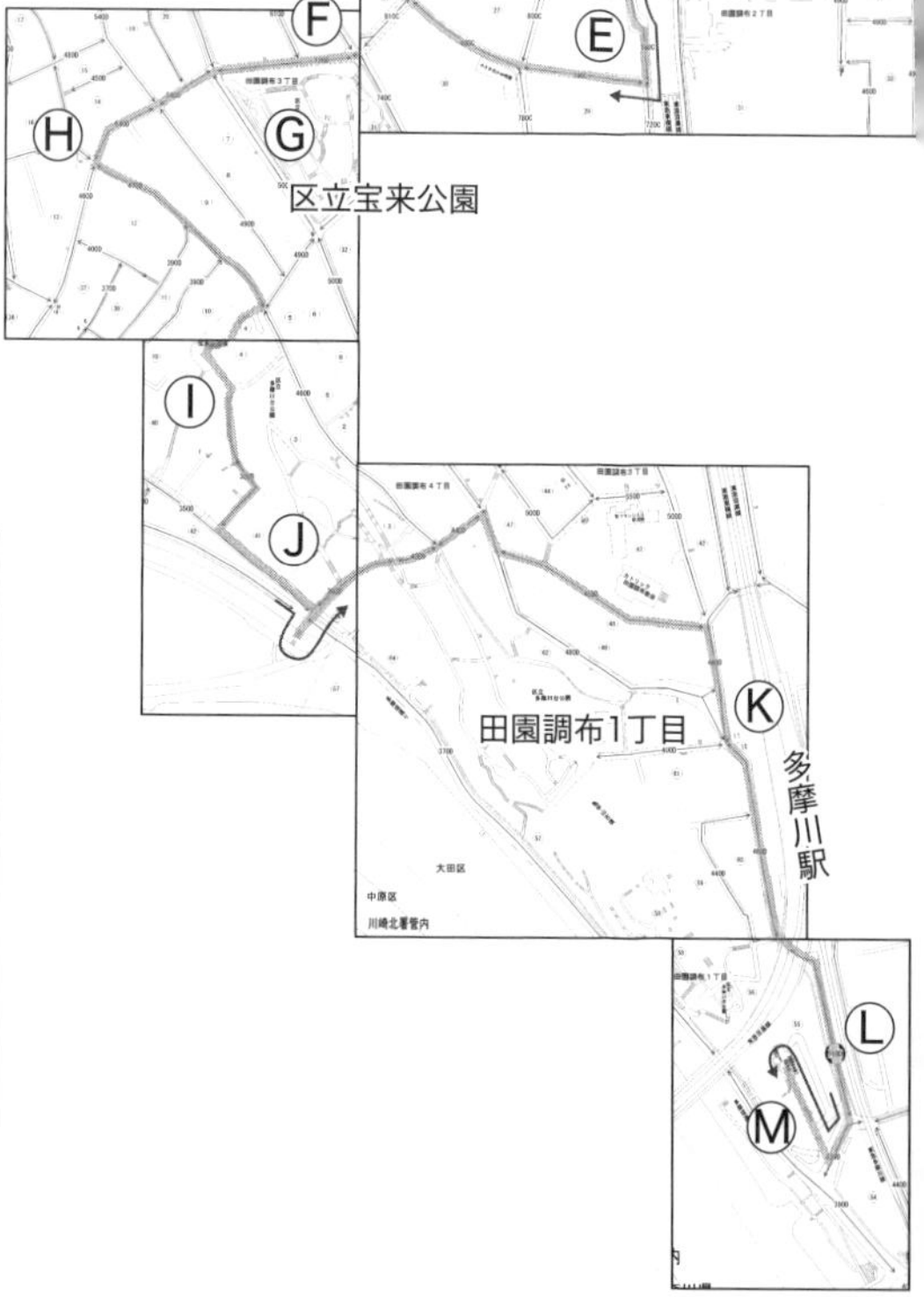

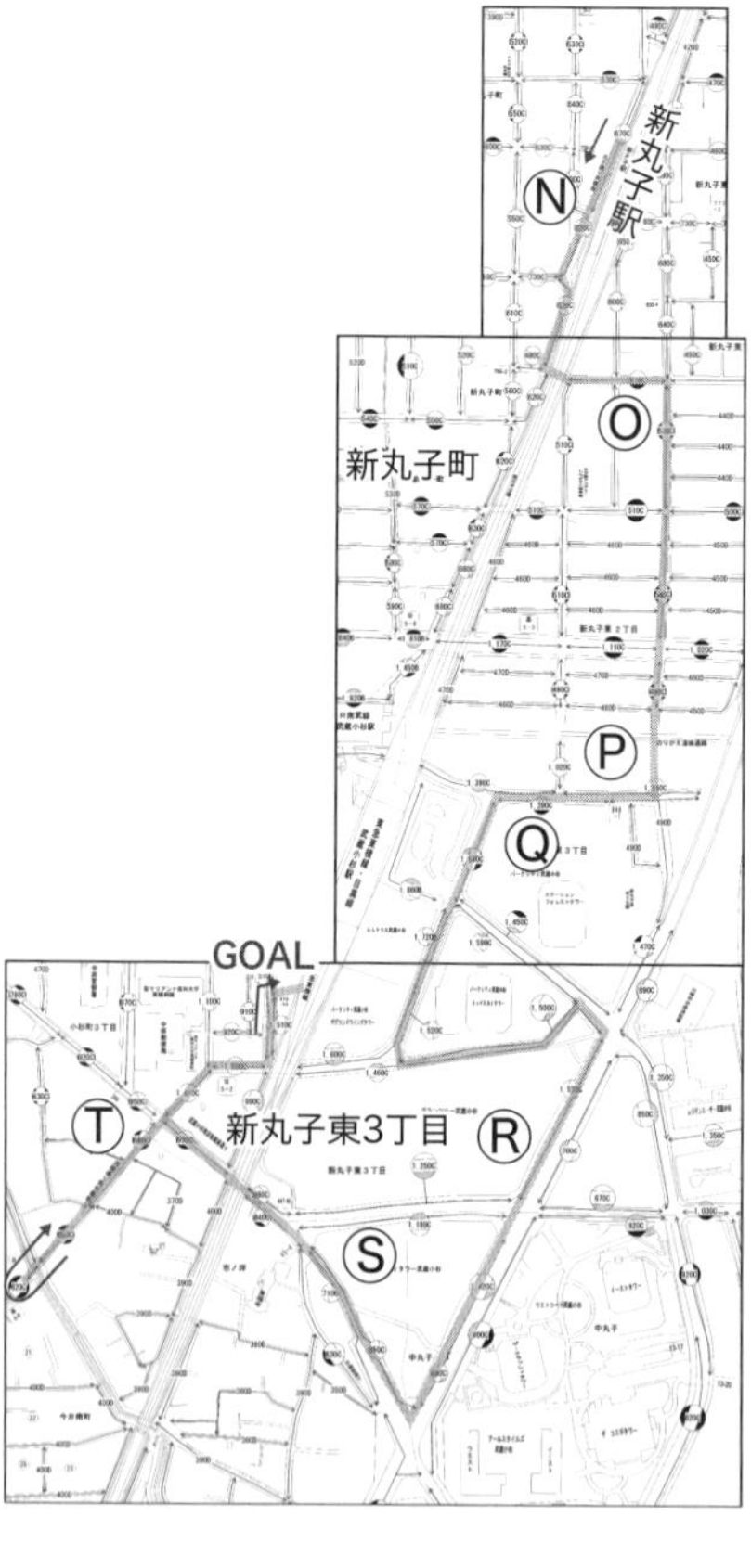

Ⓐ 田園調布駅

田園調布駅は高台の住宅街の下、低地に向かう商店街の手前に作られており、1995（平成7）年に地下化、かつての駅舎は2000（平成12）年にシンボルとして復元された。田園調布が分譲された時代には住宅街はなによりも環境重視、商店があるのは駅前のごく一部。これが可能だったのは当時の商店がご用聞き、配達を常とし、家庭内には女中さんなどの労働力があったため。高台の住宅地の路線価が低地の商店街より高く、このエリアでは商店街の稼ぐ力より、住宅地の閑静さが評価されている。

Ⓑ 低地の商店街より高台の住宅地の方が高い

駅から坂を下ったところに商店街が広がる。大規模な店舗は少なく、個人商店が主体の時代に作られたまちであることが分かる。近年はドラッグストアなどチェーン店が増加しており、古くからの店は少なくなっている。低地であまり活気のない商店街でもあり、路線価上の評価は高くない。

田園調布～武蔵小杉①

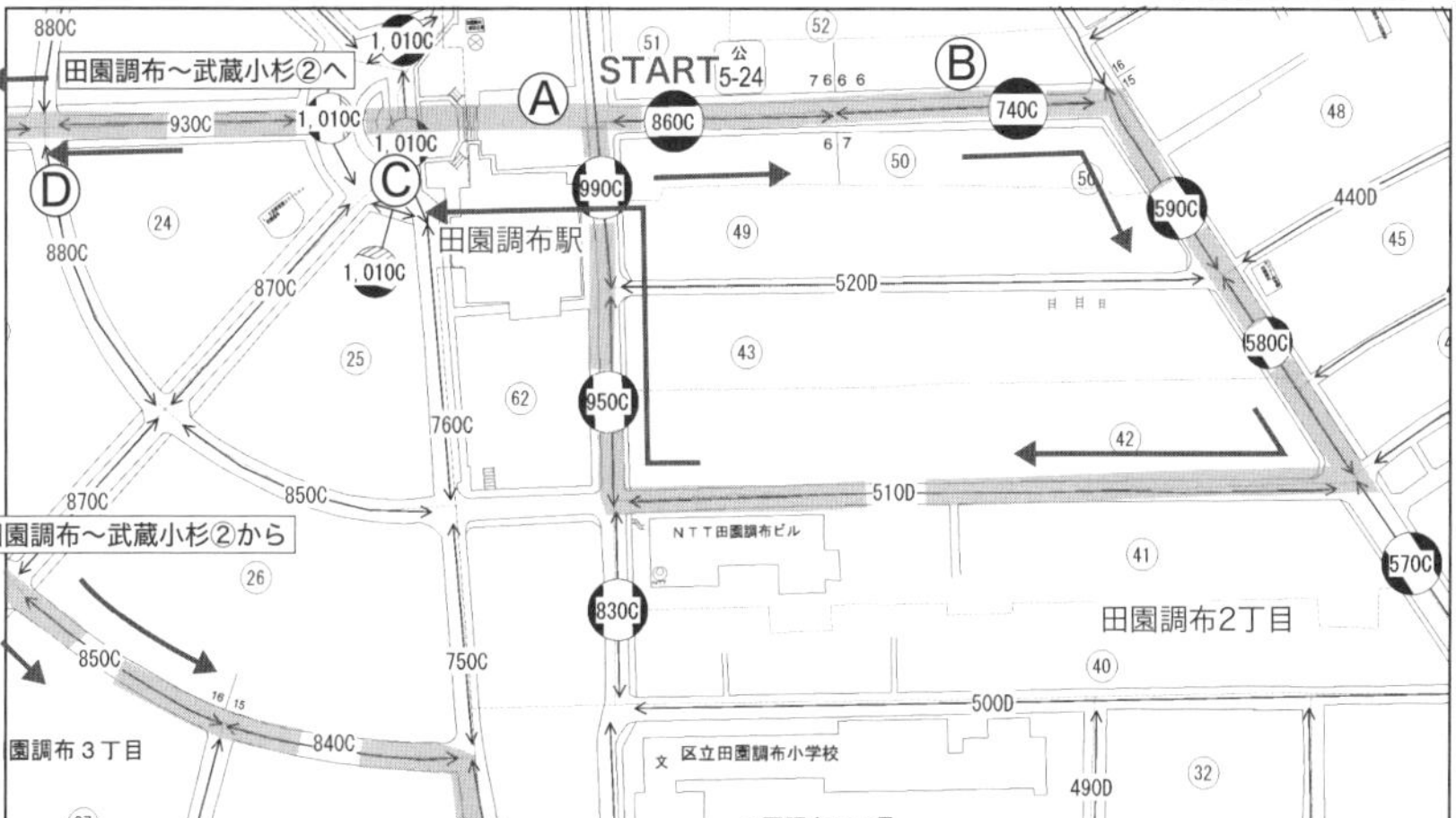

Ⓒ 同心円、放射線状に下がる路線価

同心円、放射線状に区画された街並みが印象的な田園調布。路線価も同心円、放射線に従い、中央から外に行くに従って下がっていくことになる。商店街エリアと異なり、明らかに区画が大きいのは一般社団法人田園調布会が区域内の地区計画区域内において建築物の敷地面積の最低限度を165㎡と定めているため。細分化ができないのだ。

Ⓓ 住宅床面積や高さにも制限が

田園調布では敷地面積以外にも総戸数４戸以上あるいは各住戸の床面積が 37m^2 未満の住戸を含む長屋または共同住宅は建設できず、建築物等の高さの最高限度は９m（一般には 10 m）など厳しい制限がある。それが美しい景観を守っているのだが、一方で区画が大きく、価格が高いために売却できず、空き家になっている例も。

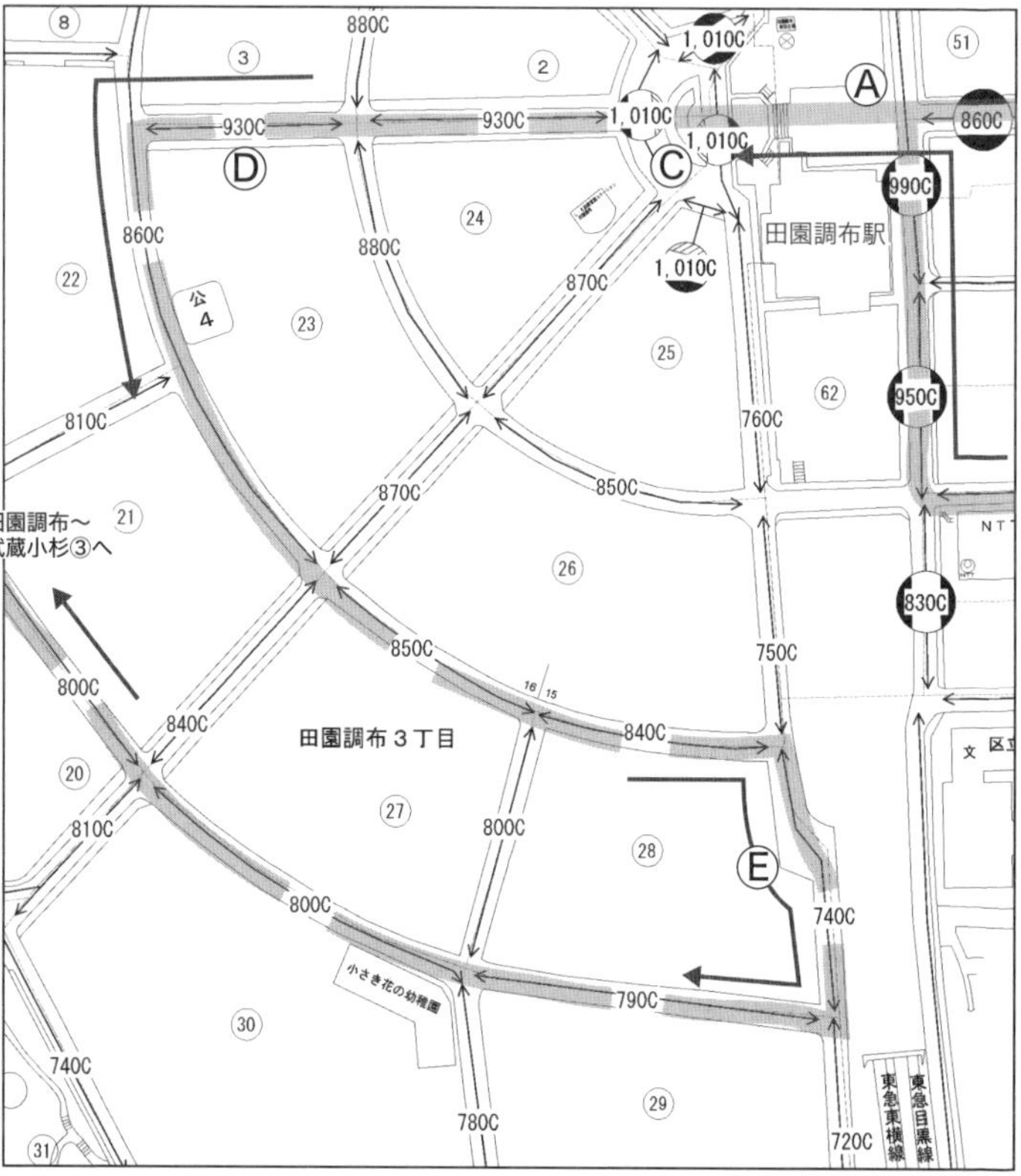

田園調布～武蔵小杉②

Ⓔ 自販機もない住宅街

駅前以外でも線路を挟んで東側、西側の土地の高さの違いが分かる場所が何か所かある。住宅地側では自動販売機を見かけることもほとんどない。自販機は建築物ではないので、用途地域に関わらず、どこにでも置けるが、店舗が自店の前に置くことが多く、商店がない地域では自販機を置こうとする事業者もいない。

Ⓖ **公園内の湧水池**

宝来公園は田園調布会が武蔵野の旧景を保存するためにこの地を広場としたことがきっかけで、1934（昭和 9）年に東京市に寄付され、1944（昭和 19）年に宝来公園として開園した。区への移管は 1950（昭和 25）年。一番低い部分には湧水池があり、開発前の姿を彷彿とさせる。

Ⓕ **宝来公園**

大田区立宝来公園は斜面に沿って作られており、一番底には池。その脇の道は長い下り坂で、底にある道を境に路線価は大きく変わる。距離という以上の違いが明らか。

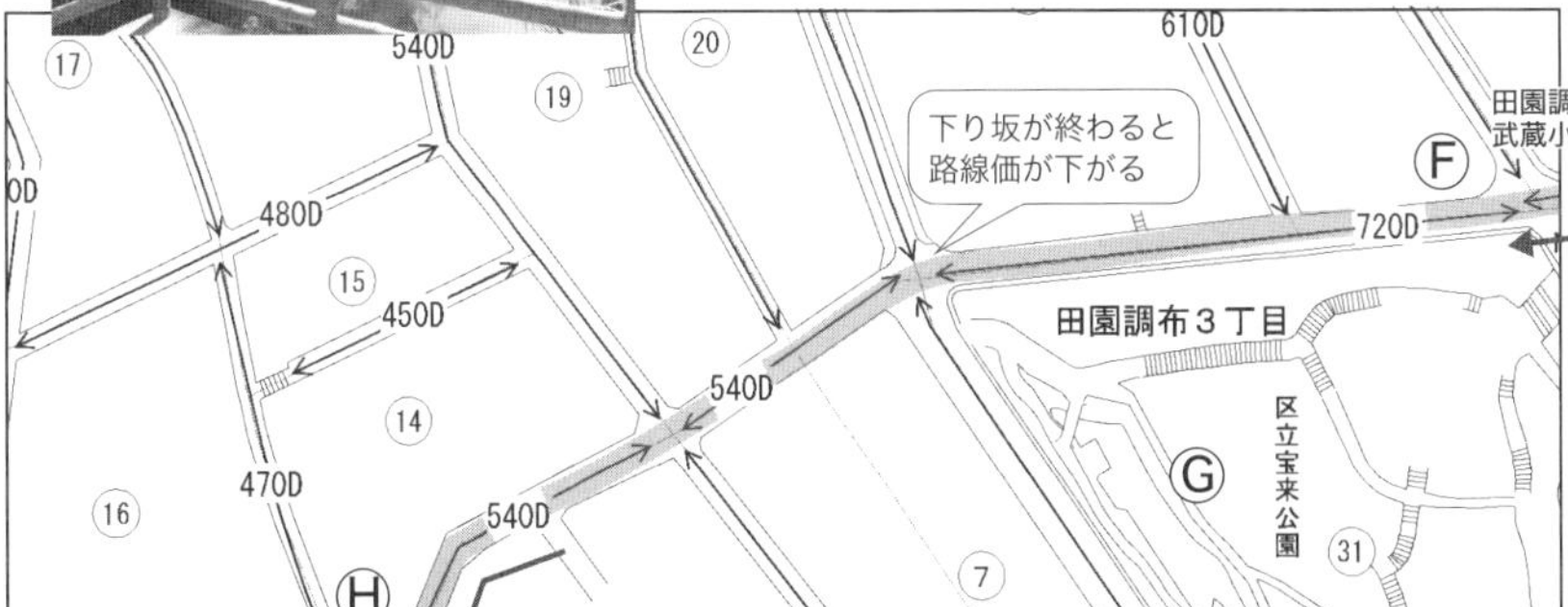

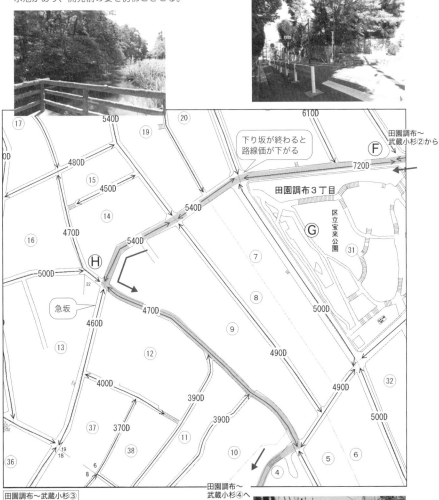

田園調布〜武蔵小杉③

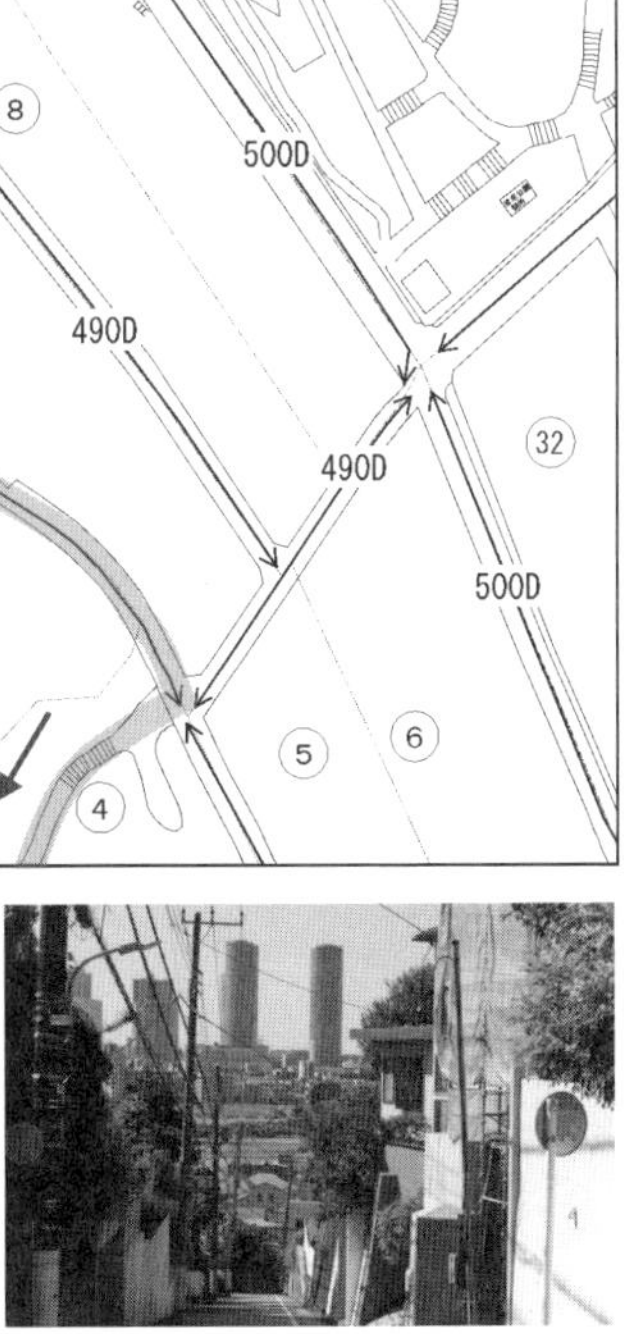

Ⓗ **多摩川を見下ろす急坂**

宝来公園で一度低くなった土地は多摩川に向けて再度上がる。多摩川に向かって下る坂は 16 度と急。このあたりでもっとも高い地点は 40 mほどあり、多摩川手前の丸子川辺りは 10 m。30 mもの標高差がある。坂の手前と坂では路線価も異なる。

Ⓘ 古墳銀座

川沿いにある区立多摩川台公園内には多摩川流域最古の前方後円墳で、荏原古墳群の最初の首長墓とされる宝莱山古墳、多摩川流域最大の前方後円墳、全長 107 mあまりの亀甲山（かめのこやま）古墳など 10 基もの古墳跡がある。このあたりは古墳銀座とも言うべき高台エリア。昔も今も居住地として評価が高い。

田園調布～武蔵小杉③から

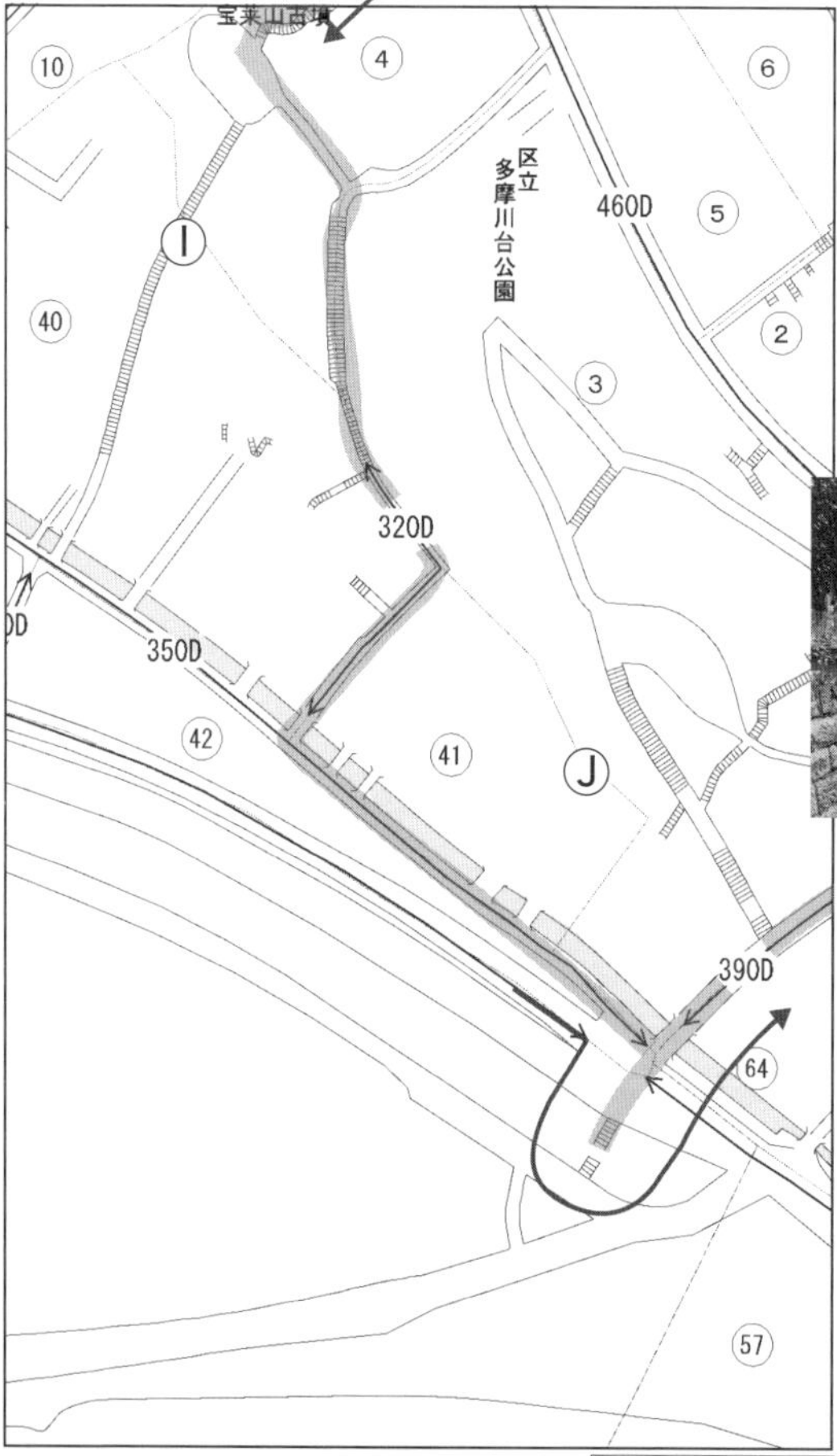

田園調布～武蔵小杉⑤へ

田園調布～武蔵小杉④

Ⓙ 丸子川

丸子川は世田谷区、大田区を流れて田園調布多摩川浅間神社のあたりで多摩川と合流する一級河川。六郷用水の中流部を整備したもので、名称を変えて残っている。川沿いは区画も小さく、周辺では路線価の低い場所となっている。

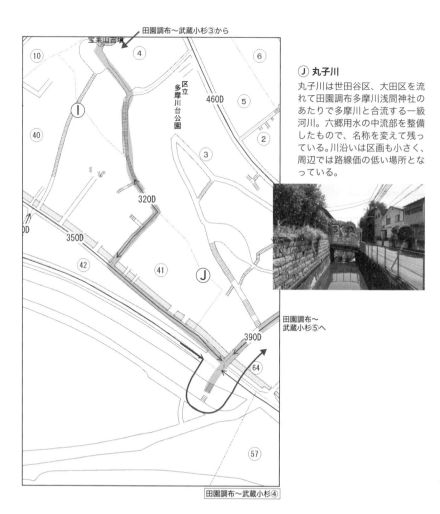

Ⓚ 田園調布せせらぎ公園

多摩川駅の東側には現在、区立田園調布せせらぎ公園があるが、ここには1925（大正 14）年に開業した「温泉遊園地　多摩川園」があった。戦後に賑わったが、1970 年代以降は住宅増加による近隣紛争が起き、レジャーの多様化から入場者も減少。道路渋滞に対する苦情などの要因から 1979（昭和 54）年に閉園。2003（平成 15）年に大田区が土地の一部を購入、2006（平成 18）年には公園として開放。公園の緑が見える一部地域は高く評価されている。

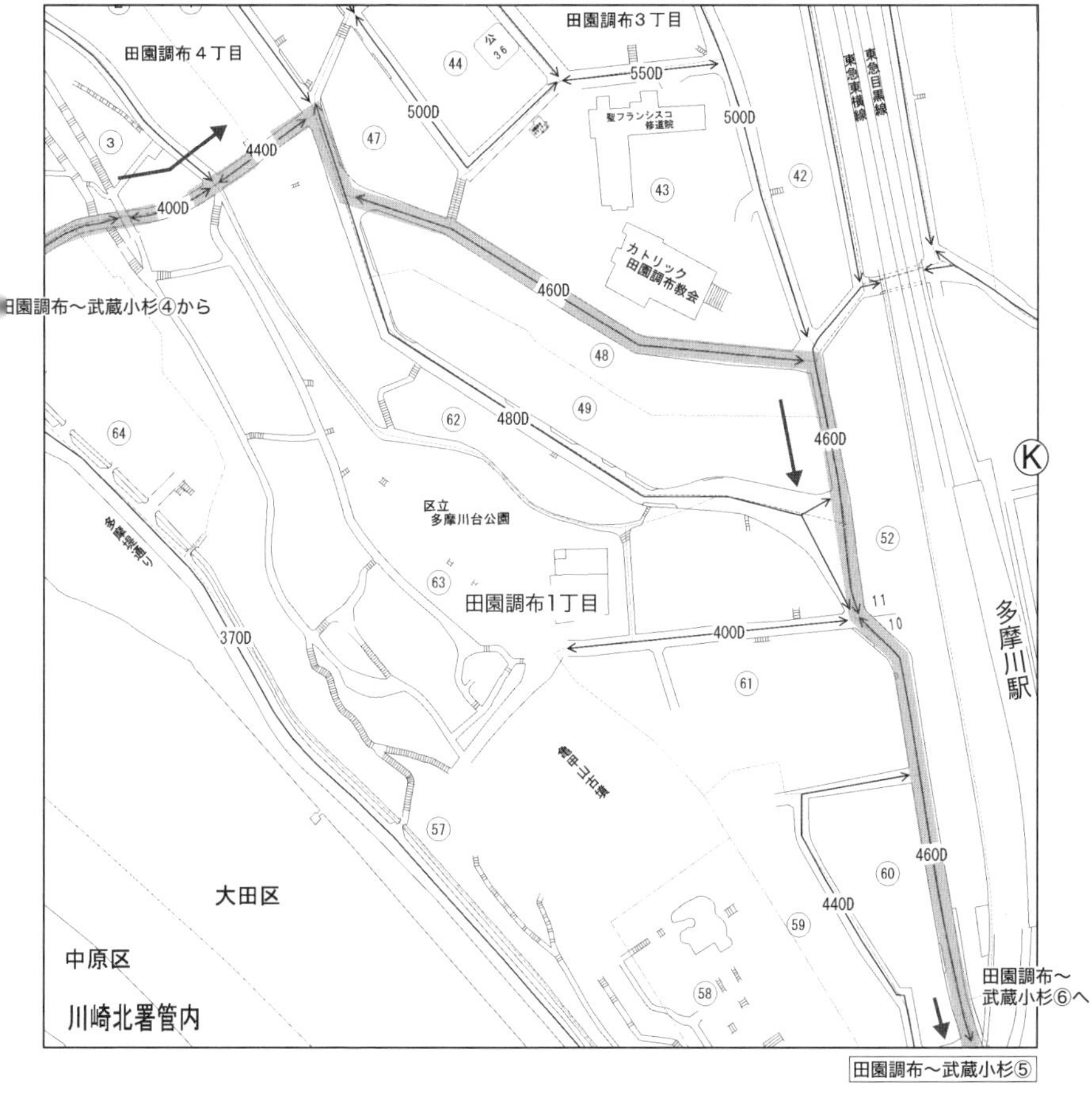

Ⓜ 古墳にある神社

田園調布多摩川浅間神社は北条政子が源頼朝の武運長久を祈り、持仏の観音像を祭ったのが始まりという。社殿改築時には５世紀末から６世紀前半の埴輪などが出土、古墳であったことが分かる。対岸の武蔵小杉のタワーマンション群を遠望するにはうってつけの場所。丸子橋で多摩川を渡っても良いが、ちょっと疲れた人は東急東横線で一駅移動しよう。

Ⓛ 古い商店街で路線価は高め

多摩川駅から田園調布多摩川浅間神社に向かう道沿いに飲食店や和菓子・鮎焼きの店があるのはかつて行楽地だったため。以前は道路両側に店舗が並んでいたが、駅舎と東急多摩川線の改築で撤去。店を出せる地域であるため、路線価は高め。

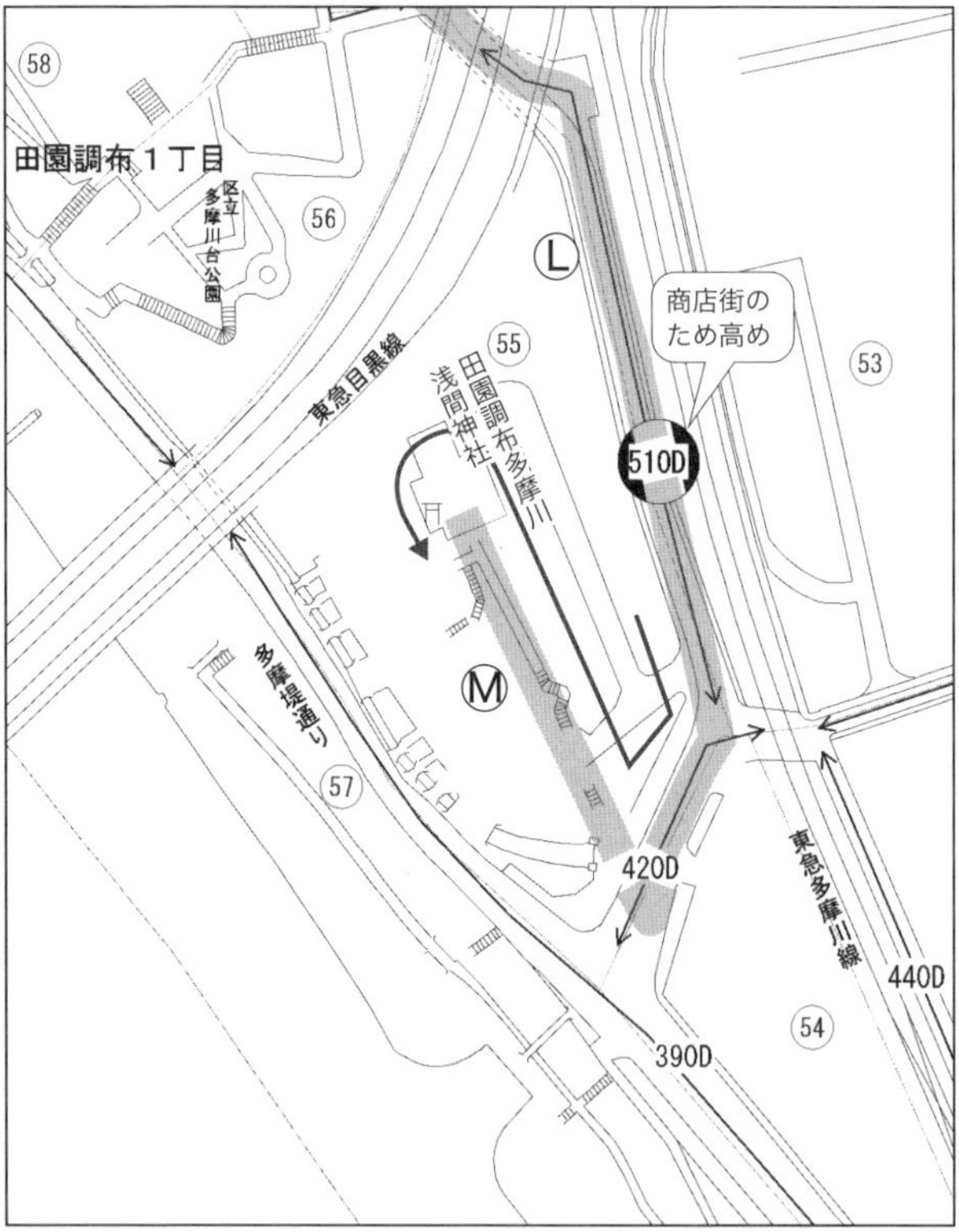

田園調布～武蔵小杉⑥

Ⓝ 新丸子駅前

多摩川を渡ったところにあるのが新丸子駅。多摩川を渡った辺りは水辺の行楽地で、明治、大正期には鮎を売り物にする料亭も多数並んだ。最盛期には料亭が 25 軒ほど並ぶ三業地が生まれ、賑わった。現在はマンションやビル、駐車場などに代わった。一部に長屋形式の飲食店などがあったが、武蔵小杉の再開発の影響で新丸子駅近くでも開発が進み、古い建物の更新が進んでいる。まちのどこからでも武蔵小杉のタワーマンションが望めるが路線価はまだ手頃。

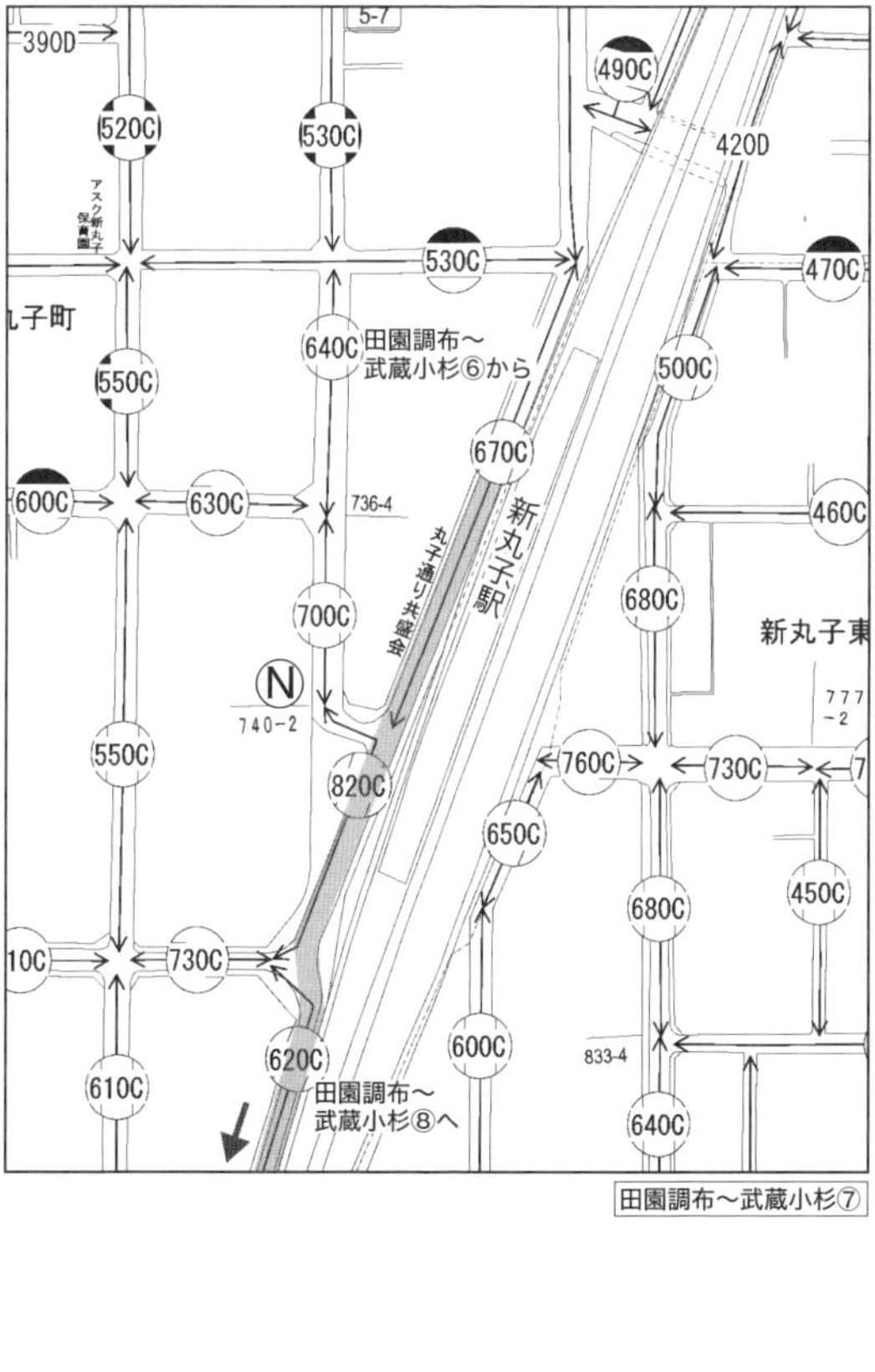

田園調布～武蔵小杉⑦

Ⓟ 再開発の力を実感できる地下通路

新丸子東地下通路を潜って武蔵小杉エリアに向かう。開発が行われていない地域と再開発エリアが南武線で区切られていると考えると分かりやすい。地下通路の入り口周辺の路線価は40万円台だが、階段を下って上った先の武蔵小杉側は100万円以上。このわずかな距離に2倍以上の差が。再開発恐るべしである。

Ⓞ 京浜伏見稲荷神社

戦後早々の1951（昭和26）年に、京都・伏見稲荷大社を勧請して創建された単立神社で、108体の神狐像が有名。この神社の前の通りは小規模な飲食店が建ち並び、線路を挟んで反対側の、商店街があるほうに比べると路線価は低め。

田園調布〜武蔵小杉⑦から

田園調布〜武蔵小杉⑧

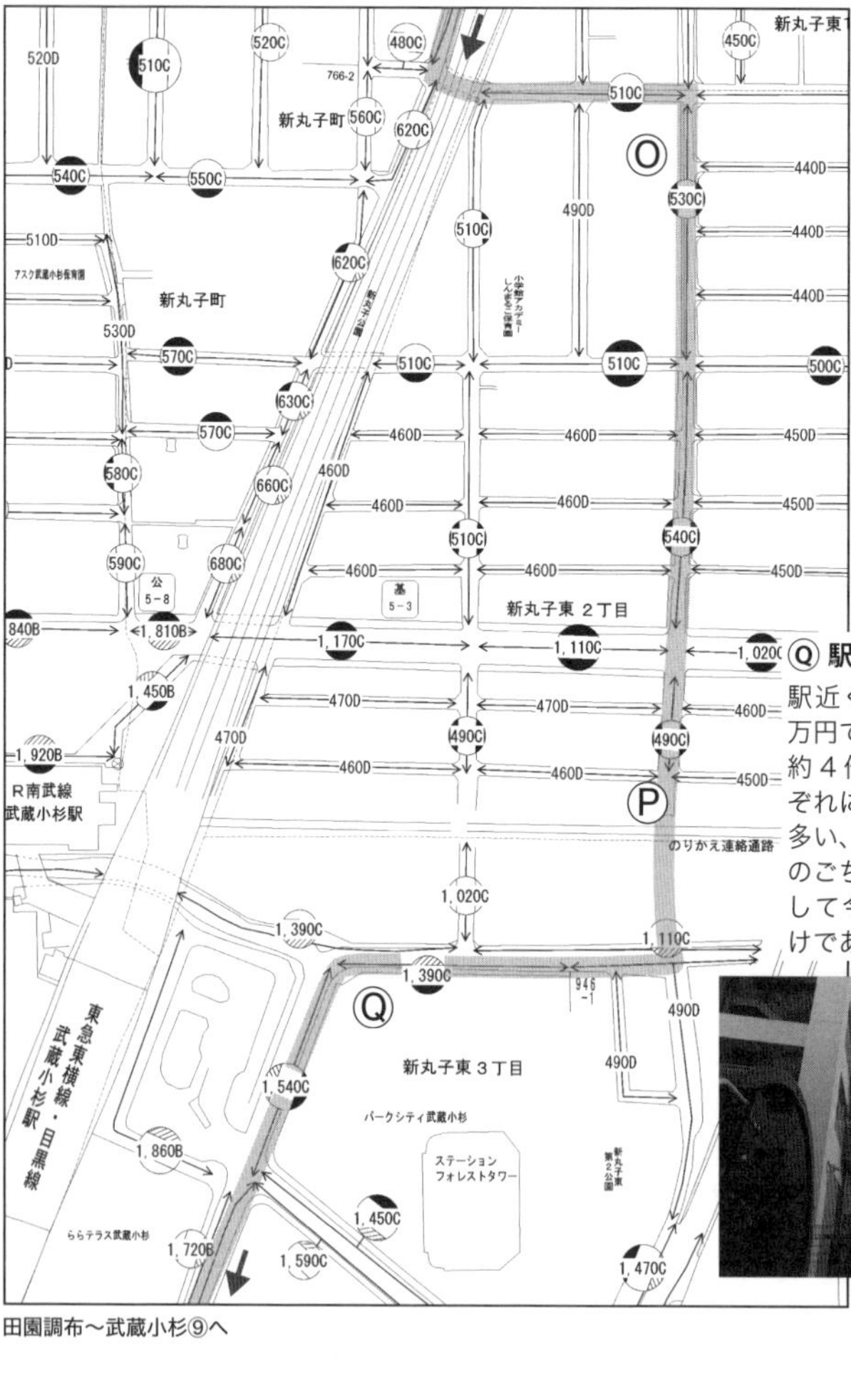

田園調布〜武蔵小杉⑨へ

Ⓠ 駅に近づくと上がる路線価

駅近くで最も高い地点は186万円で、地下通路前からすると約4倍。まちの雰囲気もそれぞれに異なる。田園調布の緑の多い、ゆったりしたまち、昭和のごちゃごちゃした新丸子、そして今風の武蔵小杉というわけである。

Ⓢ **残された古い建物**

開発エリアと道を挟んで古い建物が残る地域もある。そうした地域の路線価はかなり抑えられたものになっている。しかし、開発の進展で古い建物は減っており、あと数年すれば新しい建物だけになり、路線価も平準化されていくのかもしれない。

Ⓡ **綱島街道の左右で差**

この一帯には工場が並んでおりそれらの郊外移転で大規模再開発が行われ、主に東横線の東側が大変貌を遂げた。さらに駅東側から新丸子方面と開発地域が拡大。周辺一帯がタワーマンション銀座と変わった。最初の開発が集中しているのが綱島街道の東側で 2006 ～ 2008 年に竣工。綱島街道の拡幅も行われ、そのために東側は不利になり、それが路線価に反映されている。商業施設グランツリー武蔵小杉に向かい合う古い商業施設が新しくなれば路線価も変わるやも。

田園調布～武蔵小杉⑨

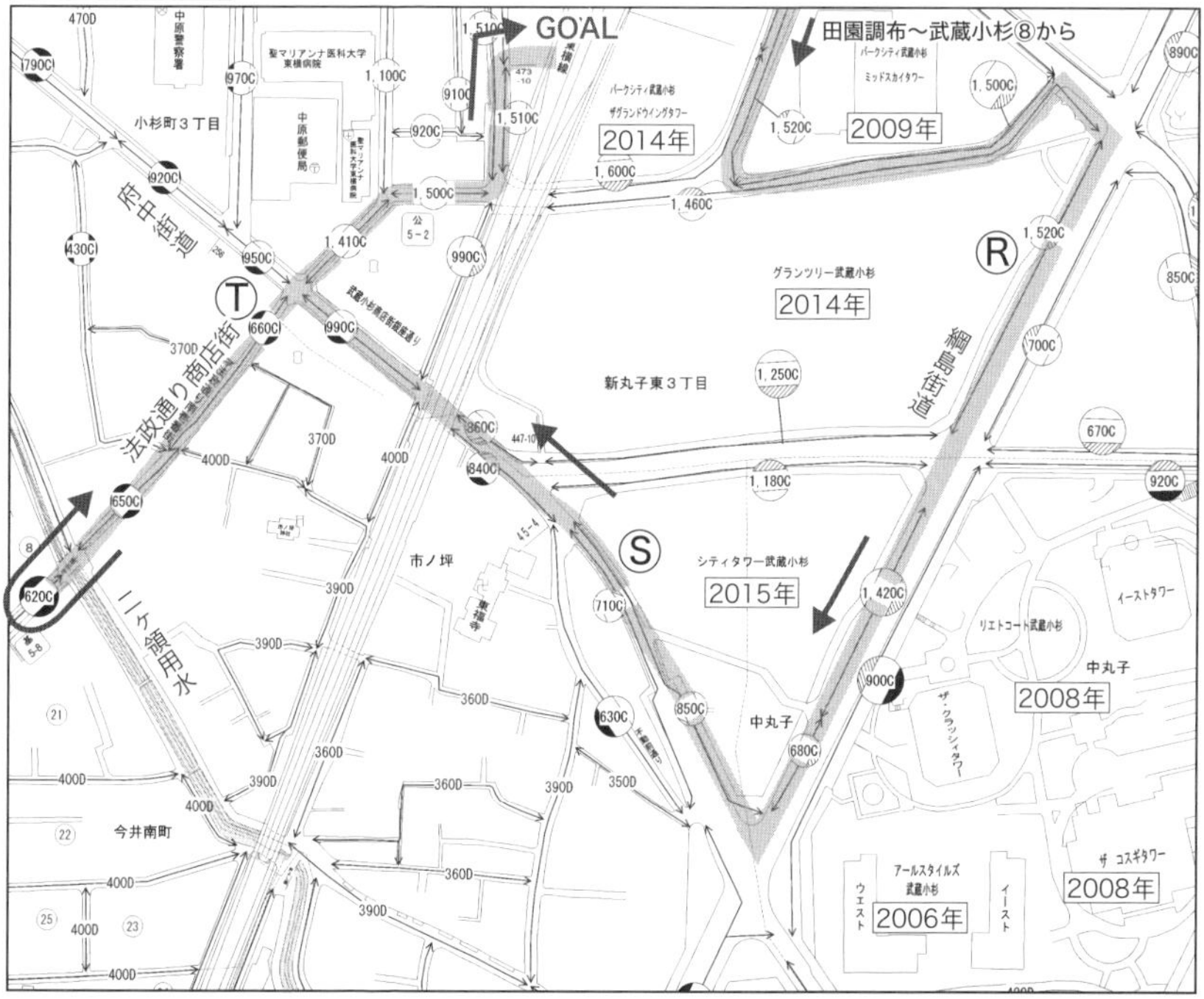

Ⓣ **法政通り商店街**

府中街道を渡ったところから始まる商店街で、法政大二中、高校があることから名づけられた。商店街を横切って二ヶ領用水が流れており、80 軒余の店が並ぶ。府中街道までが再開発エリアで以南は路線価は安くなる。道幅も狭く、昔ながらの商店街だが、近年はマンション建設が進む。

第二章 路線価図に様々な地図を重ねる

路線価図だけを持って歩いても発見があるが、それをさらに深めるためには他の地図と重ねてみる手がある。以下、具体的な地図とそこから分かることをみていこう。

地形図×路線価図　地形が土地価格を左右する？

標高と価格の高さはリンクしない

この章では路線価図にそれ以外のさまざまな地図を重ねることで路線価の意味がより深く理解できることを見ていく。最初に重ねるのは、土地の高低を示す、いわゆる地形図である。ここまでお読みいただいた方には土地の高低が路線価に大きな影響を与えることがあることはすでにご存じのはず。そこで最初に重ねるのは地形図というわけだが、重ねると言っても実際に画面上あるいは一枚の紙の上で路線価図と地形図を重ねるわけではなく、プリントアウトした路線価図とパソコン上の地形図の画面、あるいは路線価図と地形図の画面を同一画面面上に並べて交互に見るなどの形になる。

東日本大震災後、地図は一気に進化した。たとえば、この後も何度か利用する国土地理院の地図[注1]では画面上で複数の情報をリアルに重ねて見ることができるようになった。地図は地表面にある現実を見るものだが、異なる種類の複数の情報を重ねることで私たちは予測ができるようになり、未来を見ることもできるようになる。

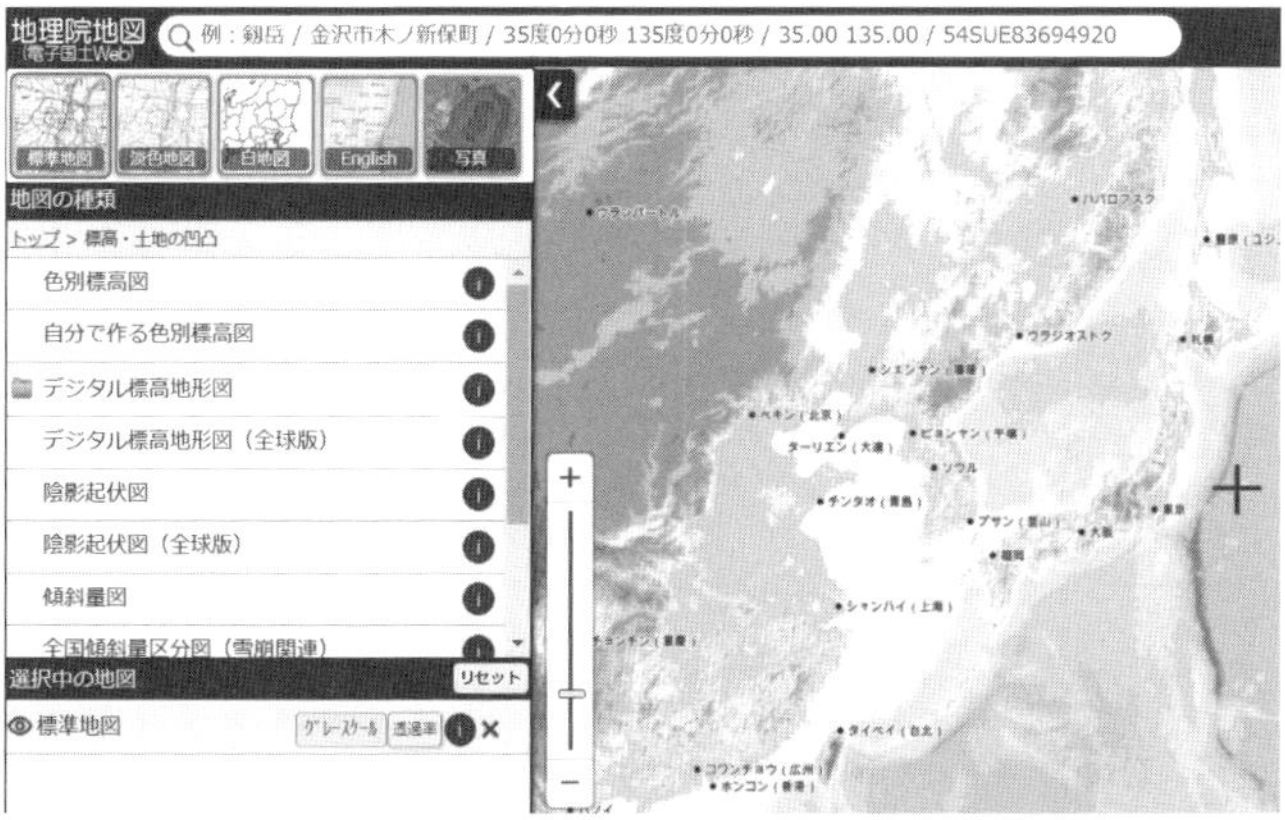

図１　色別標高図（地理院地図）

出典：https://maps.gsi.go.jp/#5/36.120128/140.097656/&ls=relief&disp=1&lcd=relief&vs=c1g1j0h0k0l0u0t0z0r0s0m0f1&d=m

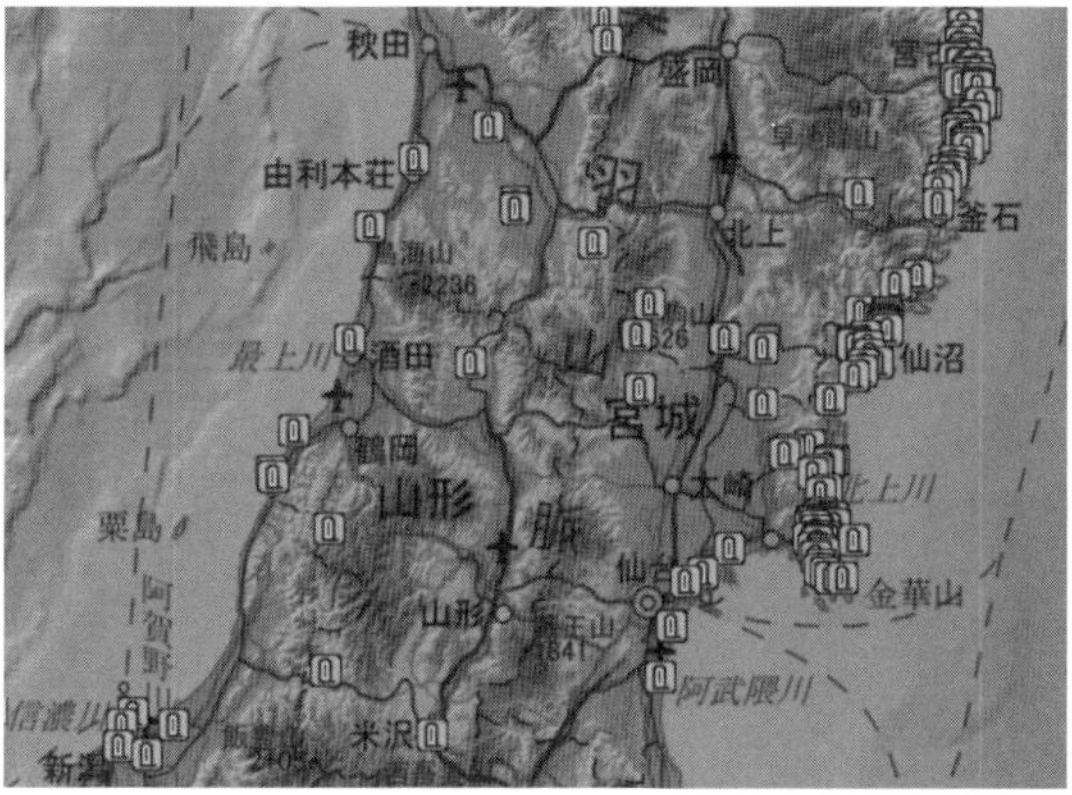

国土地理院のトップページから色別標高図を選択、自然災害伝承碑という地図記号を載せた。自然災害伝承碑は洪水、土砂災害、高潮、地震、津波、家財災害などと災害ごとに表記させることもできる。図はすべての自然災害伝承碑。東北地方太平洋岸では津波関連の自然災害伝承碑が多い。

図２　色別標高図に自然災害伝承碑（すべて）を重ねた（地理院地図）

出典：https://maps.gsi.go.jp/#8/38.914544/140.987549/&ls=relief%7Cdisaster_lore_all&disp=11&lcd=disaster_lore_all&vs=c1g1j0h0k0l0u0t0z0r0s0m0f1&d=m

たとえば地理院地図に「色別標高図」という、色で標高の高さを表す地図がある（図1）。そこに自然災害伝承碑という二〇二〇年から地図情報に追加された地図記号の分布を重ねてみる（図2）。現在の地図と過去の災害を示す地図の合体である。すると東北地方の太平洋側、紀伊半島の海岸沿い、房総半島や四国の太平洋岸、山梨県の釜無川沿いなどいくつかの場所に伝承碑が集中していることが分かる。海辺、川沿いだけでなく、山中にも集中しているところがある。これを見ることで私たちは特定の地形、地域に災害が繰り返し起こっていたことを理解し、いずれ同じ災害が来襲しうることを予測できるようになる。

また、重ねる技術に加え、ハザードマップ、つまり一定の規模の災害が起きたことを想定、それに合わせて被害を予測する地図も発展しており、現在と未来を重ねる、異なる災害を重ねるなどすることで、予測の精度はより高まっていく。地図を重ねることは未来を知る、考える手掛かりになるわけで、最近では国土交通省のPLATEAU注2のように行政情報を重ね合わせることで社会課題解決に取り組もうという動きも出てきている。

だが、残念ながら路線価図はスタンドアローンな地図情報で、今のところ、他の情報を重ね合わせる動きはない。それどころか同じ自治体内でも税務署ごとに地図が別れているほどで、使いにくいことこの上ない。路線価を示すことだけが目的だからと言えばそれまでだが、土地の価格が以下で示す通り、地形や歴史その他と密接に関係していることを考えると、他の情報と重ねられるようになってほしいものである。前述の国交省のサイトの担当者にはあるイベントで遭遇した時に要望を伝えてみたが、いずれ重なるようになればうれしい話である。

という愚痴はさておき、ここでは前述した国土地理院の地理院地図を使おう。トップページの左側に地図の種類を選択する部分があるので、そこで「標高・土地の凸凹」という部分をクリック、するといくつかの標高を知ることができる地図が出てくる。日本全体のざっくりした土地の凸凹を知るためならトップにある色別標高図が便利だが、それでは路線価図との細かい合致までは分からない。もう少し細かく見るためには地域ごとに作られているデジタル標高図を利用しよう。

デジタル標高地形図をクリックすると、北海道、東北、関東、北陸、中部、近畿、中国、九州・沖縄と地方ごとにファイルが示されるので、その中から自分が見たい場所の地図をクリックすると、画面上の地図にデジタル標高図が重なって見えるようになる。標高の低いところには水を表す青が使われており、濃い青の場合には海抜ゼロメートル地帯。逆に標高が高くなると青から緑、黄色、茶色と色が変わる。ルールを知っていれば一目で土地の高低が分かるのである（図３）。

さらに詳しく標高を知るためには画面の左隅にある白い矢印をクリック。上を向いていた矢印を下向きにしておくと、その後、地図上の任意の点をクリックした時に矢印の横にその地点の緯度経度、標高などが表示されるようになる。それを見て周囲と比較すれば任意の場所とその場所と周囲との位置関係が分かるようになるのである。

また、地図上に地名が表示されないとそれがどこであるかが分からないと思った時には左下に透過率というバーがあるので、それを調節し、地名が読める状態にする。

首都圏の地形だけを見たい時にはグーグルアース[注3]に東京地形地図[注4]を重ねる手もある。いずれも無料で使えるもので、最初にグーグルアースをダウンロードし、その上で東京地形地図をダウンロードすると、グーグルアースの上に土地の凸凹が分かりやすく表示されるようになる。地図上の任意の地点をクリックすると緯度・経度・標高が右下に表示される仕組みで、色分けはデジタル標高図と同じ。地図名には「東京」とあるが、神奈川県、千葉県なども含まれており、都

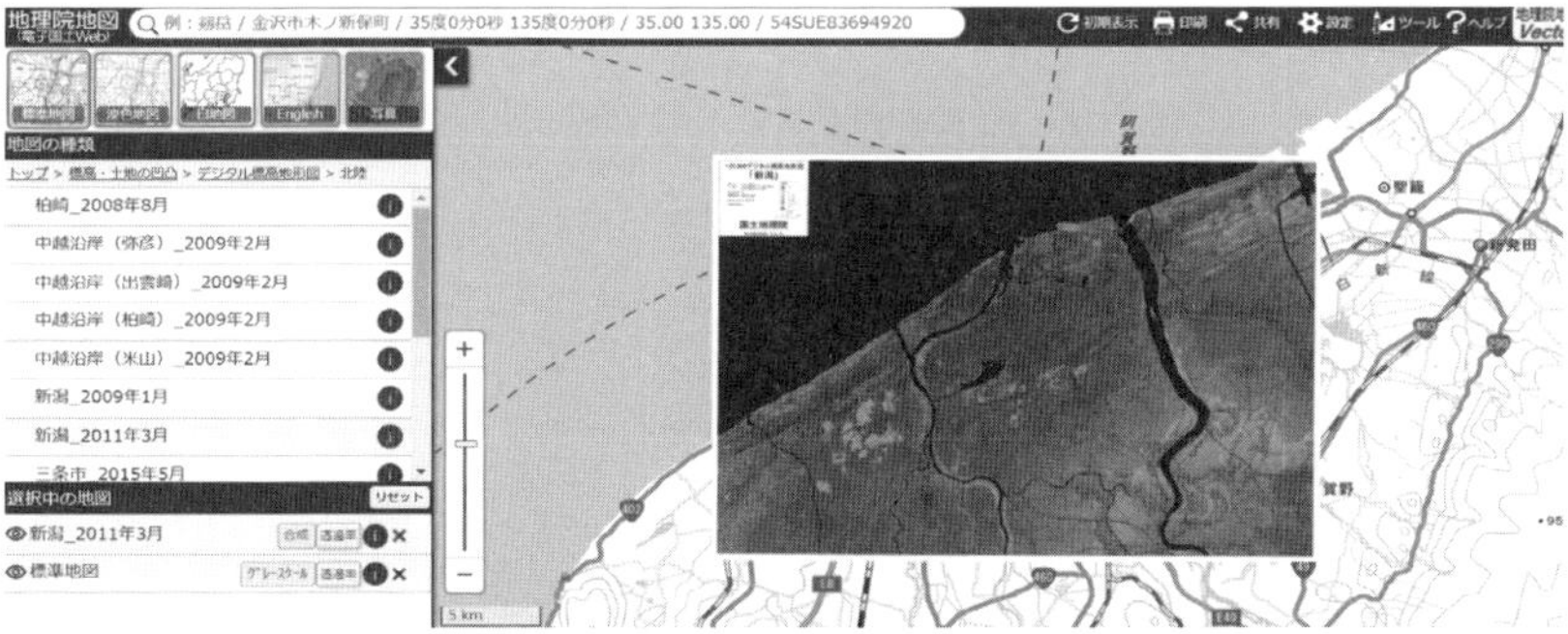

図３　標準地図に新潟市の 2011 年３月のデジタル標高図を載せたもの
海岸沿いに高台がある、新潟の地形の特徴が分かる。

心への通勤圏と考えるとおおよそカバーされている。ただ、表示に少し時間がかかるのでその点は注意が必要である。

ここまでは単に標高を知るために使うとした場合にお勧めの地形図を紹介したが、もっと本格的に地形図を使うことを考えた場合にはカシミール3DというDAN杉本さんという個人が開発している登山者向けの地図ソフトを使う手もある。これは標高データを元にして、地形を立体的に表示するもので、標高差による色分けを任意で設定できるため、地理院地図ではほとんど差が分からないような地域で標高差をより強調して分かりやすくした地図を作る際などに有効である。

本題に戻り、地形図である。東日本大震災以降、地形や地盤が地震被害に影響を及ぼすことが知られるようになり、地形図の存在も知られるようになったが、それまで一般の人や不動産の世界で使われていたのは主に住宅地図である。建物の位置を知るためには役立つ住宅地図だが、土地の凸凹については無縁の地図であり、それを見る人たちも土地の高低については無頓着だったと言っても良いのではなかろうか。

だが、土地の高低はその土地、街を知る上で重要な要素である。街は地形の上に歴史が重なってできているものだからだ。その昔、人力しかなかった時代に安全に暮らすためには少しでも危険に遭いにくい土地を選ぶ必要があったことを考えれば、当時の人たちにとっての土地、地形の意味が分かる。

安全な場所にできた最初の集落が拡大、次は歴史が街を作っていくわけだが、そこでも地形は大きな意味を持つ。非常にざっくり言ってしまうと、江戸を含め、城下町を見ると土地の高低とそこに住む人はほとんどの場合にリンクしている。高台には武家屋敷や寺院が配され、低地には一般市民が居住していたのである。東京で言えば現在の皇居＝江戸城は武蔵野台地の突端にあり、名古屋では名古屋城から熱田神宮が熱田台地上にあり、大阪では大阪城から住吉大社が上町台地上にあり、といった具合である（図4）。これは農村でも似たと

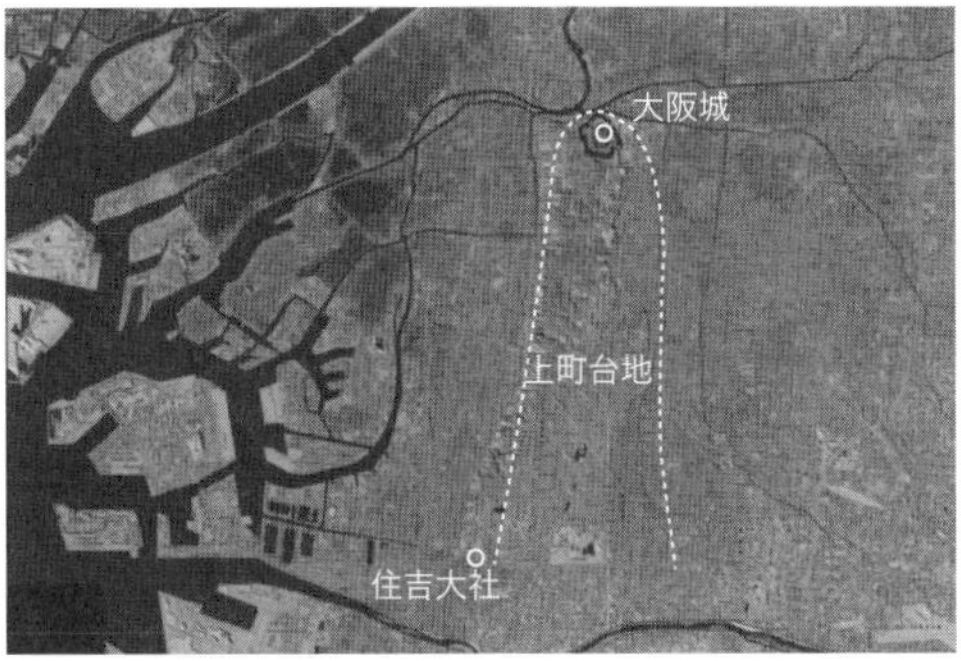

大阪中心部

大阪城

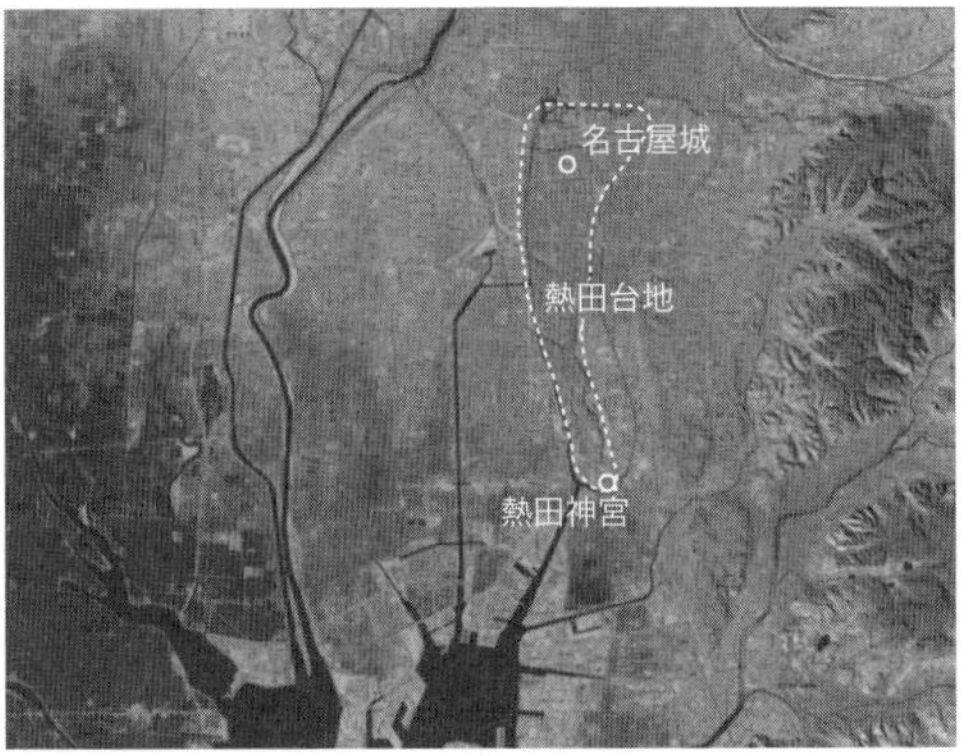

名古屋中心部

名古屋城

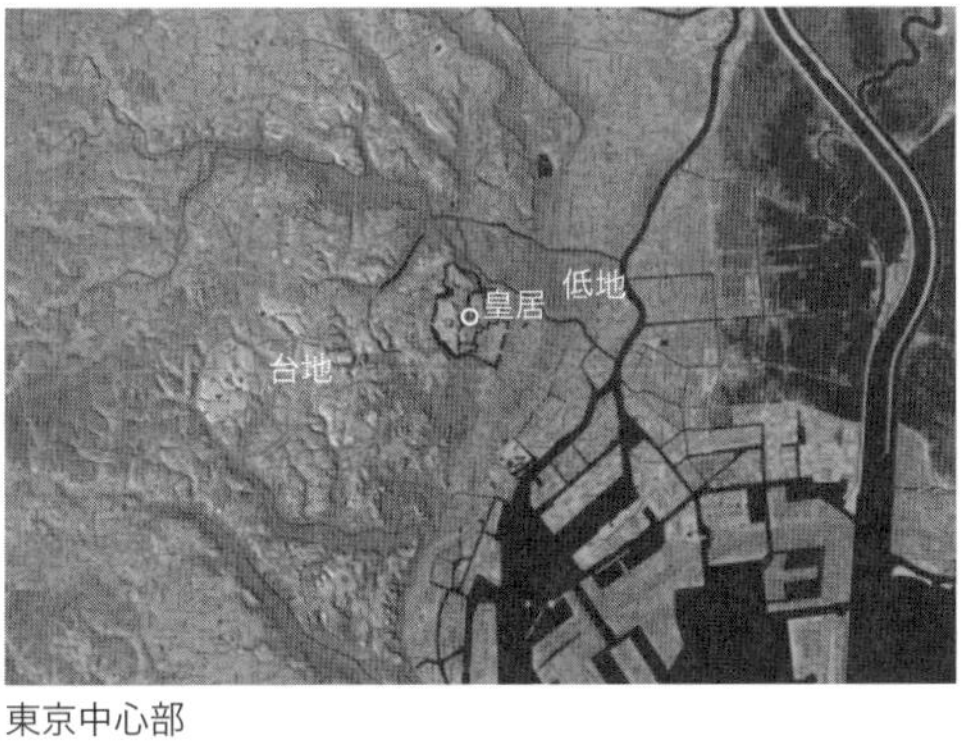

東京中心部

東京、名古屋、大阪の中心部のデジタル標高図。東京の場合には中央、台地の突端に堀に囲まれた江戸城、現在の皇居がある。名古屋は象の鼻のように伸びる熱田台地の南部に名古屋城があり、それを北へ下った鼻の先、東側に熱田神宮。大阪も細長い上町台地の右上に大阪城が立地、台地を北へ下った西側に住吉大社がある。

図４　デジタル標高図

ころがあり、条件の良い土地には庄屋さんなど集落で地位のある人たちが居住していた。

その歴史は今の路線価図にも引き継がれている。江戸時代からの歴史に加え、戦前の住宅購入が希少だった時代に開発された住宅地は関東でも関西でも大半が高台に立地しているのである。

実際に路線価図と地形図を重ね合わせてみると、土地の高低（場合によっては歴史）と価格は住宅地の場合はかなりの割合でリンクしている。たとえば「紙上再現！路線価図でまち歩き③」でご紹介した大田区の田園調布では、高台にある田園調布三丁目とそこから坂を下る田園調布四丁目、五丁目、商店街のある田園調布二丁目では明らかに路線価が異なる。

以降で紹介する渋谷区の代々木上原も同様で、小田急線と並行する駅近くの西原三丁目の暗渠沿いと同じ町内でも、坂を上った辺りでは差がある。住宅地では一般に眺望、採光、通風に優れ、浸水などの危険の少ない高台が良しとされるのである。

場所によっては同じ一本の道でも高台へ向かうか、低地へ向かうかで路線価に差があることもあり、土地価格の高い地域ほどその差は大きく出る。

だが、もちろん、例外もある。まず、住宅地以外では環境よりも利便性が優先されるため、土地の高低よりも駅に近いなどの利便性が最優先される。

分かりやすい例が「紙上再現！路線価図でまち歩き⑤」でご紹介する、駅周辺に広範な商業地域が広がる神奈川県の川崎駅周辺だ。この地域は多摩川沿いの低地で、かつて東海道が走っていた地域が微高地になっているが、そこの路線価が高くなっているわけではない。

土地の高低よりも路線価を左右しているのは再開発で、大型で複合的な再開発が行われた地域の路線価は大幅にアップ。しかし、それ以外の地域では駅から離れるほどに下がっている。住宅地でないのでそもそも住環境はさほど考慮されず、防災の懸念も大規模再開発における技術力でカバー、それによって路線価が上昇しているのである。

同じことは上町台地、熱田台地を除く、大阪や名古屋の中心部にも言える。名古屋駅は熱田台地の端から西に一キロほど離れた庄内川の沖積低地に立地しており、標高は一メートルほど。駅ができるまでは街外れの何もない場所だったが、現在の名古屋駅周辺には高層ビルが建ち並び、かつての中心地である栄を脅かす存在になっている。もちろん、路線価もそれに伴って上昇しており、住宅地以外では地形と路線価はそれほど結びつかなくなっている例が多いのである。

不動産広告「駅から平坦」は買いか？

また、住宅地でも低地を良しとする風潮もある。それを如実に表すのが不動産広告で「駅から平坦」という言葉だ。坂がないので荷物を持って歩く、ベビーカーを押して歩く、高齢になって足腰が弱っても楽であることを売りにしているのだ。確かに毎日の生活を考えると平坦な道は楽ちんだが、災害などを含め長い目で見るとどうかという場合もある。

この文句が売りになるのは駅から少し離れると坂が続くような地域である。分かりやすい例としては高低差の大きい神奈川県内などである。たとえば東海道線の横浜の隣駅、保土ヶ谷から大船までは駅の周囲は高低差のある地形となっており、車中から眺めていてすら坂の上にある住宅は帰るのが大変だろうなと思う。しかも、これらの駅は海からは遠い、標高としては高そうなところにある。一般に低地と呼ばれるような場所ではない。だとしたら、駅から平坦なところでも水害の懸念はあるまい。このエリアで住むならそんなところかと思う人がいても不思議ではない。

だが、低地とは標高が低いことだけを指すわけではなく、周囲から見て低いという意味もある。尾瀬は海抜千六百メートル以上あるが周囲はそれ以上に高いので、湿原であり、沼がある。東海道線の駅も海からは遠く、低地には見えないが、周辺との比較では低地になる。地形図を見れば分かるが、もうひとつ、ダメ押しで見ておくと良いのが、「明治時代の低湿地」。地理院地図のトップから「土地の成り立ち・土地利用」を選択するとその中にある（図5）。そこで東海道線の戸塚駅周辺、大船駅周辺を見ると、車窓からでも高低差が分かり、それがために駅前の開発が遅れてきた戸塚駅周辺、大船観音のある高台が印象的な大船駅周辺は明治時代には低湿地だったことが分かる。

東海道線に沿って境川の支流である柏尾川が流れているのだが、この川はこれまでに何度も水害を引き起こしてきた。近世になってから治水工事が行われ、一時は落ち着いていたが、昭和三〇年代の宅地化で周辺の森林・水田が減少、保水力が落ちたことで再び水害を引き起こすようになり、それが遊水地の建設で落ち着いたと思い

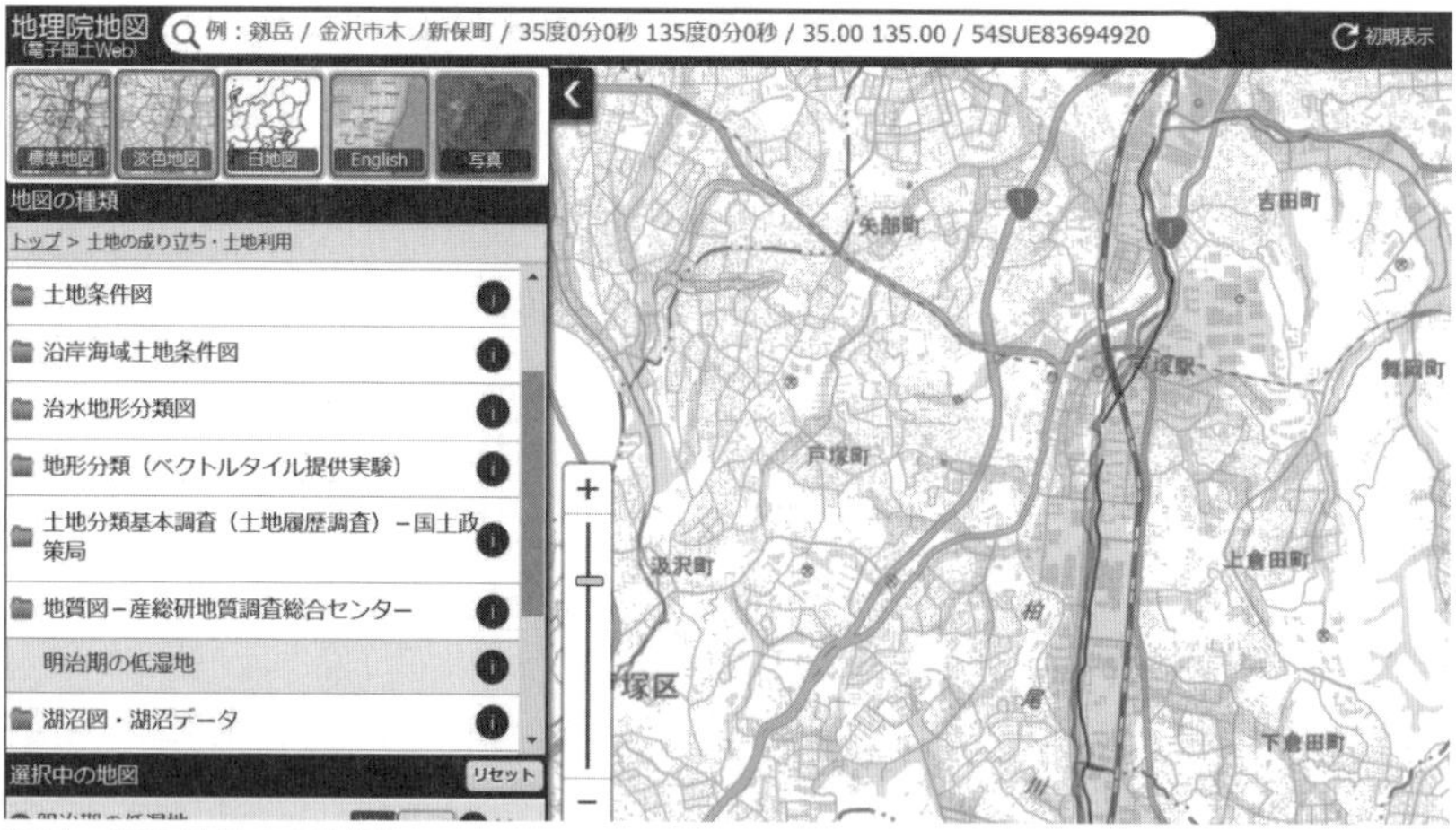

図5　明治時代の低湿地
東海道線戸塚駅周辺は明治時代は低湿地だった。駅近くの標高は15mほどあるが、近くを流れる柏尾川は低地の底を流れる川で周囲は高台。浸水も無理はない。

きや、二〇〇〇年以降にはまた浸水騒ぎが続いた。急傾斜の斜面の底にある川であり、水が集まることを防ぐのは難しいのである。

東海道線沿線は凸凹がはっきりしているので地形図からでも低地であることが分かるが、それ以外で緩やかな傾斜が続くような場所で地形図からだけではどこまでが低湿地だったかが分からない時にはこの地図が有効である。駅から平坦で利便性は高いが水害の懸念がある土地もあるのだ。

さて、「駅から平坦」についてはこの一〇数年以上利便性があまりに優先されてきたからだろう、この言葉を一律に是と思う人たちがいる。それを表すのが東京都心部の高台、坂のある物件が時として敬遠されるということから。周囲との関係で見ると明らかに高台になっており、歴史を調べると江戸時代以降、大名・旗本から華族になった人たちがお屋敷を構えた地であるものの、坂があることが敬遠されるという例が出てきているのである。

もちろん、環境、安全と利便性、どちらを取るかはその人次第ではあるものの、最近では前述したように極端に利便性が優先される傾向があり、「駅から平坦」はその好例。そうした選択をする人が増え、平坦地での不動産取引が増えることによって路線価も影響を受ける可能性がある。今は路線価の高低で防災上の懸念が読み取れるが、利便性優先の取引が続くと読み取れなくなってしまうかもしれないのである。

坂道は七分続くと安くなる

高台は眺望、通風、採光、プライバシーに恵まれるなど住環境としては良いのだが、それも程度による。急な坂道が長く続くとなると問題が起きてくる。上り下りが大変で日常生活に支障をきたすことがあり、それによって若い人が出ていってしまい、高齢者が取り残される、空き家が増えるなどの問題が生じてくるのである。

坂が多く居住適地が少ない長崎

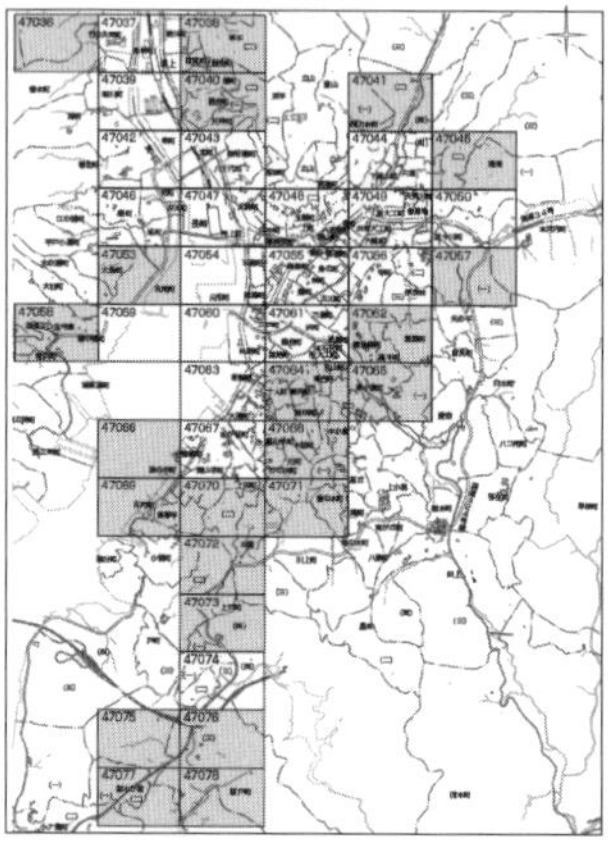

路線価図が作成されているものの、そのうち、全体の 4 分の 1 程度にしか路線価が振られていない地域をマーキングした。路線価図が作られていない地域とほとんど振られていない地域を併せると問題点が見えてくる。

長崎市中心部の標高を表した図（長崎市）。海辺に山が迫り、平坦地がほとんどない。

稲佐山から見下ろす長崎市内。急傾斜の地であることがよく分かる

長崎市の観光名所のひとつ、グラバー邸周辺の路線価図。海からすぐの高台にあり、眺望は素晴らしいが、周辺から背後にかけては細い坂道、階段だらけの土地となっており、路線価は振られていない。

その状況を路線価図から見て取ることができる。分かりやすいのは函館、神戸と並び、日本三大夜景のひとつと称される長崎県長崎市。昭和二八年以降斜面地の宅地化が進んだ長崎市では居住地の七割が斜面地となっており、車はおろかバイクも入れない宅地もあるほど。

その長崎市の路線価図の特徴は路線価が振られていない評価倍率地域が長崎湾を囲むように広範に広がっていること。これを地形図と重ねると評価倍率地域が斜面地と重なっていることが分かる。斜面地では不動産の取引が多くないため、他の地域のように道一本ごとに路線価を算出する必要がないと判断されているのである。

他の坂の多い街でも同様のことが見てとれる。例えば福岡県北九州市でも各区のトップにある評価倍率地域を見ると、斜面にある町が多く掲載されており、斜面にある住宅地が停滞していることが分かる。

北九州市では二〇二一年年末から市街化区域と市街化調整区域の見直しを行おうとしていたが、これは停滞する斜面地住宅地の見直し。斜面居住は住んでいる人に負担をかけるだけでなく、ライフラインの維持を始め、さまざまな面で行政にも負担になる。そのため、長期的には斜面からの撤退を意図し、まずは市街化区域を見直すことで居住者を移動させていきたいというわけである。

どの街でも発展史を見ると最初は防災的に安全な土地を選んでいるものの、戦後の人口増、住宅不足でそれが周辺に拡大。斜面はもちろん、埋立てや造成を行って宅地を広げてきたのだが、そうした場所での居住には住んでいる人にも、自治体にもリスクが伴う。今後、人口が減少していく局面にあっては地形を無視して広がった街を自然を理解した形に縮小していくことになる地方都市も出てくるのだろう。

その際、北九州市のように市街化区域、市街化調整区域の線引き見直しは十分あり得るやり方だが、それ以外に個人で将来を考えて不動産を取引する場合には評価倍率地域を参考にするというやり方もあるのではなかろうか。すでに取引の少ない、市街地の外延部が評価倍率地域であると考えると、そこが将来どうなっていくか。立地によってはさほど不利にならない場所もあるだろうし、そこを起点にまちづくりをという考え方もあるが、そうした意図がない場合には周辺の様子をよく観察する必要があるのではないだろうか。

ちなみに小見出しの「七分」は個人的な実感値。実際には街によって坂のどの地点から安くなるかは異なる。地方では取引がなくなる距離でも都市部であれば売買が成立していることもあり、その街の人を惹きつける力が坂の高さを決めているわけである。

一方方向の道は崖を意味する

地形図の高低と路線価の高低の重なり方を見てきたが、路線価図を眺め続けていると路線価図から地形の予測ができるようにもなる。理由は簡単だ。路線価図は地形図よりも情報が少ないからだ。読み取る技術のある人には情報は多いほうが良いが、そこまで地形図に慣れていない人には路線価図のほうが読みやすい。人が道路を作るといわゆる碁盤の目状に作りがちで、それが一番便利。だが、そうなっていないところ、道が不思議な形に曲がっていたり、繋がっていたりしない場所があったら、そこには何か、要因がある。そして、それは地形が要因であることが多いのである。

たとえば世田谷区の上野毛二丁目あたりの路線価図を見ると、南北には道路があるものの、東西にはほとんど道路のない地域がある（図6）。利便性を考えれば東西南北に道路があるほうが良いわけだが、このエリアでは東西方向への移動は南北にしばらく歩いてからでないとできない。これは二本の間の土地が傾斜地、しかも急傾斜地で道が作れないということを意味する。

実際、詳細にこの二本の道の間を見てみると公園があり、階段がある。ここは多摩川沿いに延びる国分寺崖線の斜面で、上部は見晴らしの良い住宅地となっているのである。

この場所ではもうひとつ、見てほしい点がある。丁目の境が道路ではなく、点線になっているのだが、これは斜面が境であるという意味。これを目印に路線価図を見ていくと、どこに斜面があるのかが分かり、一枚の中での土地の高低がイメージしやすくなる。

あるいはＪＲ山手線目黒駅の東側、品川区上大崎三丁目あたりに明治時代に花房義質子爵が邸宅を構えた

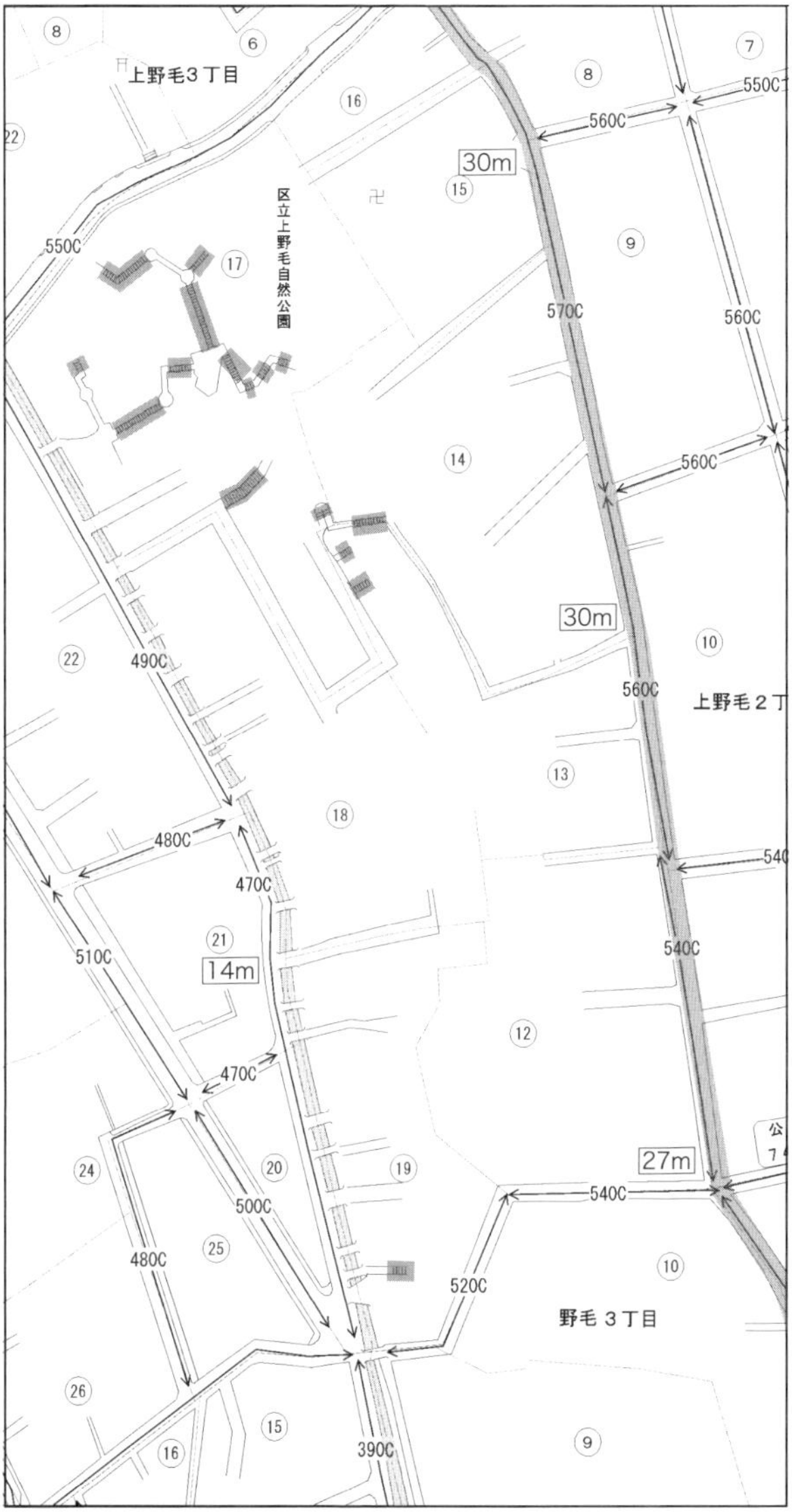

図６　上野毛崖の事例（□内は標高）

東西に行き来できる道がほとんどない道路。西側には川があり、そこと道路の間には高低差がある。東西方向を中心に階段も。このエリアは東側が高く、西の川に向かって傾斜のある土地である。

ことから花房山と呼ばれるお屋敷街がある。タイやコロンビアなどの大使館もあり、花房山の名称をいただくマンションも少なからず存在する場所である（図7）。

だが、この地の路線価図は不思議だ。JR山手線と首都高速に挟まれた三角形の土地の中央に南北を貫く細い道が1本あるものの、南北方向のその他の道は途中で途切れており、ここを南北に抜けようとすると遠回りが必要になる。南北方向以上に面倒なのは東西方向だ。途中までは行けるものの途中で途切れており、山手線沿いから首都高の下に行こうとすると非常に遠回りになる。よくみると丁

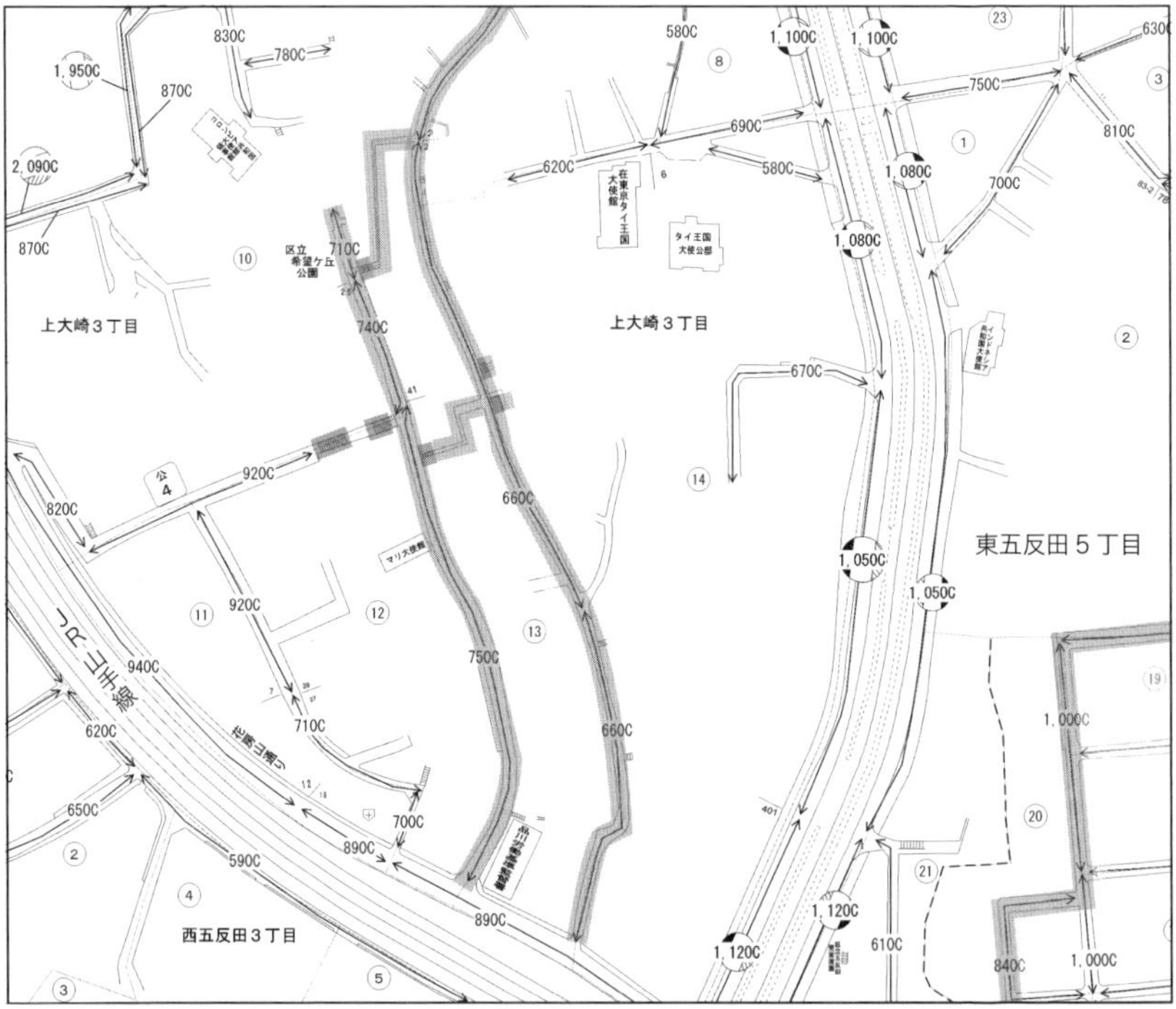

図7　品川区上大崎三丁目付近

中央に南北に曲がりくねった道があるものの、東西に向かう道は非常に少なく、その道には階段も。中央の道は両側から底になった土地なのだ。そのため、目黒駅に近い西側に比べると路線価はかなり低い。右下のどこにも繋がっていない道も途中に点線があることから崖があることが推察できる。

目の境が点線で記されている場所もあり、この一帯は非常に不思議な地形になっていることが分かる。

グーグルアースに東京地形地図を載せてこの地を見てみると、中央あたりが窪地になっており、両側が盛り上がった、細長い桃のような地形であることが分かる。だから、真ん中の低地部分には貫通する道路があるものの、それ以外は東西にも南北にも行きにくいようになっているのだ。

また、同じ路線価図の右側、東五反田五丁目には四角く区画された、でも、その外には行けないような不思議な道がある。ここまでお読みいただいた方なら、その四角い区画の左に点線があることから、四角い部分とその西側、との間には崖があるのだとお分かりいただけよう。不自然な道路を見かけたら、何か要因があると考え、まずは地形を疑ってみると大体は外さないはずである。

もっと細かいところでは、同じ一本の道なのに、途中から路線価の額が変わっている場所がある（図8）。一般的には他の道路と接しているところから次の角までが同じ額であることが多いのだが、なぜこんな変なところから額が変わるのか。

これは額の変わった地点からが急坂になっているため。建築しやすさが異なる上部の比較的平坦な場所と急坂部分を同じ額にするのはおかしいという判断なのだろうが、現地に行ってみると確かに納得できるほどの急さ。地形と土地の価格はかくも深く結びついているのである。

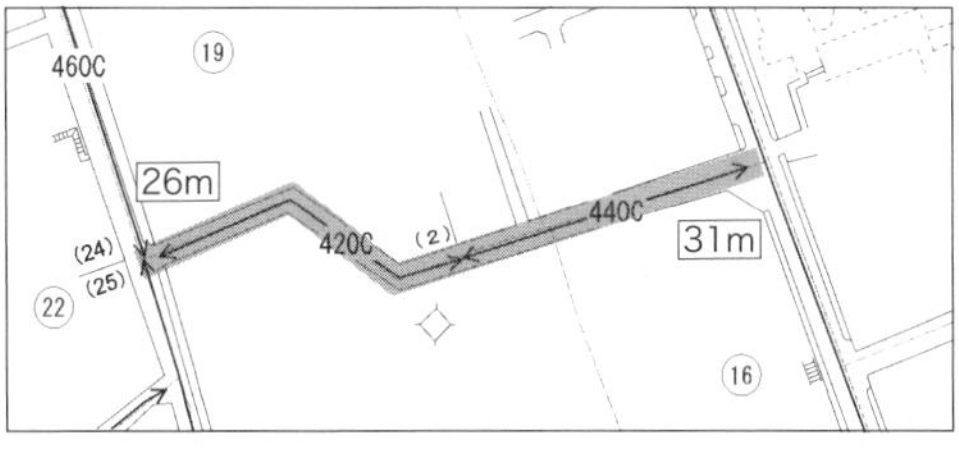

図８　坂の途中で価格が違う事例
たいていの場合、路線価は道が交差する地点で変わるのだが、この地点では道の途中で価格が変っている。急坂になっているためである。

「高台は高値」のルールが当てはまらないお屋敷街　代々木上原

明治の元勲木戸孝允（桂小五郎）が農園として開発、1923年には7万6000坪にも及んだ大山園なる遊覧施設が開園して一躍有名に。大山町の地名の由来にもなった。紀州徳川家の15代当主徳川頼倫が一時所有者だったことから徳川山の通称もあり、徳川山、徳川を冠したマンションも点在。その後、1927年に小田急線が開通、宅地化が一気に進んだ。第二世界大戦で被災しなかったことから戦後はアメリカ軍将校の住宅として接収された。現在は都内でも有数のお屋敷街として知られる。

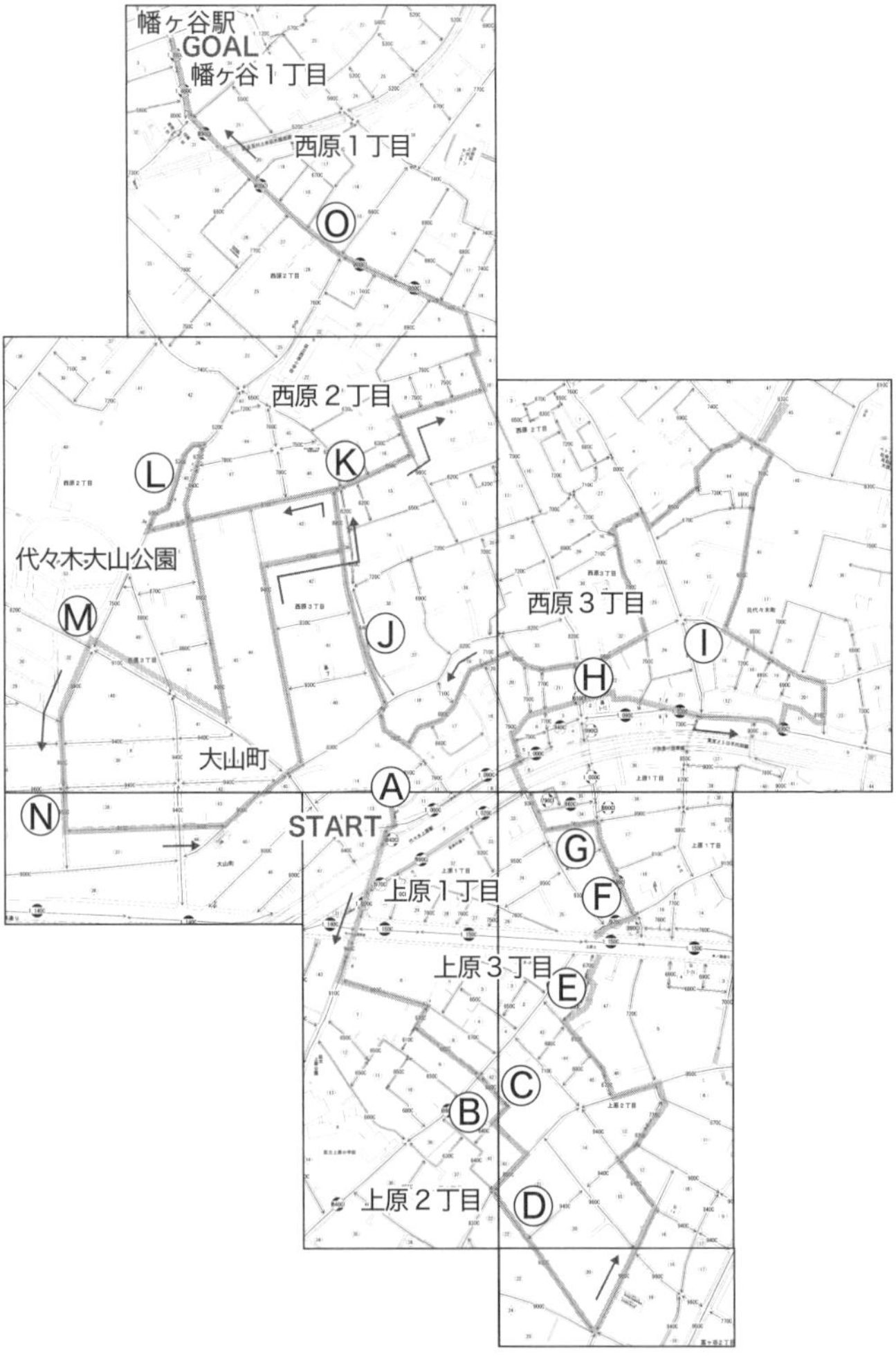

このエリアは駅周辺などを除けば建物の制限がもっとも厳しい第一種低層住居専用地域が大半で、上原、西原の二丁目、三丁目、大山町の大半では敷地面積の最低限度も厳しい。

宇田川源流が南北に谷を刻む
代々木大山公園の北側から代々木上原駅にかけての谷、それと並行するように東側に２つの谷があるが、これらは小田急線の北側で一本になり、宇田川に合流、最終的には渋谷川、港区内に入って古川となって東京湾に注ぐ。台地の古い住宅街は高台立地が基本だが、代々木上原はすべてが高台ではない。

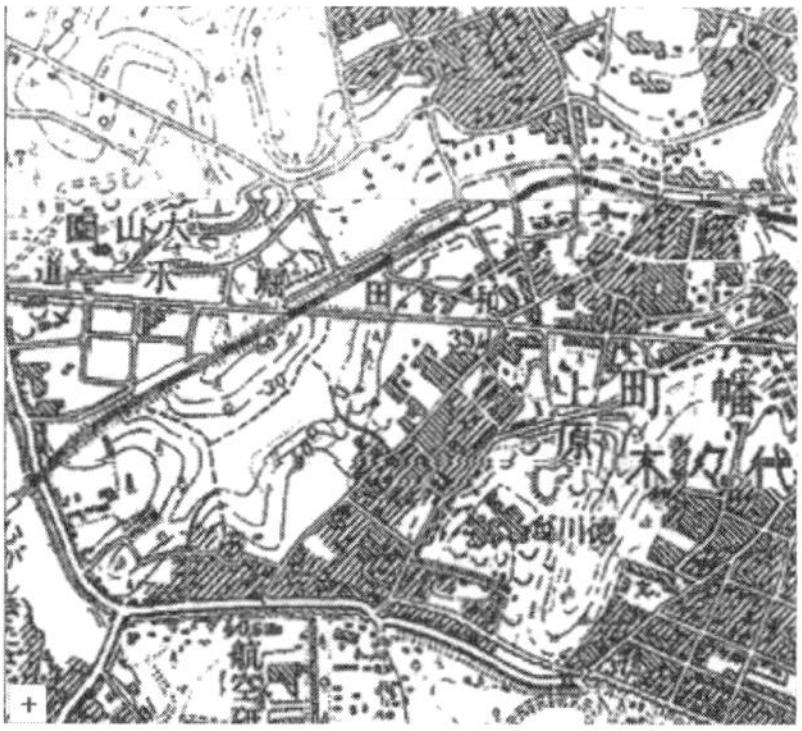

大山園、徳川邸がブランドに
1927 ～ 1939 年の地図には大山園、徳川邸の文字が見える。こうした歴史が現在のお屋敷街のイメージに大きく貢献している。
出典：今昔マップ on the web（https://ktgis.net/kjmapw/）
＊旧版地図は以下特記がない限り「今昔マップ on the web」を使用。

台地上の住宅地では土地の標高と価格がリンクすることが多い。そこで今回の路線価図にはその地点のおおよその標高を記載。リンクしている場所もあるが、一方でしていないところもあり、それがブランド力というものなのだろう。

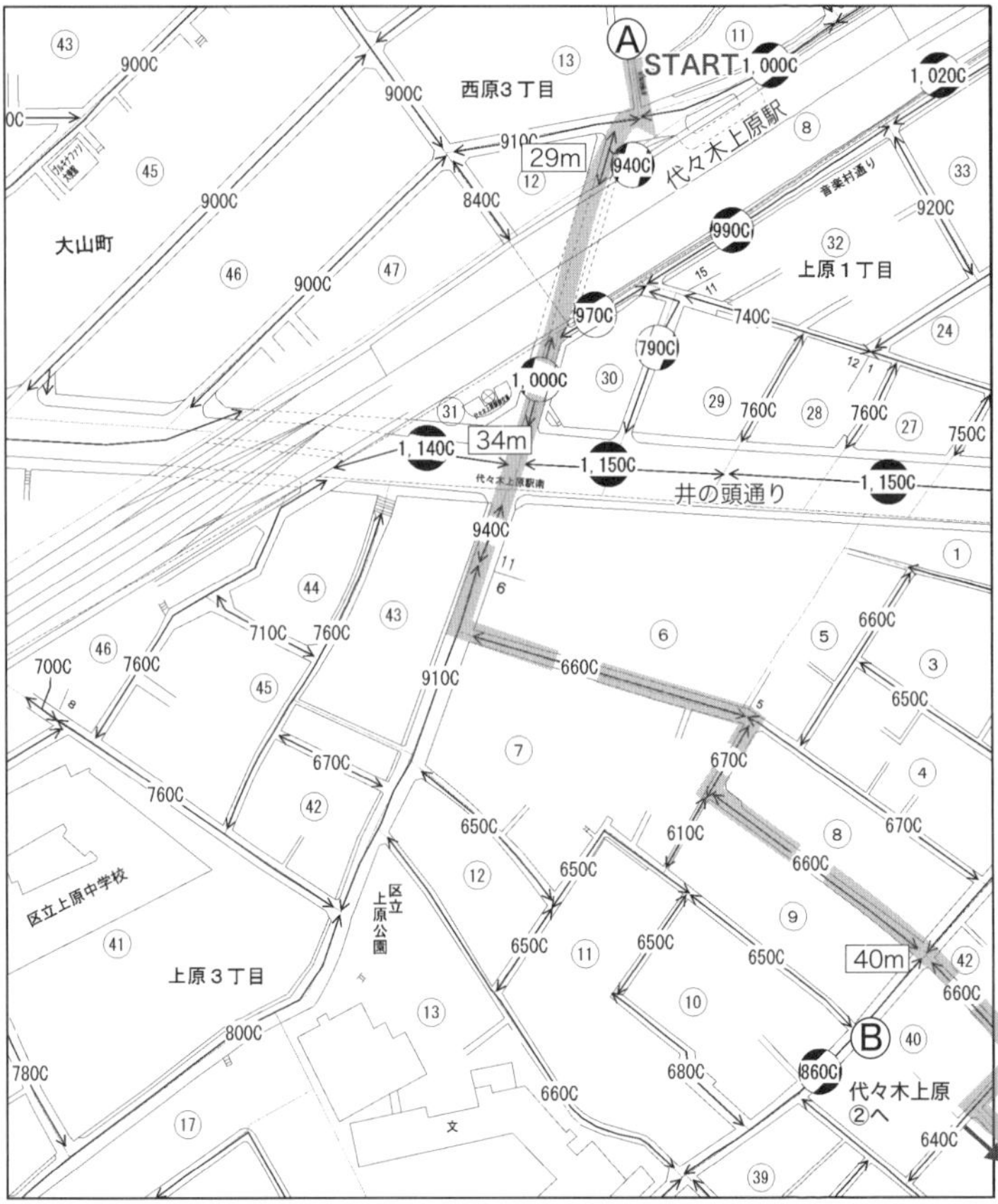

代々木上原①

Ⓑ かつての商店街

コースと交差する通りの路線価が突然に高くなっている。これはこの通りが商店街で用途地域が近隣商業のため。周囲住宅地の容積率150に対し、この通り沿いでは200。商店街は無くなっているが、用途地域は生き続けている。

Ⓐ 暗渠の公園

スタート地点は西原児童遊園地。東へ向かう暗渠のスタート地点で小さな窪地。上原方面へは坂を上って井の頭通りを横断、さらに坂を上る。コースの少し先の右手に上原中学校があるが、かつてはここに池があり、そこから流れた小川が代々木銀座商店街のある坂を流れていたという。

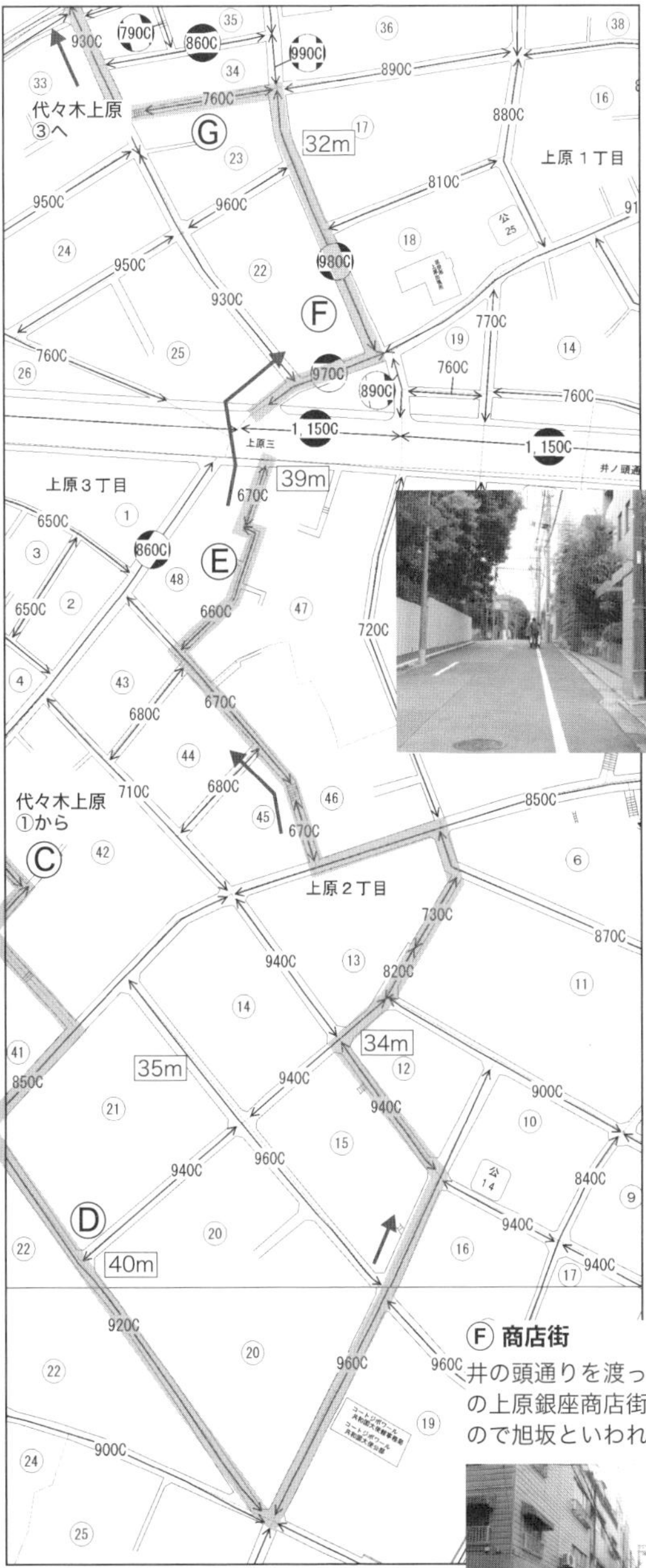

代々木上原②

Ⓒ 路地の残る地域

道幅によって価格が異なる。小規模アパート、古い木造住宅が多く、お屋敷街のイメージとはだいぶ異なる。

Ⓓ 高台の低層マンション

周辺では最も標高の高い平坦地。区画も大きく、一種住専のため、建物自体は10ｍまでと低層だが、グレードは高い。緑が濃いことにも注目。良い住宅街は植栽が豊富なのだ。

Ⓔ 細いクランク

高台のお屋敷エリアからそれほど離れておらず、井の頭通りには近いが、坂の下、道の細い、区画の狭いエリアでは路線価は大きく下がる。ブランド力のある住宅地ほど差は大きい。

Ⓕ 商店街

井の頭通りを渡って、小田急線に向かって下る坂道沿いの上原銀座商店街へ。一帯でもっとも早く朝日が当たるので旭坂といわれていた。豆腐店や畳店などが並ぶ、庶民的な雰囲気も残る商店街で、住宅街よりはやや高め。

Ⓗ 暗渠通り

小田急線を越えて暗渠沿いを歩く。蛇行する道近くには大黒湯という銭湯も。建物は暗渠に背を向けており、寂しい雰囲気。路線価は振られていない。

Ⓖ 人気スポット（85p）

商店街から脇に入る細い道沿いには人気の新しい店があり、不動産価格の安いことが賑わいに資している。

Ⓘ 南北に坂

Ⓘ地点の北側は上り坂、南側が下り坂となっており、路線価もⒾ地点の北側は北に行くほうが高い。北側は南北方向の道が少なく、南北に傾斜があることが分かる。そのうちの１本を上っていくと路線価が高くなっている。以前は新宿方面が見えたが、今は住宅が建て込んで難しくなった。

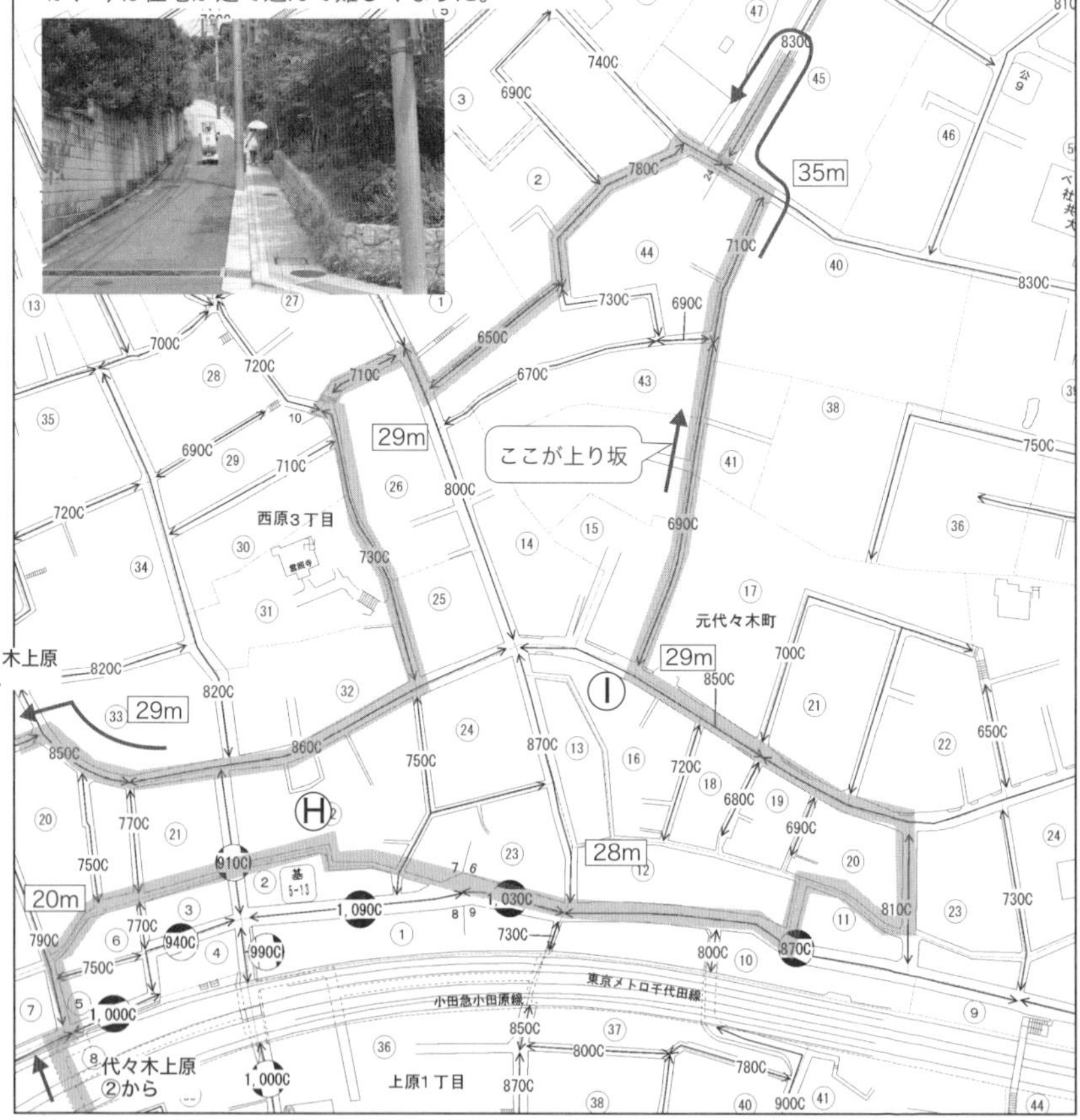

Ⓚ 高台の方が安い

階段の先のほうが当然高台だが、路線価はそれより低い西側が高い。区画を整理して分譲された土地に価値があると判断されているのだ。

Ⓙ 近接する2本の道に大差

2本の道がわずかな距離を置いて走る。1966年に告示された幅16mの補助線街路第211号線という都市計画道路が作られる予定だが、暫定的な使い方が固定化されたらしい。あるいは宅地分譲時に西側の道を新設したのか。2本の道の路線価には大差があり、不思議な光景。

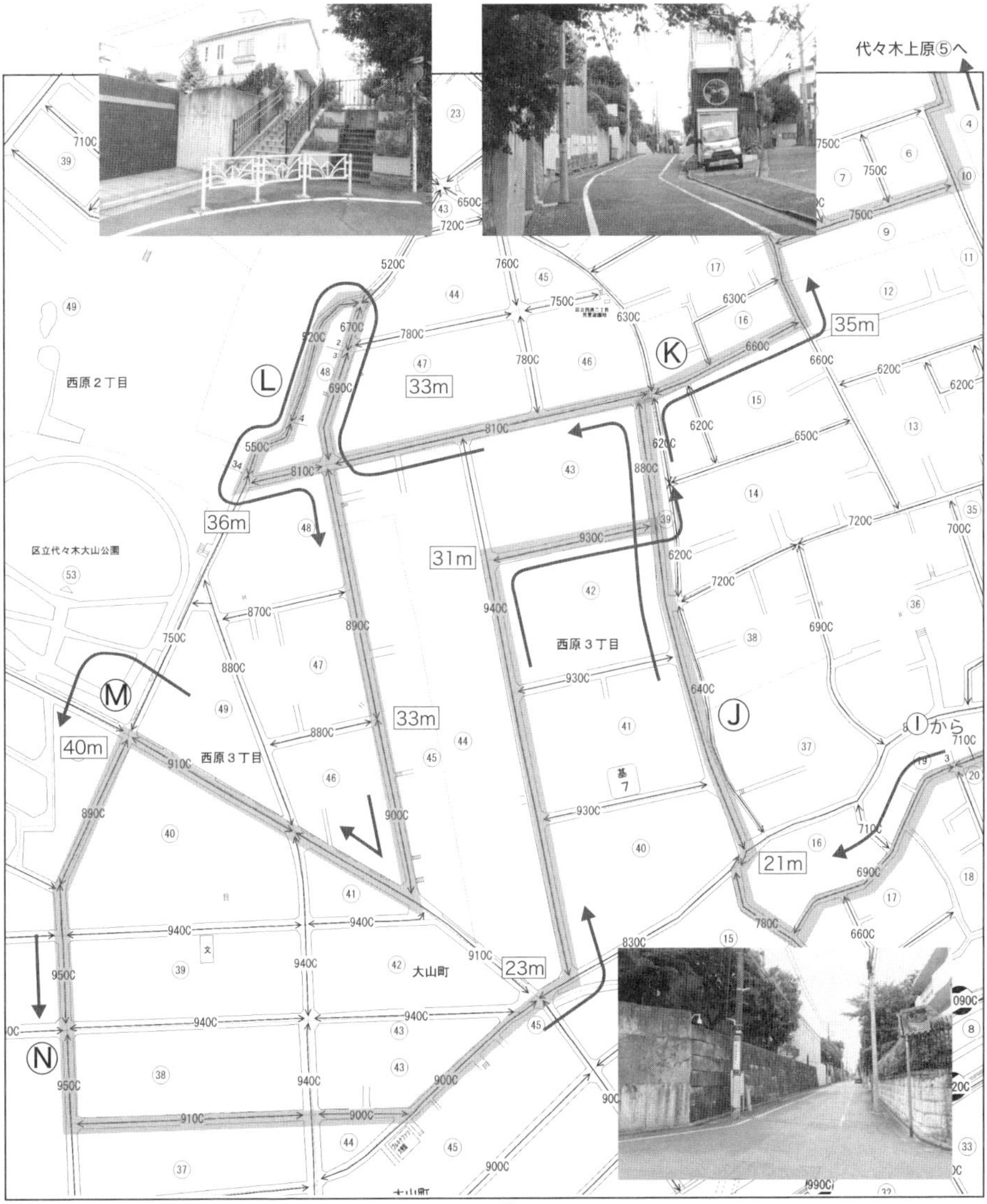

代々木上原④

Ⓝ 大山町

ワンブロックがそのまま一軒になった邸宅が存在する一画。周辺には1965年の誕生以来、知る人ぞ知る高額マンションシリーズ・ホーマットローズも。徳川山の由来となった財団もこのあたりにある。

Ⓜ 大山公園前交差点（87p）

この交差点からは渋谷などのビル群を望め、高台になっていることが分かる。価格もこの地点から南側が高く、このエリアでは高台＝高額というわけだ。

Ⓛ 代々幡斎場裏（87p）

西原３丁目の整然とした区画と異なり、妙な形をしているのは代々幡斎場裏手に当たるため。蛇行する道は川跡にも見えるが、定説はない。斎場はあまり好まれない施設だが、代々木上原の場合には影響も及ぼしていないようである。

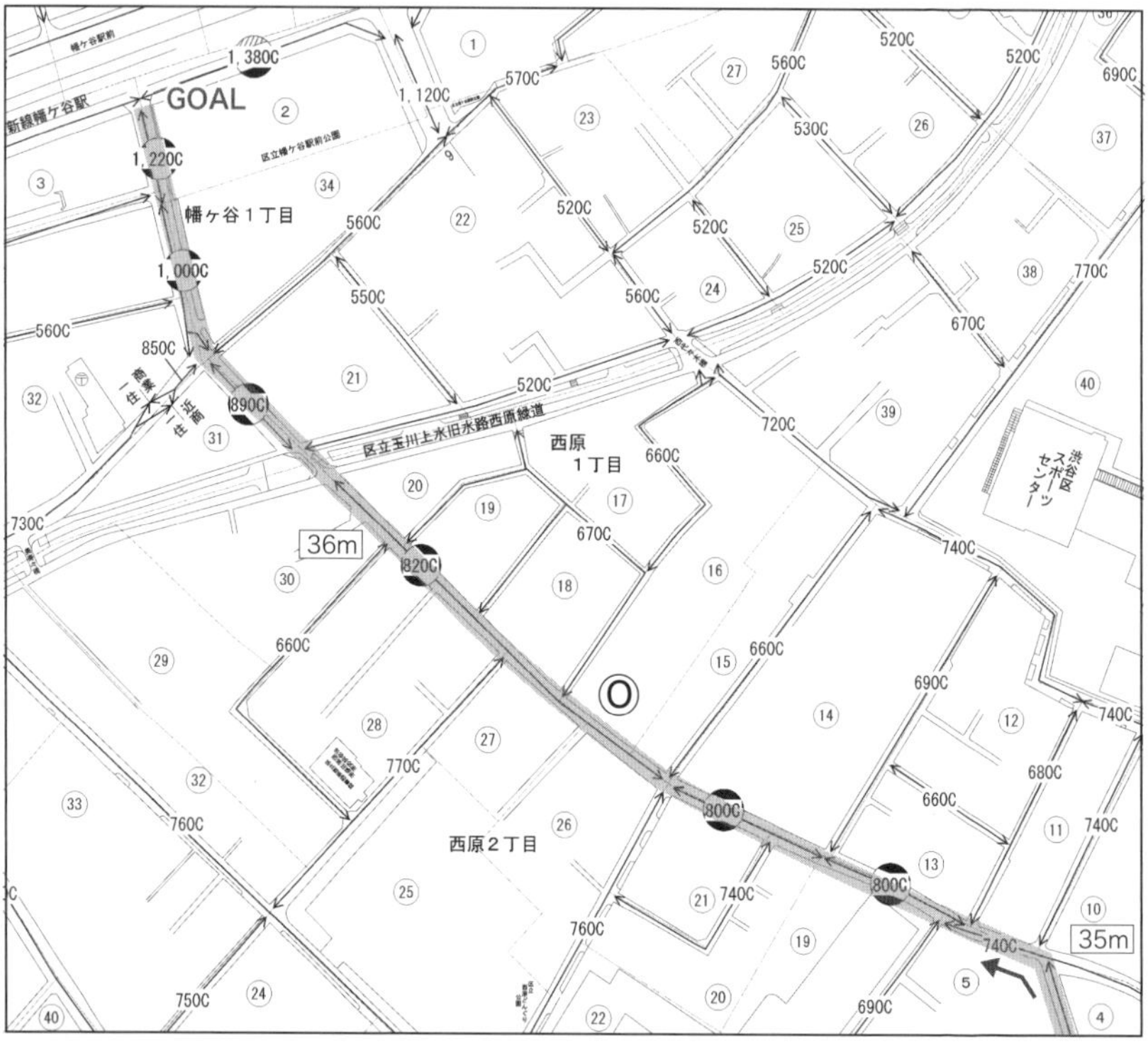

代々木上原⑤

Ⓞ 元商店街だった通り

幡ヶ谷へ向かう通りは近隣商業。元々は商店街だった通り。駅に近づくと賑やかにはなるが、繁華というには難しい。ここと西原、大山の住宅街を比べると稼がない住宅地のほうが路線価は高く、立地、ブランド力というものを考えさせられる。

再開発で変貌、低地でも年々値上がりする川崎で今、熱いのはどこ？

住宅地では高台が環境、安全性の面から好まれるが、商業地、工業地であれば利便性が優先。東海道二番目の宿場町川崎は多摩川沿いの低地にあり、多摩川は大正に入って堤防工事が行われるまでは度々氾濫を起こした。明治時代後半からは次々と工場が進出、京浜工業地帯の中心のひとつに。ここで歩くコースのうちにも元々は工場だった土地が開発され、オフィス、大規模商業施設や住宅に変わったものが多数あり、路線価が大幅にアップしている。一方で建物は更新されているものの、街路等は大きく変わっていない地域もあり、路地の残る地域も。

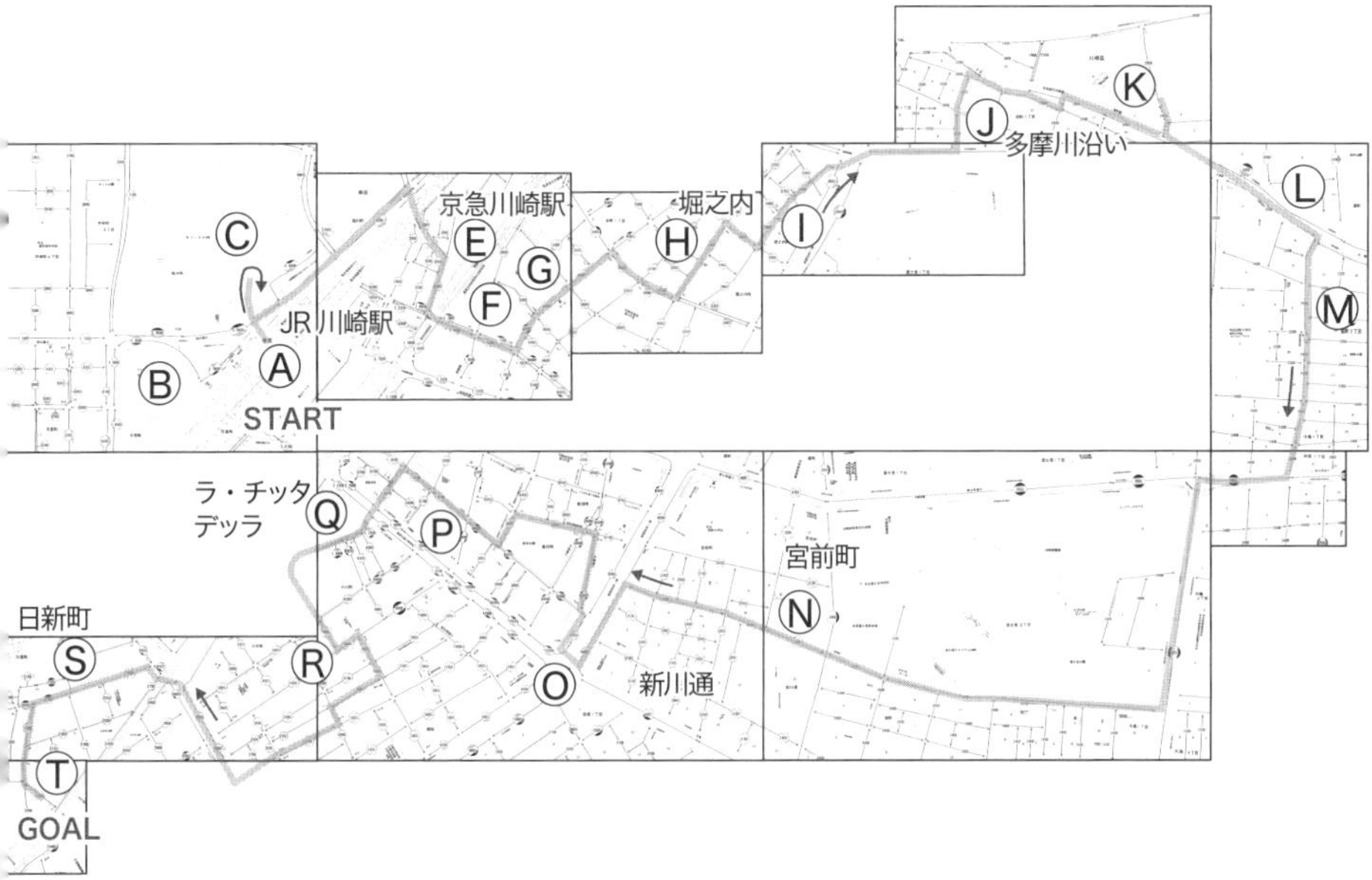

土地条件図で見ると川崎駅周辺は大半が埋め立てられた土地＝人口地形。東海道は自然堤防の微高地の上を走っていた。用途地域では大半が商業地域で住宅街でも近隣商業ということが多い。

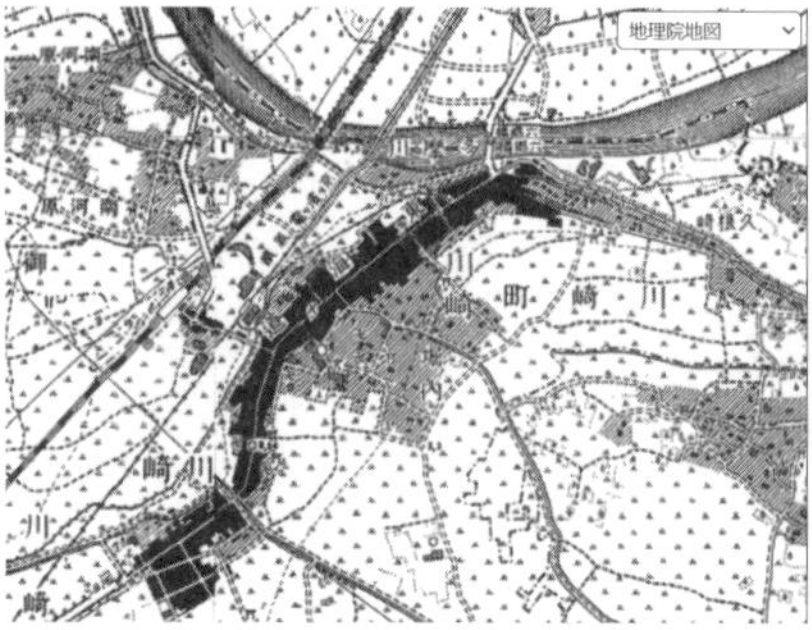

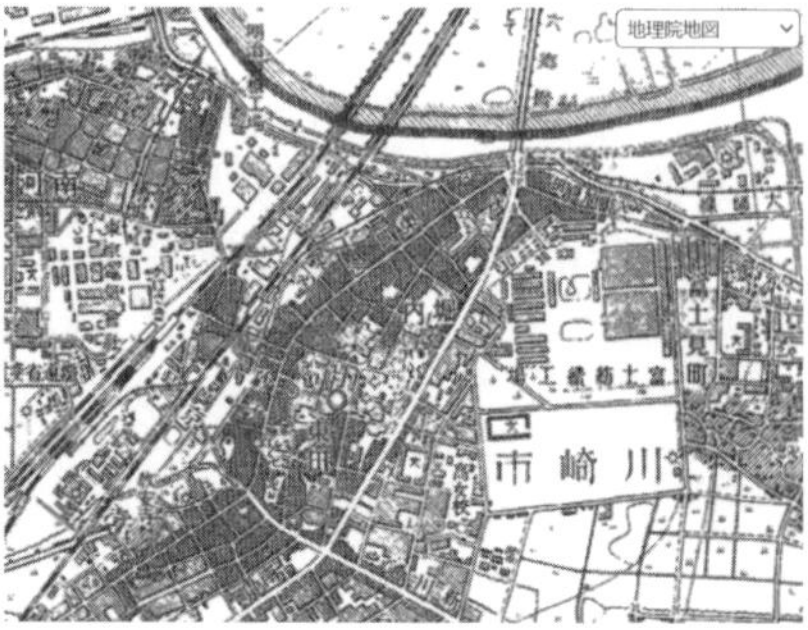

田んぼ転じて工場、現在はビル、商業施設

1896年から1909年、1929年から1939年の地図を見ると田んぼが広がっていた駅の北側に明治製糖株式会社、東京電気会社という工場が誕生している。いずれも今はなく、明治製糖の跡地は1995年にオフィス、商業施設からなるツインタワー・ソリッドスクエアに、東京電気会社、現在の東芝工場跡地は2006年に商業施設ラゾーナ川崎、ラゾーナ川崎レジデンスとして開発された。

Ⓐ JR川崎駅

1872（明治5）年に神奈川駅（現存せず）と共に日本で3番目の駅として誕生。東海道線、京浜東北線、南武線などが利用でき、神奈川県内では横浜駅に次ぐ乗降客数。西口側は大規模工場、団地が広がり、低未利用地が広がっていたことから、1983（昭和58）年頃から開発が行われてきた。その結果、現在では西口の路線価が大幅に上昇。

Ⓑ ミューザ川崎

駅から繋がる大規模商業施設・ラゾーナ川崎の左手、駅とペデストリアンデッキで繋がるミューザ川崎も2003年に竣工した再開発エリア。オフィス、シンフォニーホールなどからなる。音楽のまち､川崎市の拠点のひとつ。

Ⓒ ラゾーナ川崎

1908（明治41）年に東京電気川崎工場としてスタートした。旧東芝川崎事業所が閉鎖されたのは2000（平成12）年。2006（平成18）年に大規模商業施設ラゾーナ川崎としてオープンした。当初はららぽーと川崎となるはずだった。2013（平成25）年にはオフィスビルも竣工。これによって駅からの人の流れは大きく変化した。

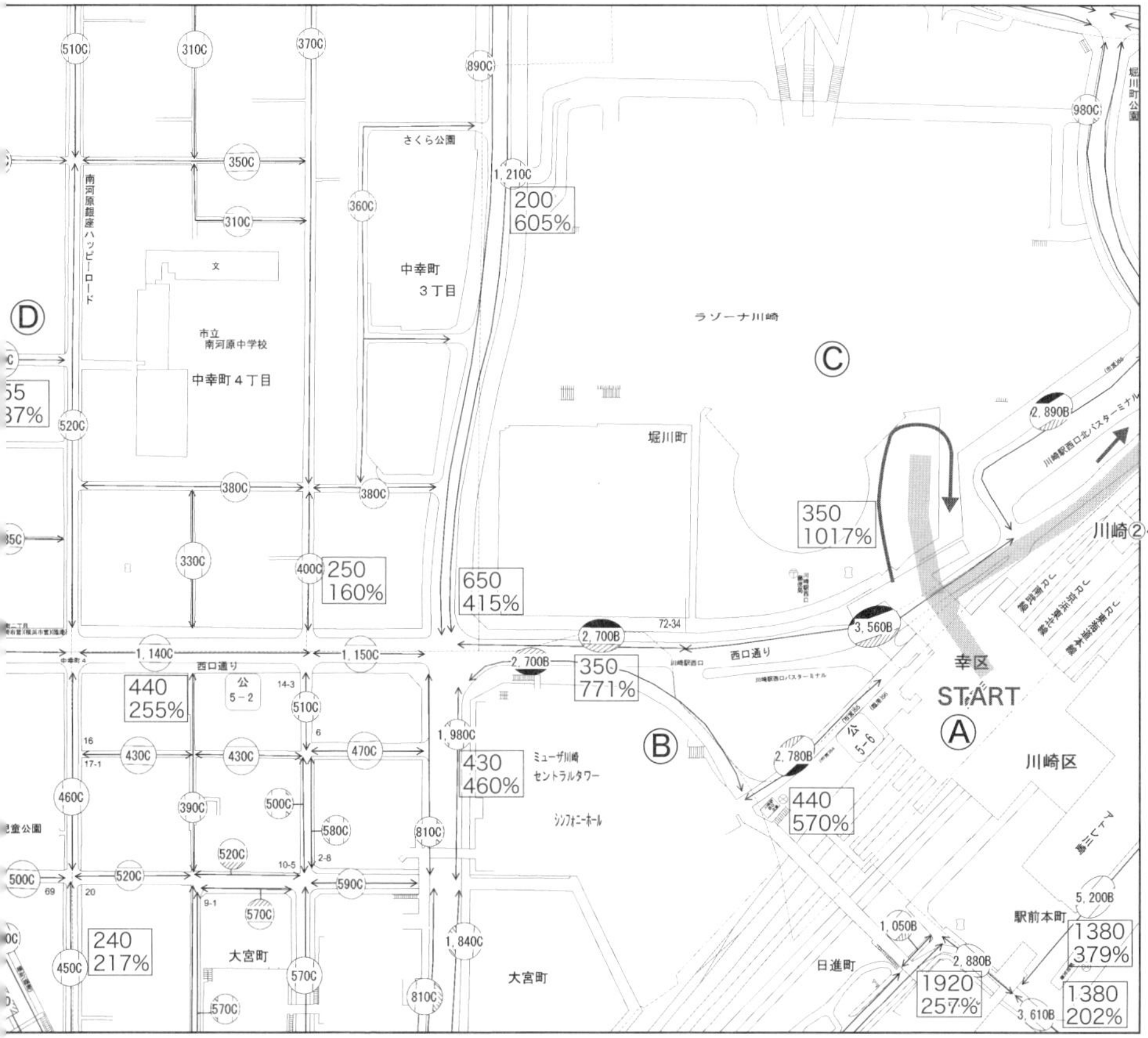

川崎①

路線価図に記されている枠囲みの数字は 16 年前、2006 年度分の路線価で、15 年前と現在の路線価で何％上昇しているかを計算したもの。駅に近いエリア、再開発エリア周辺ほど上昇の割合が大きい。このコースは 2021 年に歩き、2022 年の路線価で再計算した。再開発エリア周辺はこの１年間でさらに上昇、西口ではそれ以外はさほど変わらず。東口側は全体的に上昇している。

Ⓓ 周辺商店街

ラゾーナ川崎から離れると路線価の上昇率は下がる。道幅の広い商店街では上昇率が高く、細い道ではそれほどではないなど、上昇率にも路線価同様に差がある。以降、川崎駅から遠ざかった地域ではどの程度になっているか、比べてみると再開発の影響の範囲が分かる。

Ⓔ 京急川崎駅

JR の線路を潜って東側、京浜急行川崎駅方面に向かう。線路を境に上昇率に差が出ている。JR 川崎駅前でも 300％程度で西口より低い。再開発で西口が大幅に UP したのだ。また、京急川崎駅と JR の線路間は交通量に比して細い道路が複雑に走り、今後は道路も含めての開発が予定されている。そうした要因も路線価に影響している。

川崎②

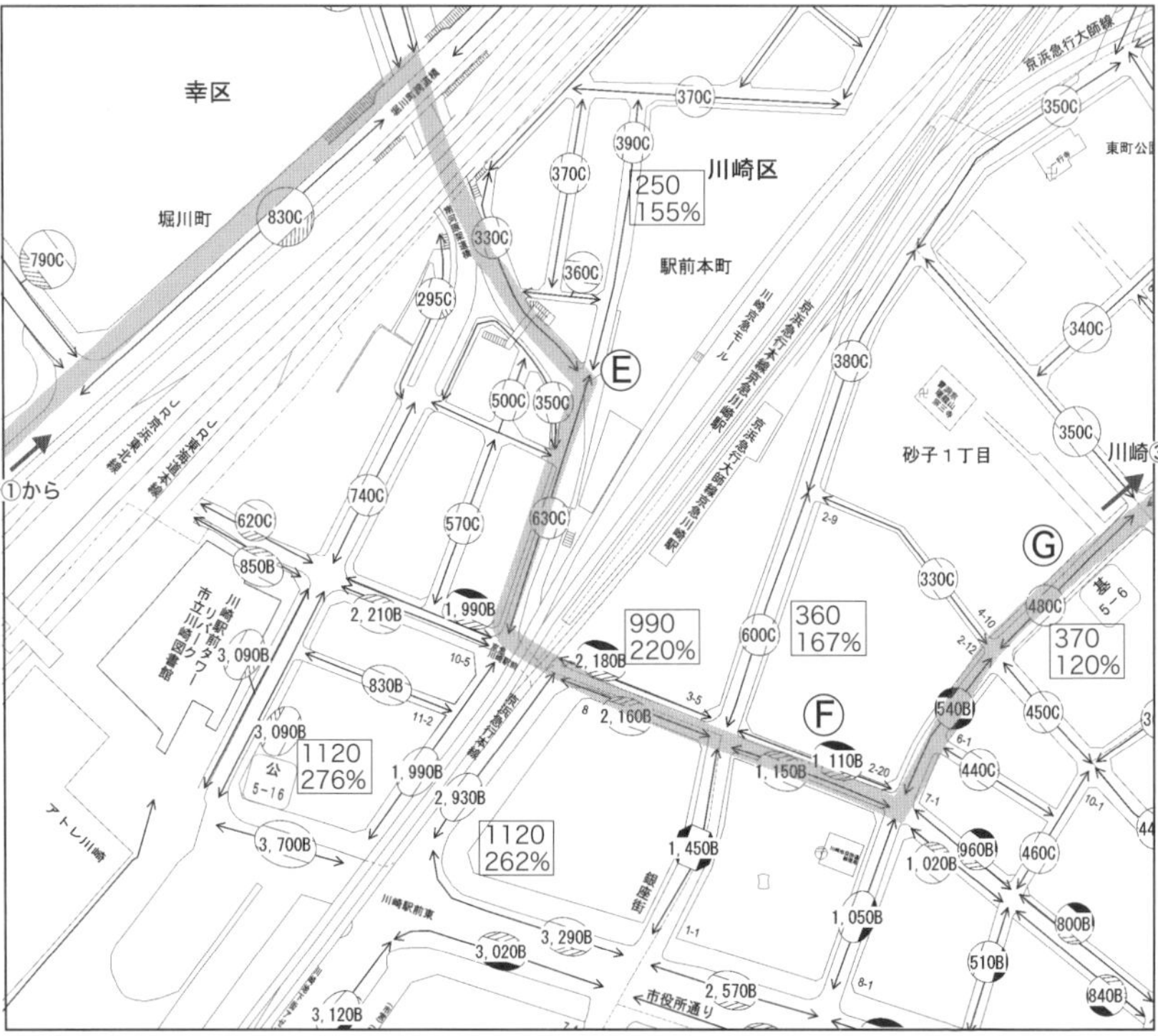

Ⓕ 駅から坂を上る

京急川崎駅から東海道へ。京急川崎駅から東海道にかけてはほんのわずか土地は上がっており、建物の基礎部分を見るとそれが感じられる。が、駅から遠ざかるので路線価は下がる。

Ⓖ 旧東海道

東海道川崎宿があったことを記念して通り沿いには各種の掲示があり、東海道かわさき宿交流館も。歴史的な建物は現存せず。商店自体も単身者向けのマンションに建て替えられている。並行して走る通りより路線価は高めで、歴史を物語ると解したいところ。

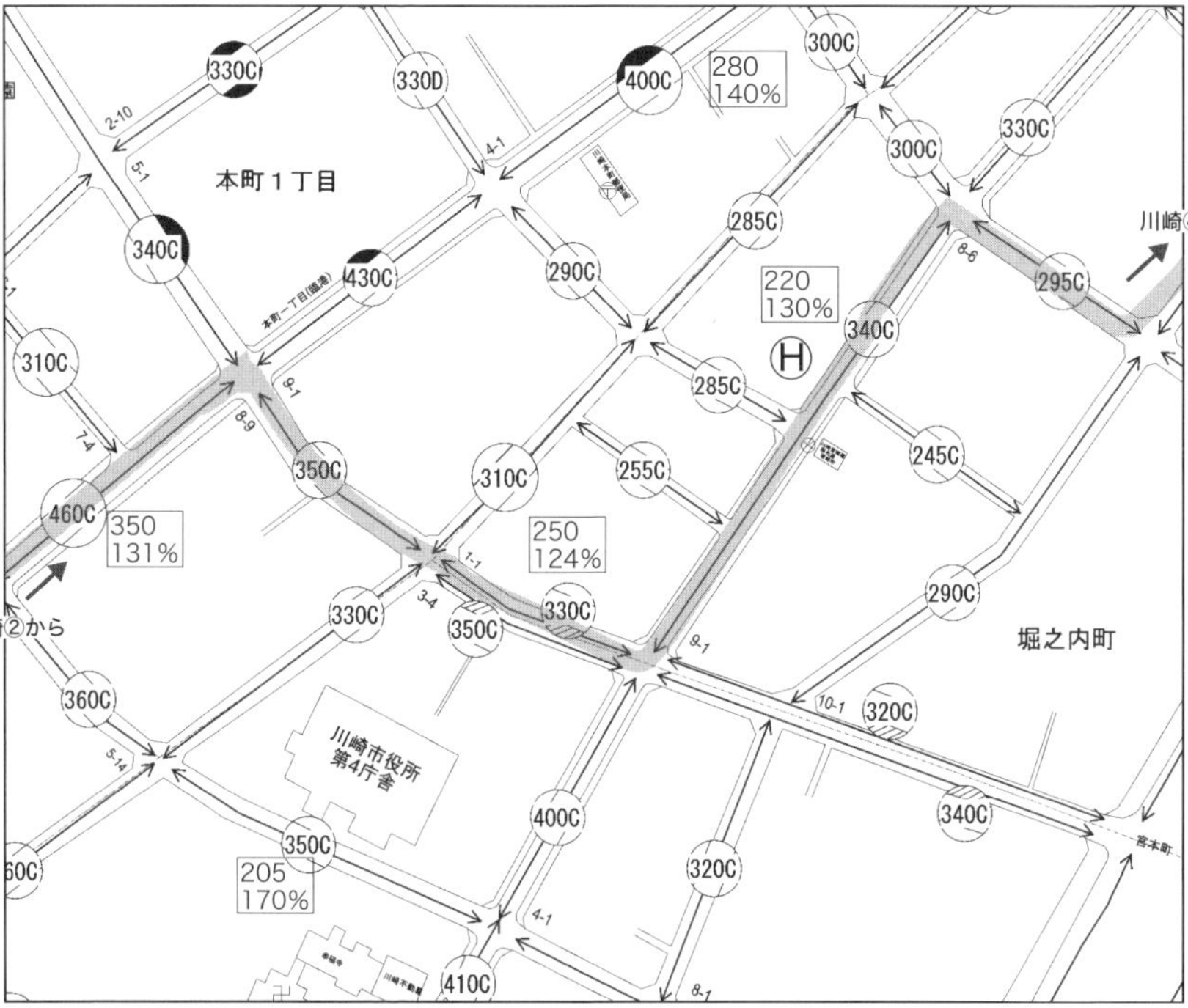

川崎③

Ⓗ 堀之内

川崎の堀之内は風俗街。宿場町時代から女性がおり、それが現在も存在。コース後半で歩く南町も同様だが、ソープランドがより目立つのは堀之内。路線価、上昇率ともに周囲に比べて低め。

川崎⑤へ

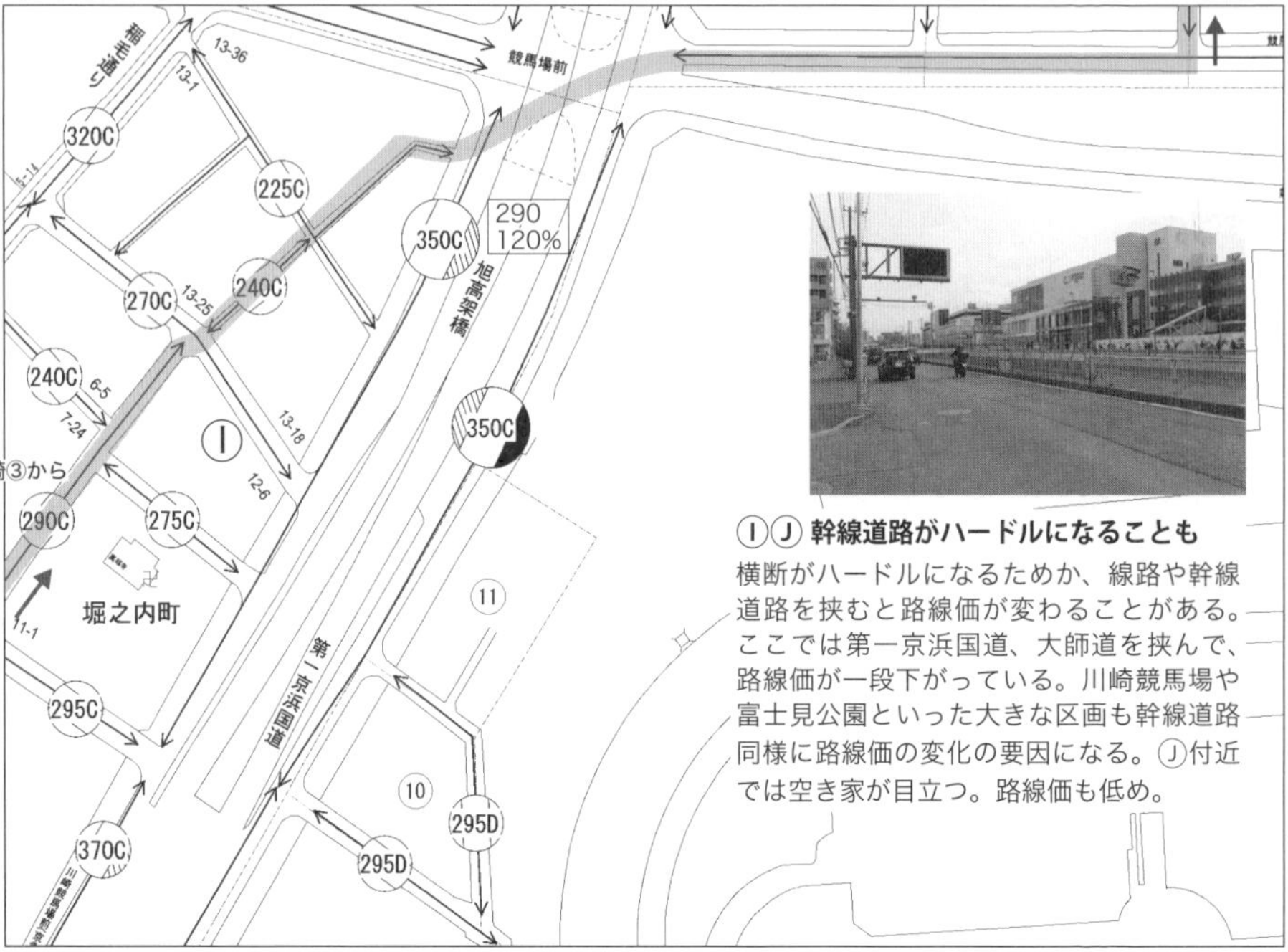

ⒾⒿ 幹線道路がハードルになることも

横断がハードルになるためか、線路や幹線道路を挟むと路線価が変わることがある。ここでは第一京浜国道、大師道を挟んで、路線価が一段下がっている。川崎競馬場や富士見公園といった大きな区画も幹線道路同様に路線価の変化の要因になる。Ⓙ付近では空き家が目立つ。路線価も低め。

川崎④

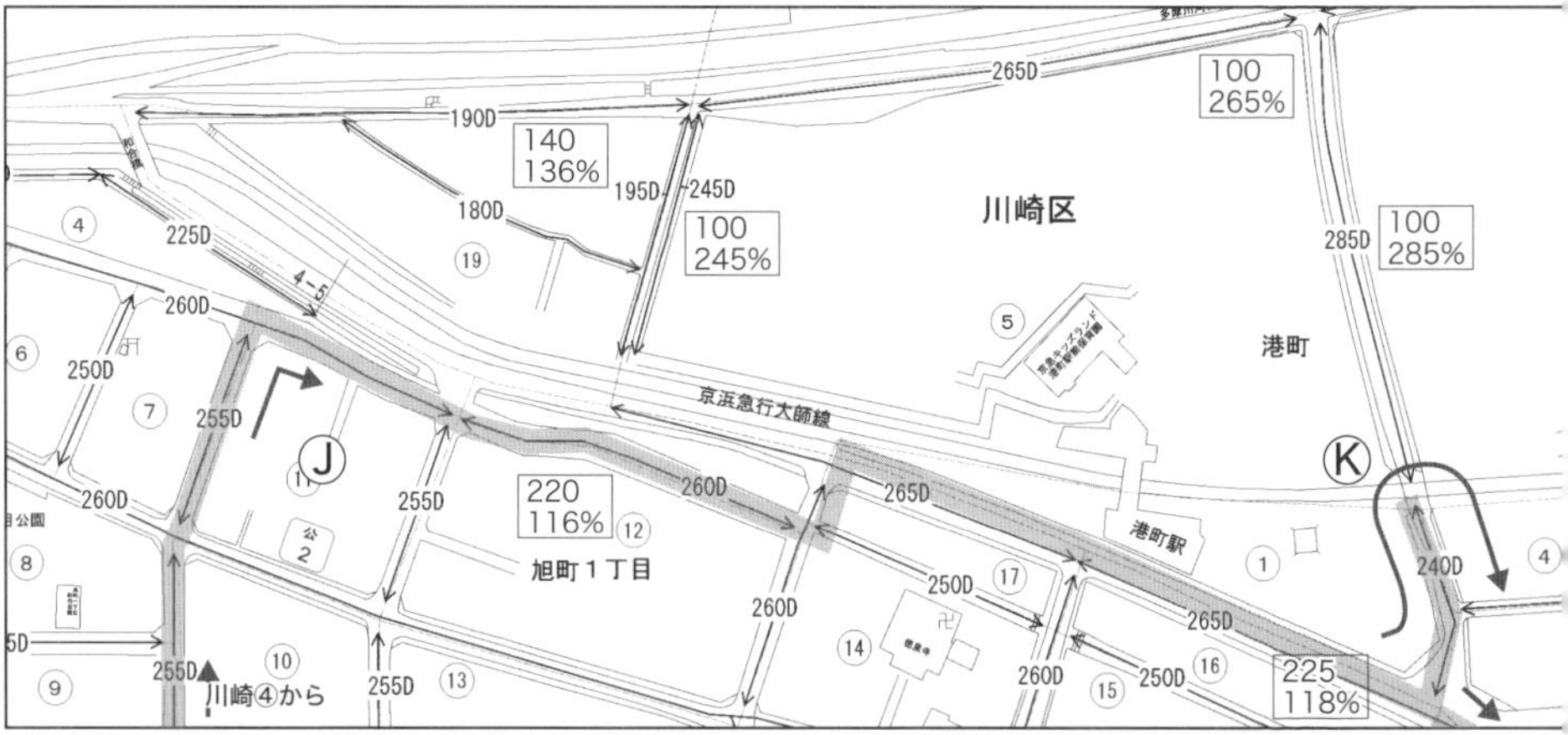

川崎⑥へ

川崎⑤

Ⓚ 周囲より高い再開発エリア

京急大師線港町駅から多摩川沿いは３棟のタワーマンションが建つ再開発エリア。日本コロムビアの工場があり､駅名は同社のヒット歌曲港町十三番街（美空ひばり）から。線路と踏切に囲まれたある種のゲートシティで、ここのみ路線価、上昇率も高い。周囲に影響はほとんどない。

Ⓛ **大師線沿線**

川崎大師に向かう大師道と多摩川間には工場が多いが、2005年以降マンションになった地域も。京急川崎から小島新田までの連続立体交差事業が計画されていたが、小島新田から東門前間の地下化完了のみで、頓挫している。事業が完成できるかで路線価に影響が出よう。

Ⓜ **商店街は宅地化**

かつては商店街があったものの、現在はほとんど宅地化。駅周辺、幹線道路沿いに比べると路線価の動きは少なく、大きな建物も少ない。駅との間には第一京浜、富士見公園があり、それらに隔てられている地域。

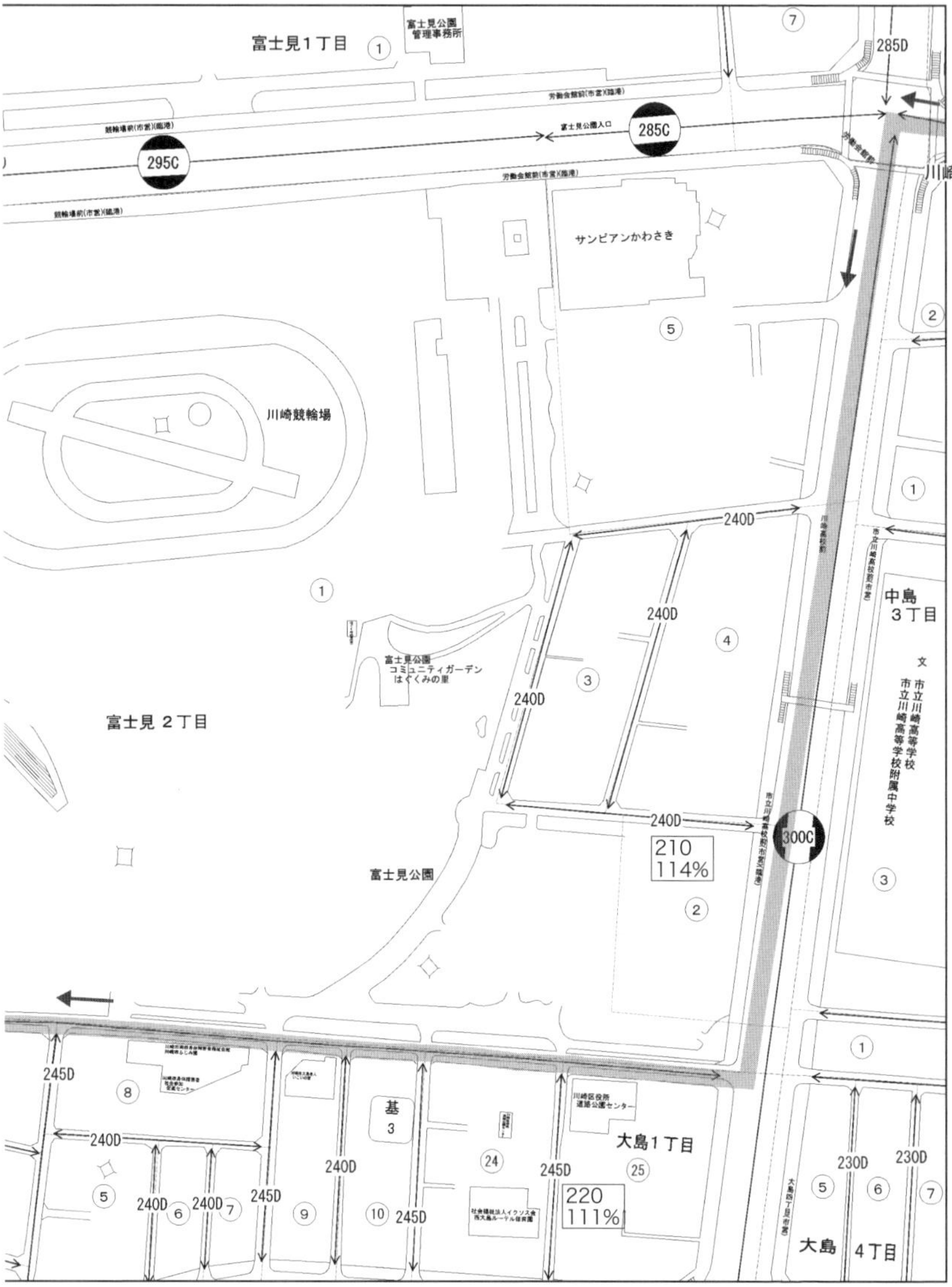

左図へ

川崎⑥から

川崎⑦

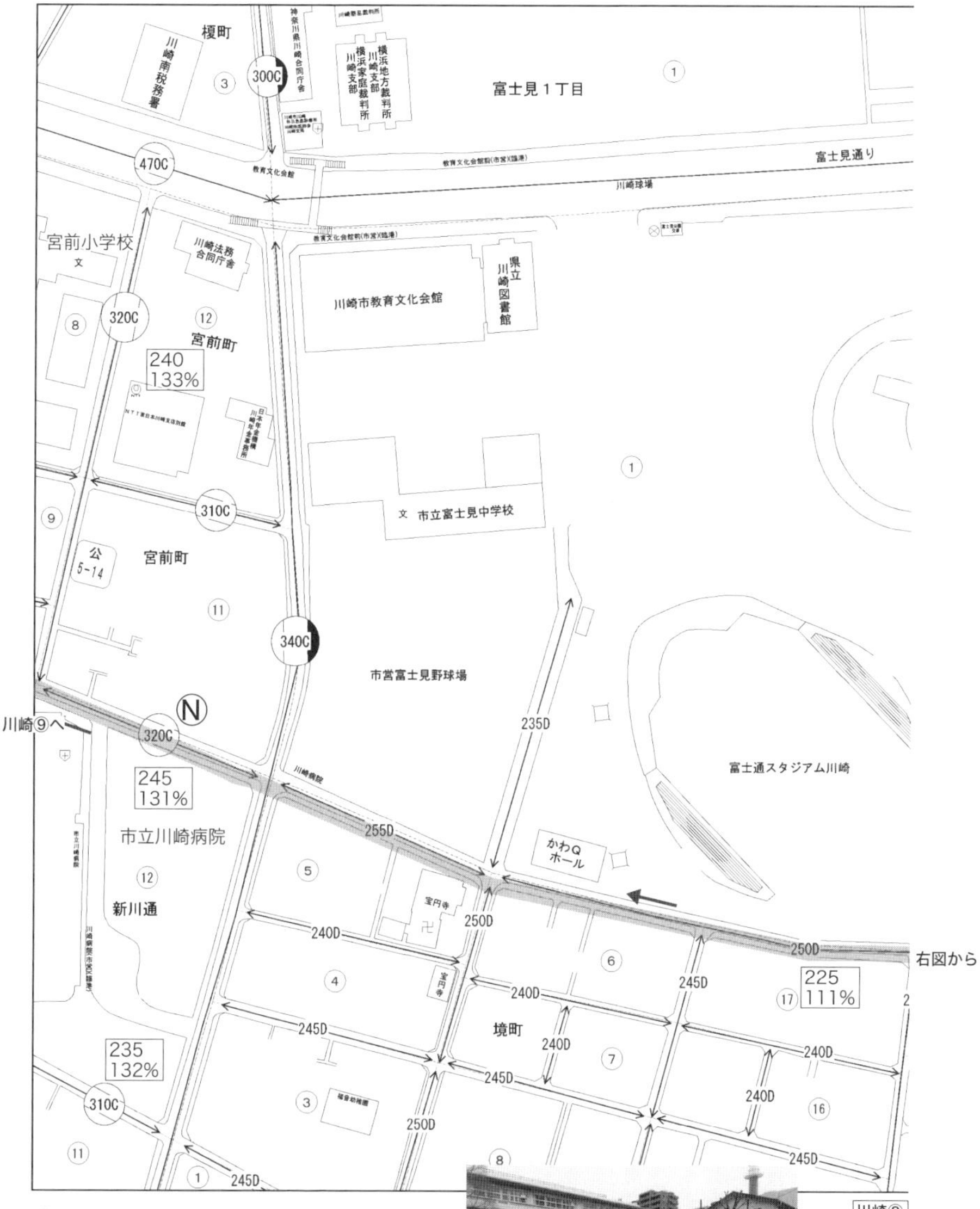

Ⓝ 小学校・病院と路線価

宮前町の一角に路線価の少し高い地域があるが、これは1921年創立の地元で評判の高い市立宮前小学校、市立川崎病院の影響の可能性がある。

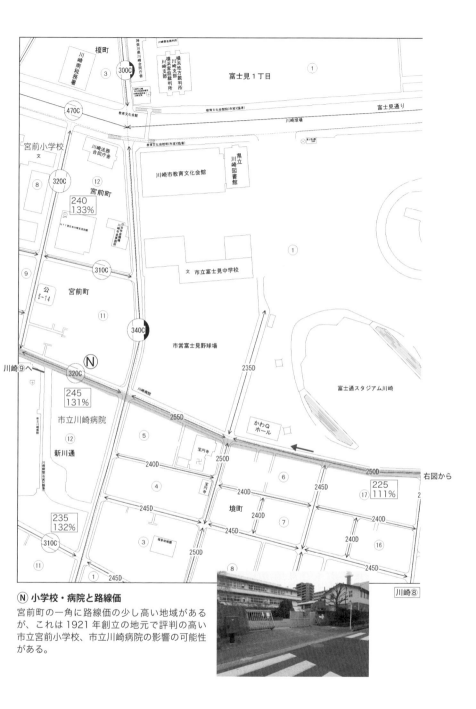

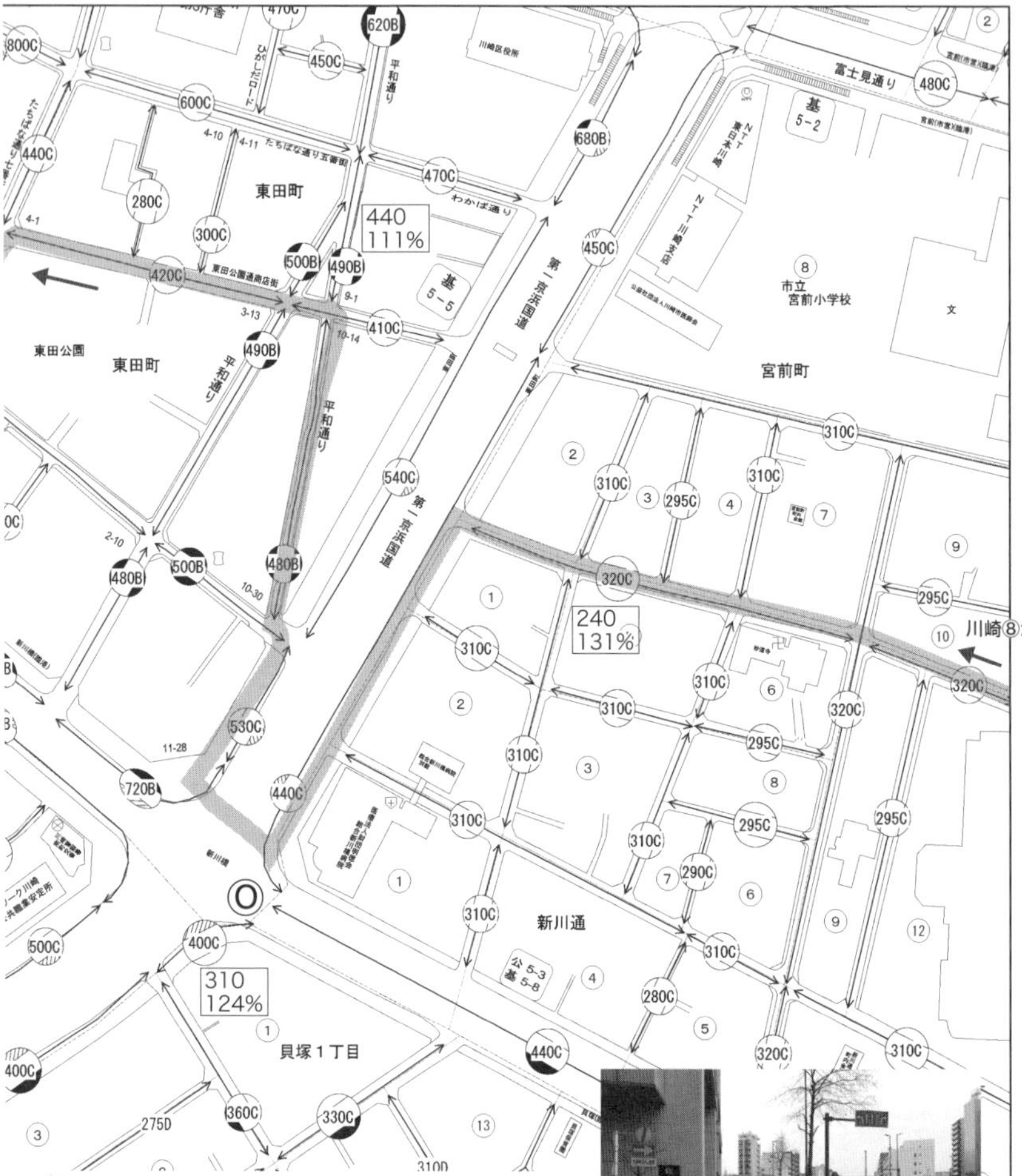

Ⓞ 新川通

新川通は新川橋、小土呂橋などの交差点名から分かる通り、元は新川堀という農業用水跡。この通りを挟んで北側のほうが川崎駅、京急川崎駅に近く、より繁華で路線価も高い。

Ⓟ 変わる飲食店街

飲食店が並ぶ繁華な商業エリアで第一京浜を挟んで路線価は大きく上がる。元々は生活に密着した物販、サービス店などが並んでいた通りも徐々に飲食が中心になり、風俗店なども増えている。土地の価格が上がると物販は成り立ちにくくなるためだ。

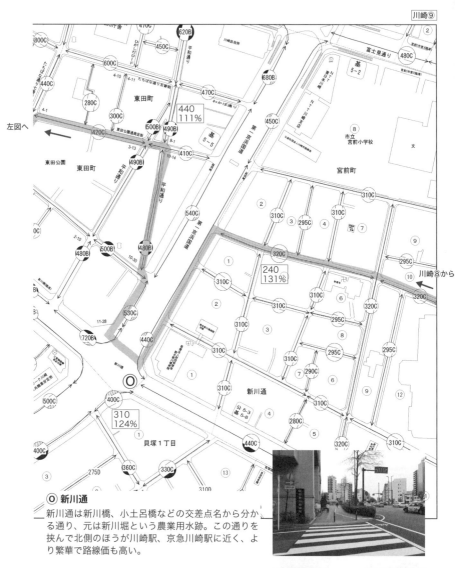

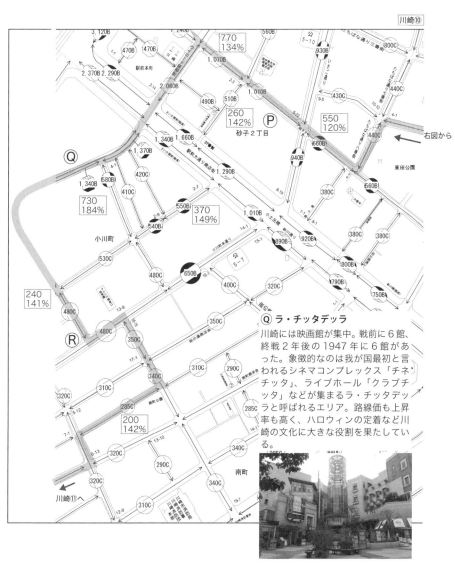

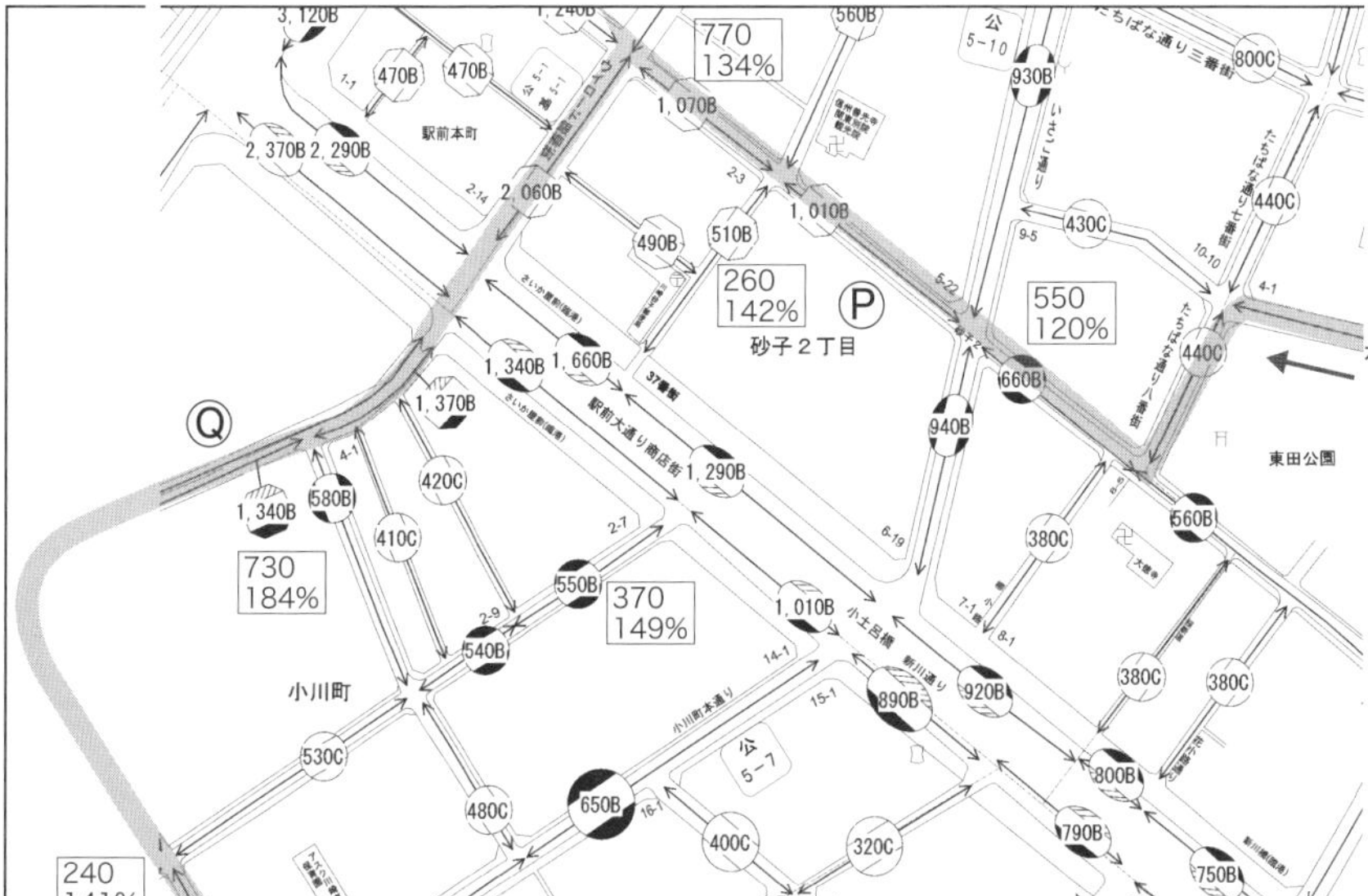

Ⓠ ラ・チッタデッラ

川崎には映画館が集中。戦前に６館、終戦２年後の 1947 年に６館があった。象徴的なのは我が国最初と言われるシネマコンプレックス「チネチッタ」、ライブホール「クラブチッタ」などが集まるラ・チッタデッラと呼ばれるエリア。路線価も上昇率も高く、ハロウィンの定着など川崎の文化に大きな役割を果たしている。

Ⓡ ラ・チッタデッラ裏手

ラ・チッタデッラの南側は一転、かつて遊郭があった南町の存在からか、あまり評判の良くなかった地域。現在もストリップ劇場、反社会的勢力の事務所などがあり、住宅の規模も小さい。路線価、上昇率も低め。2015 年に外国人、若い層を集める宿泊施設がオープン、地域を変えつつあったが、2020 年に閉鎖。現在もそのままの状況が続く。

Ⓢ 日新町

市電通りを渡った西側、日進町は東側に比べて明らかに路線価、上昇率も低い。川崎駅はこの路線価図の右上にあり600 mほどと遠くはない。それなのにより遠い旭町（旧商店街エリア）よりもお手頃。

Ⓣ 可能性を秘めた穴場

その理由はこの地域がかつて日雇い労働者が多く利用する簡易宿泊所が集まる地区だったことによる。2015年に死者11人の被害を出す火災が発生。以降、施設そのものが減少するなど風景には変化が生まれつつあり、建売一戸建て、新築賃貸マンションなどが増加。駅からの距離を考えると穴場とも言えるわけで、今後も変わりうる可能性がある。

リニアで盛り上がる名古屋駅周辺と地盤沈下する栄のこれから

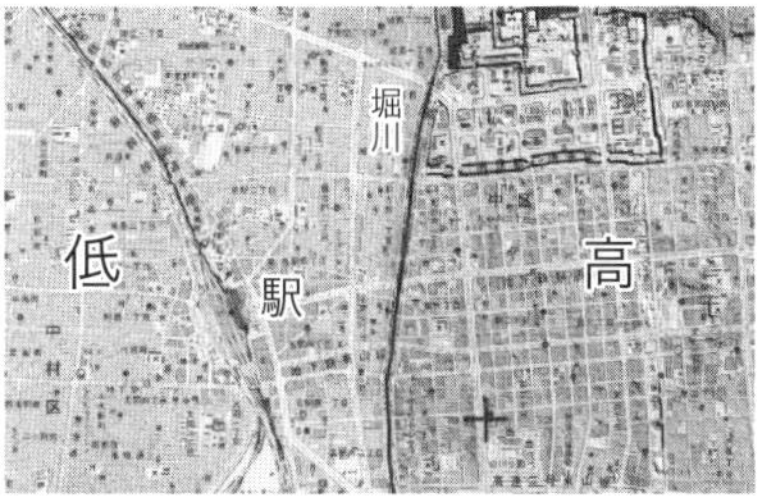

堀川を挟んで低地と台地が接する

名古屋市は全体として東高西低の地形で、今回の対象エリアでは名古屋駅西側及び東側の堀川までが低地、そこから中心部は熱田台地で、途中から標高が変わる。名古屋駅西側の椿神明社前の標高は１ｍ前後、堀川の手前、四軒道と呼ばれる町並み保存地区で２ｍ、久屋大通りでは 10 ｍ以上。コース大半は商業地域。

出典：国土地理院デジタル標高地形図　中部　名古屋
2006 年９月
https://maps.gsi.go.jp/#14/35.155951/136.890936/&base=std&ls=std%7Cd1-no462&blend=0&disp=11&lcd=d1-no462&vs=c1g1j0h0k0l0u0t0z0r0s0m0f2&d=m

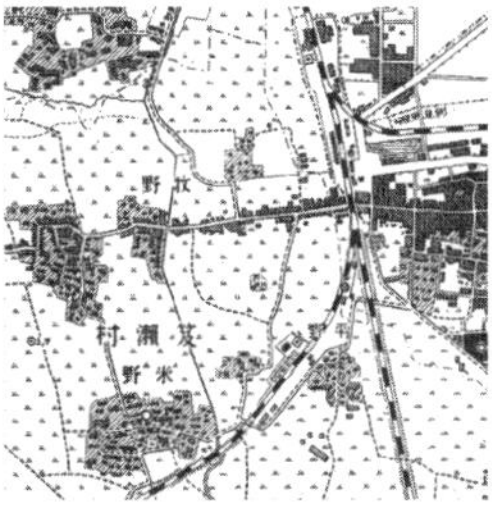

名古屋駅裏は田んぼだった

1888 年～ 1889 年の地図で見ると、名古屋駅の西側には水田。椿神明社には河童伝説があることからも低地だったことが分かる。名古屋駅の西側、名古屋市と大治町、蟹江町の間には庄内川が流れ駅裏手からずっと標高１ｍほどが続く。

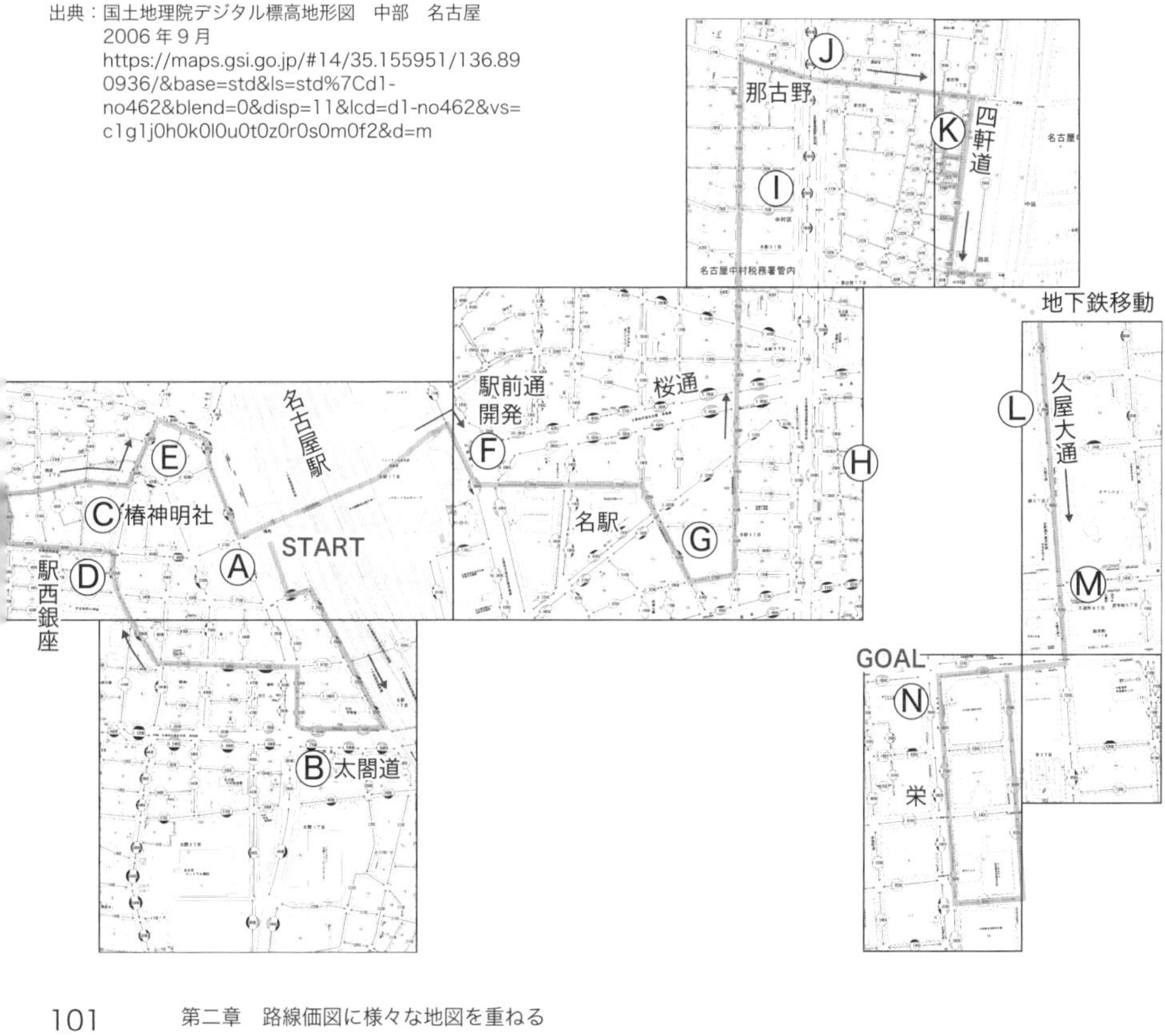

Ⓑ 太閤通付近

名古屋市電中村線が走っていた太閤通では名古屋駅側と反対側で路線価が異なる。特に通りから1本入ったあたりで比べると3倍ほどの差。遠望すると空き地も目立つ。太閤エリアの南側にはあおなみ線のささじまライブ駅があり、駅周辺では新しい街づくりが行われている。そこと名古屋駅の間に、ぽっかりと路線価の低い地域がある。

Ⓐ 駅裏のホテル街

駅裏と言われてきた名古屋駅西側駅前には安価なビジネスホテルが並んでおり、その裏には猥雑な雰囲気の飲食店街も。再開発の進んだ東側と比べると路線価が安かったために立地できた。この10年で3倍以上に上がり、リニア駅ができればさらに値上がりする可能性も。枠囲みの数字は10年前の2011（平成23）年のもの。

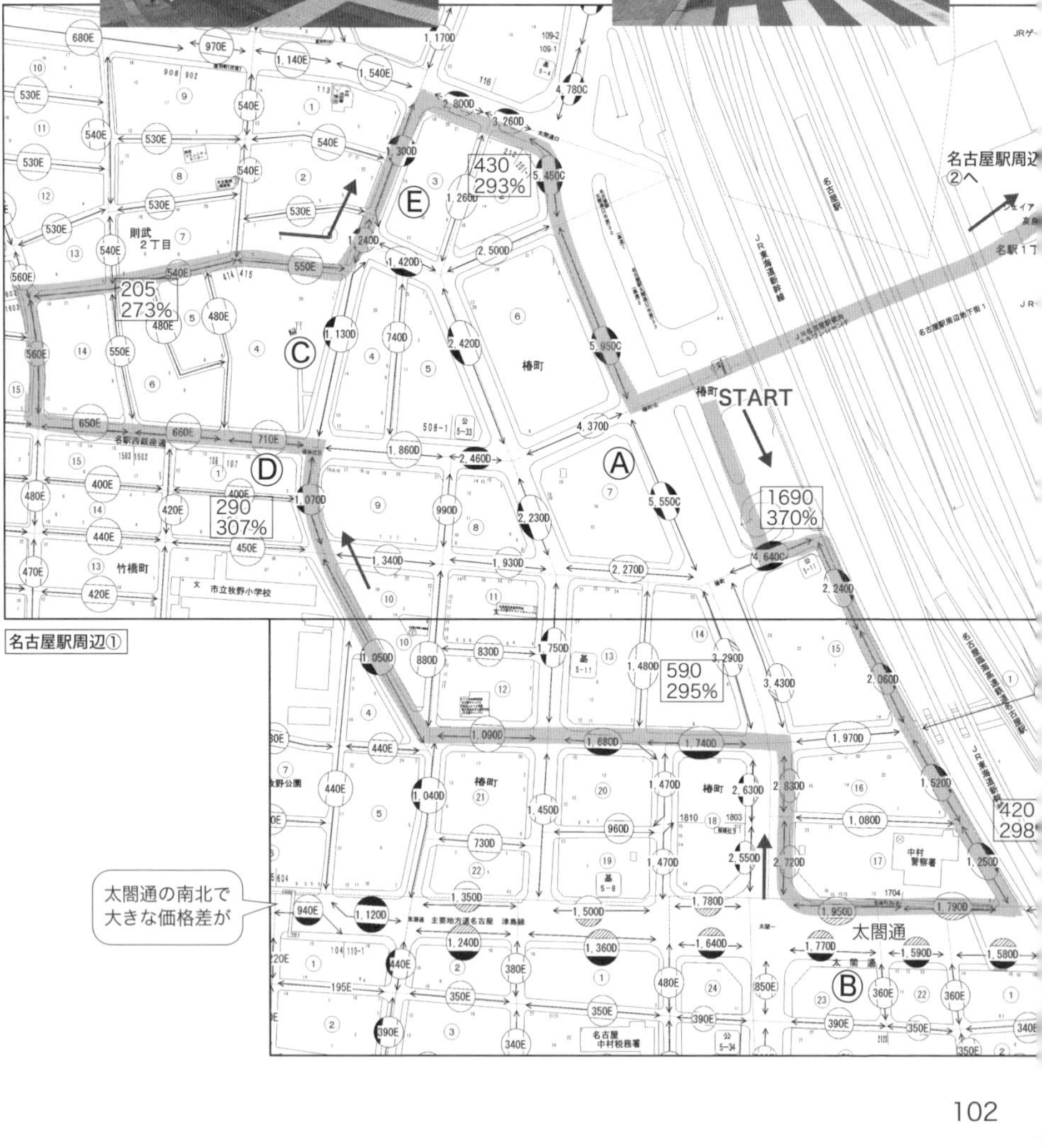

Ⓓ 駅西銀座

神明社のすぐ脇から始まる名古屋駅西銀座通商店街振興組合（駅西銀座）は長らく虫食い状態になっていたが、現在、駅近くはリニア新駅建設の影響で別の意味で虫食いに。笈瀬川筋以遠は路線価が安く、今のところ、駅前からの影響は比較的少ない。

Ⓒ 椿神明社

椿神明社の東側には笈瀬川が流れていたとされる笈瀬川筋があり、河童伝説が伝わる。伊勢神宮の御神領地だった土地で、お伊勢川が笈瀬川、笈瀬村に転じた。低地であるが故に高度利用が遅れてきたわけだ。

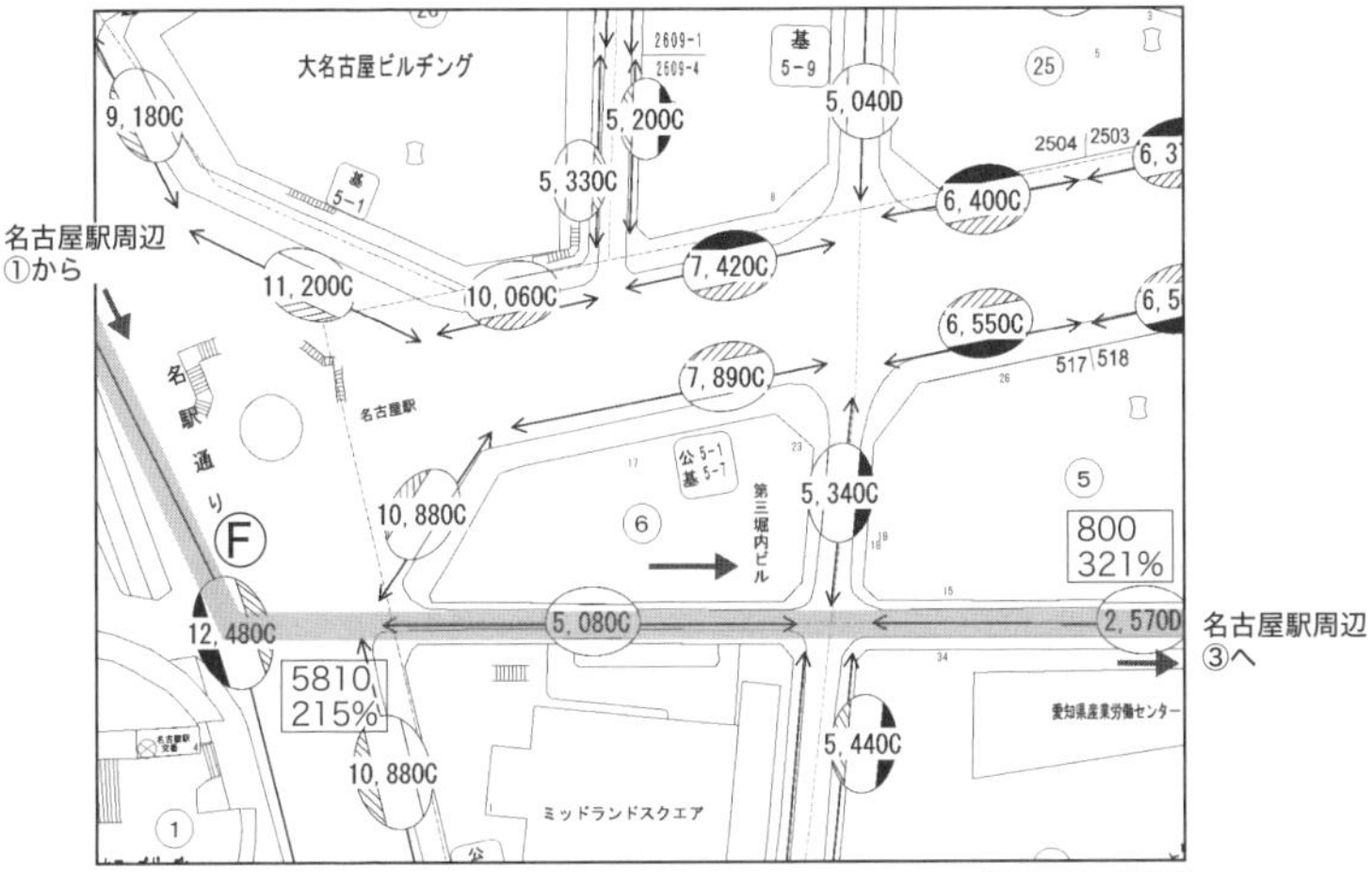

名古屋駅周辺②

Ⓕ 名古屋駅前の再開発

1993 年の名古屋駅旧駅舎の解体に始まり、再開発が急速に進んできた名古屋駅周辺。どこを見ても高層建築物が並ぶ風景はここ 20 年ほどで作られたもの。その結果が駅前の路線価に。名古屋屈指の繁華街といえばコースの後半で歩く栄だが、路線価で見ると駅前が名古屋ナンバーワンになっているのだ。

Ⓔ 工事中のリニア新駅

リニア新駅工事で通れなくなっている道路、取り壊されたビルがあり、風景は変わった。路線価も 3 倍以上にアップ、今後はそれ以上に上がる期待も。ただ、他のリニア駅のひとつ、神奈川県駅（仮称）の橋本駅周辺に比べると地上の用地は比較的狭く、地上部が今後、どう変わるのか。

Ⓖ 柳橋中央市場

名古屋駅西側、徒歩5分ほどにあるのが民設民営の卸売市場・柳橋中央市場。100年余の歴史のある、東海地方の台所と言われる活気ある市場。2019年に中核だった中央水産ビルが閉鎖、売却され、機能低下の声が流れた。その後購入した事業者がアミューズメント施設建設を発表。名古屋駅から歩いてくると路線価はブロックごとに下がり、市場周辺は駅前の10分の1ほど。市場内には空き地、ビル建設現場もあり、変化が起こりつつある。

Ⓗ 道路幅に注目

幹線道路を挟んだ向かい側、通りを入ったところは極端に路線価が下がる。名古屋中心部は大半が商業地域。道路幅、区画の規模が路線価を左右しているようだ。

名古屋駅周辺④へ

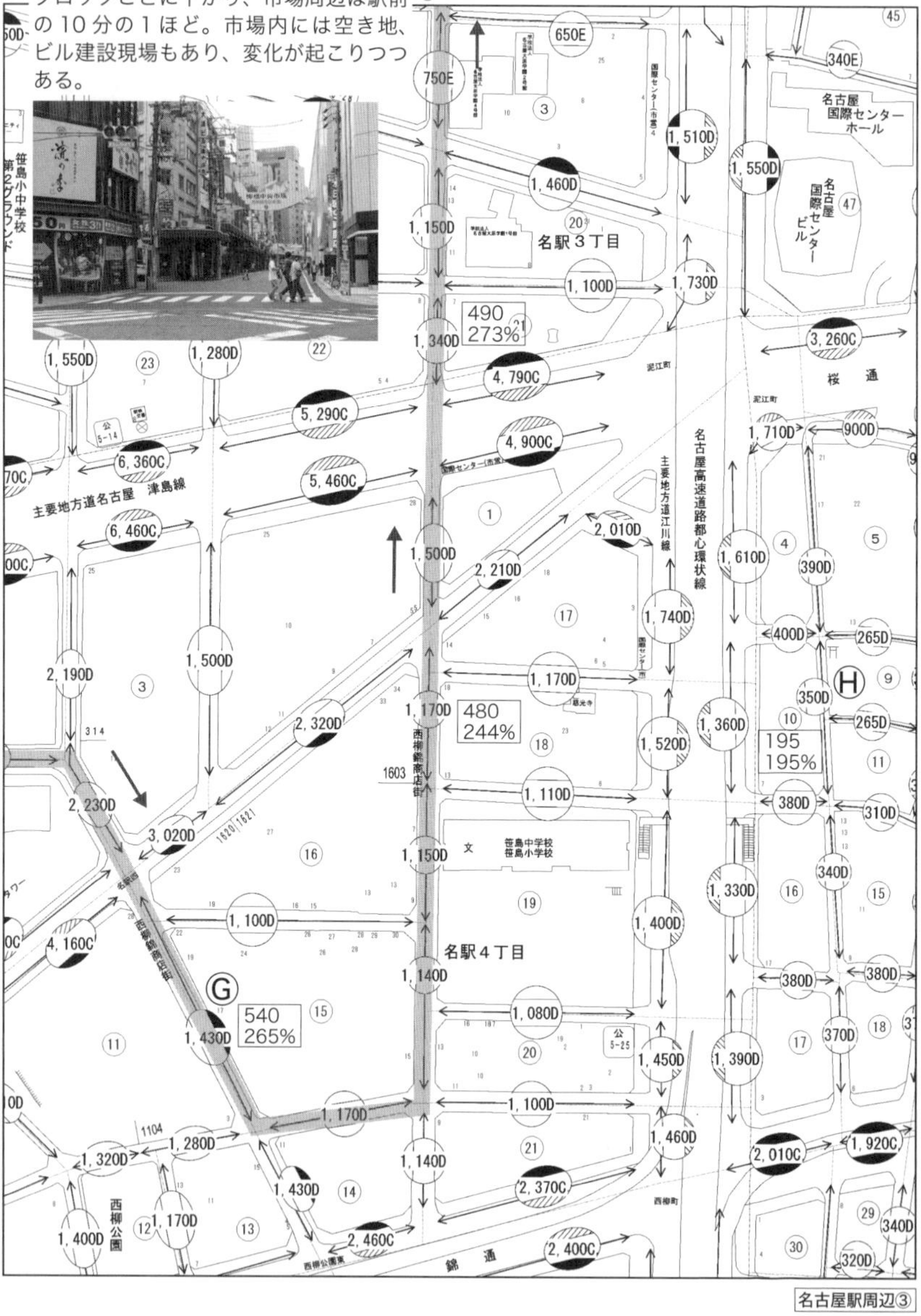

名古屋駅周辺
②から

名古屋駅周辺③

Ⓘ 徒歩 10 分で景色が変わる

名駅３丁目以遠通り沿いには古い、低層の建物が目立つ。駅からは徒歩 10 分ほどだが、街の雰囲気は大きく異なる。ところどころに空き地が目立ち、新築されたマンションも。路線価はかなり下がっているが、駅からの距離だけで価格を考えるとお手頃と感じる人が多いのでは。

Ⓙ 円頓寺商店街

円頓寺本町商店街、円頓寺商店街とアーケードのある、江戸時代発祥という商店街が続く。レトロな雰囲気が受けて一部に話題だった円頓寺商店街だが、2007 年以降少しずつ再生が始まり、2018 年に地元名物だった喫茶店西アサヒがリノベーションで蘇った。近隣の四間道と合わせ、散策コースとしても取り上げられるようになった。路線価自体はさほど高くはなく、逆にだから若い人たちが入りやすいのではないかと推察される。人気に目をつけたマンション建設が進んでもいる。

Ⓚ 歴史的な町並みが残る四軒道

1700（元禄 13）年の大火後、堀川沿いにある商家の焼失を避けるため、中橋から五条橋までの道幅を４間（約７m）に拡張したことから四間道と呼ばれるようになったとされる。延焼防止のための土蔵造りなど歴史的な町並みが残されており、2000 年頃から古い町家を利用した飲食店等が増加。家賃は以前より上がってはいるが、駅周辺、栄エリアに比べると割安。路線価自体はそれほど変動していない。

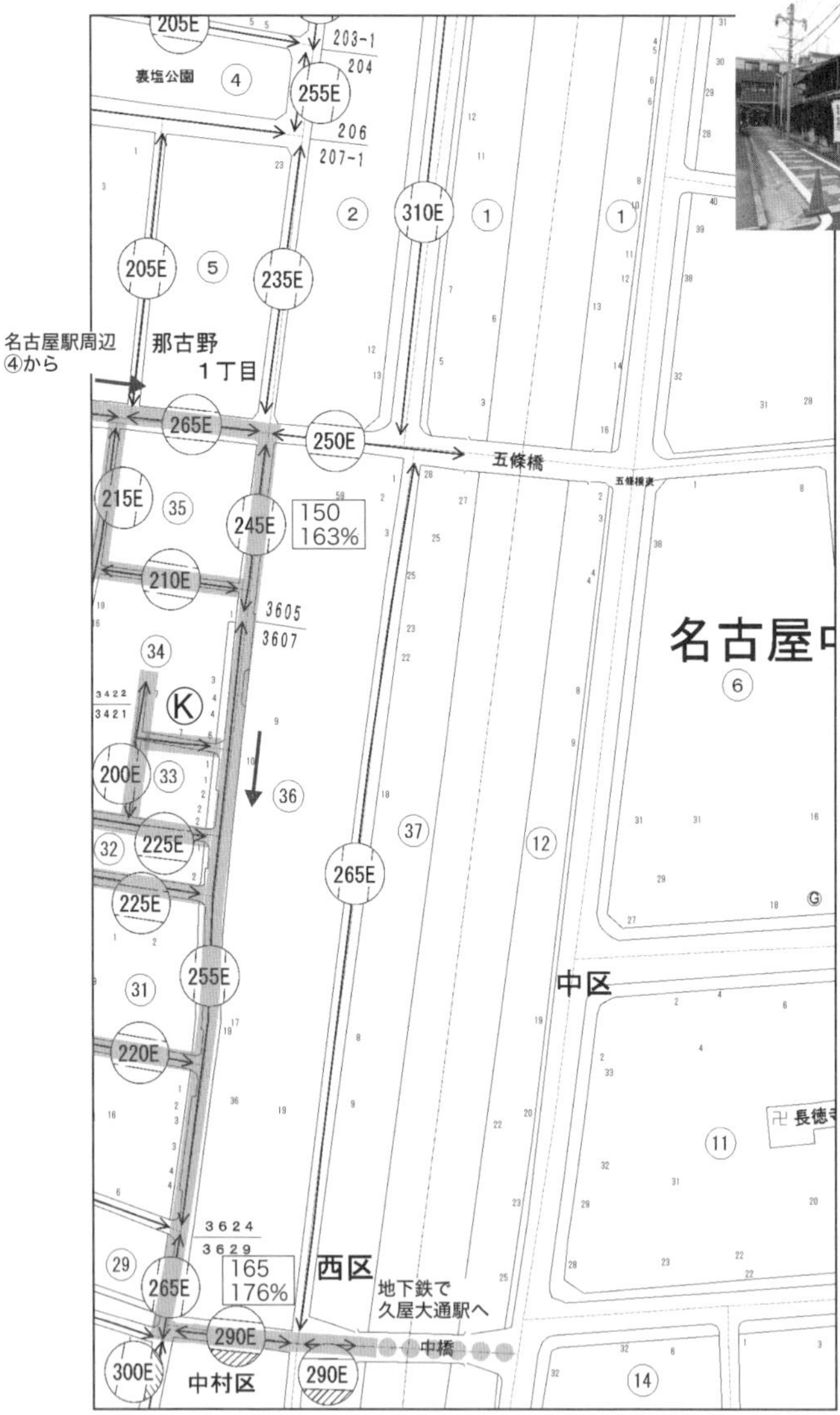

名古屋駅周辺⑤

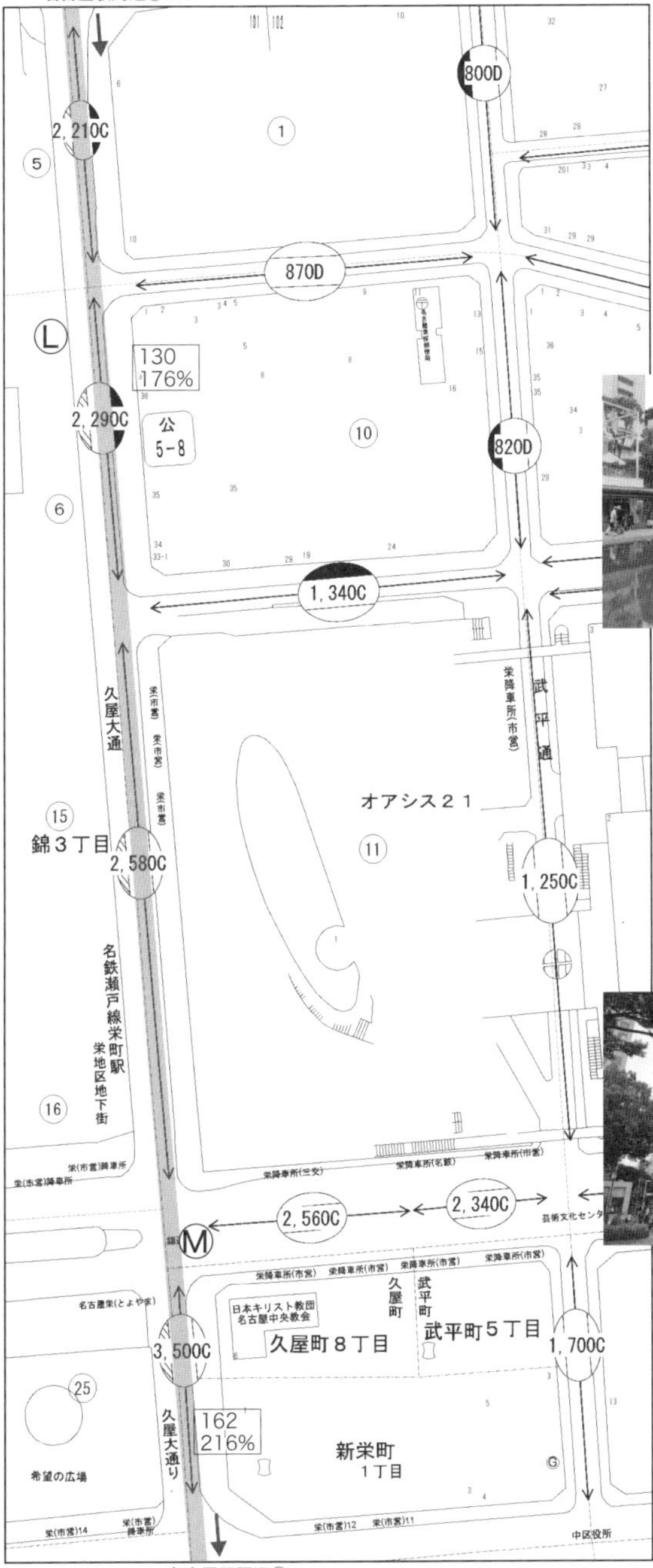

Ⓛ 久屋大通りの変貌

久屋大通りといえば、2020年秋に誕生した日本最大級のPark-PFI事業による「Hisaya-odori Park」。久屋大通駅から南は商業施設が多く、賑やか。これによって地盤沈下気味の栄に人を呼び戻そうということだろう。名古屋駅前の路線価と比べるとかなりの差になっているが、さて。

Ⓜ ビルの建替進む

周辺ではいくつかビルの建替え、再開発などが予定されている。目立つのが地域のランドマークだった中部日本ビル（中日ビル）の建替え。2024年完成予定で工事が進む。

名古屋駅周辺⑥から

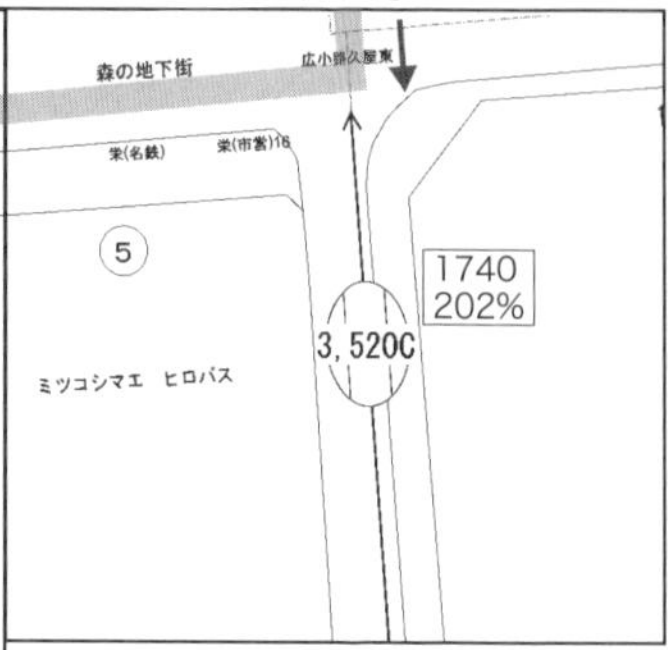

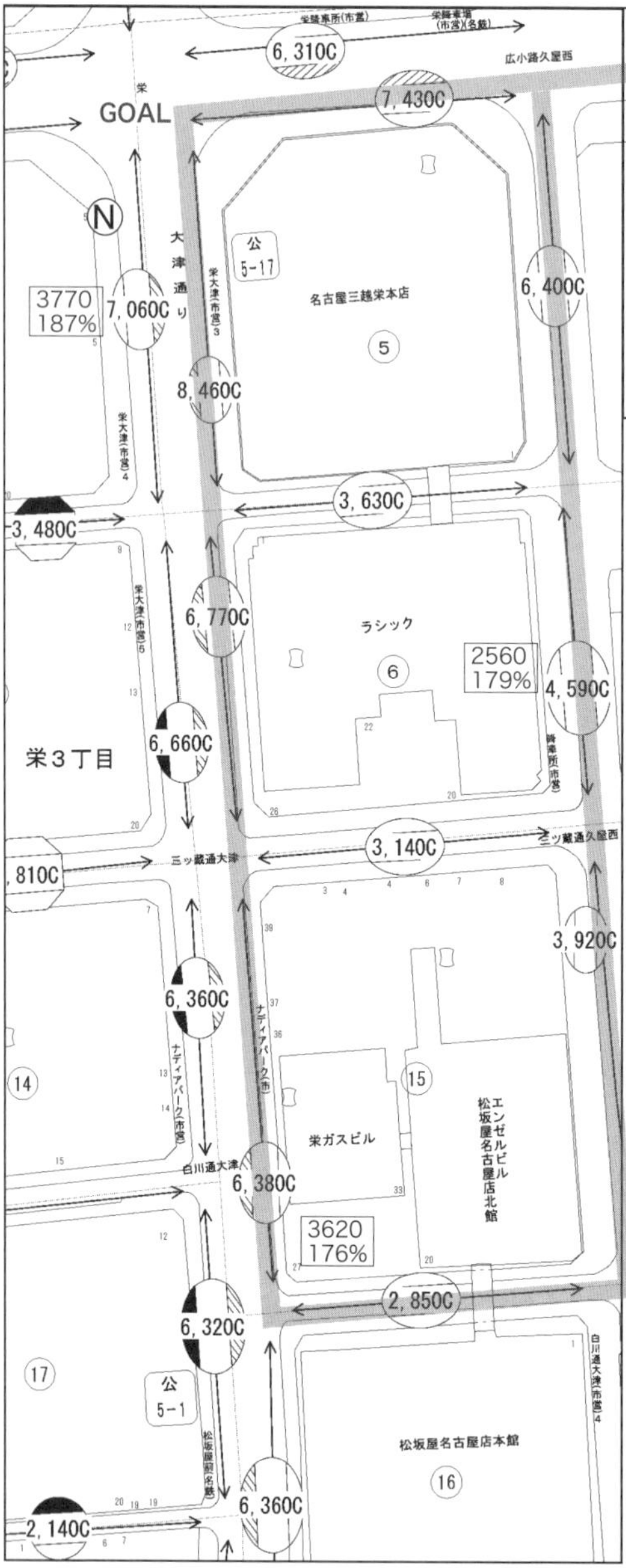

名古屋駅周辺⑦

Ⓝ 栄のシンボル　三越本店

名古屋駅に次ぐ地点が名古屋三越本店前。栄は商業施設が集積、かつては名古屋一の繁華街だった。公園なども含め、まき直しを図っているところだ。

旧版地図×路線価図　過去の土地利用が価格を左右する

続いては旧版地図、簡単に言うと昔の地図と路線価図を重ねてみよう。地形の上に歴史があって現在の街があると考えると、地形図の次には昔の地図と重ねないわけにはいかないからである。

これに埼玉大学教育学部の谷謙二先生による時系列地形図閲覧サイト「今昔マップ on the web」[注5]をお勧めする（図9）。紙の旧版地図を見ることに比べると、紙幅を超えてシームレスで、複数の年代の地図を複数枚表示できる、現代の地図と並べて表記することで文字の表記が今と違う、道路や鉄道、建物など目安になりにくいものが無く、読みにくい時代の地図の位置を確認しやすいというメリットがあるためだ。もちろん、二四時間いつでも見られる。本書では特記がない限り、旧版地図はこれを利用している。

今昔マップで見られる過去の地図は表1の表の通り。明治以降、時代の異なる九種類の地図が見られるが、そのうち、明治期のものは自然に従って暮らしていた時代の土地利用と考えられ、田があれば低地、畑や果樹が植わっていれば高台、崖なども大半が改変前である。この時点の地図を見ておいて順にどのような変化が起きてきたかを遡ってみていけば良いのである。

今昔マップ以外では過去の地図を見られるスマホアプリも便利だ。現地で使う時にはＧＰＳと連動させることができ、その場でその土地の過去が分かる。お勧めは日本地図センターが作っている「時層地図」シリーズ[注6]。東京（iPhone・iPad・アンドロイド用）、横浜、関西（iPhone）が用意されている。時代的には文明開化期から明治のおわり、関東地震直前、昭和戦前期、高度成長前夜、バブ

表1　今昔マップで閲覧できる年代

986（明治29）年～	1909（明治42）年
1917（大正6）年～	1924（大正13）年
1927（昭和2）年～	1939（昭和14）年
1944（昭和19）年～	1954（昭和29）年
1965（昭和40）年～	1968（昭和43）年
1975（昭和50）年～	1978（昭和53）年
1983（昭和58）年～	1987（昭和62）年
1992（平成4）年～	1995（平成7）年
1998（平成10）年～	2005（平成17）年

ル期、そして現代があり、さらに空中写真、五メートルメッシュの段彩陰影も。

それ以外では石川県金沢市、岐阜県大垣市、奈良県奈良市、長野県伊那市高遠地区・伊那谷、鳥取県鳥取市、大阪府大阪市などで地元の古地図アプリが作られている。江戸時代の地図を利用しているものもあり、普段持ち歩いても楽しいものである。

昔の地図と現在を比較する際に見てほしい時代は明治と昭和三〇年代以降。明治時代の土地利用は自然に従って行われており、改変も少ない。それ以降は改変が続くのだが、その中にあって戦後から昭和三〇年代以

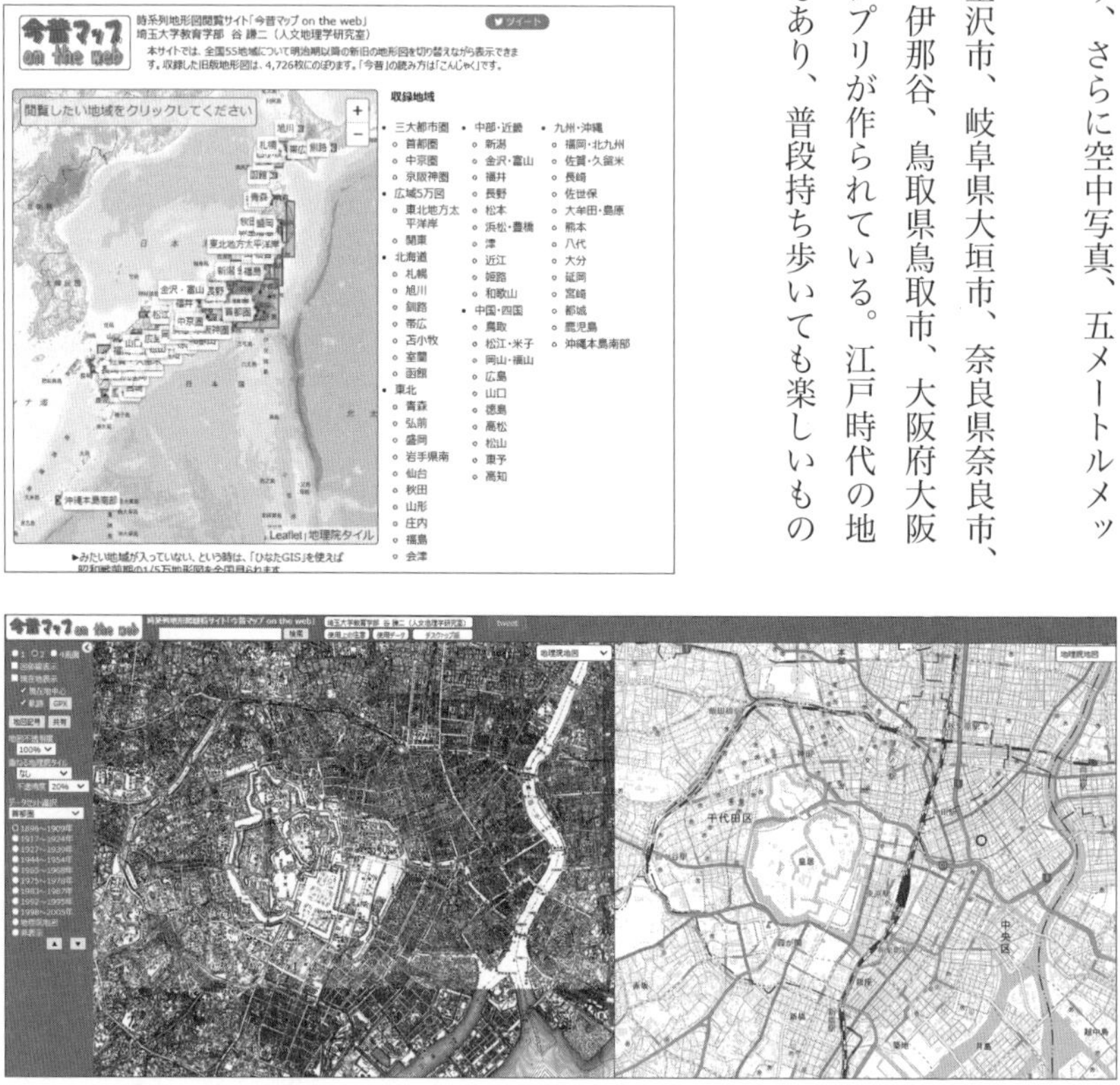

図9　今昔マップ on the web

上：今昔マップ on the web のトップページ。2013 年に公開が開始、徐々に拡張、現在は全国 56 地域で明治期以降の新旧の地形図を切り替えながら表示が可能。収録旧版地形図は 4756 枚。

下：左側に旧版地図、右側に現在の地図を表示した状態。２画面だけでなく、４画面表示も可能。旧版地図上のカーソルを動かすと、連動して現在の地図上の黒い丸が動くので過去と現在の位置が容易に分かる。

降は人口が増加、住宅が足りなくなり、経済復興で工場用地も足りないとあって国土が大幅に改変された時期である。すべての地図を見るのが面倒ということであれば土地そのものの姿を明治期で確認、昭和三〇年代以降の改変を見ればおおよその変化が分かるというものである。もちろん、可能であれば江戸期からの変化を追いかけてみたいところである。

改変のうちでも注意したいのは主に二種類。ひとつは沼や池、水田などの埋立て。もうひとつは傾斜地を造成、平坦な土地に変えるというものである。大規模な造成であれば土地の歴史として残されていることもあるが、それ以外は土地の人の記憶にすら残っていないこともある。古い地図は貴重な情報源なのである。今の地図に比べると精度に劣るものもあるので、その点を考慮しつつ、参考にしたいものである。

さて、土地の利用の変遷と路線価の関係で見ると、水田や池など土地の改変が始まる以前は宅地として使われていなかったところは路線価が安い傾向にある。たとえば世田谷区の玉堤一丁目、二丁目という丸子川と多摩川に挟まれた土地は明治時代は水田。ところが一九二七（昭和二）年以降に区画が整理され、徐々に建物が建設されるようになり、現在は普通に住宅地となっている（図10）。

だが、元々が水田で低地で、駅から遠いこともあって路線価は丸子川より高台に比べると明らかに安い（図11）。かつ水害にも合いやすい場所で、二〇一九年の台風一九号ではこのエリアにある東京都市大学（旧武蔵工業大学）は多摩川からの越水、逸水は免れたものの内水氾濫によって図書館などが大きな被害を受けている。

ちなみにこのエリアには災害時に避難所となっている世田谷区立玉堤小学校があるが、校門には水害時はここに避難しないよう呼びかける掲示がある（図12）。であれば、そもそもここに小学校を作らなければよいではないかと思うが、玉堤小学校は一九三八（昭和一三）年にできた尾山台小学校の分校として一九五八（昭和三三）年に誕生した。尾山台小学校は高台の駅の近くにあるが、当初は分校だった玉堤小学校は戦後の人口増で他に土地がなく、この地に設立されたものと思われる。

ちなみに都市圏の公立学校のうちにはこのように差し迫った人口増に対応するためにやむなく防災上に懸念がある土地に建てられたものが少なくない。建設当時は地震、水害等の危険を考える知識はもちろん、余裕が無かったのだろう。急増する児童数を収容するだけのまとまった土地を条件の良い場所に用意することが難しかったのである。

同様に高齢者施設も、土地の価格が安く広い土地が確保できる場所に建てられることが多く、台風その他で高齢者施設がしばしば被災するのはそのためである。路線価が安い地域にはそれなりの理由があり、旧版地図と重ねてみるとその理由が分かるのである。

埋立、再開発という錬金術

小規模、自然発生的な土地の改変はマイナス評価になることが多いが、それが大規模に行われると逆の効果を生む。これまで使えなかった土地が有効に使われることになり、ゼロが百や千、万を生むようになるのである。それが埋立、再開発である。

分かりやすいのは首都圏の湾岸エリアだろう。明治期には品川

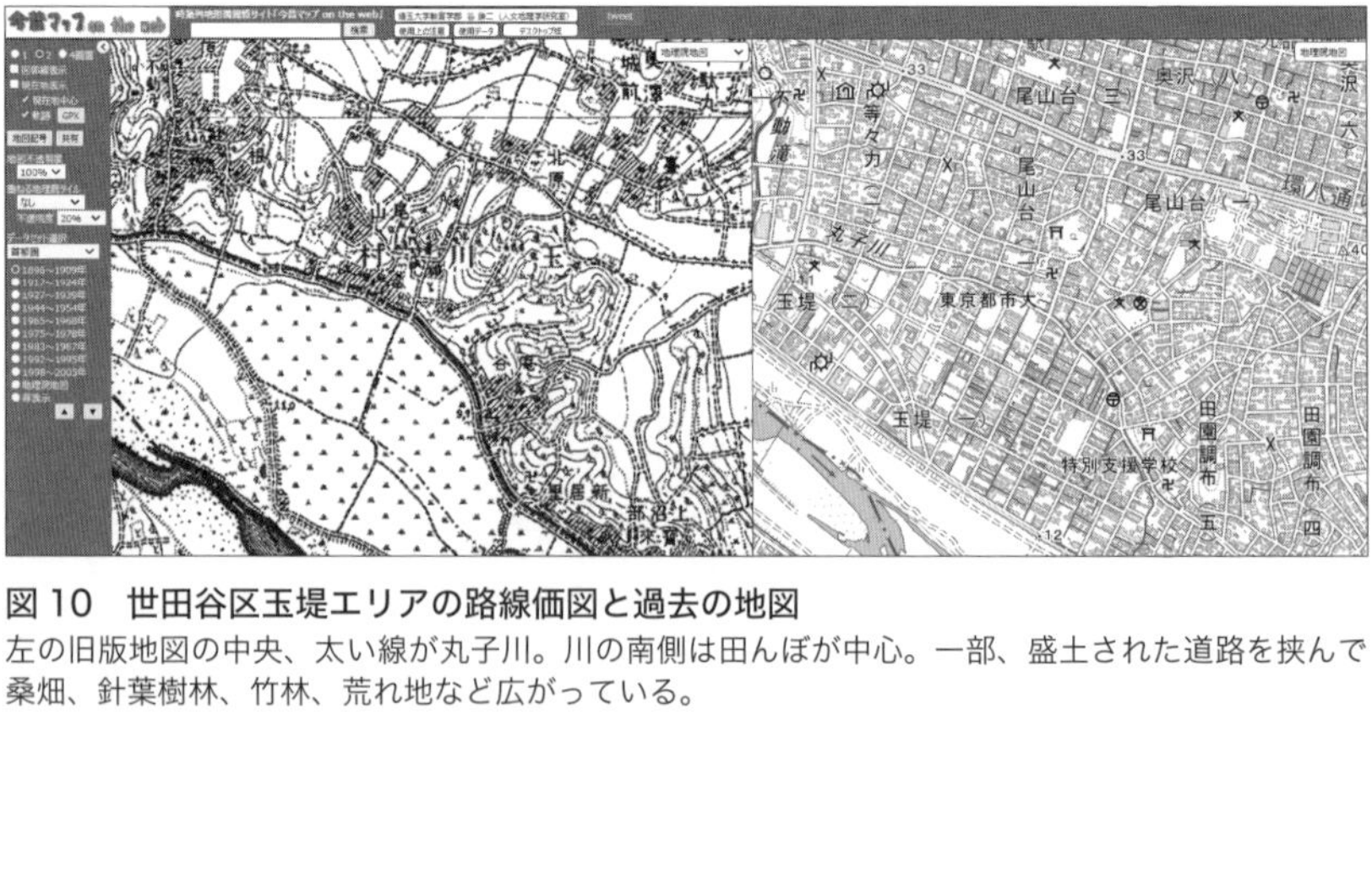

図 10　世田谷区玉堤エリアの路線価図と過去の地図

左の旧版地図の中央、太い線が丸子川。川の南側は田んぼが中心。一部、盛土された道路を挟んで桑畑、針葉樹林、竹林、荒れ地など広がっている。

駅は海辺に建っており、豊洲も晴海もまだ誕生していない。首都圏に限らず、明治期の海沿いの都市では都市域は今よりはるかに狭いが、それが時代とともに拡大、工場地帯、住宅地、空港などが作られていくのである。

再開発も同様で、低地や工場地帯が大きく飛躍することになる。近年、著しく価値を上げた例でいえば神奈川県川崎市の武蔵小杉（紙上再現！路線価図でまち歩き③）。川崎市のほぼ中央に位置し、東京の都心からでも電車で二〇分ほどと恵まれ

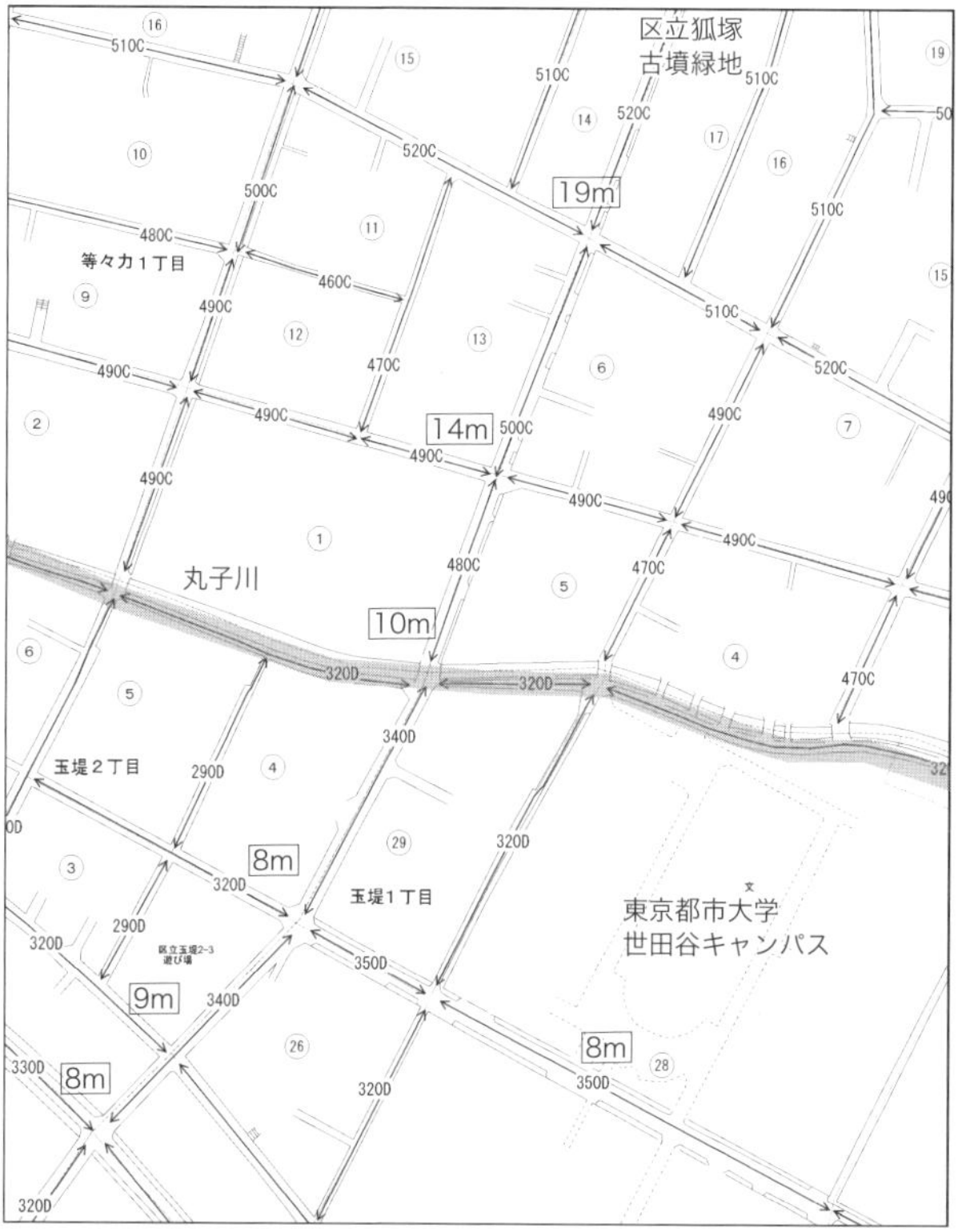

図 11　標高とともに路線価も下がる

路線価図の中に標高を入れてみると北側から南に向かって下がっていることが分かる。路線価も標高と駅からの距離（最寄り駅はこの路線価図の北側にある）に従って下がっていくが、丸子川を挟んでの価格差は特に大きい。ちなみに 19 m と記載した右手には世田谷区狐塚古墳緑地があり、周辺にはそれ以外にも複数の古墳が点在。その昔から多摩川を見下ろす高台であったことが分かる。

丸子川を越えた交差点の脇にあった浸水想定深の表示。かなりの深さまで浸水する想定になっている。

玉堤小学校入口の表示。災害時の避難場所ではあるが、水害時には逃げ込んではいけない。紛らわしい。

図 12

た立地にあるが、明治時代には水田が広がっており、その後は工場地帯に。

それらの工場の郊外移転を契機にこの地には二〇〇七年以降タワーマンションが建ち並ぶようになり、二〇一四年に大規模商業施設ができたことから、第一章でふれたように利便性の二輪が揃うことになり、人気が定着。その後、二〇一九年の台風一九号で浸水したマンションが出るものの、人気は変わっていない。

路線価図で開発前、後を比較すると大きく上昇しており、再開発が路線価アップに寄与することがよく分かる。埋立、再開発はある意味錬金術なのである。ただ、といっても土地の高低、歴史は残されており、ふとした時に牙を剥く。そのことは忘れないようにしておきたい。

路地の風情はお金になるか?

旧版地図とは異なるが、首都圏の街を歩く時に必ず参考にしている地図がある。それが『コンサイス 東京都35区区分地図帖―戦災焼失区域表示』である。簡単にいえば第二世界大戦でどこが焼失したかを表すもので、一九四六年九月に日本地図株式会社が発行、一九八五年に「東京空襲を記録する会」が日地出版から復刻拡大版を出している。現在は古書店でしか手に入らないが、図書館などに置かれていることがあるので探してみてほしい。

ネット上で見るなら国際日本文化研究センターの収蔵地図データベースの中に「戰災燒失區域表示帝都近傍圖」注7という、やはり戦災消失地域が記載されているものがある。ただし、こちらは都心部が一枚にまとめられているため、細かいところがやや見にくい。

さて、これで戦災焼失地図と路線価を重ねることで何が分かるかといえば、街が更新されているかどうかという点である。戦災に遭った地域は戦後復興で区画整理が行われるなどして現代の暮らしにあった街に作り直されているのだが、戦災で焼け残った地域は戦前のままに残されていることもあるのだ。

　具体的にどのように違いがあるかを中野区の上高田二丁目、新井五丁目あたりの路線価図でみてみよう（図14）。江戸時代に眼の守りとして参詣客を集めた新井薬師周辺のエリアである。路線価図の中央の太い線の北側は戦災で焼失した地域で、南側は消失を免れた地域である。線を境に南北で

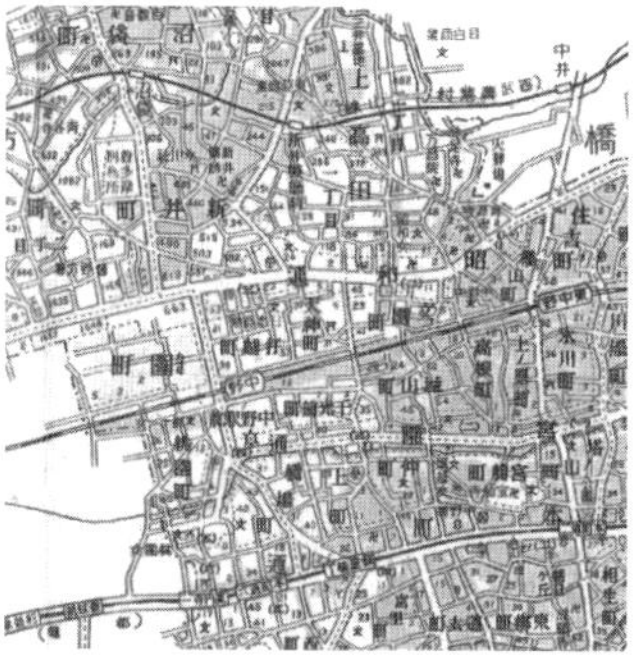

図13　戦災焼失地図　中野区

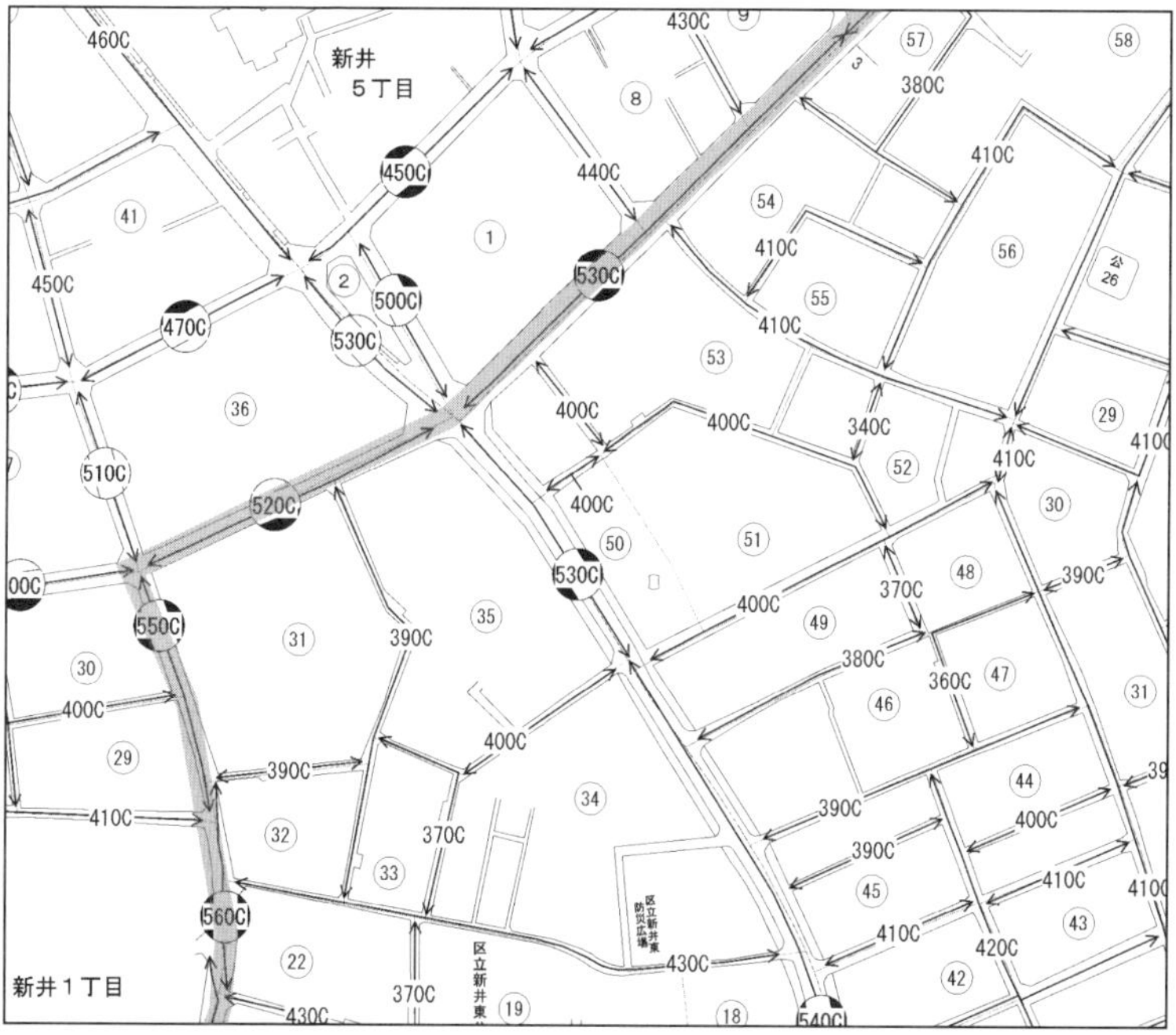

図14　上掲戦災消失地図と同じエリアの路線図

どこが違うか。

全体に区画はそれほど広くないが、そのうちでも南側のほうが区画が小さく、細い道路が多いことが分かる。焼けなかったため、その昔の、車ではなく歩行者中心の道が多く残されていると推察されるのである。これはこのエリアに限らず、戦災で焼けなかった地域にはよくあることだ。

また、もうひとつ、目に付く違いは隅切りの存在である。隅切りとは交差、接続、屈曲する道路に面した土地の角に当たる部分（出隅）を切り取って道路上にすることをいう。それが焼失した側には多く、焼け残った側には少ないのである。

隅切りは一部の住宅地では戦前から開発事業者が自主的に行っていたが、多くの住宅街で設けられるようになったのは戦後。隅切りは建築基準法の位置指定道路に関する技術基準、開発基準と各自治体の条例の、二つの法令に根拠があるのだが、現行の建築基準法は昭和二五年に施行されており、各自治体の条例もそれに基づいて制定されている。東京都の場合は隅切りについて定めた東京都建築安全条例は昭和二五年に制定されており、それ以降、隅切りは自主的に作るものではなく、作らなければならないものになったのである。

その観点で上高田二丁目を見ると、一部には隅切りされている場所もあるが、多くの角地はそのままになっている。隅切りが行われた場所では建物の更新が行われて隅切りが行われたものの、それ以外の場所では建物の更新がされていないということである。

ここから推察するに、この地域では戦災で焼失しなかったことから細い道が多く、それもあって建物の更新もあまり行われてきていないということ。古い街並み、古い建物が残っており、おそらくは高齢化も進んでいるのではなかろうか。

戦災で焼けなかったことで、その風情が人気を呼んでいる地域もある。その好例が最近では観光地としても知られるようになった台東区から文京区にかけての谷中、根津、千駄木それぞれの地名の一文字を取った通称谷根千（紙上再現！路線価図でまち歩き⑮）と呼ばれるエリアである。この地域では一部を除いて戦災に遭っていないため、路地や古い建物などが残されて名所になっており、地価や賃料はかなりアップ。立地的に都心近くにあることもあって、焼けずに済んだことがプラスに活かされているのである。

だが、同じように路地や古い建物が残されていてもそれがプラスにはなっていない地域も多い。台東区の、谷根千のすぐ近くに根岸という地域がある。ここは江戸時代に根岸の里と呼ばれ、江戸の商人たちの別荘地として知られた。今も老舗の洋食店があるなどわずかに面影があるが、最寄りの鉄道駅からの距離からだろうか、エリア内には細街路に面した空き家もあり、最近ではマンションが増えつつはあるものの、いささか取り残された感がある。風情だけではお金にならないのである。

ただ、今後、こうした地域がどんどん減っていくことを考えると、逆に風情を売りにして一画だけを小さく開発するという手もありそうである。とりあえず、残されている間に路線価の安い理由と活用を考えつつ、歩いて見ていただきたいところだ。

路線価が浮かび上がらせる水の流れ

個人的に面白いと思っているのは地形のところでも触れたが、情報が少ないことから分かる過去の姿である。特に面白いのは川跡。住宅地図、地形図では他の情報が邪魔して川の蛇行が見えにくいが、道路しか掲載されていない路線価図ではそれが浮かび上がってくるのだ。

たとえば再開発で活気づく中野駅周辺の路線価図を見ると、図の下半分に不思議に蛇行する道が複数ある（図15）。その北側が比較的きちんと縦横がはっきりした区画であるのに比べると不思議にくねくねしており、明らかに川跡であることが分かる。

　これは中央線の南側を流れる桃園川の支川の谷戸川(天神川とも)の川跡。谷戸川は中野駅北側あたりを水源にして東に流れ、その後は中央線をくぐり、山手通りと交差してから桃園川と合流、神田川に注いでいた。これだけで川であることが分かるのは路線価図ならではである。

　ただし、どれが川跡かと問われると、どうも、時代によって流路は変わっており、過去の地図からは現在の路線価に描かれている道以外の場所にもう1本の流路があったという説もある。護岸で流域を固められてしまう前の川は自由に流路を変えたし、人が変えることもあった。大河であれば記録に残っていようが、このサイズの川では地元の人ですら流路を覚えていないことも多い。どれが川だったか、自分なりに歩いて考えてみてはどうだろう。

　個人的に大好きなのは文京区にある護国寺の東側、不忍通りからひっそりと脇に入る道である(図16)。明らかに細い道で蛇行しており、道路わきには井戸も。さら

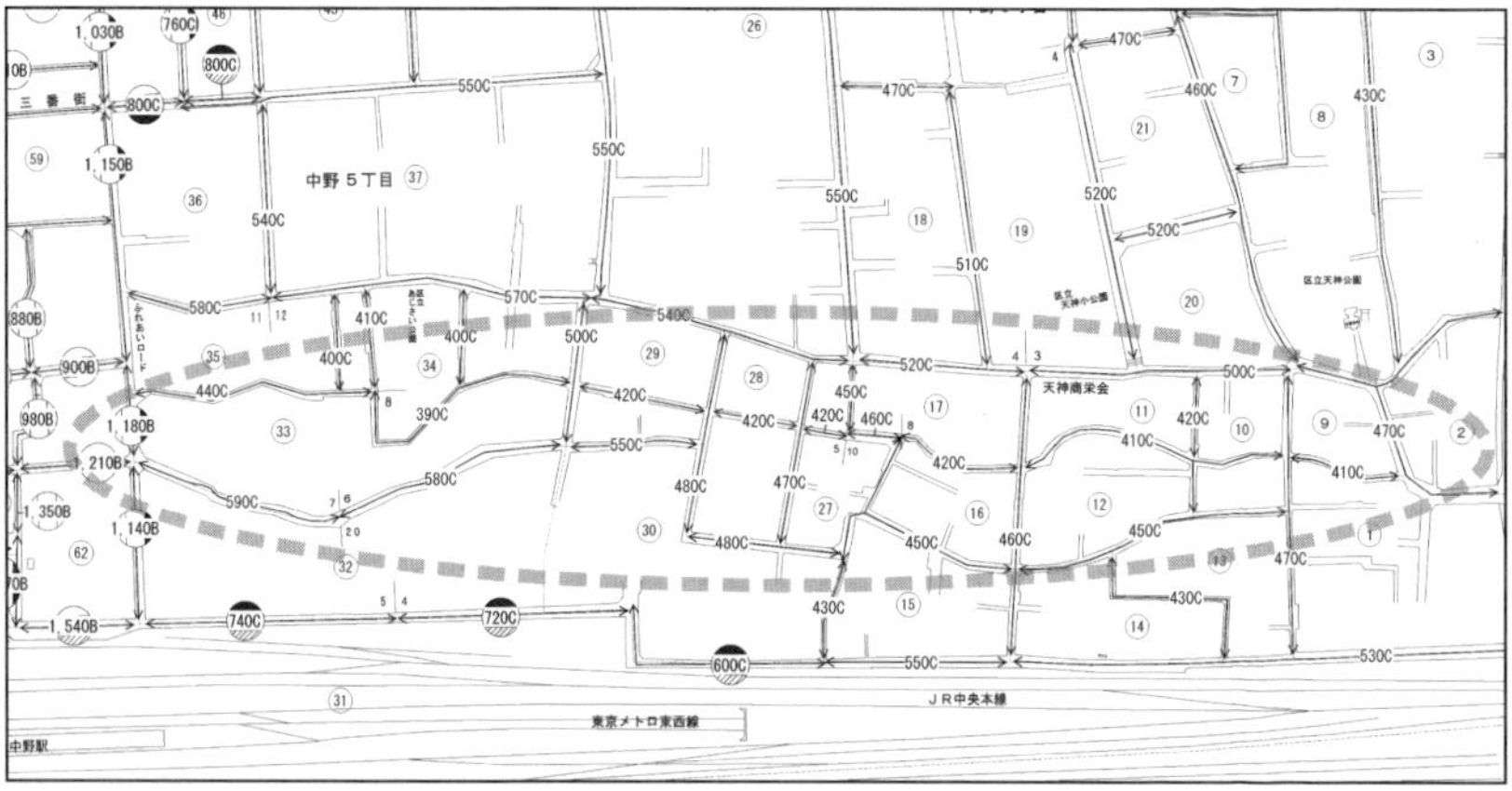

図15　明らかに不自然な道の意味は？
中野区の中野駅周辺にある、明らかに人工的ではない複数の道。この２本の道以外に、もう少し南側にももう１本水路があったとも。南北方向の道が少ないことから、南北間に崖があったことが想定され、おそらくはその崖下に流れがあったのではないかと推察する。

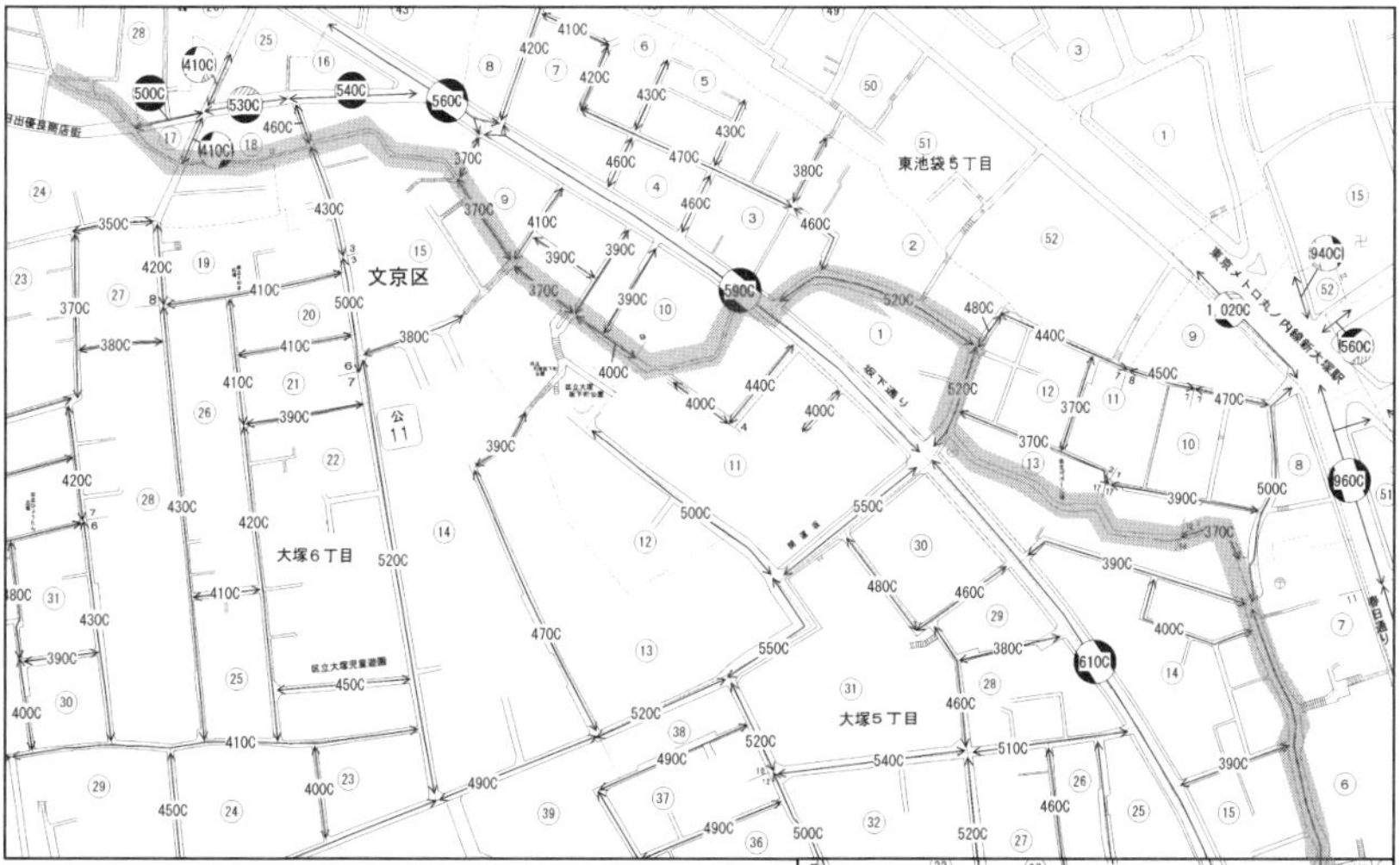

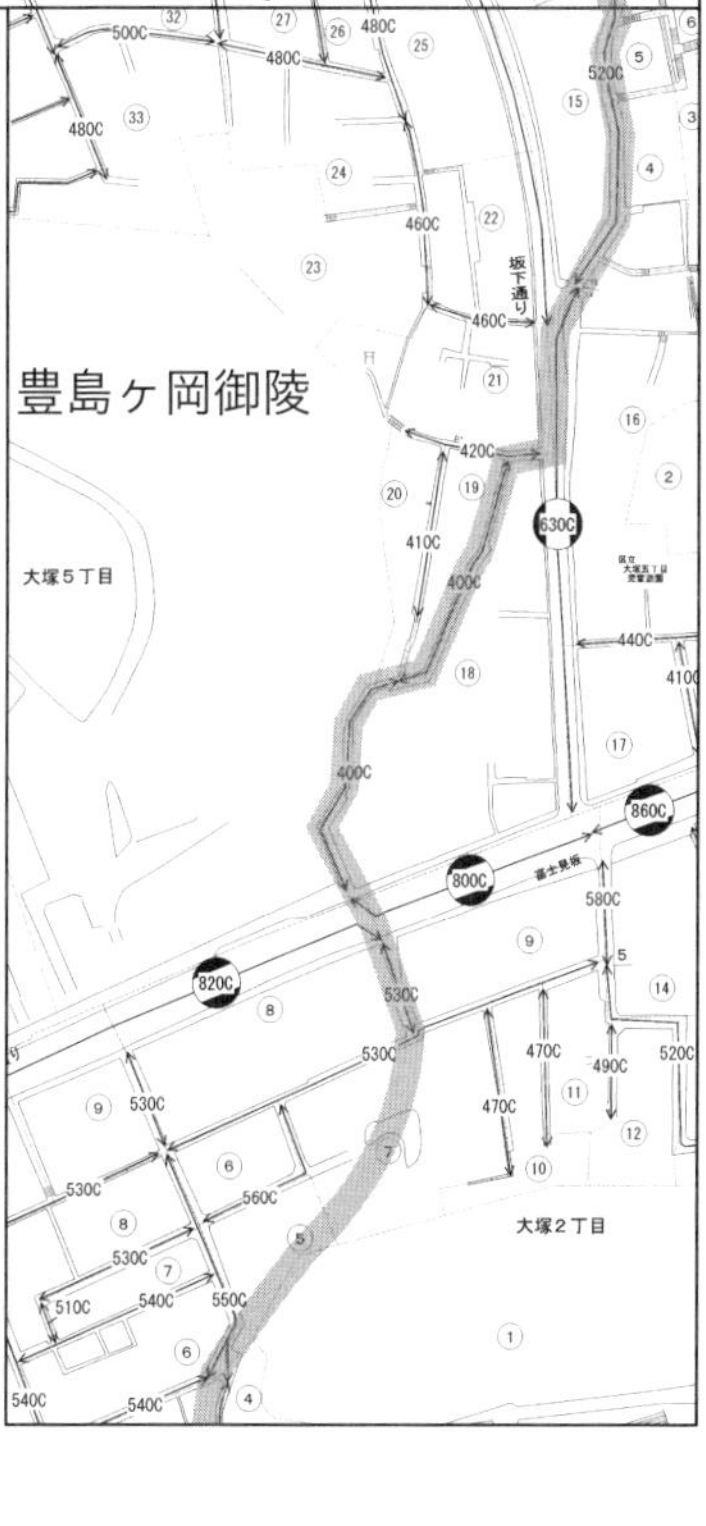

図 16　音羽川の流れ

不忍通りから豊島ヶ岡御陵の脇を入る、明らかに人工的に作られたものとは違う道。入っていくとぐねぐねと蛇行しながら続き、川跡であることが分かる。川沿いには銭湯も。神田川に注いでいた音羽川である。不忍通りより南側は分かりにくいが、北側は意識すれば分かる。

に歩いていくと銭湯もあり、これは間違いなく川跡。もちろん、路線価はかなり安くなっており、歩いてみると微妙に湿っぽい。埋められてしまい、姿を消した川は多数あり、そのうちには緑道ということで明らかに目に見える形で残されたものもあるが、全く姿を消した川でも路線価図からは浮かび上がってくるのである。

ちなみにこれは雑司ヶ谷霊園の北側を水源とする音羽川の川跡。東弦巻川、水窪川、東青柳下水などとも呼ばれていたそうで、護国寺の前を走る音羽通りの東側、少し裏手を流れて神田川に注いでいた。音羽通りは目白側の関口の台地と茗荷谷川の小日向の台地の間の細長い谷になっていて、現在の通りに東に音羽川、西に弦巻川が流れてもいた。現在は通り沿いにオフィスビルが並び、面影は全くないが、かつては護国寺の門前町として色っぽい賑わいもあった場所で、その裏手に東西、二本の川。知っていると風景が違って見えるのではないかと思う。

ちなみに川跡を見分けるには道の蛇行が一番の目安になるが、それ以外には近隣にどんな施設があるかを見ることも推測を裏付けることになる。具体的には銭湯、クリーニング店、染物店など水を使う、流す業種に加え、釣り堀や養魚場、豆腐店、製餡所、材木店、製粉所、印刷所・製紙業、プールなどがある。水の神、弁財天も水との関係を示す可能性もあり、地名や交差点、建物の名まえに橋、水車など水にちなむものが残されている場合ももちろん、疑い濃厚である。

城下町の遺構も路線価図が教えてくれる

旧版地図以前のまちの姿を路線価図が教えてくれることもある。たとえば金沢の中心部、近江町市場から香林坊あたりの路線価図を見てみると（紙上再現！路線価図でまち歩き⑫）、緩やかに曲がりながら並行して走る二本の道が二筋ある。首都圏の常識で考えると川のように思えるのだが、これは江戸時代に築かれた惣構の跡。

惣構とは城を中心とした城下町を守るための防御ラインとして築かれた堀、堀の城側に土を盛り上げて作られた土居などのことで、金沢の場合には内惣構が一五九九（慶長四）年、外惣構が一六一〇（慶長一五）年に作られていた。造成時の堀は深いところで五メートルほどもあったというが、明治時代以降、土居は堀を埋めるために使われて消失。堀は埋め立てられてかつてより幅は狭くなったものの、一部は用水として残されている。火災、戦災で変わらなかった都市だからだろうが、それを知って歩くと歴史が身近になるというものである、そして、惣構の存在が現在の生活、つまり路線価にはほとんど影響を及ぼしていないことも分かる。

海辺の埋め立て地がオフィス街に。再開発でさらに大変貌 浜松町～六本木

浜松町から芝浦にかけての湾岸エリアは浜離宮、芝離宮を除けば元々は海。埋め立てて造られた地域と古い漁師町、増上寺、芝大神宮の門前町が広がるほぼ平坦なエリアに近年大規模開発が相次ぐ。話題の水辺開発も点在する。さらに虎ノ門エリアはそれに輪をかけたような大規模開発が続いており、それが地域の路線価を爆上がりさせている。

この地域では複数の大規模開発が進んでおり、路線価も大きく上昇している。場所による上昇率の違いを見るため、ここでは2021年度の路線価図に浜松町駅前の世界貿易センタービルの都市計画決定の前年、2012年度の路線価、そこから計算した上昇率を記載した。再開発が行われている地域では新しく道路ができたり、逆に区画が整理されて道が無くなることなどもあり、抜けている道路もある。

浜松～六本木①

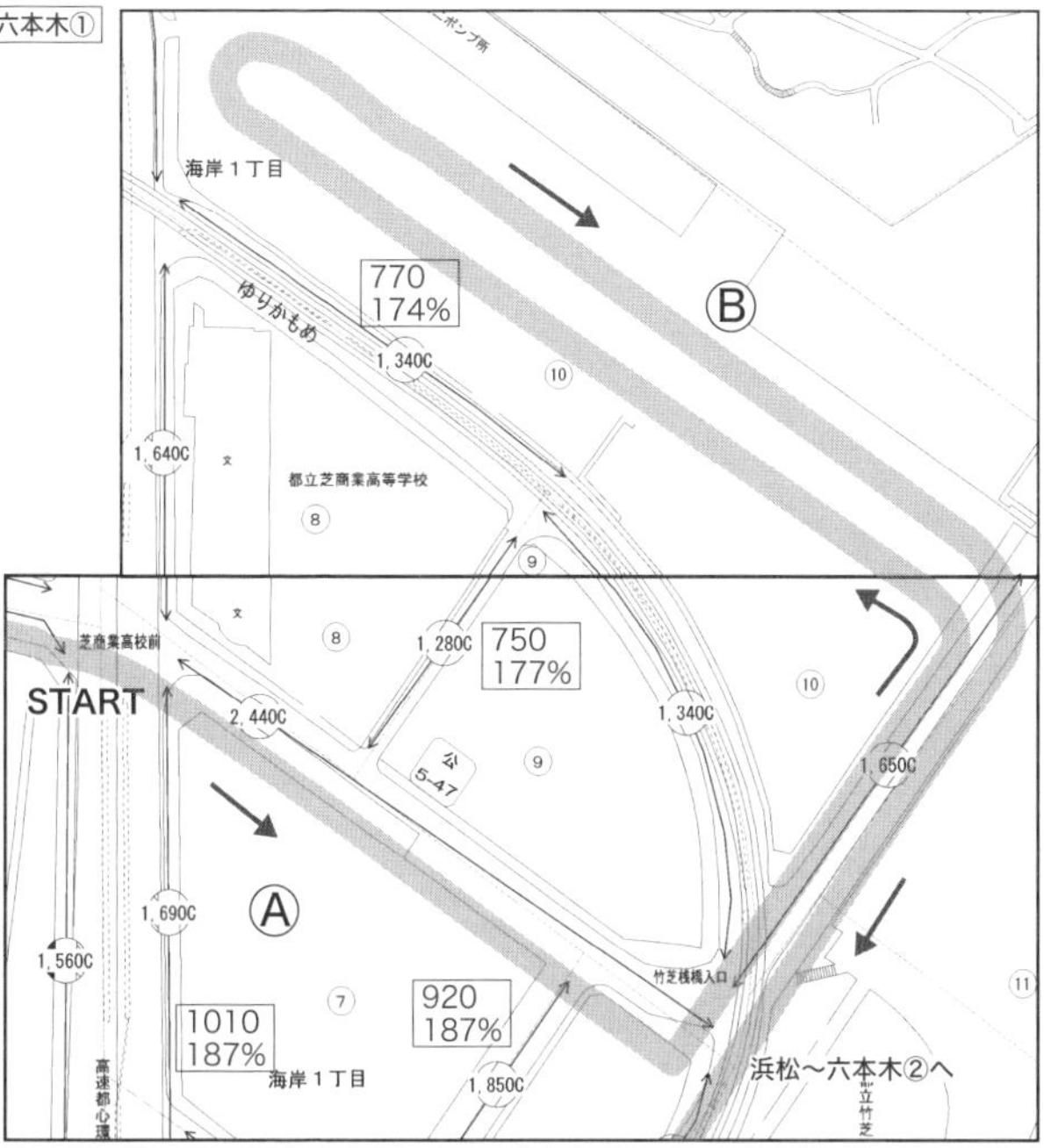

Ⓐ 東京ポートシティ竹芝

JR山手線浜松町駅から東京湾方面に向かい、海岸通りを渡ったところにあるのが近年行われた開発のひとつ、東京ポートシティ竹芝。東京都立産業貿易センター、東京都公文書館などがあった土地に40階建てのオフィス棟、18階建てのレジデンス棟を配し、2020年にオープン。隣接地でも既存マンションの建替えなどが行われ、この一帯の路線価はこの9年間で186%、192%など上昇。浜松町駅前再開発エリアの背後（Ⓖ）と比べると差が分かる。

Ⓑ ウォーターズ竹芝

竹芝の開発のもうひとつが、浜離宮と向かい合うウォーターズ竹芝と呼ばれる一画。鉄道省の土地で、国鉄東京印刷局、鉄道技術研究所などを経て、ホテル、劇場、商業施設などからなる複合開発として2020年に街びらき。開業のタイミングのためか、認知度は今ひとつだが、水辺を生かした作りは魅力的。観光が再開されれば人気を呼びそう。

Ⓒ 日の出桟橋

1995年に開通した新交通ゆりかもめの下を通って日の出桟橋方面へ。この路線は汐留と芝浦（日の出ふ頭）を繋いでいた東京貨物鉄道芝浦・日の出線の跡地を利用したもので専用線跡地はマンションやビル、公園などになっている。日の出桟橋は東京湾や隅田川を経由してお台場、浅草などへの水上バスルートの拠点で2019年に小型船ターミナル「Hi-NODE（ハイノード）」が開業。西側の東芝ビル建替えにあたり、回遊性を高めるための一歩と考えられる。

浜松〜六本木①か

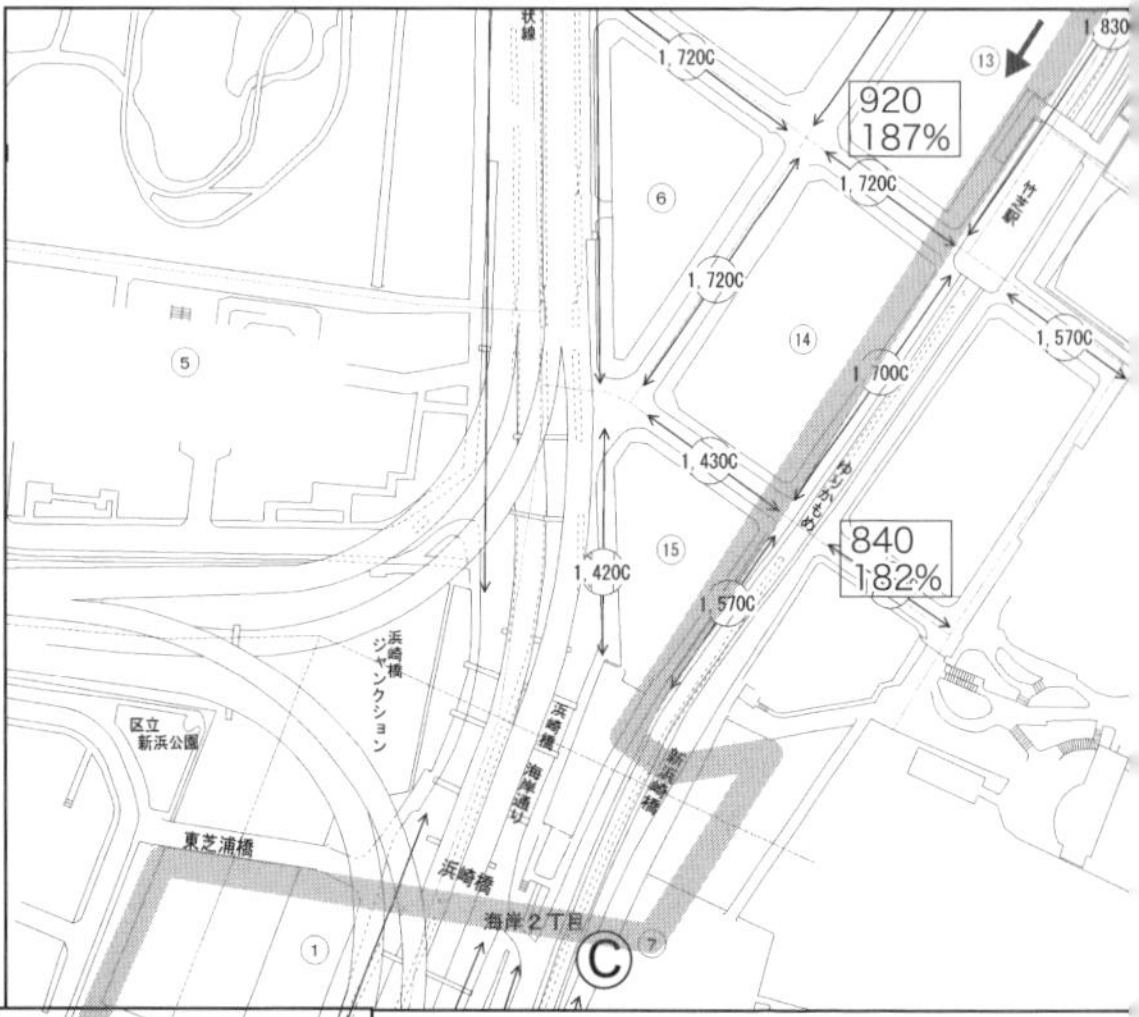

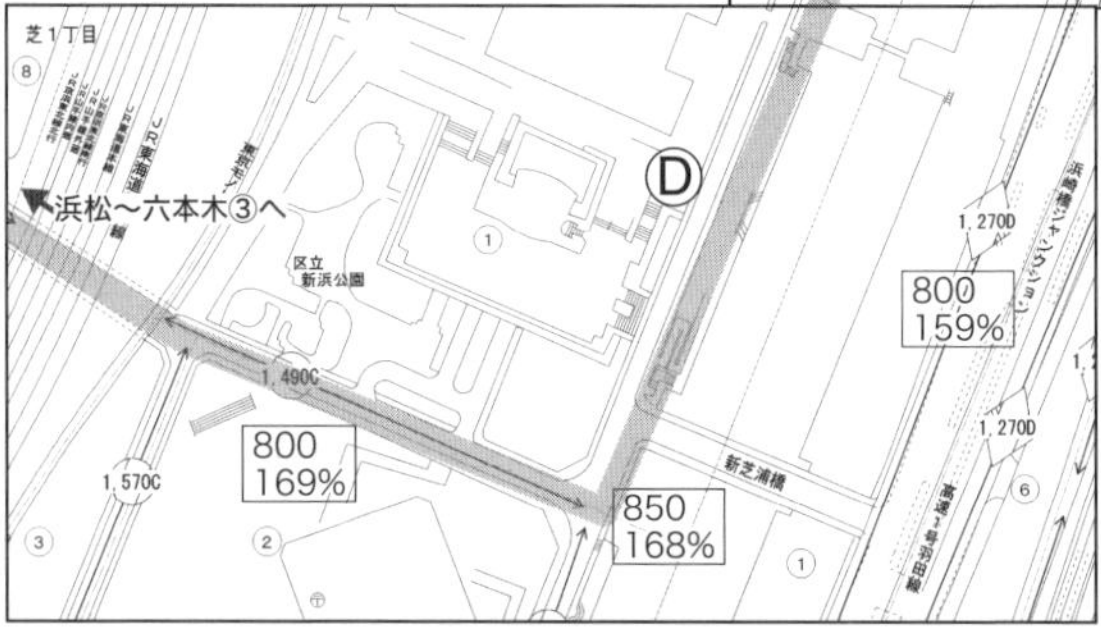

浜松〜六本木②

Ⓓ 構内道路

芝浦運河に面した大きな敷地では道路に路線価が振られていない。道幅も十分あるが、これはこの土地全体が私有地のため。足元を見ると「構内道路」とあり、ここが通れないと不便なため、道路として使われている。東芝ビルのあった土地では再開発が進み、高さ約235 mの複合ビルが2棟、2023年度、2029年度完成予定。

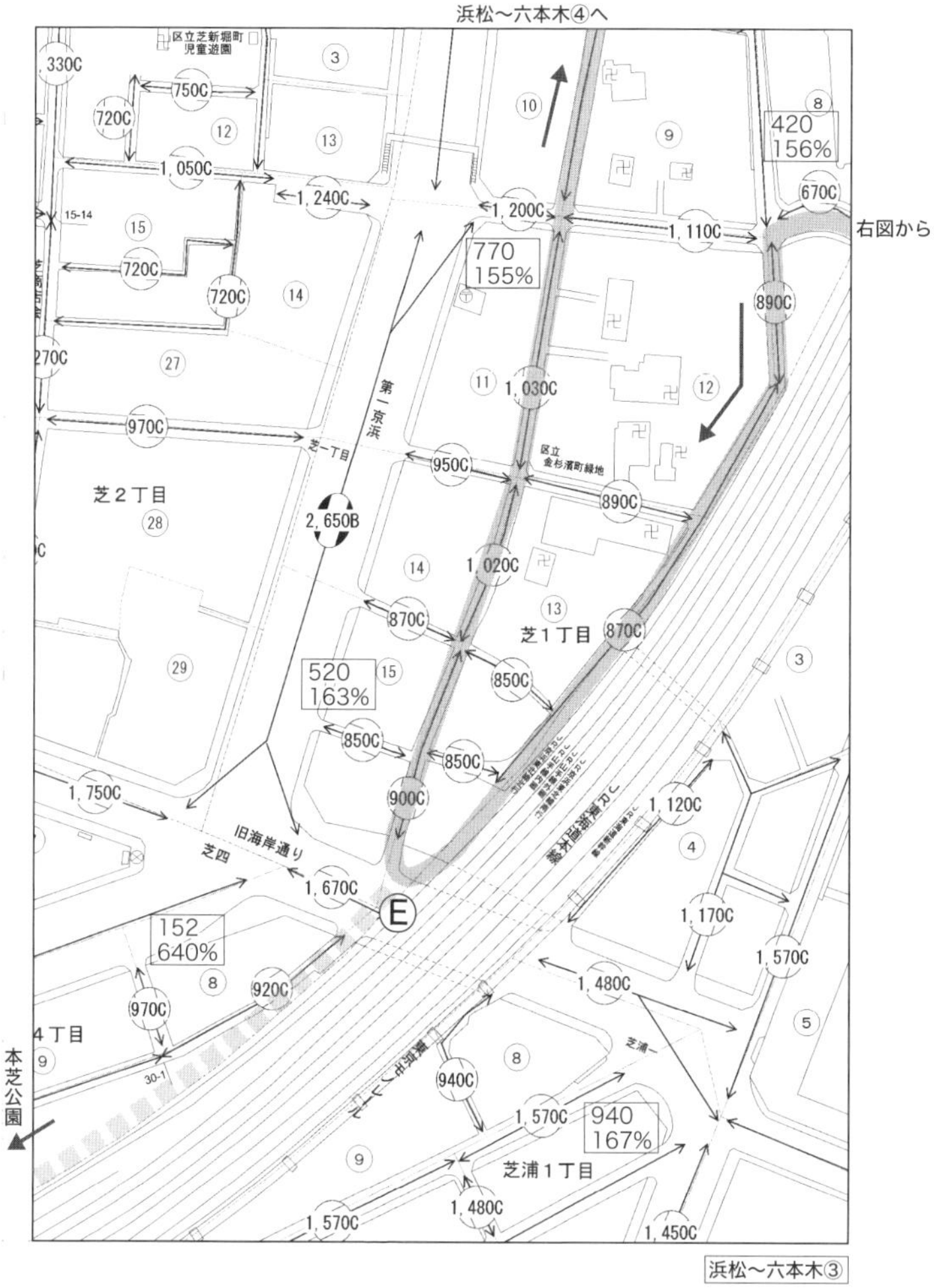

Ⓔ 落語「芝浜」の舞台

太い破線は区立本芝公園にある碑から類推した海岸線。落語に芝浜という演目があるが、その舞台になったのがここと される。これより右手は海だったわけだが、路線価は海だった芝浦一丁目が高く、上昇率も高い。旧海岸通りには大正年間くらいまで入合川（入間川とも）が流れ、芝橋が架かっていた。芝一丁目の角には今も芝橋という名のついたビルがある。

Ⓕ 船宿の残る古川沿い

首都高速道路の下を流れているのは古川。渋谷区内の渋谷川で、川沿いはかつての漁師町。今も船宿が何軒か残っている。この地域、また、第一京浜を挟んで西側はこれまでの地域より路線価の上昇率が低めで、再開発の影響があまり及んでいないようだ。

Ⓘ 再開発エリア周辺

路線価図の右上には再開発エリアが記載されている。開発エリアに面した道路では上昇率が高いが、周辺はそれほど上昇していない。一方の第一京浜を挟んだ反対側、芝公園側を見ると上昇率は一部に140％があるものの、150％台が中心で開発の影響があまりない場合の上昇率はこのくらいと推察される。160％で影響が多少ある、170％以上になるとかなり影響されていると考えて以降の路線価を見ると、開発内容による違いが見えてくる。

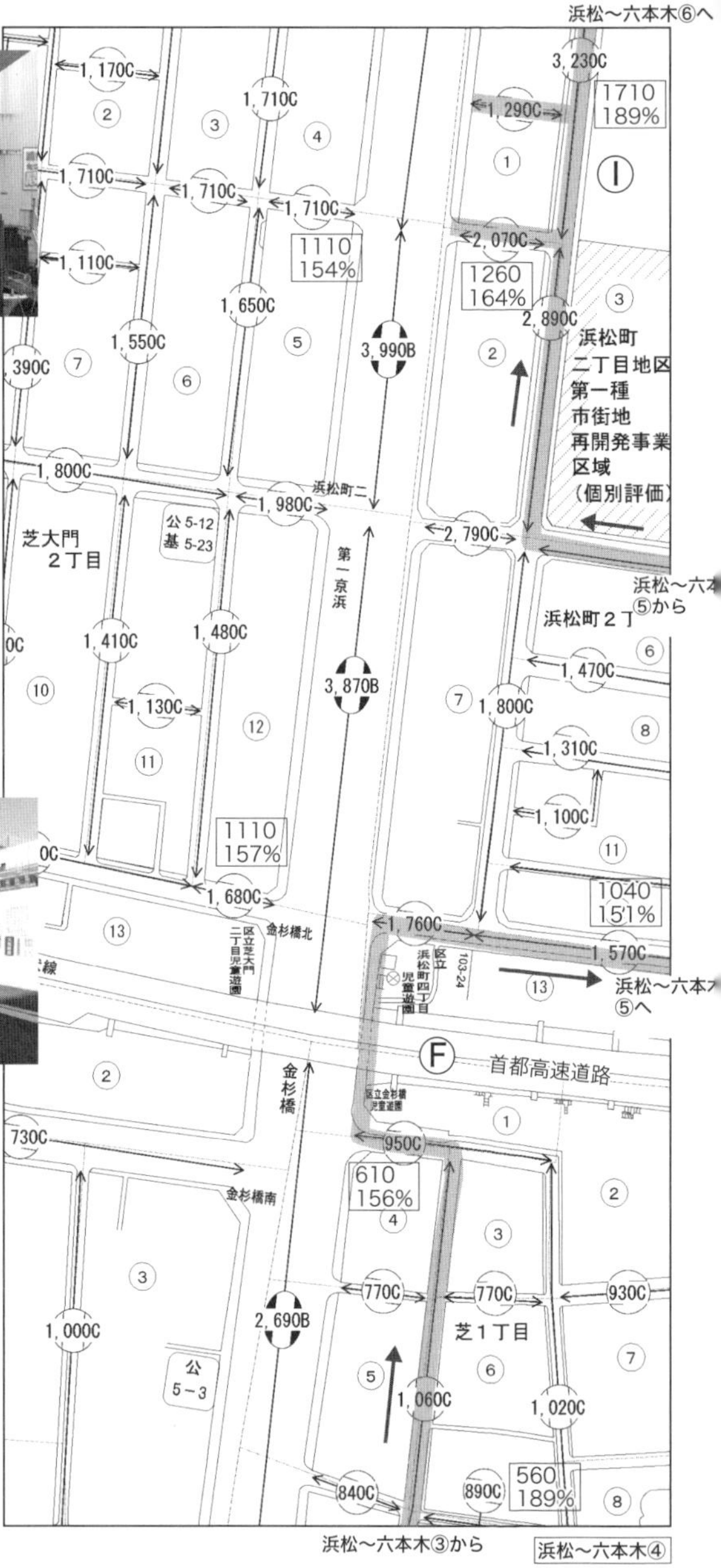

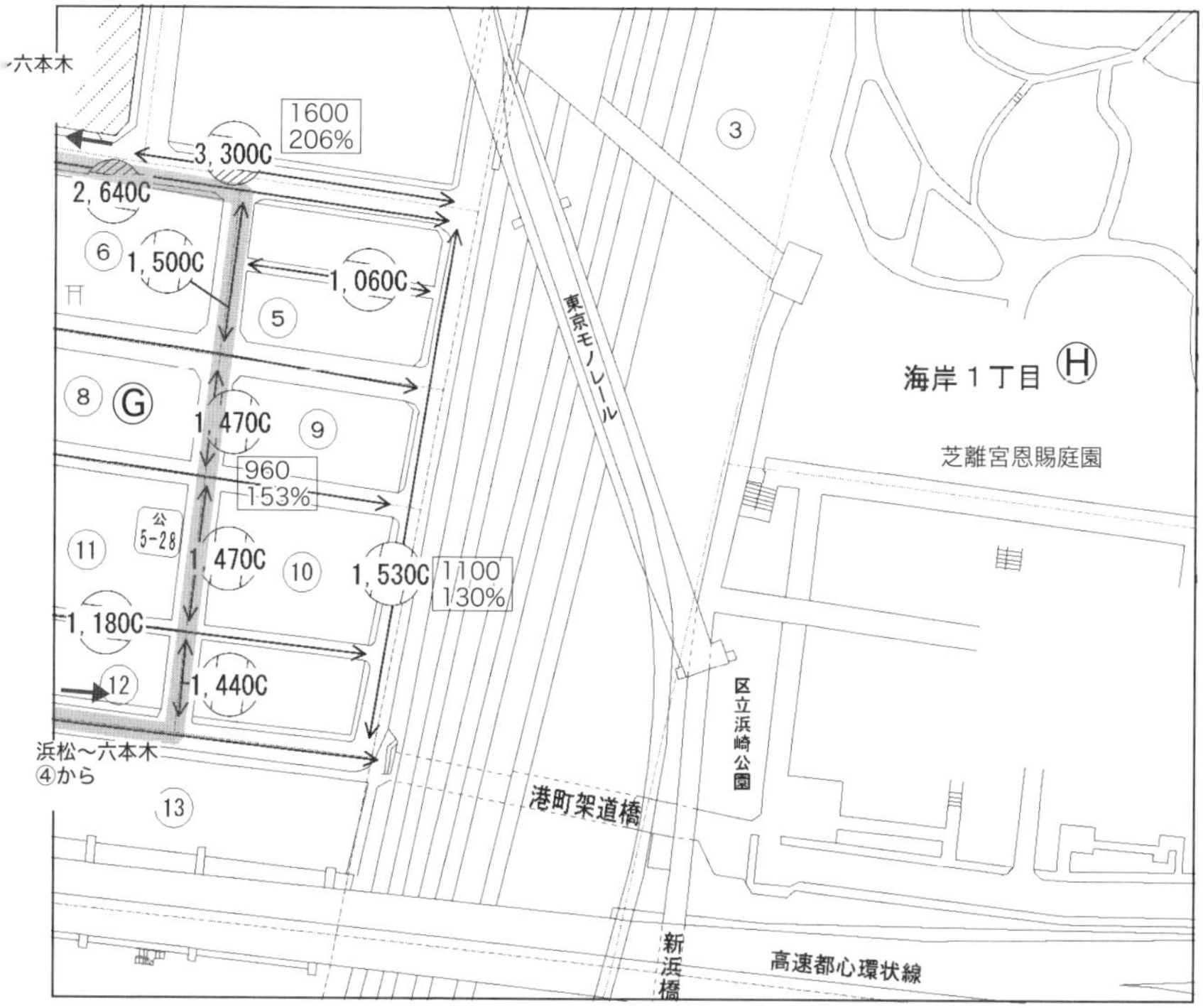

浜松～六本木⑤

Ⓖ 再開発裏手

浜松町駅の隣で行われている再開発の裏手に当たるエリア。小規模、低層の古い建物が多く、長らく更新されてこなかった地域で、今のところ、路線価はそれほど大きく上昇していない。空き家、リノベーションが行われている建物なども出てきており、この地域もいずれは変化していくのだろう。

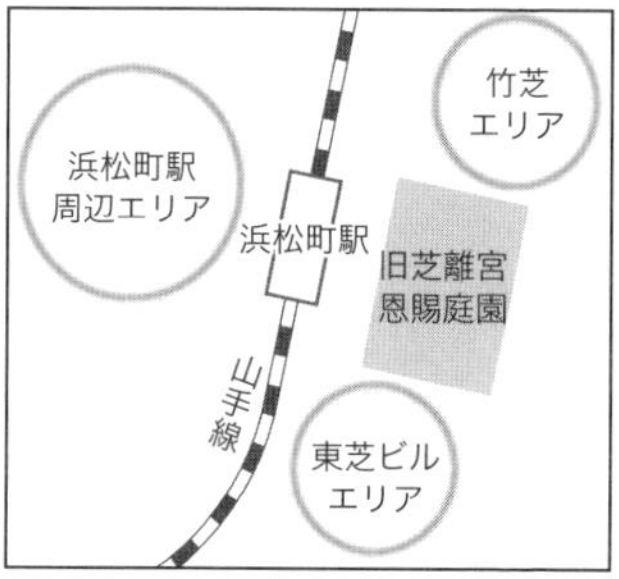

Ⓗ 周辺３か所で開発

浜松町周辺では大きく３か所で開発が行われている。旧芝離宮恩賜庭園を中心に公園の左手にある浜松町駅周辺がひとつ。世界貿易センタービルに隣接した地域にはすでに高層ビルが建っており、今後、４棟の高層ビルを含む６棟のビル建設を予定。二つ目が公園の右手、竹芝エリア。一部が完成、現在はマンションの建替えなどが進んでいる。三つ目が公園の下側にあたる東芝ビルエリア。Ⓒ地点で回遊性について触れたが、この位置関係を見れば地域全体の価値を上げるために回遊性を検討する意味が分かる。

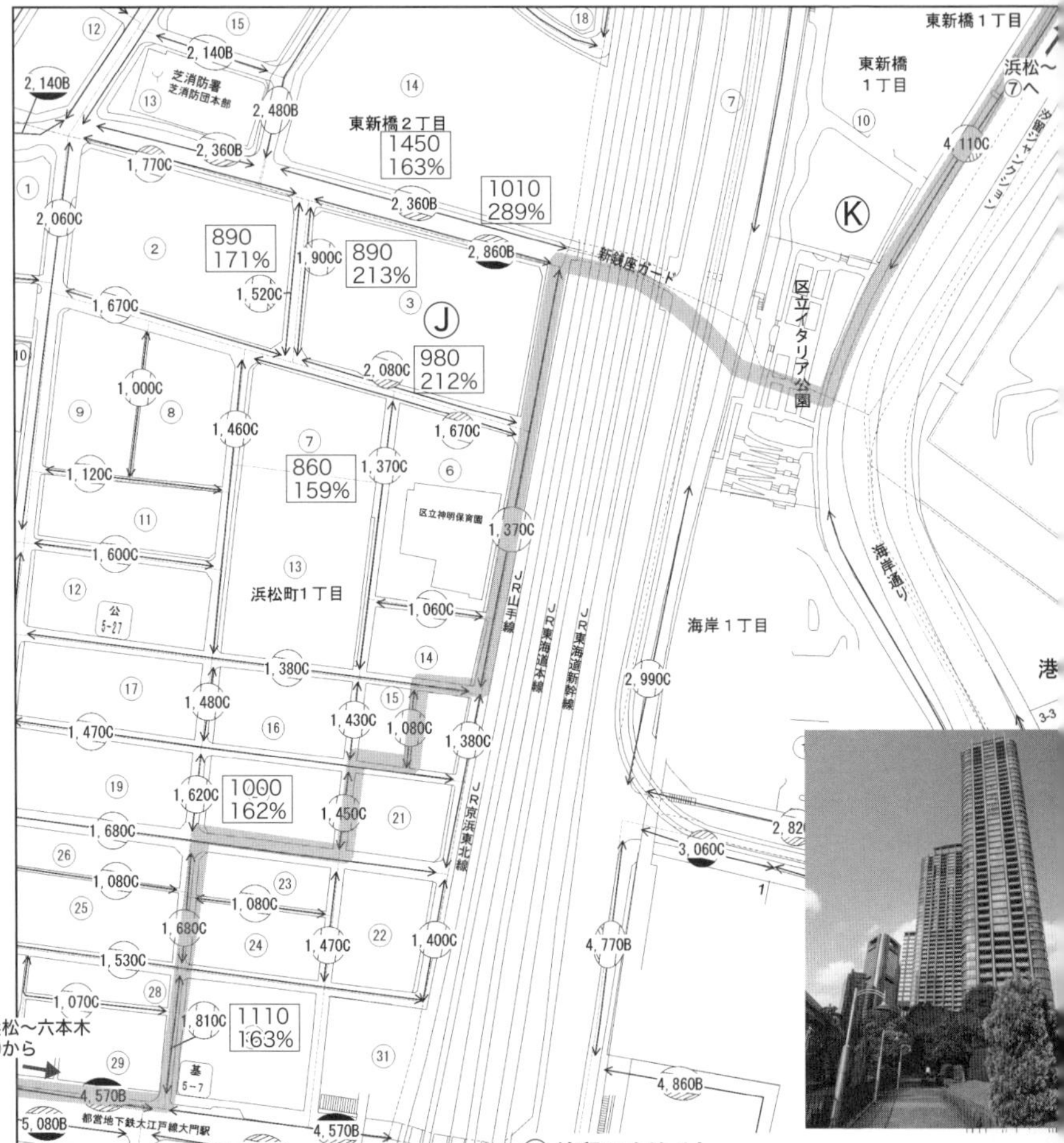

Ⓚ 汐留シオサイト

ＪＲのガード下を潜り、2007年に完成した再開発エリア汐留シオサイトへ。ここは1872（明治5）年に日本初の鉄道の起点新橋駅が設置された場所で、1914（大正3）年の東京駅完成後は新橋駅は汐留駅に改称、貨物専用駅になり、貨物ターミナルとして使われてきたが、1986（昭和61）年に汐留駅が廃止。その後に13棟の超高層ビル、4つのホテルなどを擁する大開発が行われた。2002年竣工の2棟のタワーマンションは人気が高く、高額で取引されている。このエリアの路線価はその人気ぶりの反映。

Ⓙ タワマン周辺が上昇

この地点の周辺だけ上昇率が高いのは、再開発が行われ、タワーマンション（写真右）が建設されたため。ここは3番地だが、周囲には4番地、5番地がない。細分化していた区画を合わせて大きな建物にしたためである。住宅主体のため、影響が及んでいる地域はやや狭い。

Ⓛ 住宅よりオフィスが高い

新虎通りから遠望する、東新橋一丁目のシオサイトのホテルやオフィスビルのあるエリア。上昇率はⓀほど高くはないが、路線価そのものはこちらのほうが圧倒的に高い。土地の稼ぐ力はビジネスユースのほうが強い。

Ⓜ シオサイト・イタリア街区

イタリアの街並みを模した一画。開発から 20 年ほどが経ち、以前ほどの注目を集めることはないものの、路線価、上昇率は周囲に比べて高め。

Ⓝ 法改正で実現した新虎通り

江東区有明２丁目から港区新橋、新宿区四谷を経由して千代田区神田佐久間町１丁目に至る東京都市計画道路幹線街路環状第２号線のうちの、新虎通りと愛称のある新橋〜虎ノ門区間地上部。1923（大正 12）年、関東大震災後の帝都復興計画の中に盛り込まれた都市計画道路だが、長年実現せず、1989（平成元）年の法改正で立体道路制度が創設、道路上に建物建設が可能になったことから再開発事業が実現。2003（平成 15）年に事業化、2014（平成 26）年に完成。道路に面する路線価は大きく上昇している。

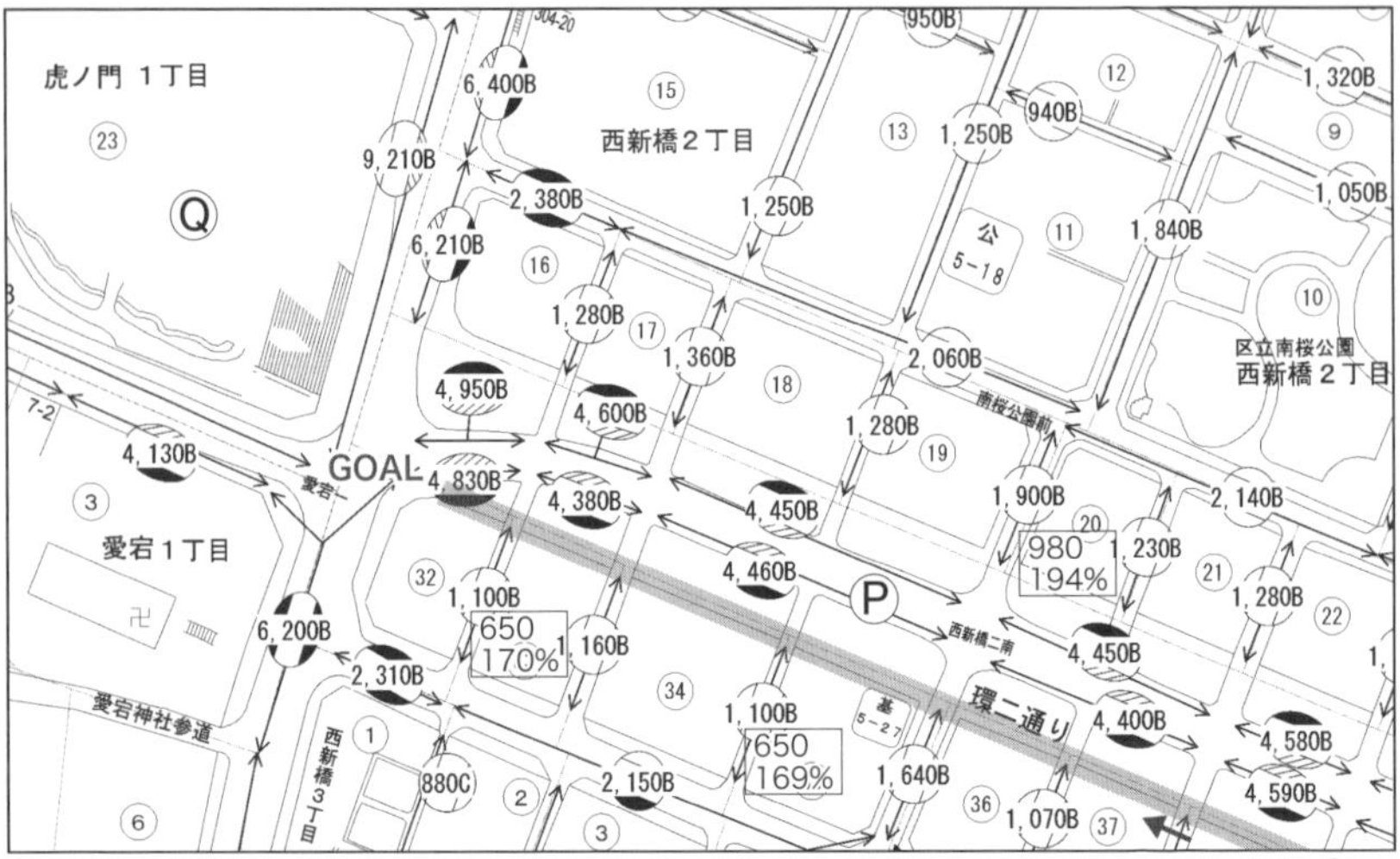

浜松〜六本木⑦から

Ⓟ 道路ができて路線価アップ

もともとなかった道路のため、環状二号線沿いには比較する対象がないのだが、2012 年当時は㎡あたり 65 万円、70 万円の地域が多かったことを考えると 6 〜 7 倍ほどに上昇していることになる。道路の南側には一部古い家屋が残されており、現時点では北側より路線価、上昇率ともに低め。今後の更新次第で変化が生じるだろう。南側も通り沿いは変化しているが、内側の道幅の細い道路沿いはそれほどでもない。

Ⓞ 新橋飲食店エリア（129p）

新橋駅に近い環状二号線の北側エリアは路地に飲食店がひしめく。南側エリアと比べると駅に近いためか、路線価、上昇率ともに高め。新虎通りの中央部は片側 13 mと幅員が広く、道幅の広い道路は歩行者にとって障害になることがあり、路線価に差が生じる要因にも。

Ⓠ 開発続行で価格も上昇

2014（平成 26）年に竣工した虎ノ門ヒルズ森タワー周辺では現在も開発が続行しており、路線価、上昇率ともに高い状態。南側には 2020 年にビジネスタワー、南側のレジデンシャルタワーは 2022 年、西側のステーションタワーは 2023 年に竣工予定となっており、今後も上昇は続く。

江戸の別荘地根岸から不夜城吉原まで　根岸～吉原

戦災で大きな被害を被った下町エリアだが、焼け残った地域もある。そのひとつがＪＲ山手線鶯谷駅の北側にある根岸界隈。江戸時代には商家の別荘地だった地域で明治以降も現在の上根岸一丁目から二丁目にかけては歌人の正岡子規、歌舞伎俳優の森田勘弥、渋沢栄一に縁の深かった小高家、国語学者大槻文彦や華族の屋敷などがあった。焼け残ったため、細街路、古い住宅も多い。一方の吉原は明暦の大火（1657 年）に日本橋から移転させられた遊郭のあった場所で、現在も堀に囲まれた盛土地が特別な場所だったことを物語る。

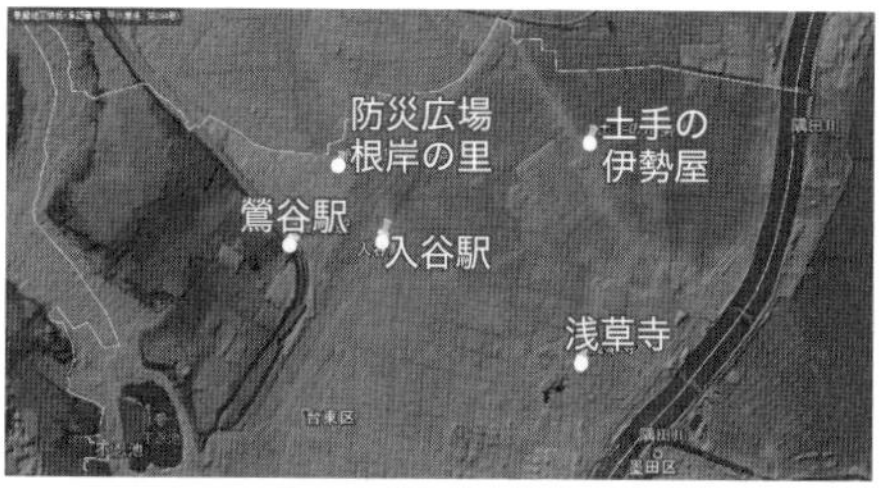

風流、遊興の地は低地にあった

根岸は武蔵野台地の直下にあり、周辺からすると少しだけ高い土地。だが、それ以外はずっと低地の続く、坂のないコースとなっている。

細街路、歪曲した道が示すもの

戦災の影響が大きかったかつての浅草区、下谷区だが、一部焼けなかった地域も。そのひとつが根岸界隈。山手線の内側では現在谷根千（谷中、根津、千駄木）も被災しておらず、古いまちの風情が観光地になっている。根岸にも風情は残るが、それほど知られているわけではなく、マンション等への更新が進む。

＊「コンサイス 東京都 35 区区分地図帖—戦災焼失区域表示」より浅草区、下谷区の一部。以降の戦災焼失地図はすべて同じ。

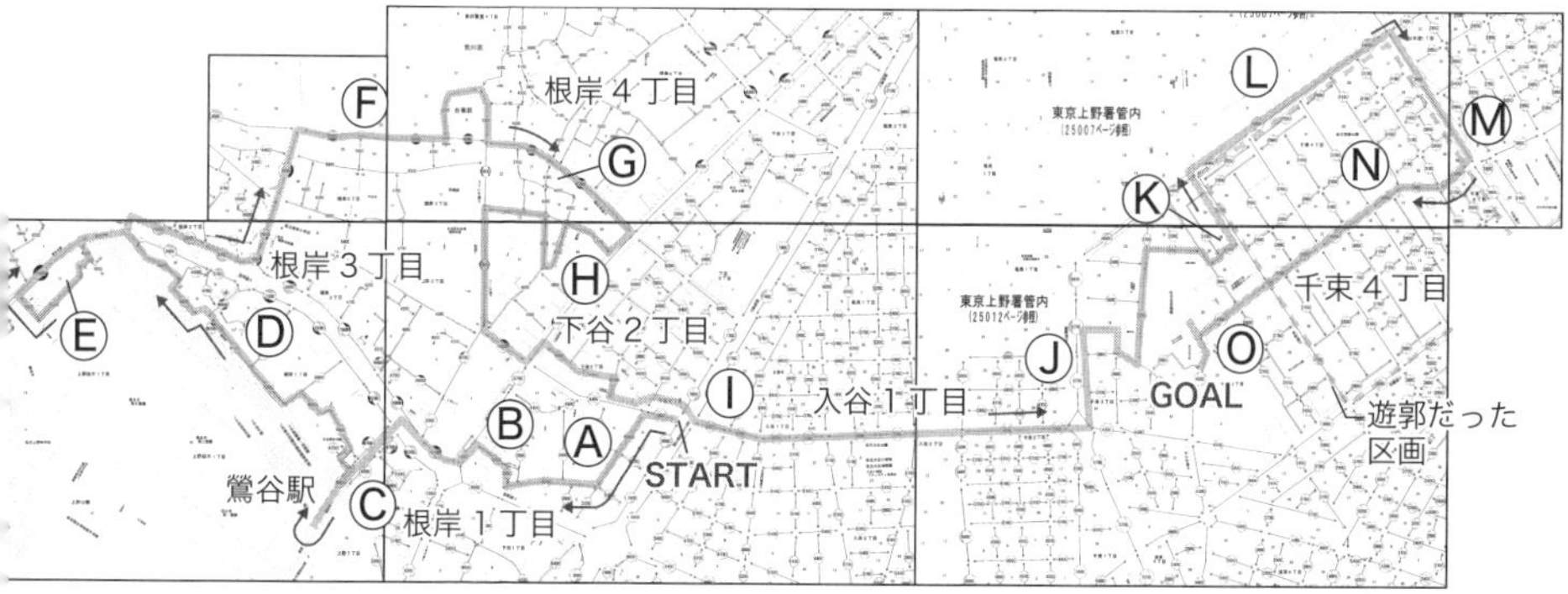

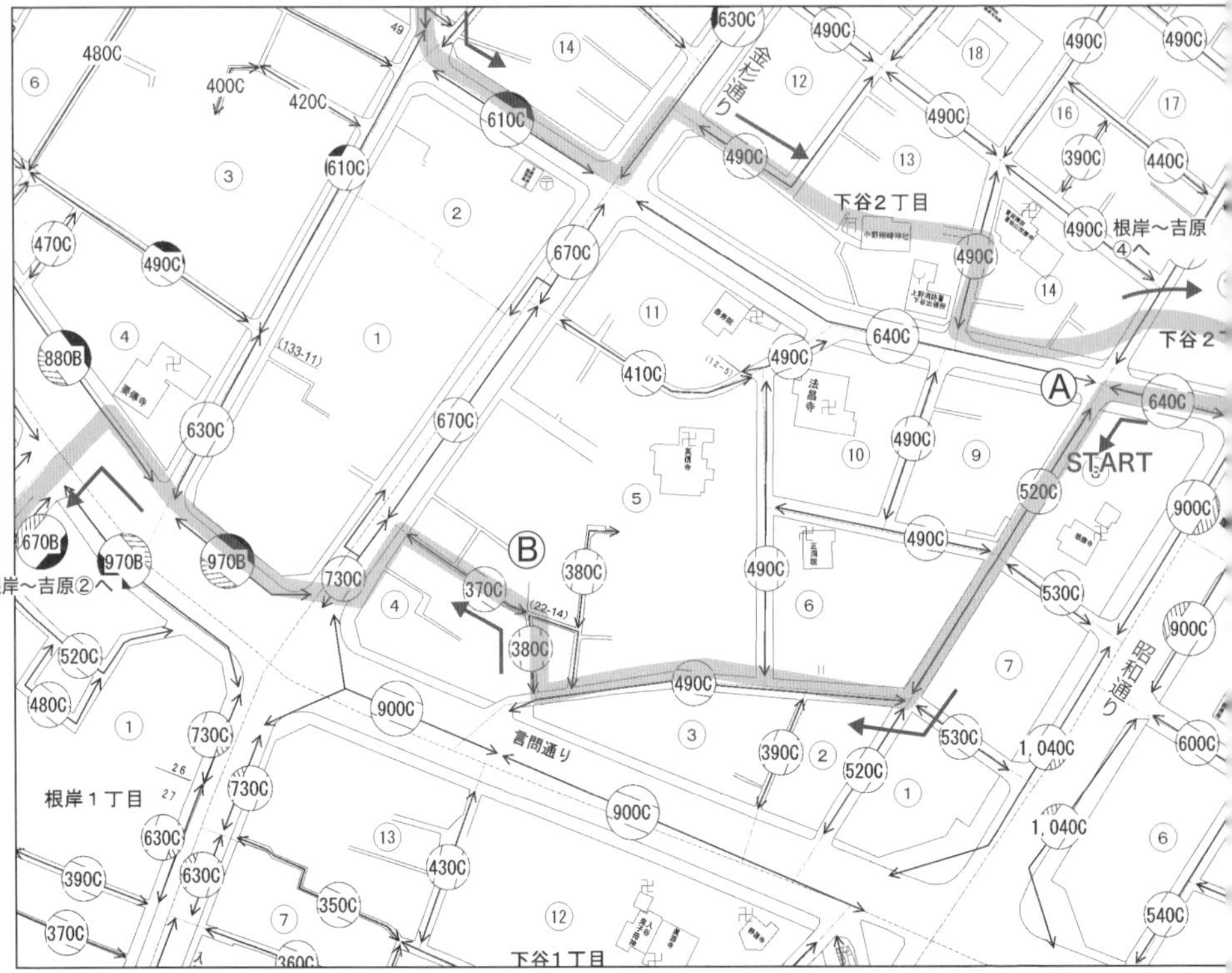

Ⓑ 細街路も多い

道幅が路線価を左右していることがよく分かる場所が点在している。このあたりの道の蛇行ぶりを昭和通りの東側と比べると人が作る道と自然にできる道の違いが分かる。今の暮らしには整然とした道のほうが使いやすく、路線価も高いことが多い。言問通りを挟んで反対側には朝顔市で有名な入谷鬼子母神。江戸から明治にかけての入谷は園芸の盛んな地だった。

Ⓐ 再生された古い銭湯

昭和通りから根岸に向かう道の周辺が戦災の被害を受けなかったエリア。そのため、1928年に建てられた銭湯・快哉湯（現在はカフェ「レボン快哉湯」)、築100年の民家を利用したゲストハウスtoco.など古い建物が点在。2012年には築50年ほどの併用住宅を改装したイリヤプラスカフェができ、入谷界隈が注目されるようになったが、路線価上昇には至らず。

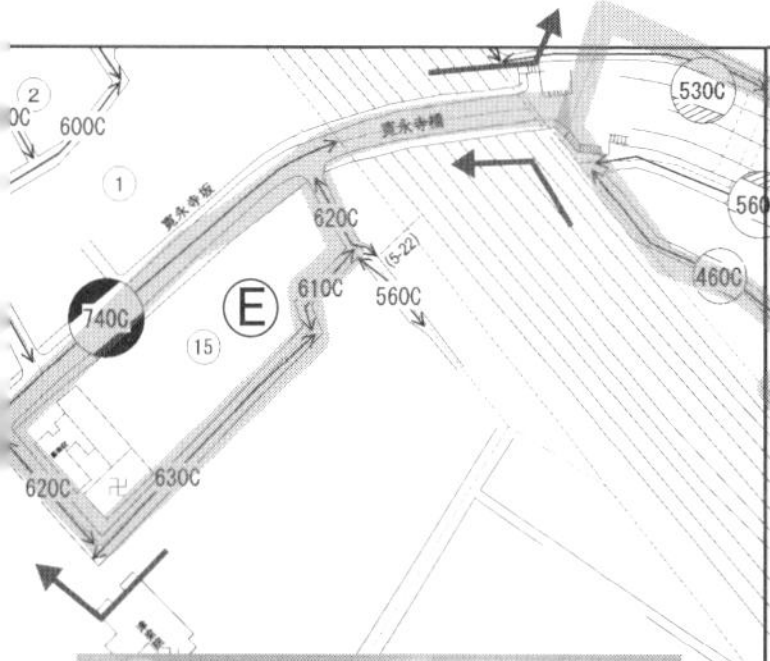

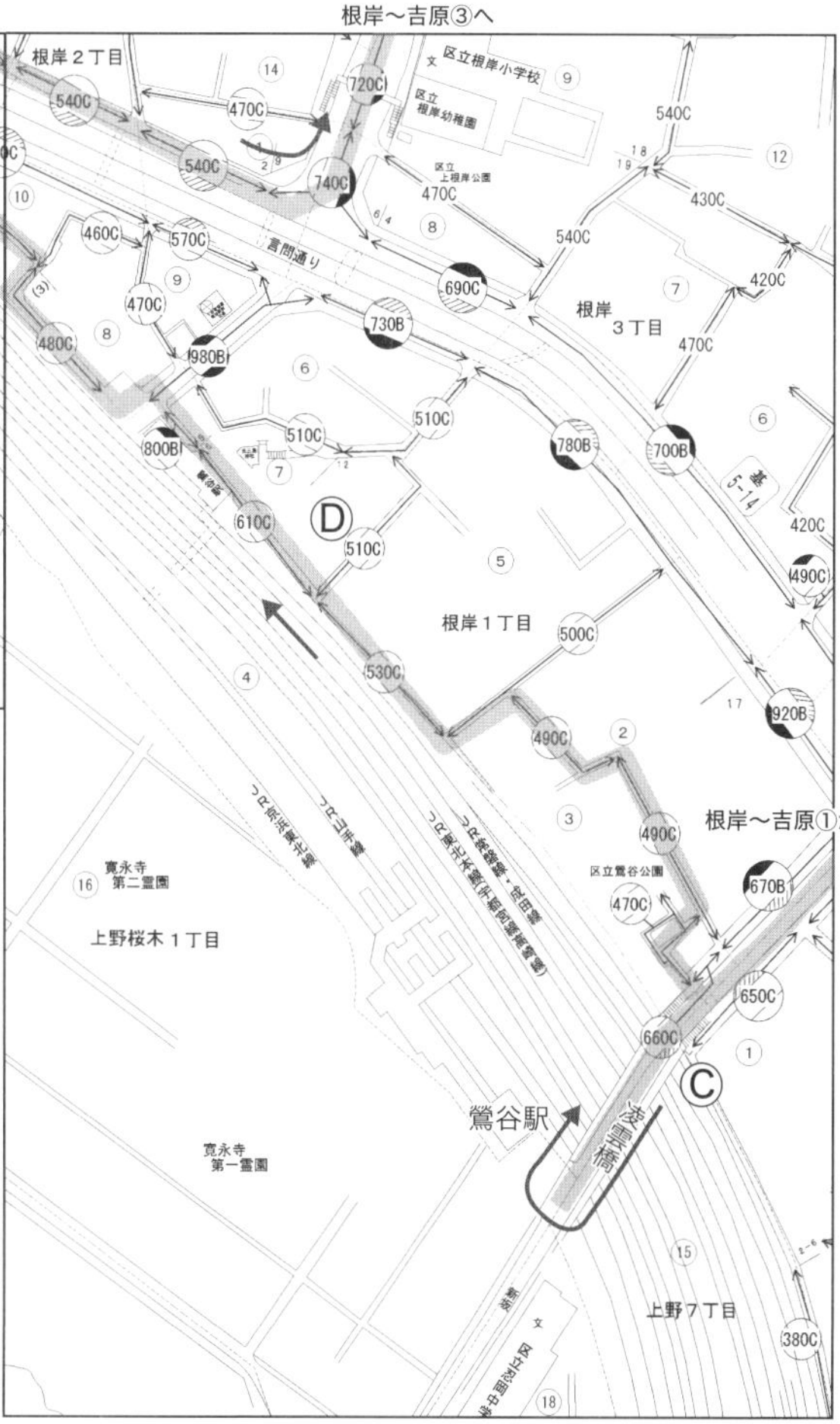

根岸～吉原②

Ⓒ 高低差がわかる凌雲橋

言問通りから鶯谷駅へは坂を上る。JR線は武蔵野台地と東京低地の間を走っており、鶯谷駅に繋がる凌雲橋に立つと高低差が分かる。言問通りの鶯谷駅下の標高は4mほど、鶯谷駅南口あたりが9m。鶯谷駅は2020年に暫定開業した高輪ゲートウェイ駅ができるまで山手線でもっとも乗降客数が少ない駅だったが、今後、新駅が本格開業を迎えれば再度最少駅に戻るはず。武蔵野台地側は寛永寺墓地に接しており、東京低地側は密度の低い住宅街で、乗降客数・路線価が伸びる要素はほとんどない。

Ⓔ 規制厳しい台地側

少しだけ武蔵野台地側に足を踏み入れる。台地上は第一種中高層住居専用地域で商業地域より規制は厳しく、同じ土地により小さな建物しか建たない、住環境を重んじる地域。だが、路線価はホテル街並み。住環境が評価されている。

Ⓓ レジャーホテル街

根岸一丁目の線路沿いには日本一とも呼ばれるホテル街が広がる。昭和30年代に急増、全国に林立したラブホテルは1985年の新風営法施行、2011年の同法の改正や社会情勢の変化などで減少傾向にあるものの、この地では隆盛。路線価はこれまでの住宅街に比べると高め。用途地域は商業地域となっている。

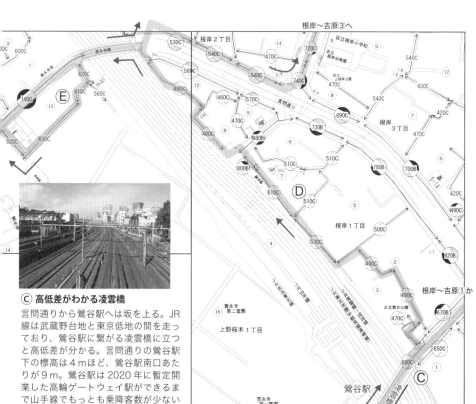

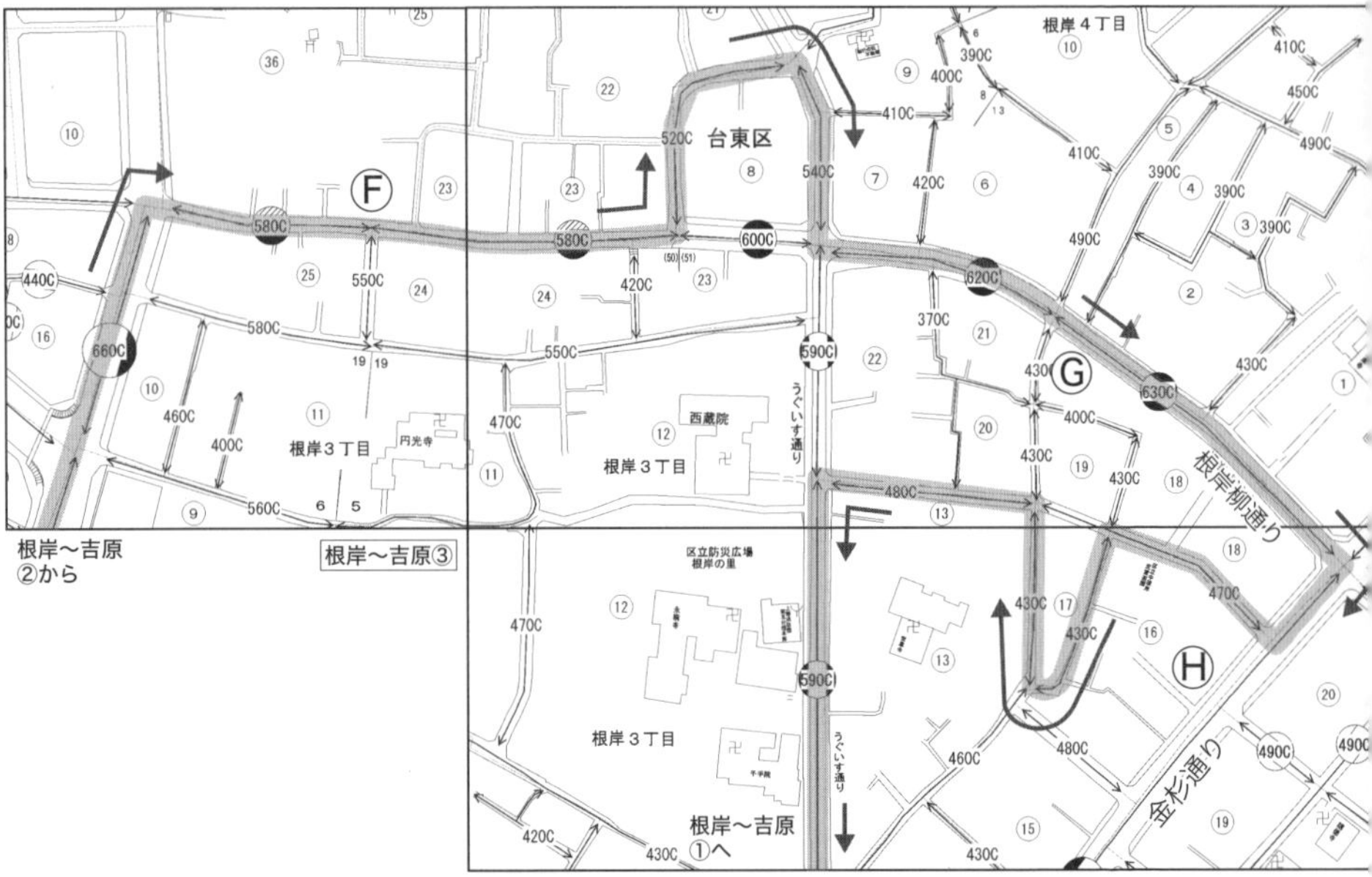

Ⓖ **根岸柳通り**

川跡から繋がる通りはこのあたりの中心地、根岸柳通り。よく知られた店としては大正14年創業のレストラン香味屋がある。路線価は周囲よりも高く、現在はマンションへの建替えが進む。江戸時代には江戸名所図会にも描かれた御行の松という名所があり、行楽地として賑わった。

Ⓕ **川跡の階段**

尾竹橋通りから荒川区と台東区の境、音無川（石神井用水、下郷用水とも）が流れていた道を辿る。この流れは北区飛鳥山の北側で石神井川から分流、京浜東北線に沿って東南に流れ、根岸と東日暮里の間を流れた後、南東に流路を変えて吉原遊郭の脇を過ぎてから山谷堀と名を変えて隅田川に注いでいた。川跡らしく、道は蛇行、両側には階段も。古い家も残されている。

Ⓗ **金杉通り**

金杉通りはかつて都電が走っていた通りで、道幅も広く、路線価も高い。だが、一本裏へ入ると細い道、路地も多く残されている。以前は通り沿いに古い建物、蔵などもあったが現在はほとんどが更新されている。

Ⓙ 酉の市発祥の鷲神社

国際通りを渡って千束３丁目へ。国際通りを南に向かうと浅草。国際通りを渡った辺りから路線価は下がってくる。この通りから東側は浅草駅からも、昭和通りを走る地下鉄日比谷線入谷駅、三ノ輪駅のいずれからも遠く、足回りはやや不便。国際通りの道幅が路線価を一段下げる役割を果たしてもいる。通り沿いにあるのが年末の酉の市で有名な鷲神社。

Ⓘ 整然とした区画の入谷

昭和通りを渡って入谷へ。下谷、入谷ともに低い土地を表す地名。入谷は下谷と違い、整然とした区画で、路線価も総じて高め。この通りは角にあった映画館にちなんで金美館通りと名付けられている。通り沿いには 1900（明治 33）年創業という水上酒店（建物は昭和４年）がある。

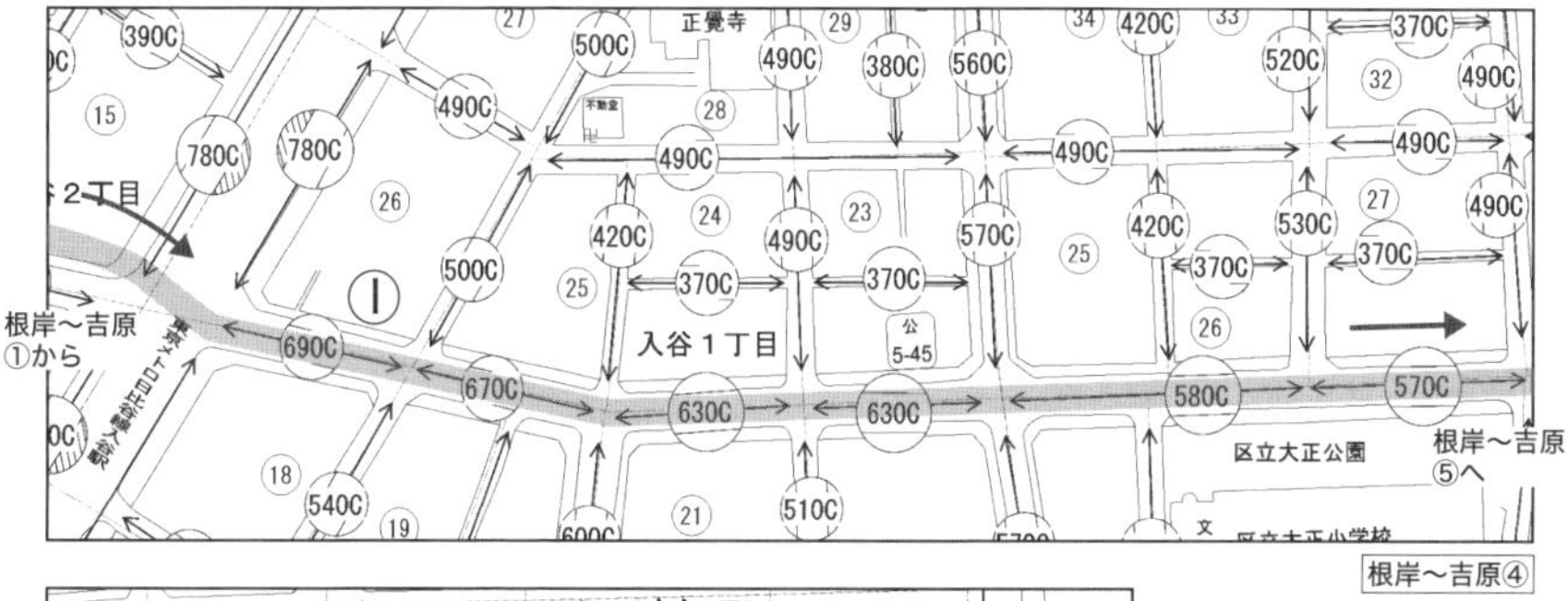

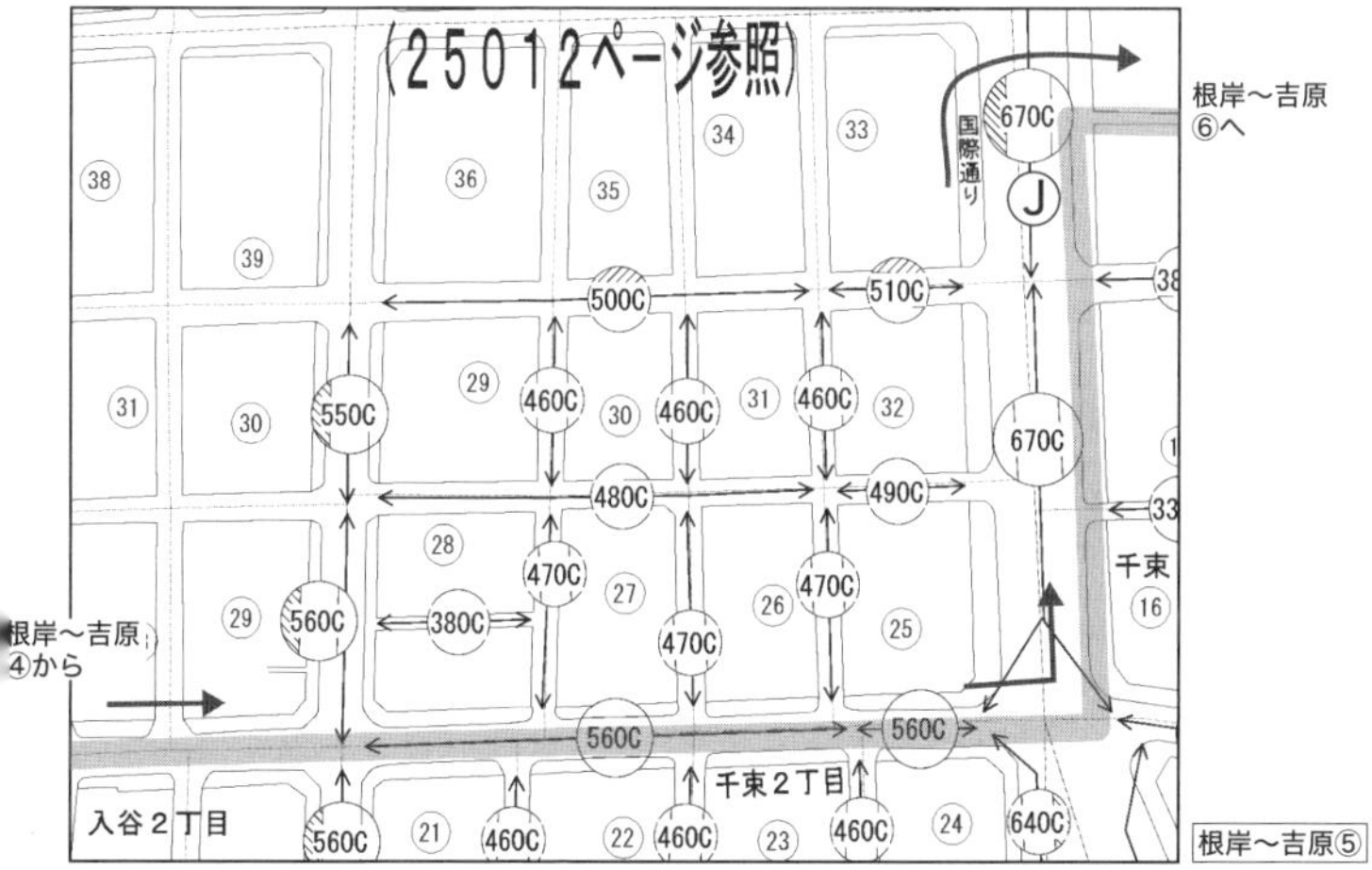

Ⓞ 吉原弁財天

花園公園の斜め前の吉原弁財天はここにあった池で関東大震災の猛火に追われて溺死した遊女たちを悼んで建立された。100年ほど前のこのあたりには複数の池が点在していたが、現在は大半が埋められている。

Ⓚ かつての遊郭エリア

区立台東病院の裏手を通って吉原へ。現地に行けば、土地の高さの違い、入口に設けられた門から遊郭エリアはすぐに分かる。区画は180間（約355 m）×135間（約245 m）で、周囲を5間（約9 m）の堀（通称お歯黒どぶ）で囲われていた。この路線価図にあるのは裏門側。路線価はやや安め。

Ⓛ 竜泉3丁目

隣接する竜泉3丁目の路線価は m^2 あたり36万円前後で、千束4丁目はそれに比べるとやや安め。用途地域はいずれも商業地域。

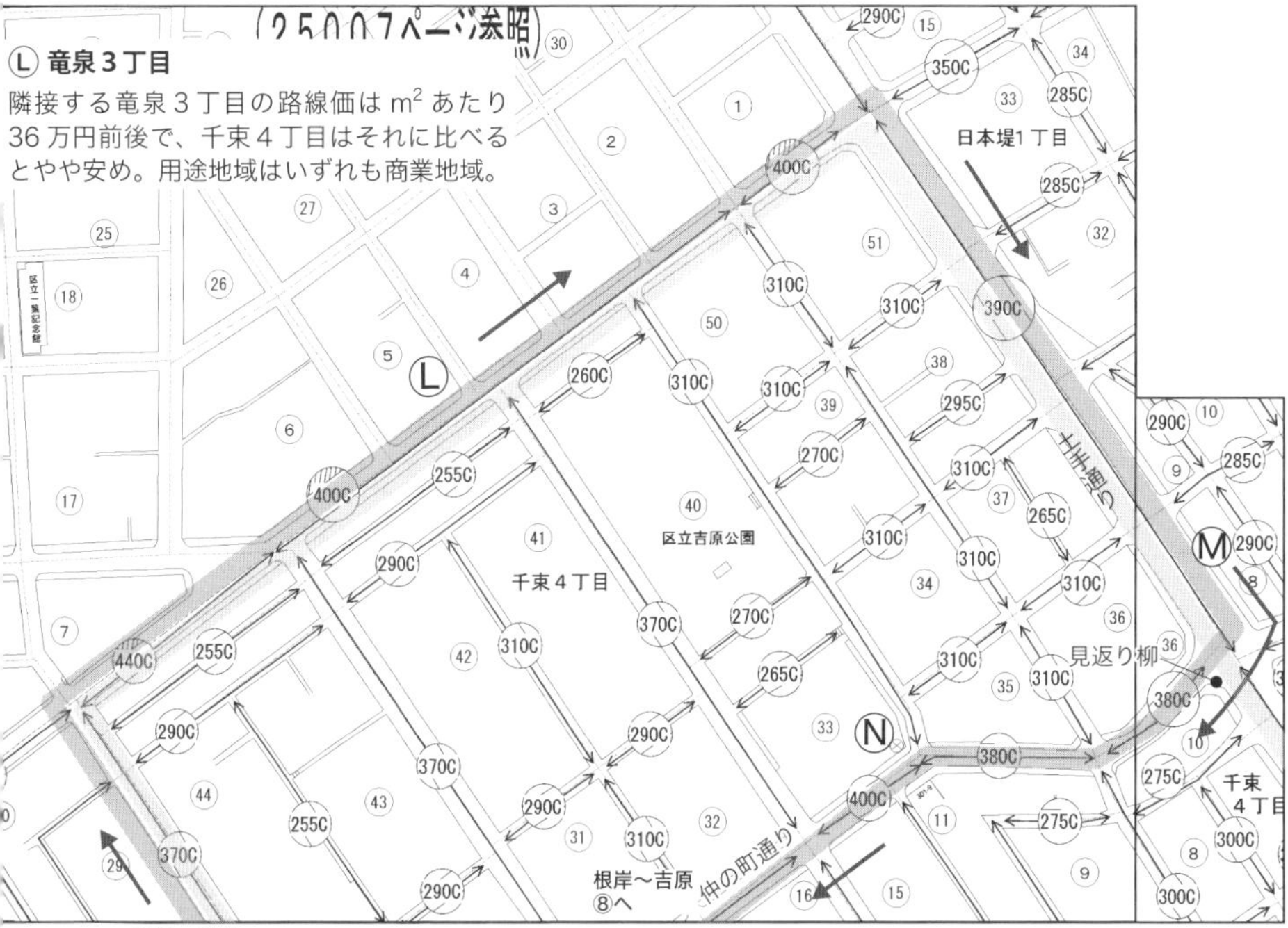

Ⓝ メインストリート・仲の町

見返り柳のある地点から吉原内へ。カーブする道は衣紋坂。遊びに行く前に衣紋を直したことに由来する。中央を貫くメインストリートが仲の町。最も格の高い店が並んでいたそうで、歌舞伎などで登場する風景はこのあたりを模したもの。現在もメインストリートとして区域内では路線価が高い通りとなっている。域内にマンションも増えてきており、店舗数は徐々に減少。新規開業はできず、既得権のある店も老朽化その他の問題を抱えるためで、いずれは普通のまちに変わっていくのかもしれない。

Ⓜ 老舗が並ぶ土手通り

土手通り沿いには遊郭時代にルーツを持つ飲食店が並んでおり、雰囲気を残す。通り沿い、商店街沿いの路線価が多少高いくらいで、それ以外は道路幅次第でそれほど変化がない。小規模な宅地開発はあるが、駅からは距離もあり、防災上、手を入れる問題もないため、開発が行われず、変動しにくいと考えられる。

ハザードマップ×路線価　リスクと価格はリンクする、しない？

評価倍率地域が教えてくれるもの

続いてはハザードマップと重ねてみる。ハザードマップは過去の来歴から一定の災害を予測した上で、それが起きた時にどのような被害が出るかを予測したもので、ある意味未来の地図と言える。地図は重ねることで未来が予測できるようになると書いたが、そのもっとも分かりやすいものがハザードマップというわけである。

路線価図と地形図と重ねた時点で住宅地では低地や急傾斜地のように災害に弱い場所が安いということをお伝えしていることからも重ねることの意味は推察いただけよう。ただし、災害によって様相は異なる。

その前に想定される災害とハザードマップについて整理しておこう。災害大国日本は様々な災害に襲われてきたが、国土交通省のハザードマップポータルが掲載しているハザードマップを参考に災害種別をまとめると洪水、内水、ため池、高潮、津波、土砂災害、火山、地震となる。そのうち、主に都市部をフィールドと考えるとため池は切実な問題にはなりにくく、火山も地域内で場所を選んで防げるというものではないことを考えると、この二つを省いたところで考えて良いだろう。

また、これらの災害が起きやすい場所を地形的な要因から考えると、地震でいえば液状化が生じやすく、揺れも大きくなりがちな沖積低地、水に関する災害に弱い低地（標高のみ

あなたの町のハザードマップを見る
洪水ハザードマップ
内水ハザードマップ
ため池ハザードマップ
高潮ハザードマップ
津波ハザードマップ
土砂災害ハザードマップ
火山ハザードマップ
ハザードマップ公表状況を見る
地震防災・危険度マップを見る
地震防災・危険度マップの公表状況を見る

図 17　ハザードマップの種類一覧
国土交通省のハザードマップポータルのわがまちハザードマップの中で見られるハザードマップの種類一覧。

ならず、周囲から低くなっているという意味での低地）、地震や台風などの影響で災害が起こりうる急傾斜地と三種類に分けて考えるのが分かりやすいと思う。

　ハザードマップ自体は前述のハザードマップポータルで見られるほか、一部の自治体では行政の関わる地図情報をまとめたサイトを作っており、そうしたサイトでは地震、水害などのハザードマップと都市計画図、地形図などを切り替えながら見ることもできる。たとえば横浜市行政地図情報提供システム[注8]ではまちづくり地図情報「iマッピー」で都市計画関連、「よこはまのみち」で道路台帳情報、「よこはまの地価」で固定資産税路線価、「地盤view」で地盤地図情報、「わいわい防災マップ」で地震、各種水害関連ハザードマップ、「だいちゃんマップ」で公共下水道台帳図情報、「文化財ハマSite」で文化財・埋蔵文化財包蔵地地図情報、「はまピョンマップ」で水道に関する情報が見られるようになっており、あちこち探さなくても必要な情報

図18　横浜市行政地図提供システム
市の地図情報をまとめて見られるサイト。市県レベルなどで作成されており、効率的に地図情報を収集できる。

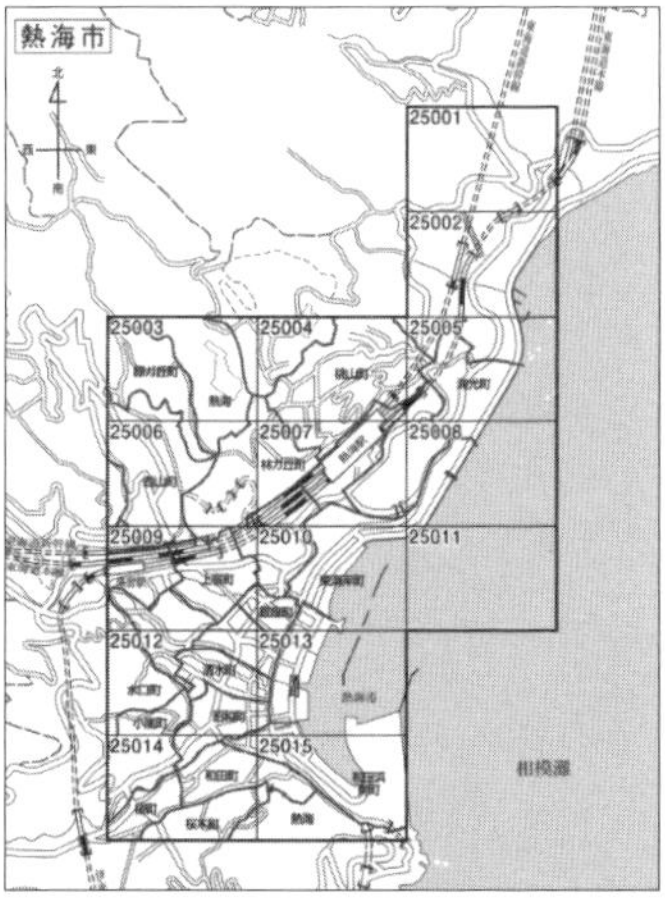

図19　熱海市の路線価図
路線価図の各自治体トップページから「この市区町村の索引図ページへ」を選択するとこうした図が現れる。郊外の市区町村なら表示されている範囲が不動産が取引される範囲と考えて良い。

が揃う。ここで使っているものとは違うが、路線価図もあるので、地図を切り替えながら見れば横浜の路線価とハザードマップの関係が分かるのである。

さて、三種類の危険のうちでもっとも路線価とリンクしているのは急傾斜地である。分かりやすいのは市街地の周縁部に急傾斜地がある場合で、これは斜面住宅地の項で触れた通り、評価倍率で表される地域になっていることが多い。

たとえば、傾斜地の多い静岡県熱海市（紙上再現！路線価図でまち歩き⑭）では東海道本線、東海道線から海側は市街地となっており、路線価が表記されているが、それより山側、急坂の多い地域については評価倍率地域が多い。熱海市中心部全体で十五枚の路線価図があるが、そのうち、一番北側、桃ケ丘町の二枚は路線価は一か所しか記載されておらず、もう一枚、海になっているものがあることを考えると、実際には十三枚。不動産が動いているのは市街地の中心部のみで、外延部で危険のある地域は路線価が付加されていないことがあると覚えておけばよいと思う。

ただ、これは危険だからという以上に、建設、生活に不便だからという理由も大きい。熱海の場合、山側の坂の上の住宅は眺望は良いが、車利用ならそれほどではないものの、我が家に帰りつくまでが大変で、建設時も同様。その結果、空き家も多くなっている。同様の状況は熱海に限らず、首都圏や関西圏などの都市圏でも起きており、急坂の先の宅地は空き家の割合が増えている。

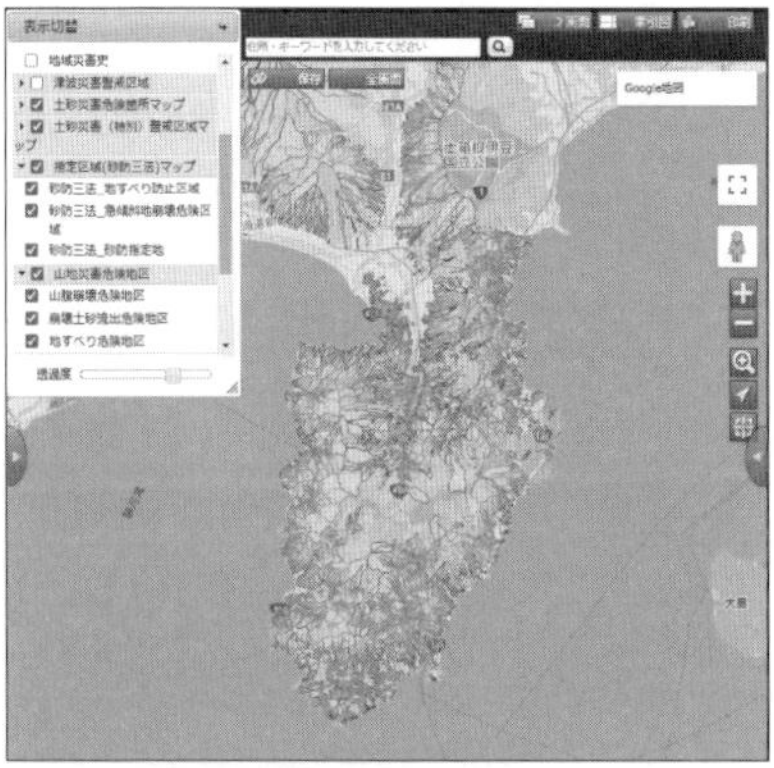

図 20　静岡県の危険個所

静岡県 GIS で土砂災害関係の危険個所を指定してみた結果。危険でない地域のほうが少ない。が、一方で景観、温泉に恵まれた地域でもある。

ちなみに伊豆半島の宅地化が進んでいるエリアには崩壊の危険性のある急傾斜地、土石流に警戒すべき地域が多く、熱海市のハザードマップでも居住可能なエリア内には色が塗られているところが多い。静岡県GIS[注9]で見ると、半島全体に急傾斜地、土石流に警戒すべき地域が広がっており、路線価図と重ねるまでもなく、この地域に住むのであればどのような地域であるかを知っておくべき必要があることが分かる。

特に山林などを切り開いて造成された別荘地は評価倍率地域となっていることが多い。しかも、危険な地域ほど海や富士山などの眺望に恵まれており、住む場所としては魅力的でもある。

住宅で難しいのは、安全が第一と思いながらも、それだけで選択をするわけではないという点だ。忙しい家族であれば利便性が優先になるのはやむを得ないし、リゾート地に開放感、眺望を望むのも当然だ。ただ、危険があることを知った上でそれでも選択するのと知らないで選択するのは意味が違う。近年はハザードマップに掲載されていなかったところ、長年災害に無縁だったところでも災害が起こることがある。価格同様に危険なども含めてその土地を知った上で選んでほしいものである。

都市中心部ではリスクは利便性に置き換えられる

都市中心部近くになると様相は複雑になる。建物が建て込んでいる中心部ではそもそも原地形が分かりにくい。改変されていればもちろん、改変されていない場合でも高低差が分かりにくいのが一般的であろう。加えて外縁部と違い、中心部のリスクは急傾斜地ではなく、低地であることが多い。だが、ここまで見てきたように都市中心部の、住宅地以外の場所では水害、地震などで被害が想定されていても利便性が高いと路線価も高くなる。特に再開発エリアなどであれば地形的な不安は技術がクリアしているものとされるのか、ハザードマップが危険を示していても、路線価はそれとは別に値上がりする。

しかし、細かく価格を構成する要件を考えながら路線価図、ハザードマップを重ね合わせて見ていくと、利便性、安全性、住環境それぞれの要素がどの程度価格に影響を及ぼしているかを読み取ることはできる。たとえば、北区赤羽（紙上再現！路線価図でまち歩き⑨）はＪＲ線を挟んで西側に武蔵野台地、東側に東京低地が広がる。当然、東側は地震にも、水害にも弱い。東京都の浸水リスク検索サービスを見ると、東側に浸水が想定される地域があり、国土地理院の土地条件図を見ても東側の大半は埋立地である。

だが、東側は駅前に賑やかさで有名な飲食店街があり、商店街が続く。交通も含めて利便性は非常に高く、そのため、駅前の商業地域の路線価は高い。だが、駅から離れて東へ向かえば向かうほど土地は低く、利便性も低くなり、となると路線価も下がっていく。

赤羽の場合、駅前近くから続くスズラン通りという商店街を超えて道路を渡ったところから路線価が一段低くなるのだが、ハザードマップを見ると危険が増す地域と重なっている。加えて用途地域も商業から近隣商業に変わっており、道路を挟むことで利便性も落ちる。地形的な要因がハザードマップに反映され、同時に土地利用、路線価にも影響しているわけである。路線価図は見ていると図中に路線価がそれを境に上下する見えない線があるのだが、ハザードマップもその線を構成する要素というわけだ。

西側は高台の、水に関わる災害には安全な土地だが、利便性では東側に劣っており、また、住宅地であることもあって路線価は東側よりも低い。だが、西側の中で見ていくと低地、傾斜地は低くなっており、安定した台地上は高め。詳細に見て行くとハザードマップは路線価図と重なっている。

あるいは文京区の西片（紙上再現！路線価図でまち歩き⑮）も面白い事例のひとつ。ここは明治初期から広島県福山市の福山藩阿部家が賃貸経営を行ってきたエリアで、東京大学が近いことから学者などが多く住んできた。今も町内には文化財となっているお屋敷が残されているなど歴史を感じさせる地域で、この一画は明らかに高台である。どこからアプローチしても坂があるのだ。そのため、この地域は一部窪地になったところを除き、水害ハザードマップでおおむね危険はないであろうとされている。

ところがその西片と斜面を隔てて隣接する白山一丁目というエリアでは町域の境にかつて川が流れていたであろうと思われる蛇行した道が続いており、文京区の水害ハザードマップで見ると浸水の危険が指摘されている。そして路線価は明らかに西片に比べるとお手頃である。古くから宅地として開発されてきた歴史、土地の高低、災害リスク、さまざまな要因が重なり、そこに価格差が生まれているのである。

だが、これが通り沿いになるとリスクよりも利便性が優先されるようになる。西片の東側には白山通りが走っており、少し南へ行くと都営三田線の春日駅があり、文京区役所がある。このエリア一帯では春日・後楽園駅前地区第一種市街地再開発事業が進められており、二〇二三年の時点ではほぼ完成している。当然、これによってこの地域の土地の価格は大きく上がるはずで、ハザードマップが白山一丁目よりも深く浸水する予測を出していても、それがこの土地に影響を及ぼしているとは思えない。再開発が災害リスクをカバーしたと思われているのである。

だが、本当に技術は自然のパワーをカバーしたのか。それについては考え方次第だが、世の中には想定外と言われることも起きる。あまり楽観視はできないはずである。

線路を挟んで低地と台地が隣接。
穴場と言われるまち、赤羽

JR 線を挟んで武蔵野台地と東京低地が隣接する赤羽。近年は独特の、猥雑さのある賑わいが人気を呼び、穴場なまちと言われる。飲食店街は東京低地側にあり、徒歩 10 分ほどの、西側の高台はかつて陸軍の被服本廠を始めとした軍用地。戦後は米軍に接収され、その後、23 区内では初めてとなる 3373 戸という大規模、高密度な公団住宅、赤羽台団地として 1962（昭和 37）年から入居開始。高台には同潤会が分譲した一戸建て住宅地があり、桜並木などに面影を残す。

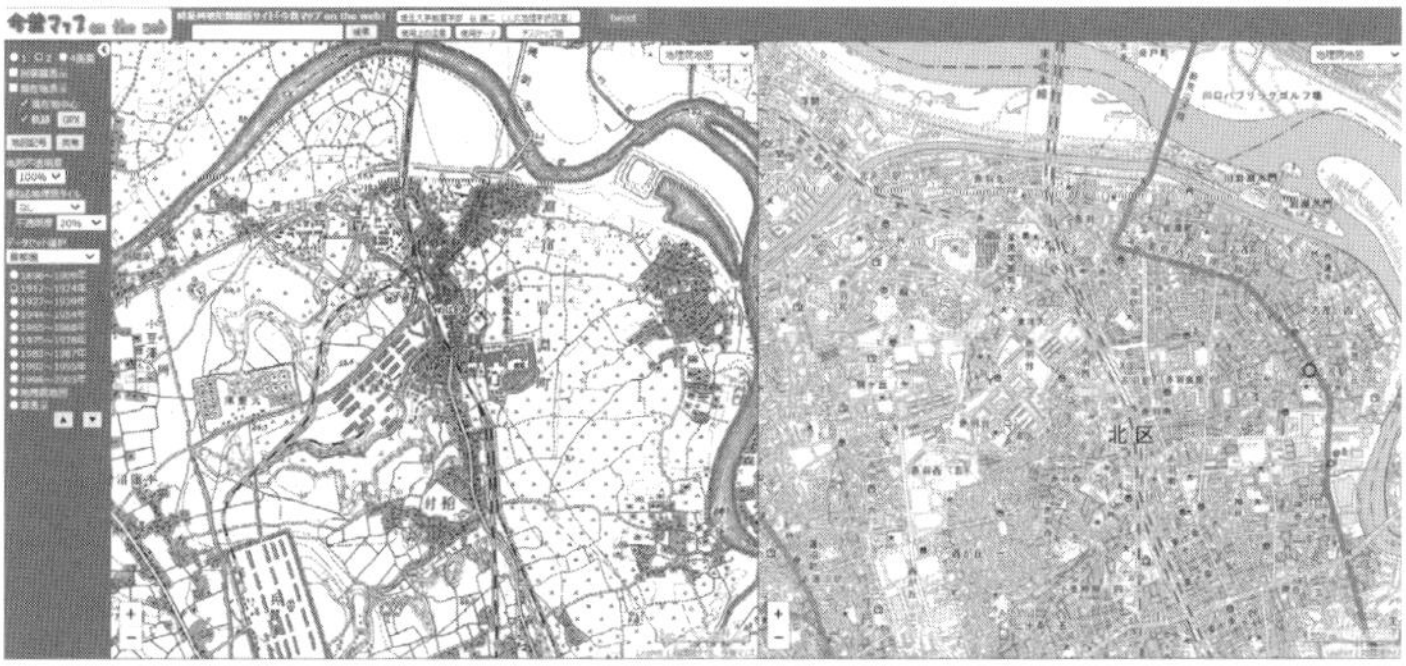

明治以降、東は田んぼ、西は軍用地に

大正６年に測られた地図を見ると、東側には田んぼ。西は火薬庫その他軍用地となっていた。軍都赤羽という言い方があるが、西側軍用地のおかげで、東側、駅前に飲食店街が集積、賑わいに繋がっている。

地形に応じて浸水リスクにも高低が

東京都浸水リスク検索サービスで見ると、西側でも谷部分には浸水の危険がある。東側は川（新河岸川。岩渕水門より下流は隅田川）に近くなるほど低く、危険は高くなる。

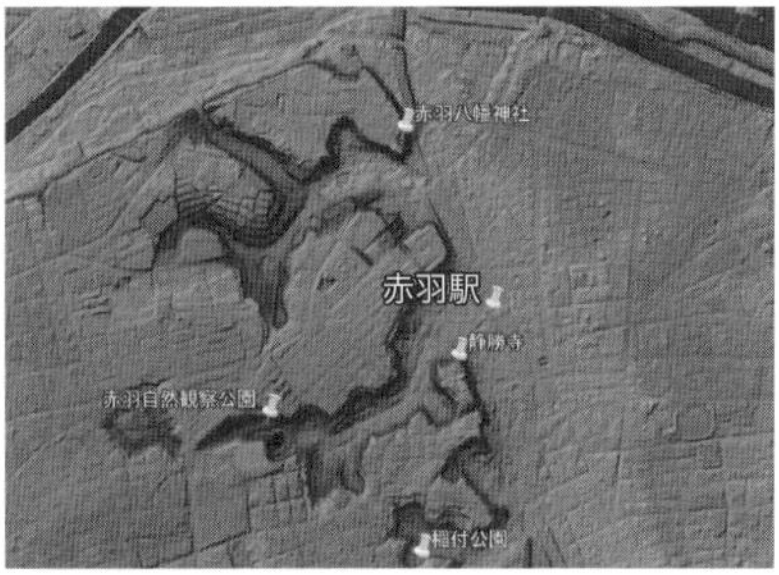

西の高台を刻む複数の谷

西側は高台だが、ところどころに谷が入り込み、全域が高台というわけではない。歩いてみると高低が如実に分かり、かつ、高低差に応じて路線価が異なり、建物の規模も異なることが体感できる。

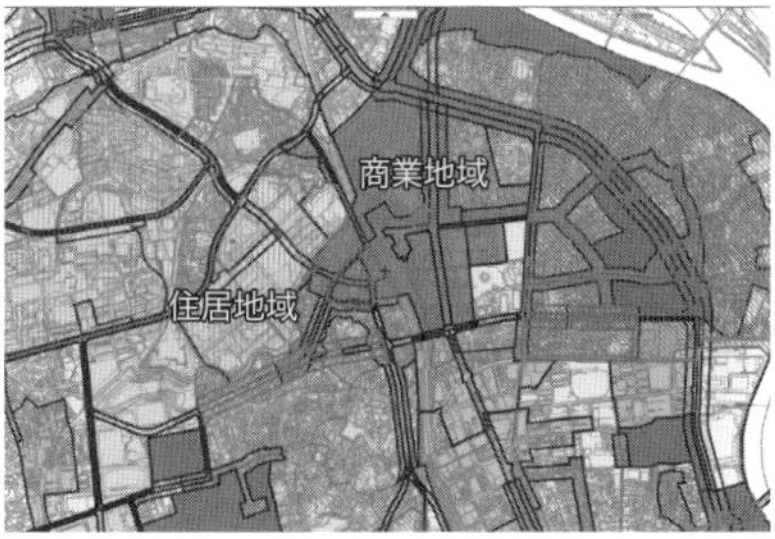

高台は主に住宅地域に

駅を挟んで商業地域、その外側に近隣商業。駅から遠ざかると住居専用地域になっている。図の左下には一部一種低層住居専用地域もあり、ここは同潤会一戸建て分譲地。駅の西側、高台側が住居中心エリア。

＊都市計画図については以下すべて該当自治体の都市計画図を引用。

Ⓐ **西口再開発エリア**

西口は戦災を受けておらず、そのため、古くからの街並みが残り、昭和 30 年代から開発計画が進展、1996（平成８年）の駅前広場完成まで時間をかけて進められた。駅前の３棟はそれで生まれたもので、路線価は駅周辺の再開発街区の周辺のみが飛びぬけて高い。繁華街が広がる東口の路線価と比べると、開発は一部の価値を上げるものであることが分かる。

Ⓑ **小山は稲付城跡**

弁天通りと赤羽西口本通りの間にある静勝寺一帯は太田道灌が築城したといわれる稲付城跡。小高い山になっており、往時であれば見晴らしも良く守りやすい砦だったのだろうが、現在の感覚では細い坂道の先で、路線価も高くはない。時代によって土地の良し悪しは変わる。

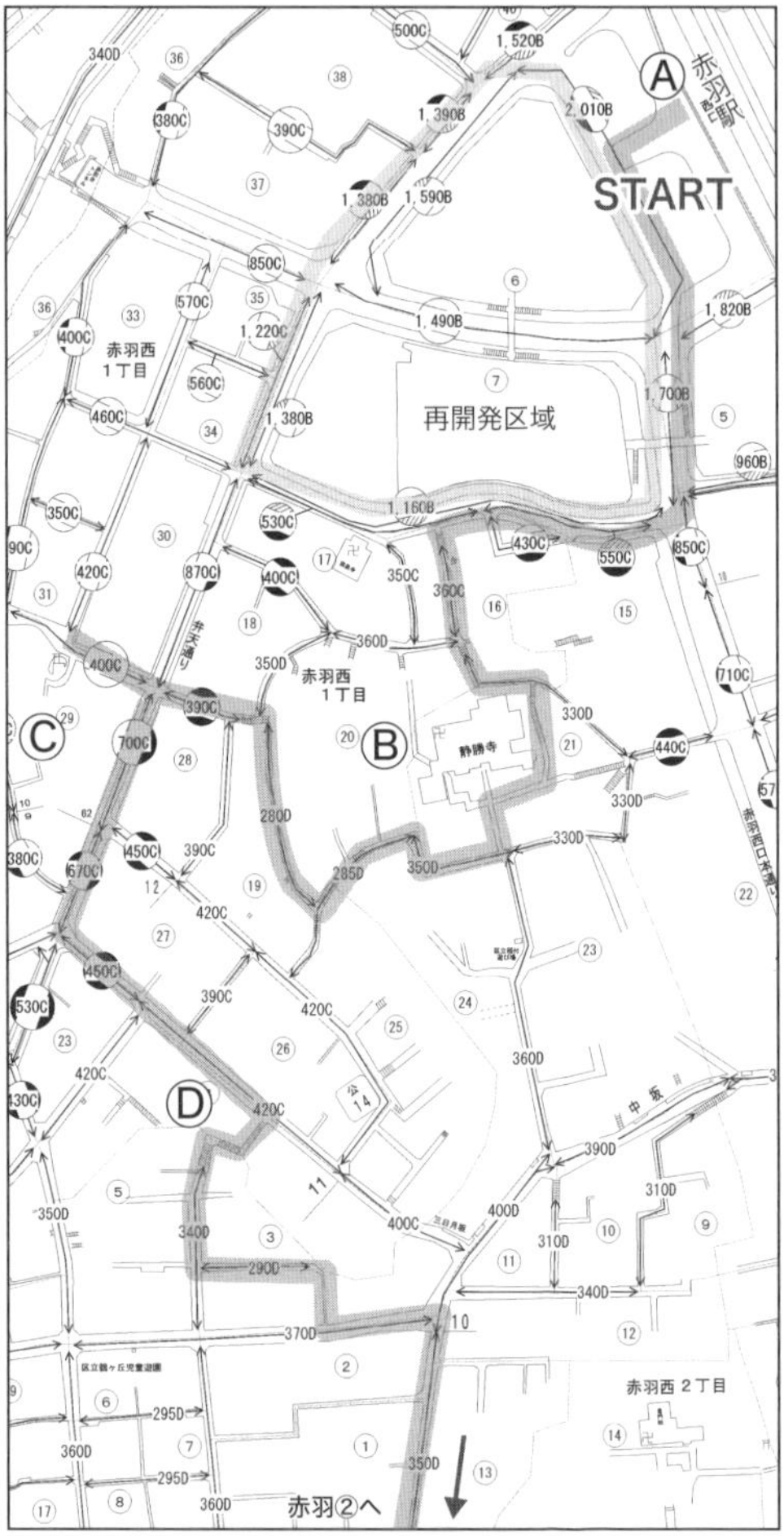

赤羽①

Ⓓ **公園名から地形がわかる**

弁天通りから三日月坂方面へ。弁天通りを底に坂を上がる形になっており、コースの南側にある鶴ケ丘児童遊園名称から、このあたりが高台と分かる。地名は改変されても公園、交差点、学校名や町会名に名称が残されていることがあるので、まち歩きではそうしたものにも目を配りたい。

Ⓒ **台地間にあった池の名残**

弁天通り脇に小さな池が残されている。西口一帯には亀ヶ池と呼ばれる大きな池があり、明治時代までは灌漑用ため池として使われていたものの、明治末年に埋め立てられ、一部が残された。現地あたりから東側を見ると赤羽台団地の台地を仰ぎ見ることができ、標高差は５mほど。西側の静勝寺も高台で、その間に池があっても不思議はない。

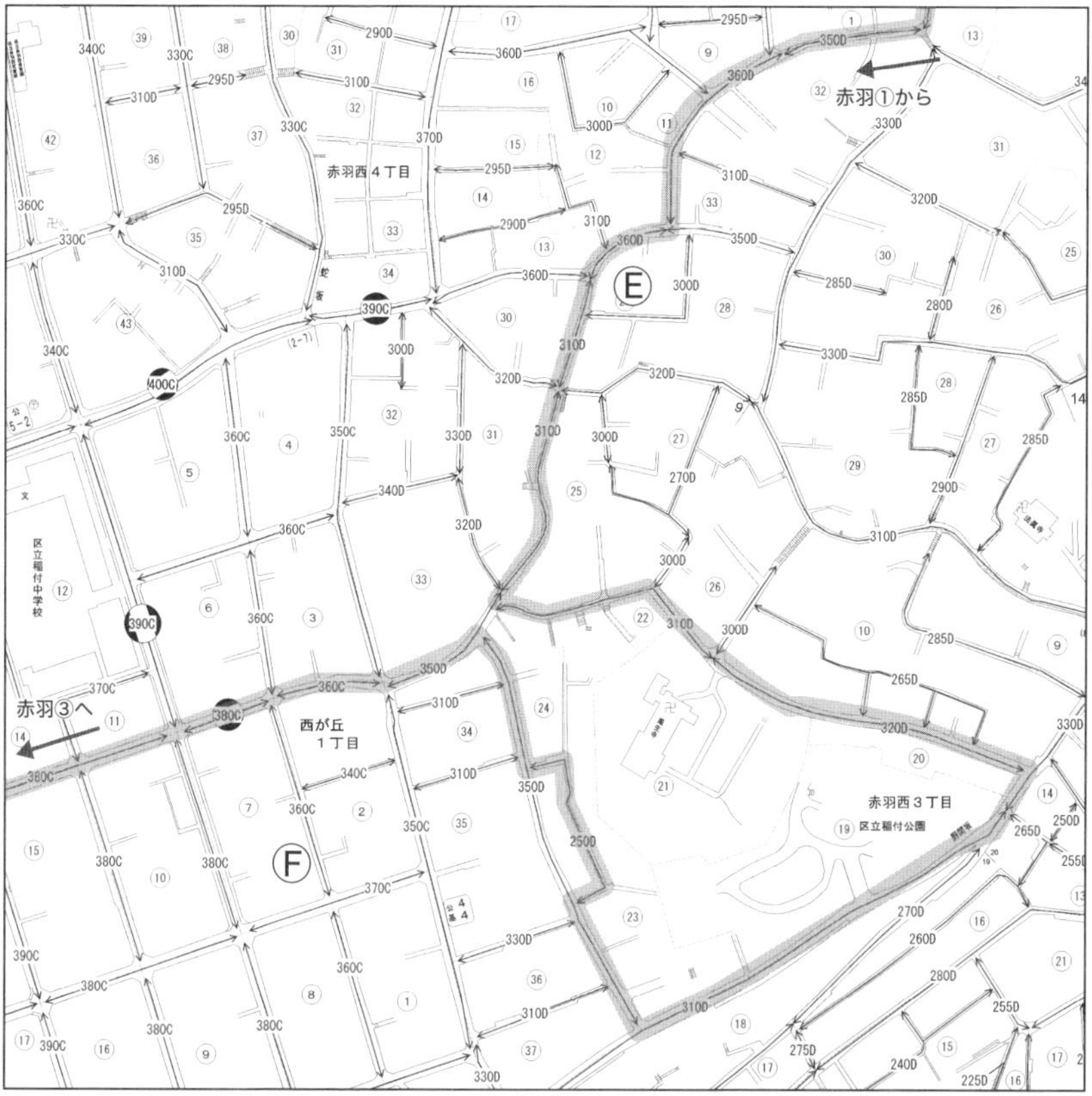

赤羽②

Ⓕ 同潤会分譲の一戸建てエリア

関東大震災後、住宅の不燃化、高層化に取り組んだ同潤会だが、戦争が激化したことで資材価格が高騰、鉄筋コンクリート造のアパート建設が難しくなり、木造住宅建設に移行。北区内には赤羽西、十条仲原に賃貸住宅、西が丘に分譲住宅が建てられた。平坦な土地に格子状に走る道路、歴史を感じさせる桜並木が印象的で、地形に沿って作られてきた住宅地とは異なる。当時の住宅は残っていないが路線価は周辺よりも高め。

Ⓔ 道の違いは地形の違い

このあたりのぐねぐねした道と左下の西が丘一丁目の整然とした区画の違いに注目。赤羽西二丁目、その北の三丁目は凸凹の多い地形にそって道があり、南北に行くのに遠回りしなくてはいけない場所も。これは急傾斜地があるという意味。

Ⓘ **団地内道路の位置付け**

団地は建築基準法の原則である一敷地一建築物の原則の例外（建築基準法第 86 条、一団地認定制度）で、全体で集団規定（建蔽率、容積率など）をクリアするように設計されており、形態として道路に見える部分は敷地内通路。道路台帳に掲載されておらず、路線価も振られていない。

Ⓗ **公園内道路には路線価なし**

元自衛隊十条駐屯地として使用されていた土地の一部を利用して作られた赤羽自然観察公園。窪んだ地で園内には湧水も。ここから北へは坂を上り、赤羽台、桐ヶ丘という地名の高台へ向かう。公園内の道路は建築基準法上の道路ではないため、路線価は振られていない。

Ⓖ **急坂は安くなる**

この地点から北東方向に赤羽駅があるため、東に向かうにつれて路線価は上がる。ところが、その北側では駅に近い東側のほうが安い。この一画は西から東への下り坂となっており、かなりの急坂。坂を下る方向に安くなる。

Ⓙ **建替えが進む団地**

赤羽台団地は2020年から建替えが進み、現在はヌーヴェル赤羽台。中庭もあるしゃれた空間だが、路線価は坂を下ったエリアのほうが高い。駅から少し遠く、坂を上るのが面倒とあまり好まれていないのだ。2017年には東洋大学赤羽台キャンパスがオープン。赤羽に若い人が増え、人気も上昇。

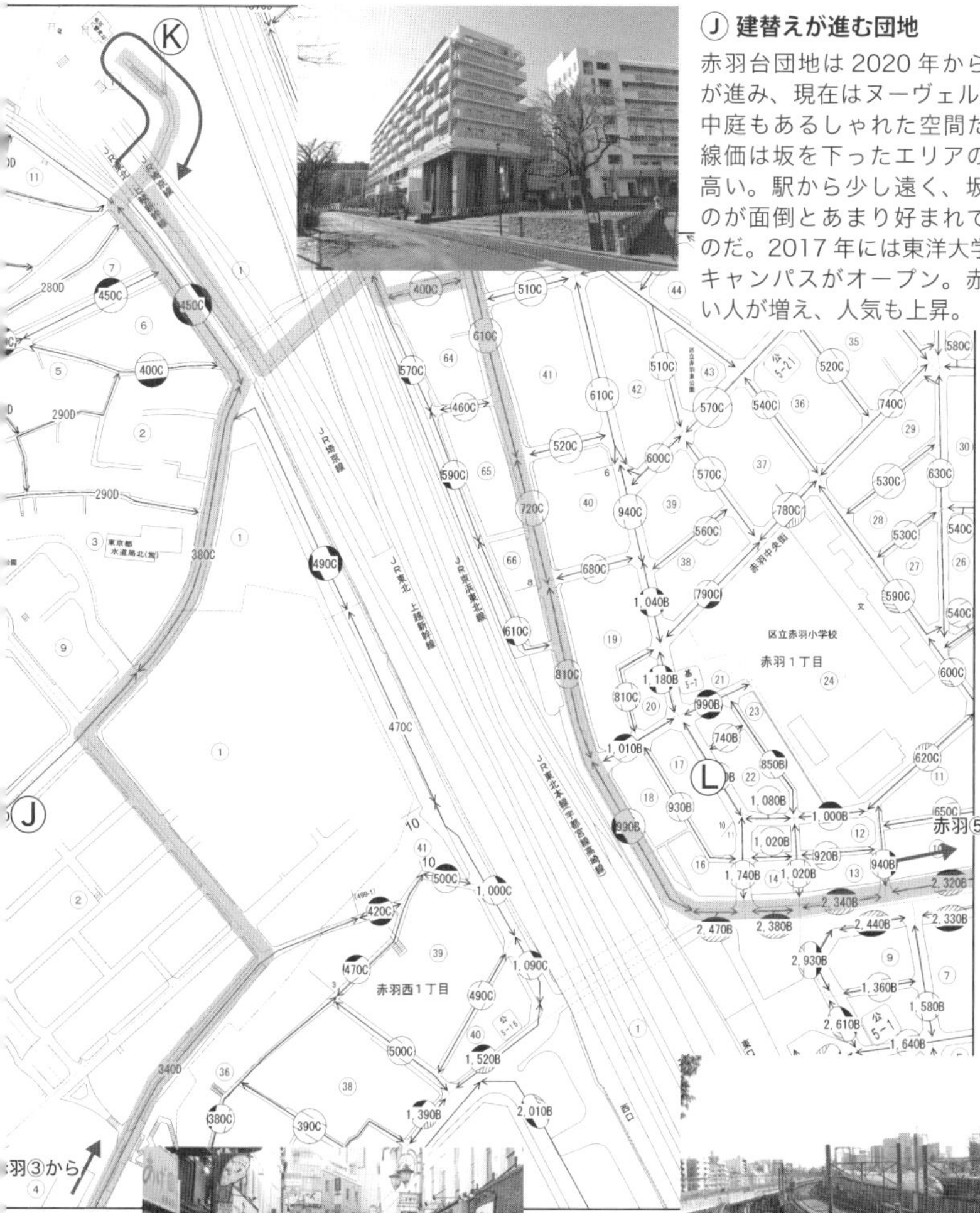

Ⓛ **赤羽の飲食店街**

2011年頃から入りやすいバル形式の飲食店が増え、人気が高まった。細街路も多く、店舗が小さいこともあって賃料はそれほど高くなく、それが個性的な個人店を呼んでいる。目立って高いのはロータリー沿いくらい。

Ⓚ **線路の上に神社**

新幹線、埼京線の赤羽台トンネルの上に立つ赤羽八幡神社。赤羽のまちの高低の全体像を垣間見ることができる。八幡神社に向かう師団坂は旧陸軍の近衛師団、第一師団に所属した2つの工兵大隊に向かう坂道だったため。八幡神社隣接の星美学園は第一師団工兵大隊の兵営跡。師団坂の南側も傾斜のある私道、突き当りの多い区画で、路線価は安め。

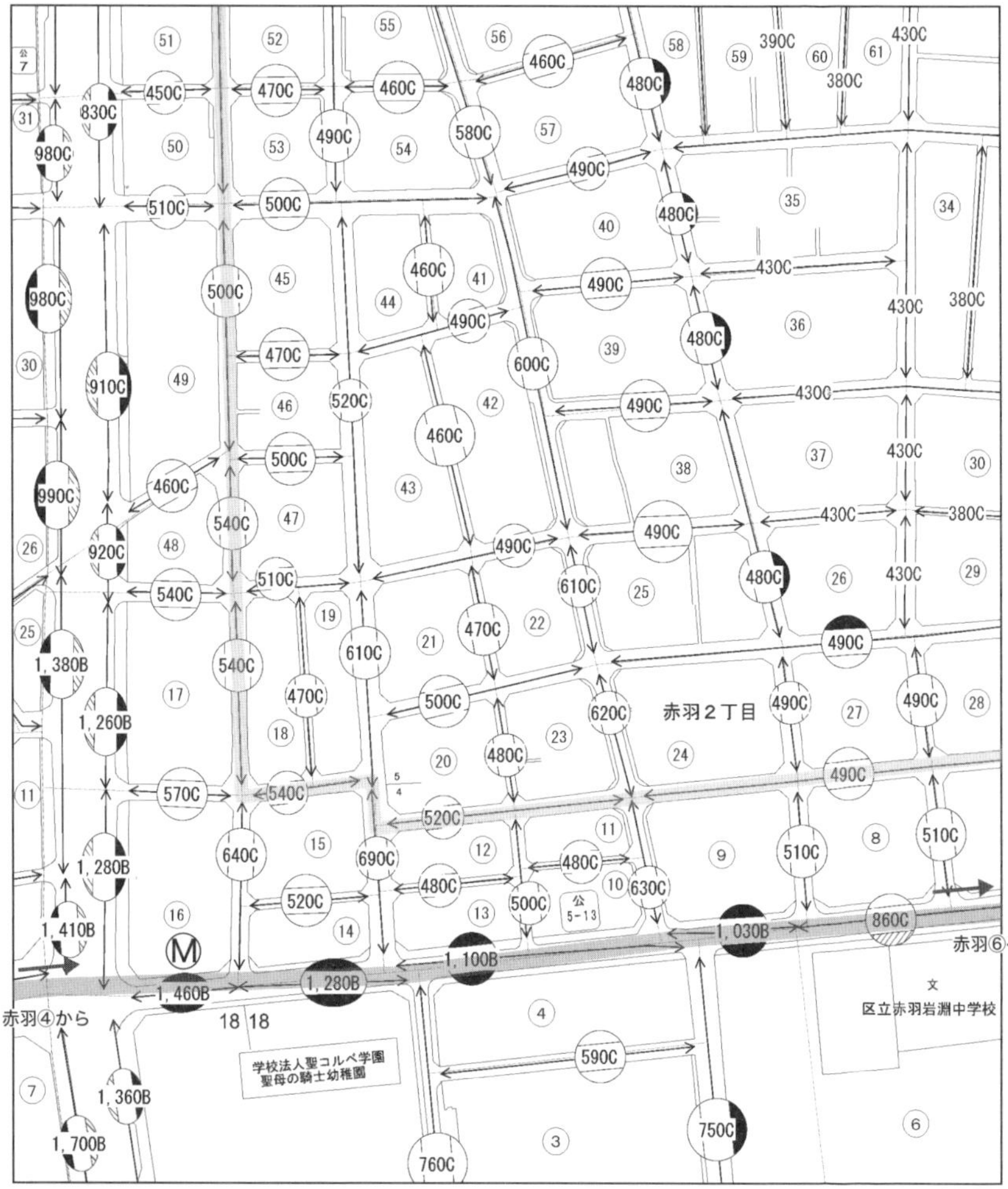

赤羽⑤

Ⓜ スズラン通り

駅前から東本通りを渡ったところからはアーケードのある商店街・赤羽スズラン通り商店街（LaLa ガーデン）。駅から遠ざかるにつれて路線価が下がる。商店街の北側と南側で明らかに路線価が違う。区画の大きさが違い、南側では 2011 年以降で大規模マンション、スーパーの建替えなどがあった。区立赤羽岩渕中学校を除いて商業地だが、北側は途中（薄い線は境界）からは近隣商業。商業地では大きな建物が建つ区画ほど高くなる。

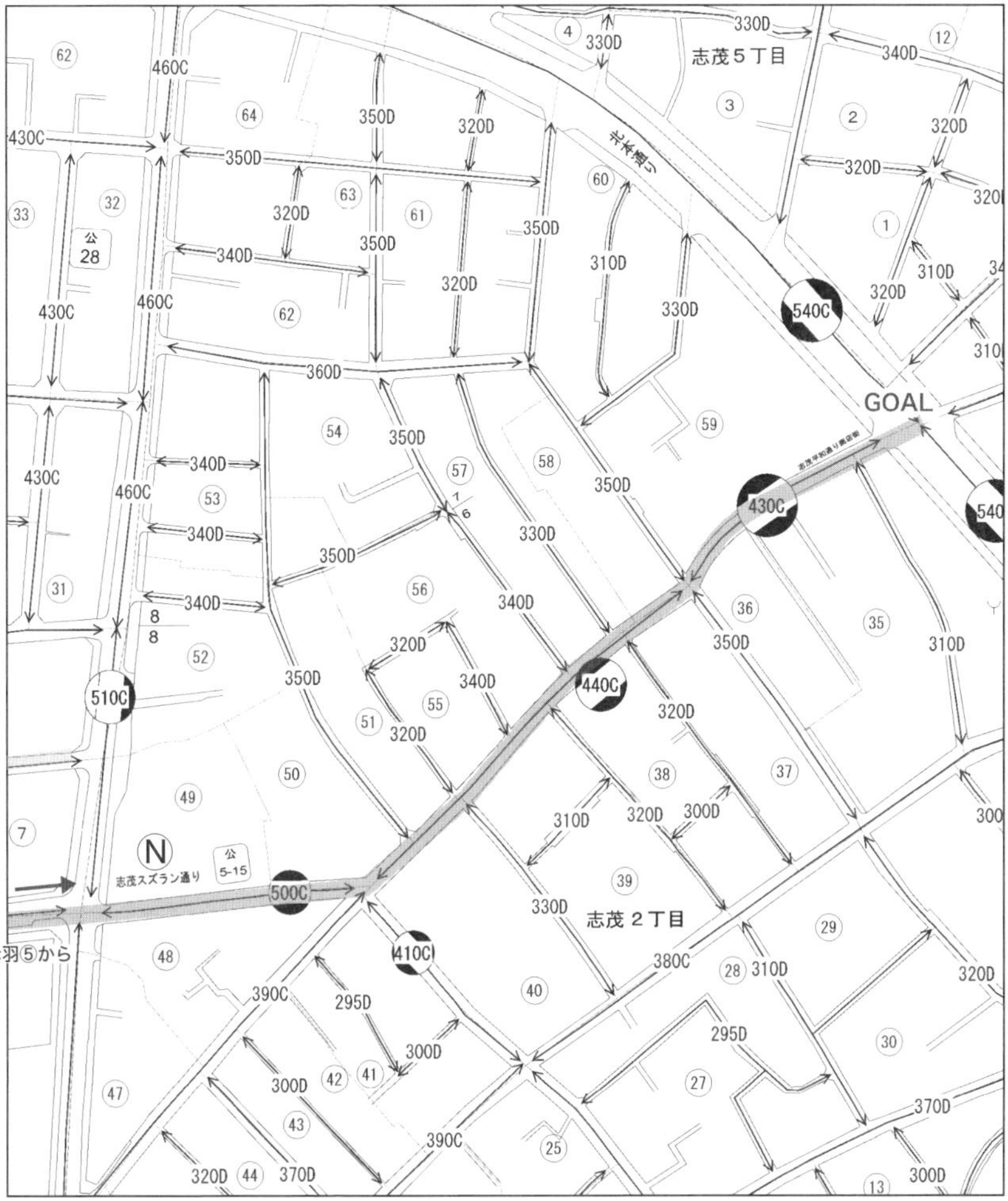

赤羽⑤から

赤羽⑥

Ⓝ 志茂スズラン通り

志茂スズラン通りに入るといきなり路線価は安くなる。商店街ではあるが、通りから左右 20 mほどが近隣商業で、その外側は第一種住居地域。また、交差点から東側へ向かって土地は少しずつ下がる。浸水リスクマップでいうと浸水深の色が変わるボーダーとなるあたり。志茂のあたりは北区が整備を進めていこうとしている防災街区整備地区だ。

「住みたい街」横浜の光と影を行く

1980年に移転した三菱重工業横浜造船所跡地を利用、1983年に着工したみなとみらい地区からスタート。2000年に北仲通北地区再開発協議会発足以来着々と開発が進んだ北仲地区、開港以来の中心地関内地区、伊勢佐木町から、賑わう横浜橋商店街、風俗店の多い福富町、アートをテーマに再生してきたかつての暗黒街・黄金町など横浜のさまざまな顔を巡る。

歴史が路線価を左右する

高低差、用途地域の違いがないエリアだ
路線価には大きな違いがある。それはそ
エリアの歴史や発展の経緯などによる
の。みなとみらい、北仲と既存の地域で
明らかに区画の大きさなどが異なり、現
の使い方にとって有利なのがどちらかは
目瞭然。まちの歴史が価格を左右してい
のである。

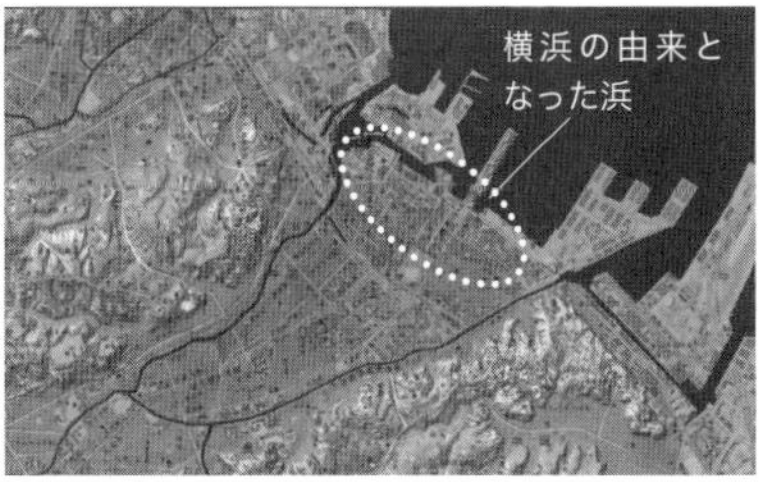

中心部は一部を除き、大半は埋立て地

横浜中心部では２本の川に挟まれた海辺に細長く少し高くなった場所があるが、その横に長く伸びた浜が横浜という地名の由来。西側は埋立て地。みなとみらいも埋立て地だが、災害の危険を考えて埋め立てられており、既存の埋立て地とは安全性に違いがある。

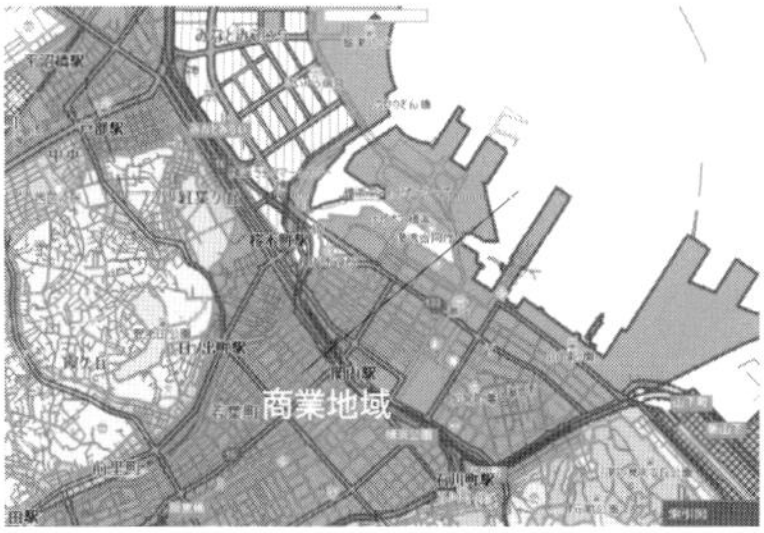

中心部は大半が商業エリア

今回歩く地域はすべて商業エリア。地形的にも用途地域的にも違いはない。

埋立て地は水害、地震に弱い

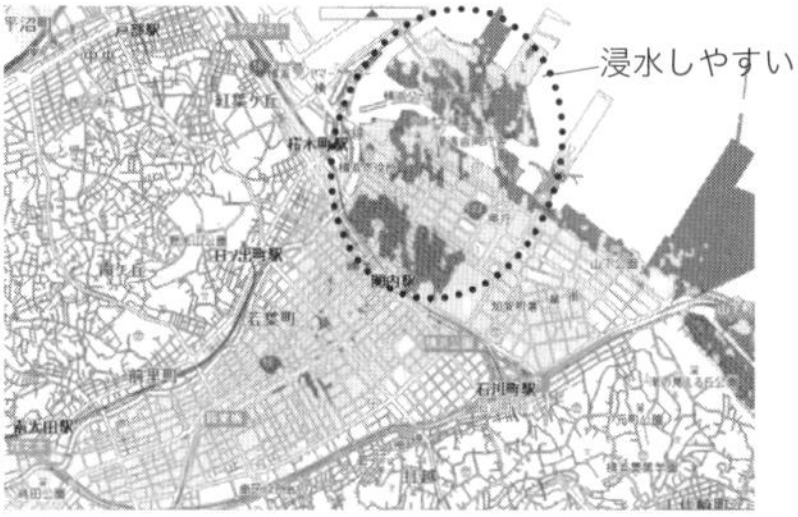

浸水予測区域。地形図から推察されるように海に近い埋め立て地で危険度が高い。

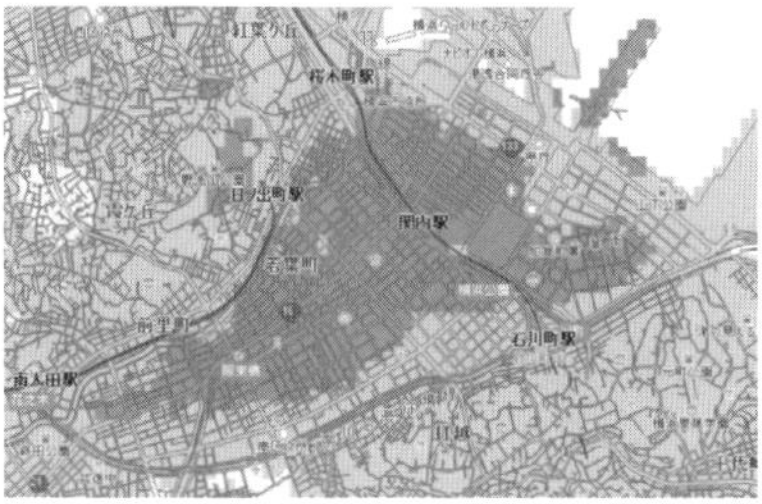

地震ハザードマップ（元禄型関東地震災害危険マップ）でも古い埋立て地の危険度が高くなっている。

出典：図はすべて横浜市行政地図情報提供システムより

Ⓑ 商用ビルから開発スタート

みなとみらいに、造船所があったことを偲ばせるのがコース左手にあるドッグヤードガーデン。みなとみらいはスタート地点にあった横浜美術館、横浜グランドインターコンチネンタルホテル、パシフィコ横浜、ランドマークタワーなど主に商用の建物から建設がスタート。

Ⓐ 区画サイズで路線価に差

みなとみらいのグランモール公園美術の広場からスタート。既存のまちの区画、道路の幅とは明らかに違う。路線価も大きく違う。

Ⓓ 低層の新港地区

国際橋を渡って新港地区へ。遊園地、商業施設などがあるが、これまでのみなとみらい地区と異なり､低層の建物が中心。そのため、路線価も３分の１ほどになっている。

Ⓒ 計画された住宅数

みなとみらいの住宅供給は最初から数がコントロールされている。2003 年から 2017 年までに期間をあけて全 10 棟（賃貸１棟）供給されており、今後の予定はない。人気はあっても供給が増えないためか、価格は下がりにくい。

Ⓔ **新しい開発地、北仲**

関内地区とみなとみらい地区の結節点として2000年以降動いてきた北仲地区。万国橋通りの左右で区画、建物の大きさ、路線価は異なっており、開発の意味が目に見える。

Ⓕ **北仲では開発計画も**

2020年に完成し、路線価を上昇させたタワーマンション敷地内には低層の煉瓦造りの商業施設（旧横浜生糸検査所の倉庫、倉庫事務所）が残されている。今後さらにタワーマンション2棟が建つという情報もある。

Ⓖ **歴史的建造物のある馬車道**

横浜の繁華街は馬車道あたりから関内、伊勢佐木町だったが、現在の人気は横浜駅周辺、みなとみらい。その間をつなごうと関内駅周辺では横浜市庁舎跡地、その隣接地を利用、再開発が進められている。路線価も100万円未満。

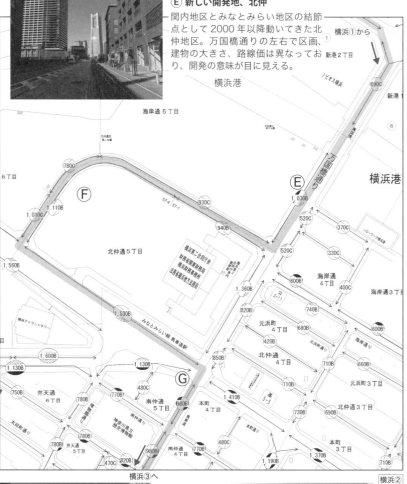

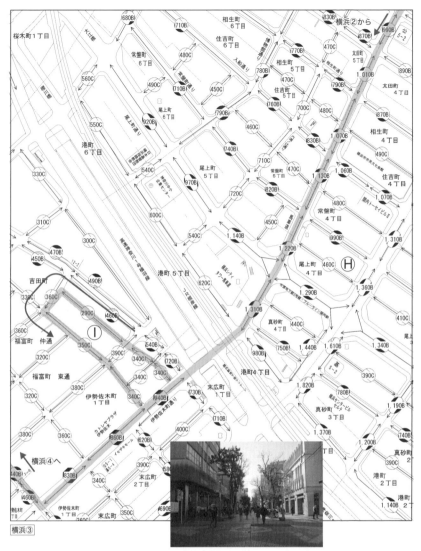

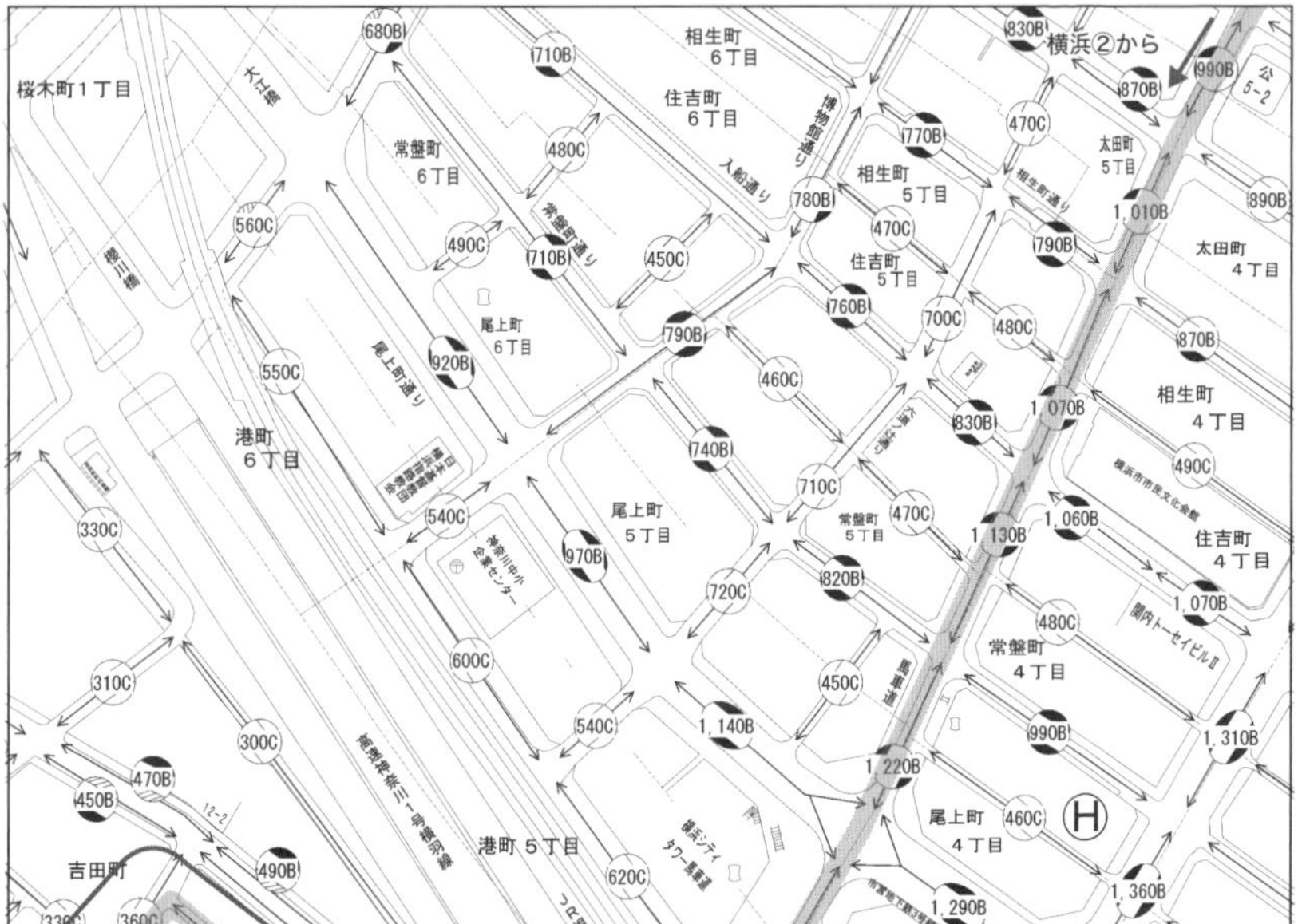

横浜③

Ⓘ イセザキモール

昭和 45 年前後に横浜駅周辺に賑わいを奪われるまでは浅草、大阪の千日前と並ぶ繁華街。明治創業の店も多く、かつては百貨店も。現在はチェーン店、外国資本の店舗が目立つようになっており、駅から離れると宅地化も。

Ⓗ 吉祥地名の埋立地

地形図にあった釣鐘状の埋立て地は江戸後期から明治時代の半ばくらいまで埋立地で、謡曲由来の吉祥地名が付けられている。区画は小さく、路線価もかなり下がっている。

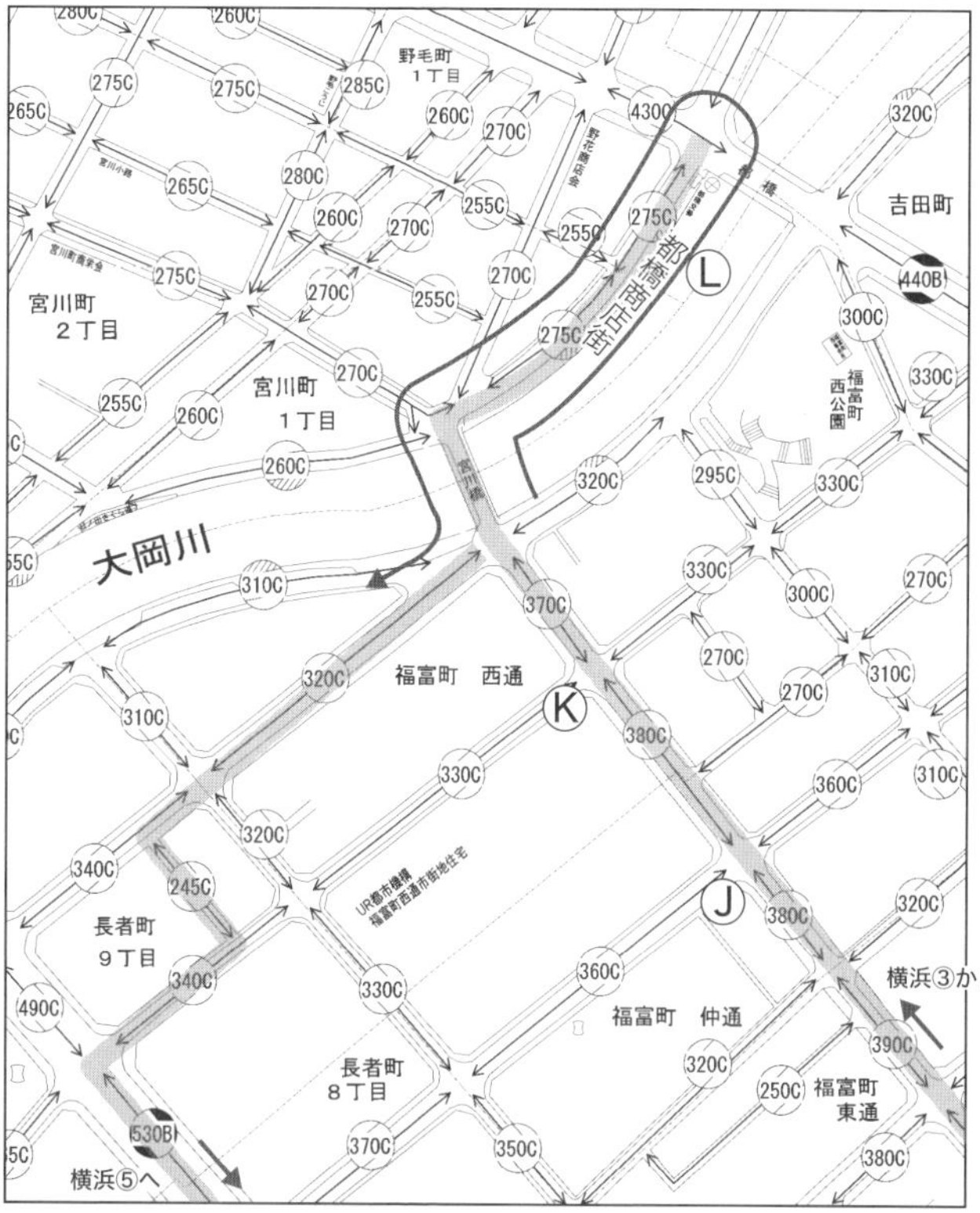

横浜④

Ⓙ **風俗店が集中する地区**

1966年にトルコ風呂（現ソープランド）の営業禁止除外地区に指定されたため、関内地区の他エリアにあった店舗が移転、風俗店が集中する地区となった。昭和の末頃からは韓国系の店が増え始めた。稼げる地域であり、路線価はそれなり。

Ⓛ **都橋商店街**

1964年の東京オリンピックを契機に野毛周辺などで営業していた露店等を収容するために川に張り出すように弓型に建設された共同店舗。路線価は周囲同等。

Ⓚ **福富町の防火建築帯**

通り沿いには戦後に建てられた横浜独自の防火帯建築と呼ばれる建物が残る。歴史を伝える建築だが、老朽化、空き家化もあり、今後どうなるかで土地の価値も変わるのではなかろうか。

Ⓜ 大通り公園

吉田川、新吉田川という運河を埋めたてて 1978 年に開園。真下に横浜市営地下鉄ブルーラインが通っている。路線価は公園の北側、イセザキモール側と南側では北側のほうがやや高め。

Ⓝ 横浜橋商店街

戦前から続く地域密着型の商店街で、活気のせいか、路線価は周囲よりも一段高い。横浜橋、最寄り駅の阪東橋もかつての橋の名。

Ⓞ 大岡川沿い

戦後に風俗店が集積。1995 年の阪神淡路大震災後、京急が高架橋耐震補強のため、小規模立ち退きを求めたところ、違法な売買春を行う店舗が増加、日ノ出町にまで拡散。その後のまちづくりで大きく変化したものの不思議な雰囲気の建物がある。路線価も安い。

Ⓟ 高架下にギャラリー

2002 年以降、アートを主体としたまちづくりが進行。2008 年以降様々なイベントも行われるようになった。イメージも雰囲気も良くはなったが、路線価を大きく変えるほどではない。

都市計画図×路線価図　用途地域は地形、路線価図と重なる

用途地域は土地の稼ぐ力の目安

最後に路線価図と都市計画図を重ねてみる。一般の人は家を建てる時にでもならないとあまり使わない、見ない地図だが、これは地方公共団体が行政区域内の都市計画の内容を示した地図で、簡単にいうと土地の使い方の決まり事が書かれたもの。自分の土地だからといって何を建てても良いわけではないのだ。

この地図のうちでメインとなるのは用途地域。これは都市計画法によって定められているもので、土地の使い方の用途が混在しないようにするためのもの。工場の多い地域に住宅が建つことで互いに使わなくてはいけない気を使ったり、音その他が気になったりすることを防ぐためと考えれば分かりやすい。

おおまかに住居地域、商業地域、工業地域の三地域があり、それぞれに地域で目指すものが異なっている。住居地域は主に住宅を建てましょうという地域で、優先されるのは住環境。それに対して商業地域は利便性を優先、工業地域は工業が優先されることになる。

さらに各地域内でも優先する度合いによっていくつかに分けられる。住居地域であれば住環境が最優先されるのが第一種低層住居専用地域（以下一種住専）と呼ばれる地域で、建物の高さにも、土地に対して建てられる建物の大きさなどに対しても制限があり、土地の広さいっぱいに大きな建物を建てることはできない地域である。また、店舗、オフィスやボウリング場、旅館、キャバレーその他建てられない種類の建物が多いのも特徴だ。

だが、同じ住居地域の中にもレベルがあり、一番緩い準住居という地域になると、キャバレーなどごく一部が建てられないだけで、かなりのものが建てられるようになる。

表２　用途地域による建築物の用途制限の概要

用途地域内の建築物の用途制限 ○　建てられる用途 ×　建てられない用途 ①、②、③、④、▲、■：面積、階数等の制限あり		第一種低層住居専用地域	第二種低層住居専用地域	第一種中高層住居専用地域	第二種中高層住居専用地域	第一種住居地域	第二種住居地域	準住居地域	田園住居地域	近隣商業地域	商業地域	準工業地域	工業地域	工業専用地域	備考
住宅、共同住宅、寄宿舎、下宿		○	○	○	○	○	○	○	○	○	○	○	○	×	
兼用住宅で、非住宅部分の床面積が、50㎡以下かつ建築物の延べ面積の２分の１以下のもの		○	○	○	○	○	○	○	○	○	○	○	○	×	非住宅部分の用途制限あり。
店舗等	店舗等の床面積が150㎡以下のもの	×	①	②	③	○	○	○	①	○	○	○	○	④	①　日用品販売店舗、喫茶店、理髪店、建具屋等のサービス業用店舗のみ。２階以下 ②　①に加えて、物品販売店舗、飲食店、損保代理店・銀行の支店・宅地建物取引業者等のサービス業用店舗のみ。２階以下 ③　２階以下 ④　物品販売店舗及び飲食店を除く。 ■　農産物直売所、農家レストラン等の。２階以下
	店舗等の床面積が150㎡を超え、500㎡以下のもの	×	×	②	③	○	○	○	■	○	○	○	○	④	
	店舗等の床面積が500㎡を超え、1,500㎡以下のもの	×	×	×	③	○	○	○	×	○	○	○	○	④	
	店舗等の床面積が1,500㎡を超え、3,000㎡以下のもの	×	×	×	×	○	○	○	×	○	○	○	○	④	
	店舗等の床面積が3,000㎡を超え、10,000㎡以下のもの	×	×	×	×	×	○	○	×	○	○	○	○	④	
	店舗等の床面積が10,000㎡を超えるもの	×	×	×	×	×	×	×	×	○	○	○	×	×	
事務所等	事務所等の床面積が150㎡以下のもの	×	×	×	▲	○	○	○	×	○	○	○	○	○	▲２階以下
	事務所等の床面積が150㎡を超え、500㎡以下のもの	×	×	×	▲	○	○	○	×	○	○	○	○	○	
	事務所等の床面積が500㎡を超え、1,500㎡以下のもの	×	×	×	▲	○	○	○	×	○	○	○	○	○	
	事務所等の床面積が1,500㎡を超え、3,000㎡以下のもの	×	×	×	×	○	○	○	×	○	○	○	○	○	
	事務所等の床面積が3,000㎡を超えるもの	×	×	×	×	×	○	○	×	○	○	○	○	○	
ホテル、旅館		×	×	×	×	▲	○	○	×	○	○	○	×	×	▲3,000㎡以下
遊戯施設・風俗施設	ボーリング場、スケート場、水泳場、ゴルフ練習場等	×	×	×	×	▲	○	○	×	○	○	○	○	×	▲3,000㎡以下
	カラオケボックス等	×	×	×	×	×	▲	▲	×	○	○	○	▲	▲	▲10,000㎡以下
	麻雀屋、パチンコ屋、射的場、馬券・車券発売所等	×	×	×	×	×	▲	▲	×	○	○	○	▲	×	▲10,000㎡以下
	劇場、映画館、演芸場、観覧場、ナイトクラブ等	×	×	×	×	×	×	▲	×	○	○	○	×	×	▲客席及びナイトクラブ等の用途に供する部分の床面積200㎡未満
	キャバレー、個室付浴場等	×	×	×	×	×	×	×	×	×	○	▲	×	×	▲個室付浴場等を除く。
公共施設・病院・学校等	幼稚園、小学校、中学校、高等学校	○	○	○	○	○	○	○	○	○	○	○	×	×	
	大学、高等専門学校、専修学校等	×	×	○	○	○	○	○	×	○	○	○	×	×	
	図書館等	○	○	○	○	○	○	○	○	○	○	○	○	×	
	巡査派出所、一定規模以下の郵便局等	○	○	○	○	○	○	○	○	○	○	○	○	○	
	神社、寺院、教会等	○	○	○	○	○	○	○	○	○	○	○	○	○	
	病院	×	×	○	○	○	○	○	×	○	○	○	×	×	
	公衆浴場、診療所、保育所等	○	○	○	○	○	○	○	○	○	○	○	○	○	
	老人ホーム、身体障害者福祉ホーム等	○	○	○	○	○	○	○	○	○	○	○	○	×	
	老人福祉センター、児童厚生施設等	▲	▲	○	○	○	○	○	▲	○	○	○	○	○	▲600㎡以下
	自動車教習所	×	×	×	×	▲	○	○	×	○	○	○	○	○	▲3,000㎡以下
工場・倉庫等	単独車庫（附属車庫を除く）	×	×	▲	▲	▲	▲	○	×	○	○	○	○	○	▲300㎡以下　２階以下
	建築物附属自動車車庫 ①②③については、建築物の延べ面積の１／２以下かつ備考欄に記載の制限	①	①	②	②	③	③	○	①	○	○	○	○	○	①　600㎡以下１階以下　③　２階以下 ②　3,000㎡以下２階以下
		※一団地の敷地内について別に制限あり。													
	倉庫業倉庫	×	×	×	×	×	×	○	×	○	○	○	○	○	
	自家用倉庫	×	×	×	①	②	○	○	■	○	○	○	○	○	①　２階以下かつ1,500㎡以下 ②　3,000㎡以下 ■　農産物及び農業の生産資材を貯蔵するものに限る。
	畜舎（15㎡を超えるもの）	×	×	×	×	▲	○	○	×	○	○	○	○	○	▲3,000㎡以下
	パン屋、米屋、豆腐屋、菓子屋、洋服店、畳屋、建具屋、自転車店等で作業場の床面積が50㎡以下	×	▲	▲	▲	○	○	○	▲	○	○	○	○	○	原動機の制限あり。　▲２階以下
	危険性や環境を悪化させるおそれが非常に少ない工場	×	×	×	×	①	①	①	■	②	②	○	○	○	原動機・作業内容の制限あり。 作業場の床面積 ①　50㎡以下　②　150㎡以下 ■　農産物を生産、集荷、処理及び貯蔵するものに限る。
	危険性や環境を悪化させるおそれが少ない工場	×	×	×	×	×	×	×	×	②	②	○	○	○	
	危険性や環境を悪化させるおそれがやや多い工場	×	×	×	×	×	×	×	×	×	×	○	○	○	
	危険性が大きいか又は著しく環境を悪化させるおそれがある工場	×	×	×	×	×	×	×	×	×	×	×	○	○	
	自動車修理工場	×	×	×	×	①	①	②	×	③	③	○	○	○	原動機の制限あり。　作業場の床面積 ① 50㎡以下　② 150㎡以下　③ 300㎡以下
	火薬、石油類、ガスなどの危険物の貯蔵・処理の量：量が非常に少ない施設	×	×	×	①	②	○	○	×	○	○	○	○	○	①　1,500㎡以下　２階以下 ②　3,000㎡以下
	量が少ない施設	×	×	×	×	×	×	×	×	○	○	○	○	○	
	量がやや多い施設	×	×	×	×	×	×	×	×	×	×	○	○	○	
	量が多い施設	×	×	×	×	×	×	×	×	×	×	×	○	○	

用途地域と制限概要をまとめた表。○と×を見ると第一種低層住居専用地域では×が多く、逆に近隣商業、商業、工業で○が多い。開発側からすると○が多いほうが制限がなく、同じ面積なら大きな建物が建てられる。

＊実際には工場、倉庫等についての決まりもあるが、ここでは省略。また、すべての制限について記載したものでない

出典：東京都都市整備局　https://www.toshiseibi.metro.tokyo.lg.jp/kanko/area_ree/youto_seigen.pdf

商業地域は商業と近隣商業の二種類があり、商業地域は都心部の繁華街、オフィス街、近隣商業は小規模な駅の駅前商店街や住宅地の中の商店街などをイメージすればおおよそ間違いはない。

工業は準工業、工業、工業専用の三種類があり、工業専用はその名の通り、工業オンリーの地域で住宅が建設できない唯一の用途地域。京浜工業地帯など工場が集積する地域を想定すれば良い。

だが、それ以外の地域では工業優先と言いながら住宅も建てられる。特に近年は都市部の工場の郊外移転に伴い、工業地域にタワーマンションなどが建てられる例が頻繁に見られるようになってきた。

分かりやすい例が第一章にも紹介した神奈川県川崎市中原区の武蔵小杉周辺（紙上再現！路線価図でまち歩き③）。駅前は商業地域で綱島街道を渡ると工業地域。工場移転を契機に開発が行われてきたのだから当然といえば当然だろう。

東京の都心部でもこうした例はよくあり、江東区豊洲（紙上再現！路線価図でまち歩き②）も関東大震災の瓦礫の処理で埋め立てられた後は長らく東京石川島造船所の工場、戦時

図 21　用途地域

東京都都市整備局の都市計画情報等インターネット提供サービスから、都市計画情報。JR 山手線の高田馬場駅から目白駅周辺。さまざまな用途地域が入り交じっていることが分かる

中は軍施設などとして使われており、その役目を終えた後の姿が現在の住宅地である。江東区は豊洲以外にも広く工業、準工業地域が広がっており、江東区以外の湾岸エリアの埋め立て地の多くも同様である。

準工業地域は工業地域に比べて危険物を取り扱う工場は建てられない一方で、病院や幼稚園やその他学校など、生活に必要な施設の多くが建てられるなど、住環境としてもプラス部分があるため、一部には住まい探しの狙い目エリアという声もある。

というのが用途地域の概要だが、これを分かりやすくまとめると、用途地域とは土地の稼ぐ力の目安といえる。同じ面積の土地が住居地域と商業地域にあったとしたら、大きな建物が建てられるのは商業地域だし、そこにテナントを誘致したら家賃が稼げる。そして住宅の家賃とオフィス、店舗の家賃では後者のほうが高いのが一般的だ。しかも、住宅の家賃は建物が古くなってくると下がるのが一般的だが、オフィス、店舗についでは小規模で設備等が時節に合わなくなってくるようなことでもない限り、築年数と賃料はリンクしない。オフィス、店舗の賃料では立地、規模という築年数の影響を受けない要素が優先されるからだ。そう考えると、路線価と用途地域の関係がお分かりいただけるのではないかと思う。

お屋敷街の力を見分けるポイント

ということで、路線価図を持って歩く時には自分が歩こうとしているエリアが三種類のうち、どれがメインになっているかを見ておき、異なる用途地域のある場所を意識しておくと価格差が理解しやすくなる。住宅系、商業系では前述したように中心となる算定の仕方が違うので価格差があって当然だからである。

住宅地を歩く場合、差が出やすいのは一種住専とそれ以外の住居地域、住居地域と近隣商業である。まず、一種住専とそれ以外の住居地域について。一種住専は住宅以外がほとんど建てられない厳しい地域で、いささか語弊があるかもしれないが、働く人をメインに考えると現代の生活には微妙に不便なこともある地域でもある。延床面積の半分以下を店舗にした住宅は建てられないことはないが、今の多くの人の暮らしに必須ともいえるコンビニエンスストアすら建てられない地域である。稼ぐ、稼がないでいえば稼がない地域であり、それで周辺の地域よりも価値を維持し続けているとすると、その地域にはそれだけ人を惹きつける住環境あるいはブランド力などがあると言える。ある意味、住宅地としての力量が見えるのがその街の一種住専の価格とも言えるかもしれない。

実際に歩いてみると、その地域で、あるいは世間で広く知られたお屋敷街、ブランド力のある地域では一種住専がいまも価値を持ち続けており、そうでない地域の住宅街のうちにはじり貧傾向になっている地域もあることが分かる。かつてのお屋敷街は高台で閑静、日当たりその他に恵まれるなど住環境に恵まれてさえいれば良かったが、近年は以前以上に利便性が求められてもいる。郊外の住宅地のうちには今後、下落が目立つようになっていく地域も出て来るかもしれない。

住宅地の停滞ぶりは何年か分の路線価図を並べてみることで見えてくる。路線価図一枚分のエリアで毎年同率ずつ価格が下がっているとしたら、その地域ではその間不動産の取引がほとんどないことが推定される。取引のない地域では新たな路線価を算出するための評価の材料がないので、社会全体の景気の動向から毎年定率で少しずつ下げている、あるいは景気が上向きな時期であれば上がっているのである。

路線価、用途地域とは直接リンクしないが、価格を意識しながら住宅街を歩いてみると価値を維持している街は植栽が豊かであることが多い。これはマンションでも同様。植栽の維持は時間がかかる上に、継続が重要である。コンスタントに手を入れ続けられるという意味で住宅地の力を示すものともいえるわけで、良質な住宅街の目安のひとつと言っても良いのではないかと思う。

ブランド力は土地の高低を超える

少し脱線するが、お屋敷街の話が出たところで土地のブランド力についてひとつ、面白い話をご紹介しよう。渋谷区の小田急線・東京メトロ千代田線代々木上原駅周辺に西原、大山町という世に知られた住宅街がある。

ここは大正期に大山園という、横浜の三渓園のような、規模としてはそれよりも大きな庭園が作られ、一時期、紀州徳川家第一五代当主徳川頼倫が所有者だったことから一帯は徳川山とも言われたそうだ。

昭和に入って小田急線の開通以降、この地域では宅地化が進むのだが、庭園、徳川さまというイメージが大きくプラスに働いたのだろう、首都圏でも知る人ぞ知るお屋敷街として今も人気が高い。歩いてみると政治家や作家その他の有名人、歴史の教科書で見たことのある方々の名まえが掲げられたお屋敷があり、高台の一画には多くの人が着用しているお手頃価格のブランド創業者の豪邸もある。

当然、最寄り駅である代々木上原からは坂を上る場所にあり、高台ではあるのだが、もっとも高い一画ではない。逆に最も高いところからは少し下った場所であり、地域内にはかつては川が流れていたと思われる道、明治時代には低湿地だったという一画も含まれており、高台には江戸時代からの斎場もある。こうして言葉にして並べると、どうしてここが周辺から飛びぬけた額の土地になっているのかが不思議である。

確かに道幅は広く、緑の濃い美しい住宅地ではある。だが、この土地の価値を合理的に説明するのは難しい。といってもそれが悪いというつもりはない。不動産はどれもそれぞれオンリーワンであり、多くは合理的な理由からその価格を説明できるが、それ以外の要素がその土地の特徴になることもあり、それが不動産の複雑で分かりにくい楽しさを生んでいる。土地を知れば知るほど分かることも増えるが、分からないことも増える。まるで人生のようでもあり、だから不動産は面白いと思うのである。

住み心地と価格の複雑な関係

次に住居地域と近隣商業だが、住宅街の中を歩いていてその通りだけなぜか路線価が高いとしたら、それはかなりの割合で元は商店街だった、用途地域が近隣商業の地域である。住居地域よりも大きな建物が建てられる可能性があるため、稼ぐ力は住居地域よりもあるとされ、住居地域と異なる算出方法をとるため、路線価が高く設定されるのである。

だが、こうした地域を歩いてみて気づくのは路線価が高いから住み心地が良いとは限らないということ。元商店街は多くの場合、地域の中では比較的人が集まりやすい、交通面の利便性の高い場所であることが多いのだが、それを住環境という点でいうと人通りが多く、ざわざわした感じの場所とも言えるのだ。もちろん、それを良しとする人もおり、だから元商店街は現在どんどんと住宅地に変わりつつあるのだが、住環境を優先する人の中には「ここはちょっと」ということもあろう。近隣商業と住居地域だけでなく、住居地域の中の差異も含め、住み心地と価格は必ずしもリンクしないのである。

都市計画図と地形図も重ねる

ここまで路線価図と都市計画図を重ねる話をしてきたが、そこにもうひとつ、地形図も重ねてみよう。するとこれらの地図には重なる部分が多いことに気づく。自治体の境界が河川など地形で定められていることが多いと考えると当然といえば当然、用途地域の境界も場所によっては地形から定められているのである。

例を挙げよう。横浜市の中心部（紙上再現！路線価図でまち歩き⑩）である。ご存じのように開港前の横浜は半農半漁の寒村で、現在の元町・中華街と横浜市役所を結ぶ本町通りあたりに横に細長く広がる砂洲＝浜があった。それが横浜という地名の由来になったわけだが、開港にあたり、元々あった細長い洲から山側にある大岡川（現在は首都高速）まで江戸時代末期の埋立地を出島とし、そこに外国人居住地を築造した。

その背後の釣鐘上の地域はかつて入海だったが、ここは江戸時代前期に埋立て、新田開発が行われている。開発された時代からだろう、真砂町、相生町、尾上町、住吉町、常磐町、羽衣町、長者町、翁町など謡曲にちなむ地名が多いのが特徴だ。

このエリアの都市計画図、地形図を重ねてみる。すると地形図では古くから砂洲だった部分とそれ以外の埋め立てられた部分が明確に分かる。さらに都市計画図を見ると海岸沿いからかつての埋め立て地全部が商業地域となって重なっていることが分かる。古くから開けた市街地である埋立地に、昭和の繁華街伊勢佐木町があることからも分かるように、商業を中心とする繁華な地域だったのである。

さらに路線価図を重ねる。残念ながら埋立部分は広範なため、その内部が全部周囲よりも高いとは言い難く、特に現在の横浜では関内、桜木町界隈は横浜駅周辺、みなとみらい地区や北仲地区の繁栄の一方で微妙な立場にある。商店街としての伊勢佐木町がかつての賑わいを失っていることを考えると、街の発展の仕方も路線価には大きな影響を及ぼすことが分かる。

だが、明らかに高いのは本町通りである。この通り周辺には市役所、

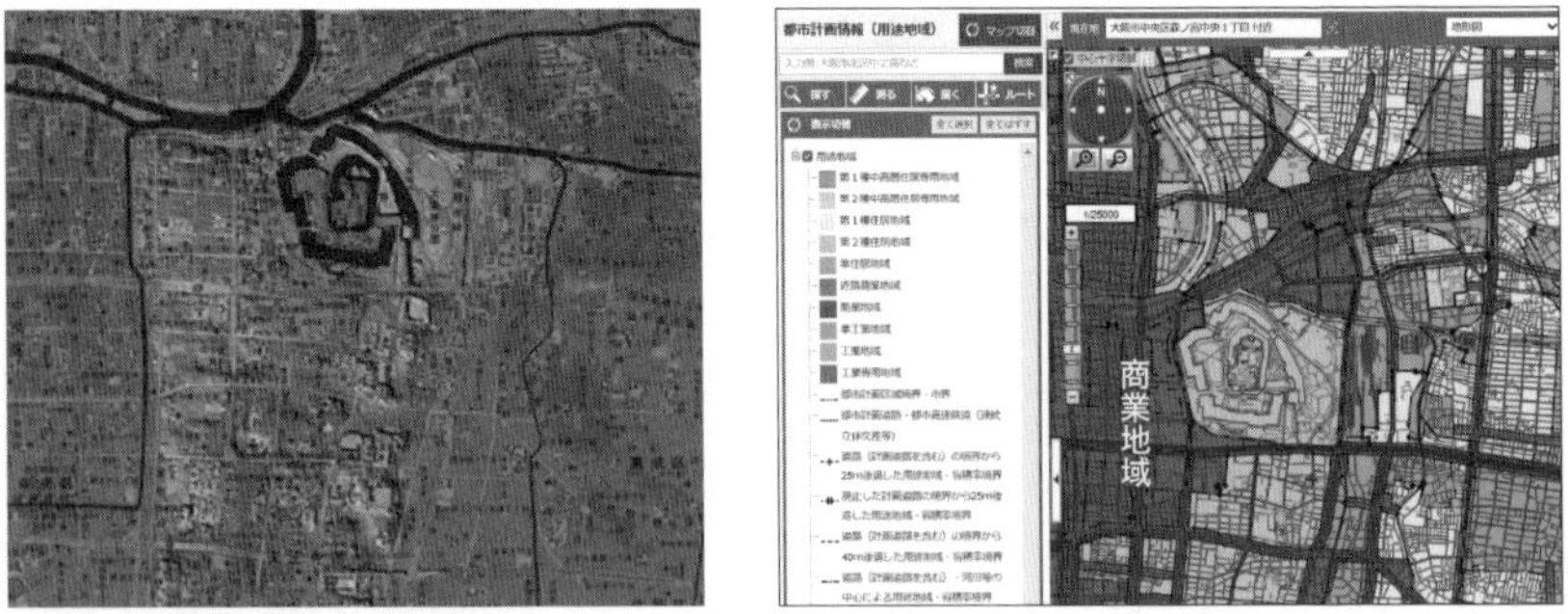

図 22　大阪の地形と用途地域
土地の高低と用途地域が重なっていることが分かる。高低差が明確な地域ではこうした例が多い。

県庁などの行政機関のほか、銀行その他の金融機関のビルが並んでおり、路線価も一段と高い。現在の土地の標高でいうと二メートルほどでこのあたりも、埋立エリアもさほど変わりはないが、元々がどのような地形だったかがこの地の発展を決め、それが路線価に及んでいるわけである。

それ以外でもたとえば大阪では大阪城は上町台地の北の端にあり、その東側には低地が迫っているが、このエリアの地形図、都市計画図を重ねてみると、台地上は第二種住居地域であるのに対し、低地は準工業地域となっていて、地形に従って明らかに異なる土地利用がされてきており、それが現在に至っていることが分かる。ちなみに上町台地の北半分はオフィスや商業施設、鉄道結節点が集まる繁華な地域になっているために分かりにくいが、南半分の台地上はより規制の厳しい住宅地となっており、大阪市内屈指のお屋敷街・帝塚山があるのもこのエリアである。

横浜中心部、大阪城界隈は非常に分かりやすい例だが、それ以外でも地形図、都市計画図を重ねて、その上で路線価図を見ると、価格、価格差の理由が推測できることは多々ある。川跡のみが周囲と異なる用途地域となっており、それがお手頃な価格の理由と推察できることもしばしばである。地形図、都市計画図をワンセットとして考え、そこに過去（旧版地図）、未来（ハザードマップ）を載せてみると、土地を全方位から理解できるというわけである。

独自ルールの街、京都、金沢

最近では都市計画図をネット上で閲覧できる自治体が増えているのだが、そこでさまざまな都市を比べながら見てみると、特徴のある自治体があることに気がつく。これまで「路線価図でまち歩き」は首都圏で行ってきたのだが、地方でもという要望もあり、今回は京都、金沢、名古屋のコースを作ったのだが、そのうち、京都、金沢には明らかに他の都市と違う点があり、それが路線価の在り方にも影響を及ぼしている。

ウェブ上で都市計画情報を閲覧する場合、ある地点をクリックすると、その地点の用途地域、各種法令上の制限などが表示されるようになっていることが多いのだが、京都、金沢の場合、そこに表示される条例絡みの規制の数が他都市に比べて多いのである。

金沢市まちづくり支援情報システム注10で中心部の地点をクリックしてみると、商業地域であっても伝統環境保存区域、眺望景観形成区域、屋外広告物（禁止地域等）、特定屋内広告物届出地区、照明環境形成地域、夜間景観形成区域、住宅支援対象区域、金澤町家保全活用推進地域などと各種の規制が表出され、好き勝手に建物を建てるわけにはいかないことが分かる。だいぶ減ったとはいえ、町家が市中心部にも多く残されているが、その街並みはこうしたさまざまな制限によって維持されているわけだ。京都市も同様で、景観保全、眺望景観、屋外広告物などについて多種のルールが設けられており、町家については「京都市京町家の保全及び継承に関する条例に基づく指定地区および個別指定京町家」が指定されてもいる。

路線価についてもこの二つの都市には共通する傾向がある。表通り、幹線道路沿いとその裏手にあたる地域での価格差である。用途地域が同じだとしても価格には大きな差があるのだ。

もちろん、こうした差は京都、金沢に限ったものではなく、どの地域でも表通りと裏手には価格差があるものだが、その価格差が非常に大きいのである。この価格差はそのまちの力によって異なり、都心部の力のある地域の場合、中心部から広範に路線価の高い地域が広がり、徐々に落ちていくが、郊外の、あまり繁華とは言えない地域では中心部から少し離れるだけで価格はがくんと落ちる。

京都、金沢というまち自体はある程度以上の力があるまちと思われるが、価格の落ち方は首都圏の力のないまち同様に非常に大きい。その要因としては裏手では道路幅が狭く、大きな建物が建てにくいことが挙げられるが、それに加え、既存の街並みを残す、景観を重視するためのさまざまな制限も寄与しているのではないかと思う。その結果が中心部近くの商業、近隣商業という用途地域内にあっても路線価が低めで普通の住宅が存在しうる、都心に普通の人が住み続けられる要因ではないかとも思うのである。

もうひとつ、ここから推察されるのは歴史、景観を重視するまちと首都圏のように日々変貌するまちではまちの価値の上げ方に違いがあるのではないかという点。首都圏の場合、多くの人は再開発がまちの価値を上げると信じている。そこであちこちで防災を口実に再開発が行われているわけだが、そのやり方は高値の地域をピンポイントで作って、その影響が周囲に及ぶことを期待するものである。経済ではトリクルダウンという言葉があるが、再

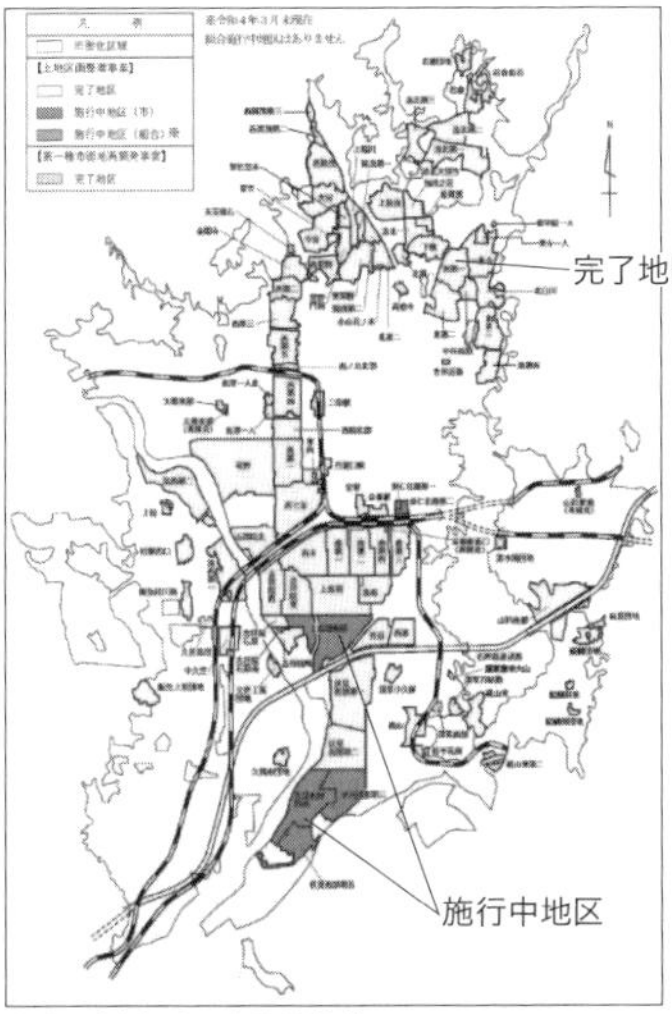

出典：「京都市の市街地整備」

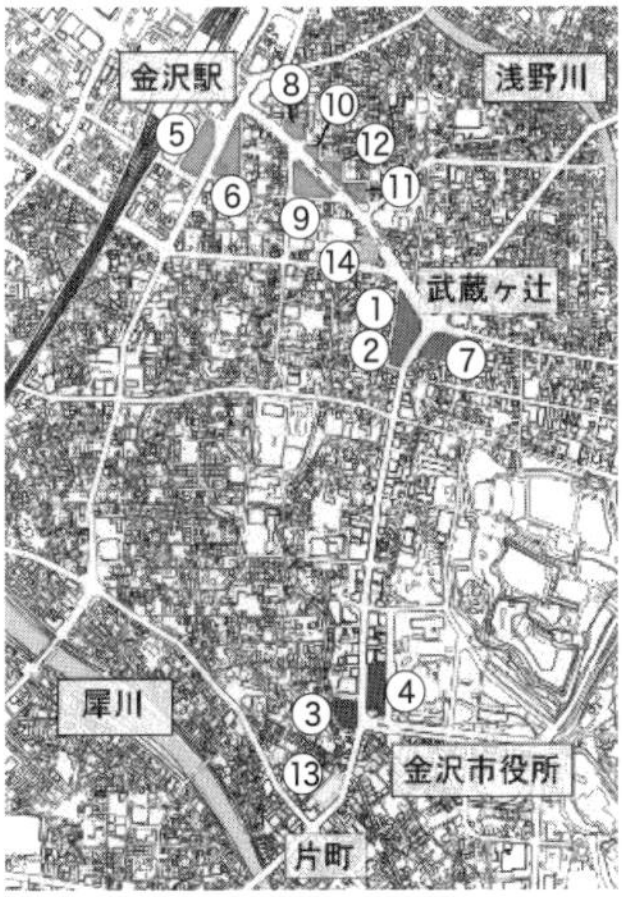

出典：「金沢市の市街地開発事業」

No.	地区名	施行者	事業年度
①	武蔵ヶ辻第二地区	金沢市	昭和 46 ～ 48
②	武蔵ヶ辻第三地区	金沢市	昭和 54 ～ 58
③	香林坊第一地区	組合	昭和 56 ～ 61
④	香林坊第二地区	組合	昭和 57 ～ 62
⑤	金沢駅前第二地区	組合	昭和 62 ～平成 2
⑥	金沢駅前第一地区	組合	平成元～ 5
⑦	武蔵ヶ辻第四地区	組合	平成 14 ～ 21
⑧	金沢駅武蔵北地区　第一工区	金沢市	昭和 57 ～ 61
⑨	金沢駅武蔵北地区　第五工区	金沢市	平成元～ 8
⑩	金沢駅武蔵北地区　第二工区	金沢市	平成 10 ～ 13
⑪	金沢駅武蔵北地区　第四工区	金沢市	平成 16 ～ 18
⑫	金沢駅武蔵北地区　第三工区	金沢市	平成 16 ～ 24
⑬	片町Ａ地区	組合	平成 25-28

図 23　再開発地域は限定されている

金沢市、京都市の再開発エリア。金沢市では市中心部を貫く幹線道路沿い、京都市では中心部を除いた郊外部で再開発が行われてきた。

開発もそうした効果が期待されているのである。

だが、京都、金沢のやり方は中心部に関しては景観、眺望を重視、面として魅力的な場を維持することを目指しているように見える。実際、両市の場合、再開発は限定的。金沢市の場合には駅と中心市街地を結ぶ道路沿い、繁華街のやはり道路沿いに限られており、しかも市が施行しているものが多い。市の「金沢市の市街地再開発事業」というページ[注11]には以下のように書かれている。

金沢市では、藩政期からのまちなみを保全しながら、エリアを定めて都市機能に必要な開発を推進する「保存と開発の調和」をまちづくりの基本方針と定め、古いものと新しいものが機能分担しながら調和することを図っています。

開発すべきエリアとして、金沢港から金沢駅を経由して片町に通じる幹線を「都心軸」と位置づけ、その軸沿線に商業・業務機能の集積を図り、都市の骨格を形成する区間として整備が進められてきました。

都心軸の中でも特に市街地再開発事業を積極的に取り入れたのが、金沢駅から片町間であり、多くの再開発事業が軸状に連続していることが、本市の再開発事業の大きな特徴になっています。

京都市の場合も同様で、『京都市の市街地整備』というパンフレットを見ると、開発は周辺部で行われており、昔からの市街地内ではほとんど行われていない。

点で価値を上げてトリクルダウンを狙うか、開発と維持・保存を分けて面で価値向上を狙うか。再開発が頻繁に行われている地域に居住していると、それが常態と思うが、実は異なった形でのまちづくりもあり得るというわけである。

すぐ近くなのに価格差 10 倍もしばしば。極端な歴史のまち、京都

首都圏では中心部からの距離に加え、地形、戦災、開発などが路線価の変化に影響を与えているが、京都では状況が異なる。京都盆地は北から南に向かって緩やかに傾斜する扇状地で、中心部にはそれほど凸凹がなく、地形はほとんど影響しない。戦災も受けておらず、大規模な開発もあまり行われてきていない。だが、路線価図を見ると、歩いて2〜3分というのに路線価では10倍以上、道を渡ると一気に3倍というところも多く、その理由は主に発展の歴史による。さすが歴史のまちだ。

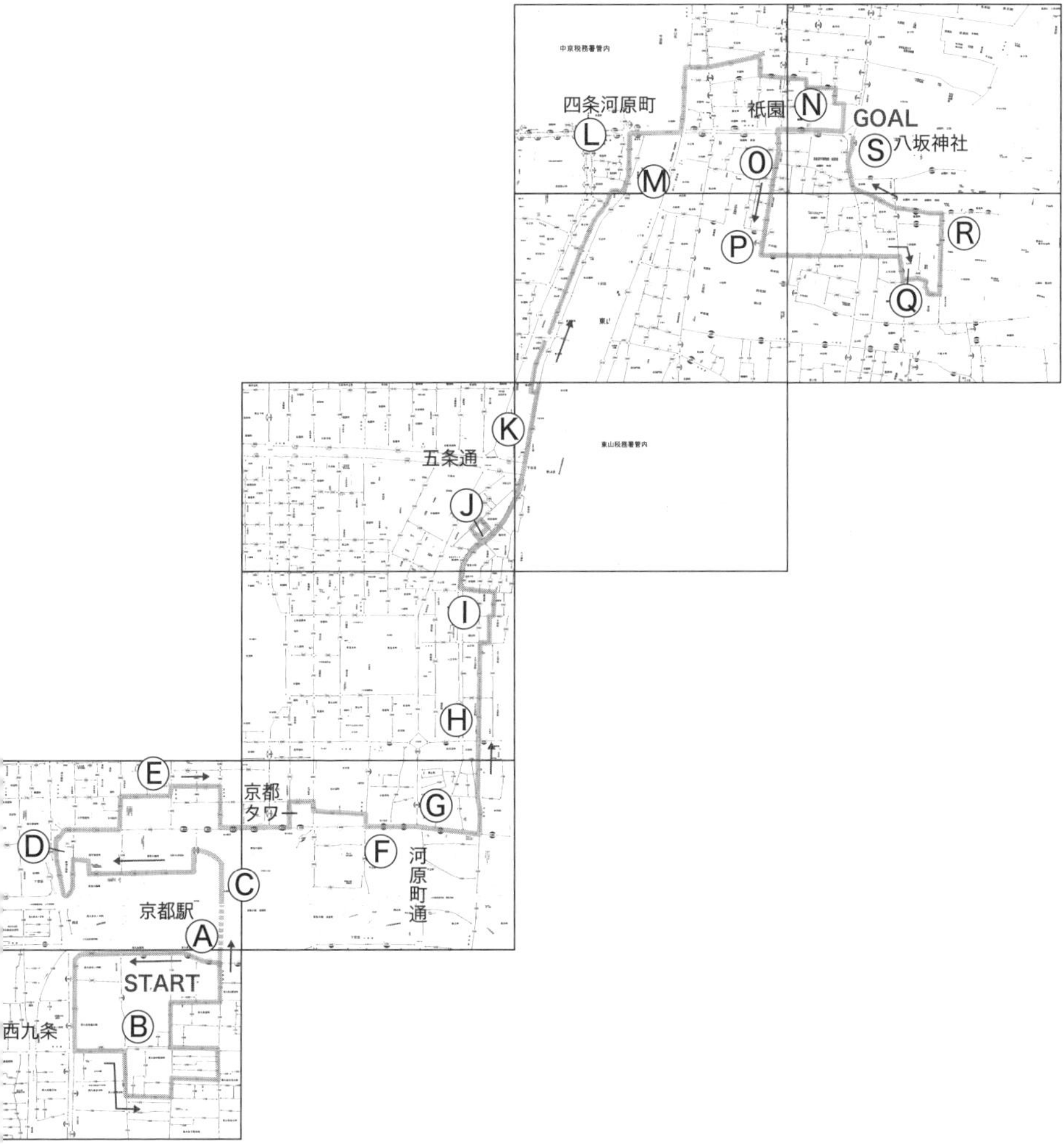

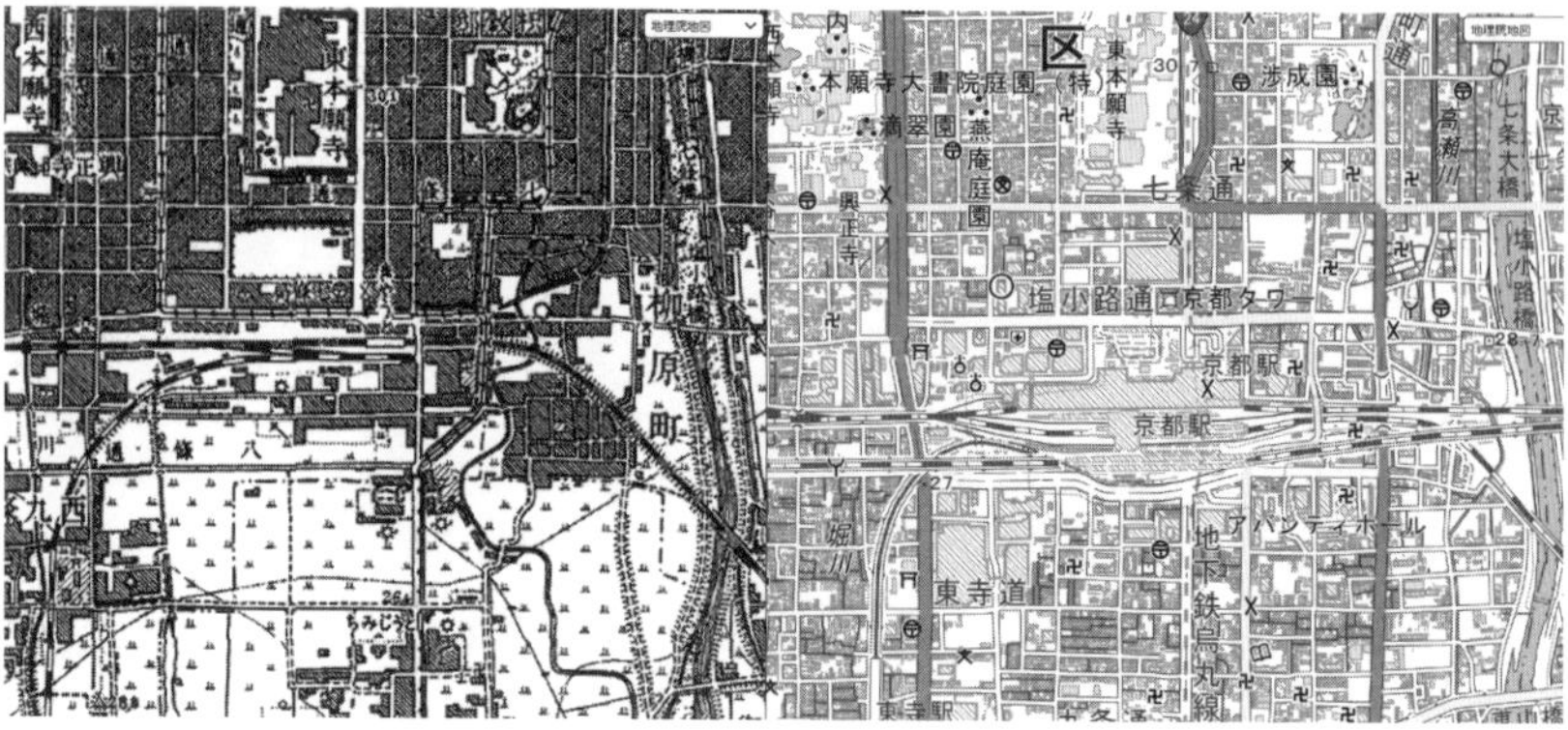

羅生門のあった京都駅南側は田園地帯だった

明治 42 年の迅速地図で見ると、 京都駅北側は市街地だが、南側に田んぼ。京都駅前には平安京の南端の門、羅生門（羅城門）の模型があるが、実際には京都駅の南側、東寺の西側、唐橋羅城門町あたりだったという。

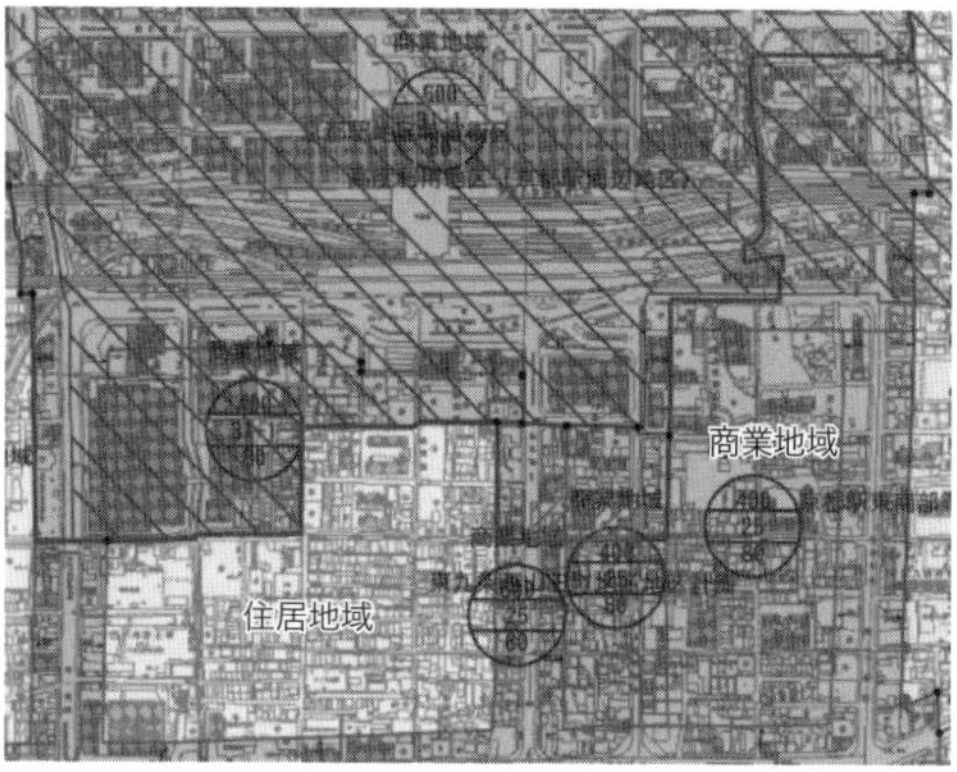

用途地域が路線価を決める？

京都駅南側の都市計画図。主に商業地域で、ホテルや大規模商業施設があるが、その中に四角く第二種住居地域が存在する。境界部分では道を挟んで用途地域が異なり、路線価にも差が生じている。ここでは用途地域による価格差が分かりやすいが、市中心部ではほとんどが商業地域、それなのに大きな価格差。用途地域だけが要因ではないようだ。

非道路が価格差の要因？

戦災を受けていないため、京都では昔ながらの街路が多く、建築基準法上では道路でないものも少なくない。風情を残しつつ、安全を確保すべく市は非道路の道路化を図っているが、現状、かなり多くの非道路がある。幅員のある通りと一本入った地域の価格差は道路事情の反映と思われる。

出典：パンフレット「京都市の市街地整備」https://www.city.kyoto.lg.jp/digitalbook/page/0000000831.html

Ⓐ **通りから一本筋入れば桁違いの安さ**

京都駅南側、駅の前の八条通沿いにはホテルが激増。現在ではさらに南側の九条通り以北にまで作られるようになっている。それでも駅北側に比べると路線価はかなりお手頃。八条通から一本入るだけでゼロがひとつ無くなるほどに安くなるが、この大差が京都の路線価の特徴。

京都②へ

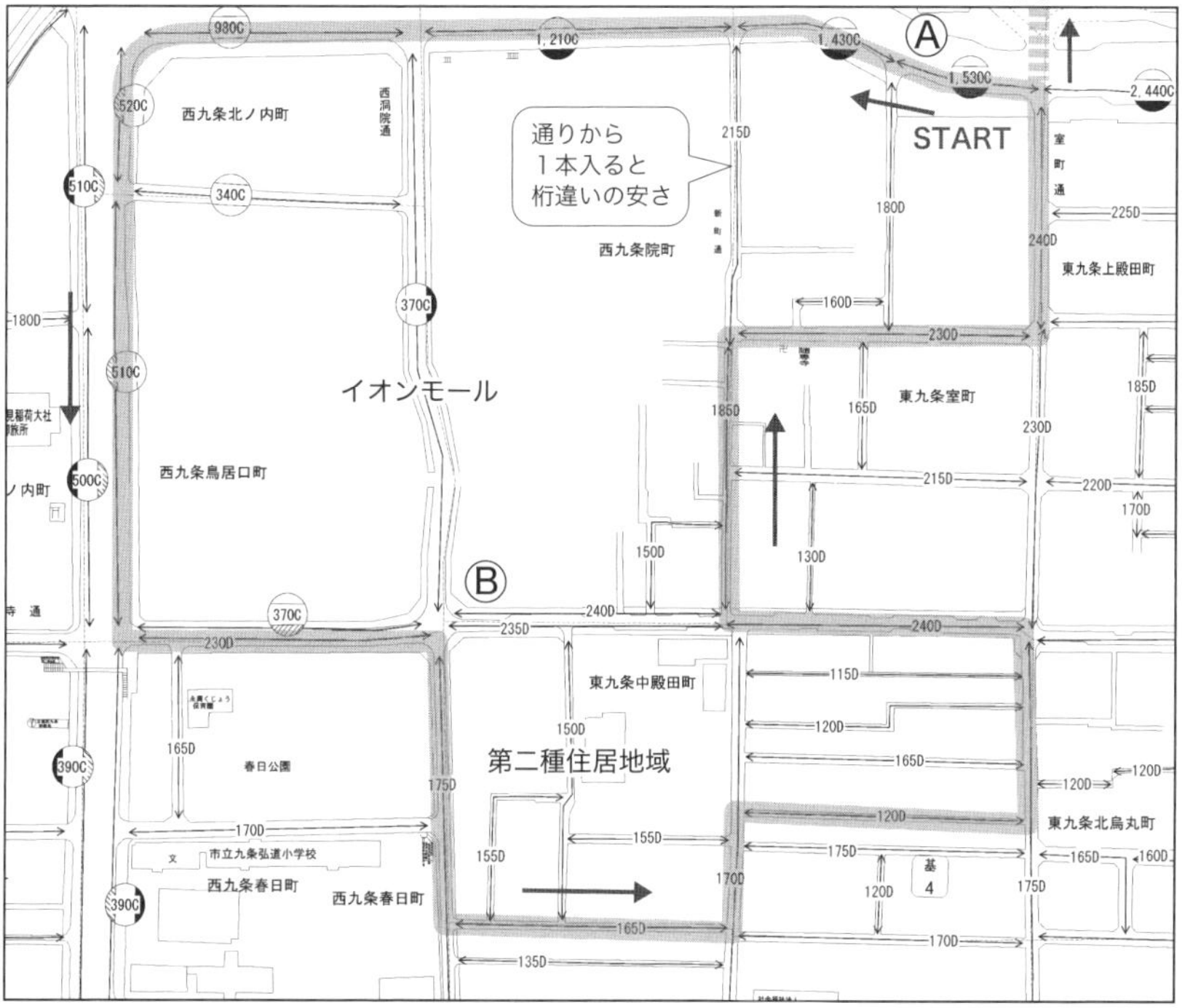

京都①

Ⓑ **道路一本挟んで路線価は半額に**

駅前の商業地域にある大規模商業施設と道を挟んで第二種住居地域が対するエリア。イオンモールの反対側は低層が中心の住宅街。路線価の安い細い道はいかにも京都らしい路地で、駅前と思えないほど静か。道の左右、手前向こうで建物の高さに差がある場合には用途地域が違うことを疑ってみたい。

Ⓒ 京都駅から北へ向かうと路線価も「上ル」

京都駅北側。京都の路線価は南北には京都タワー脇を通る烏丸通、東西には四条通が山で、京都駅から北に向かうに連れて路線価も上がる。京都では北に向かうことを「上ル」というが、路線価も同じ。烏丸通の最高地点は四条通との交差点で、以北はゆっくりと下がる。四条通では烏丸通から河原町通までの間が東に向かって上がっており、頂点は四条河原町の交差点。

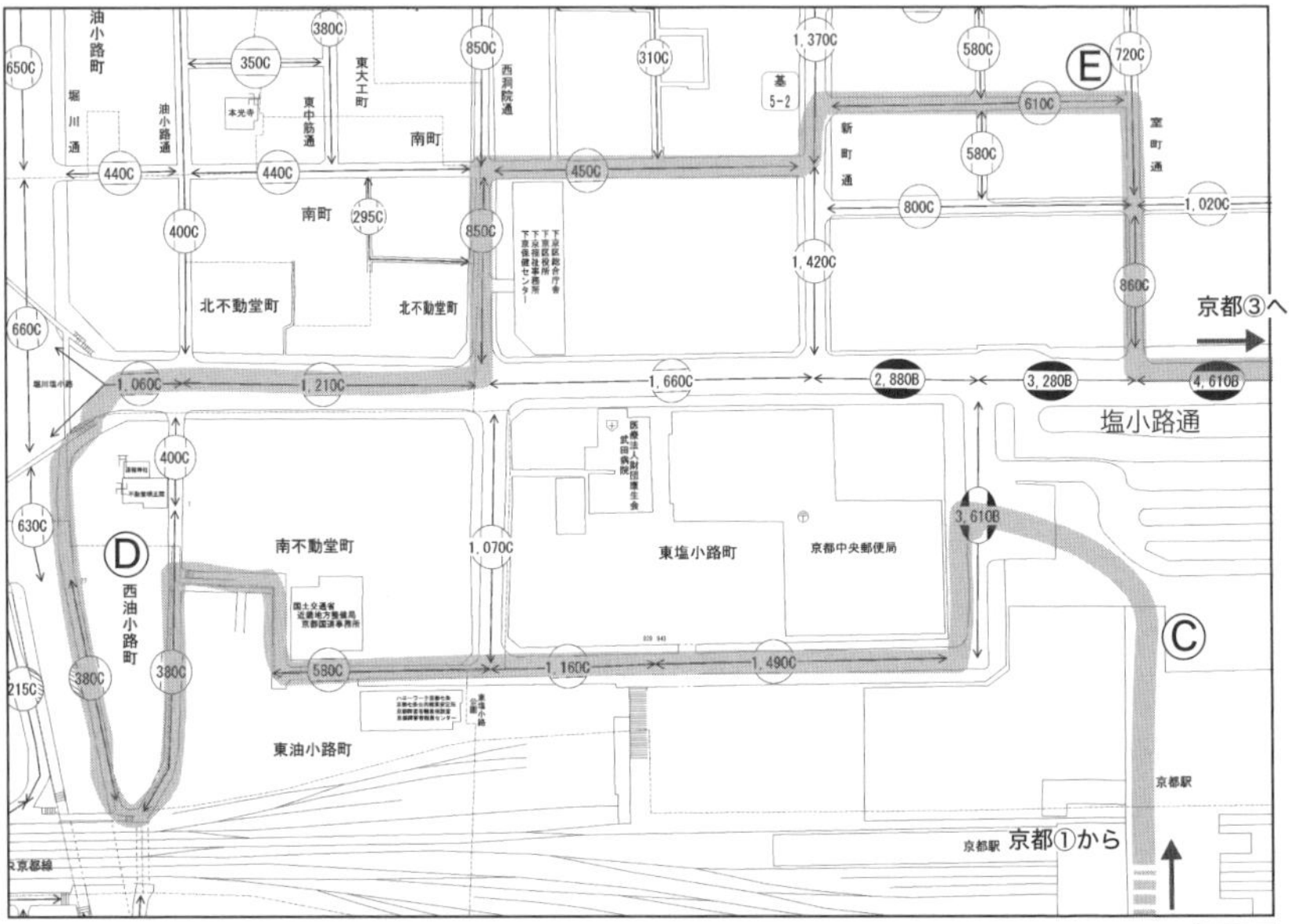

京都②

Ⓔ 格安の宿坊を支える路線価

こちらも駅のすぐ近くだが、塩小路通から一本入ると、風景が変わり、路線価も変わる。素泊まりで数千円からという格安な宿坊（氏子、講、参拝者のために作られた宿泊施設）が残されており、それを可能にしているのは塩小路通り沿いと大きく違う土地の価格。

Ⓓ 駅近でも小区画は急落

駅のすぐ近くなのに区画が小さく、道路付けが悪いせいか、路線価はいきなり下がる。首都圏なら区画整理となりそうだが、旧市街地での開発が京都駅周辺で一部行われているくらいで、大半は郊外。今後も期待は持てそうにない。一方で駅のロータリーに面した京都中央郵便局は2029年度開業に向け約60 mの高層複合ビル建替え計画がある。その影響はここまで及ぶだろうか。

Ⓘ 五条に異なる雰囲気のエリア

高瀬川と鴨川の間にあたるこのエリアには任天堂本社（現在はホテル。写真は 2015 年）など古い建物がある。高瀬川の西側より価格が低めで多少は残しやすかったのかもしれない。五条に近づくにつれ、平安時代からあったとされ、1958（昭和 33）年の売春防止法施行後は五条楽園（五條楽園とも）として親しまれた風俗エリアの雰囲気が濃くなってくる。

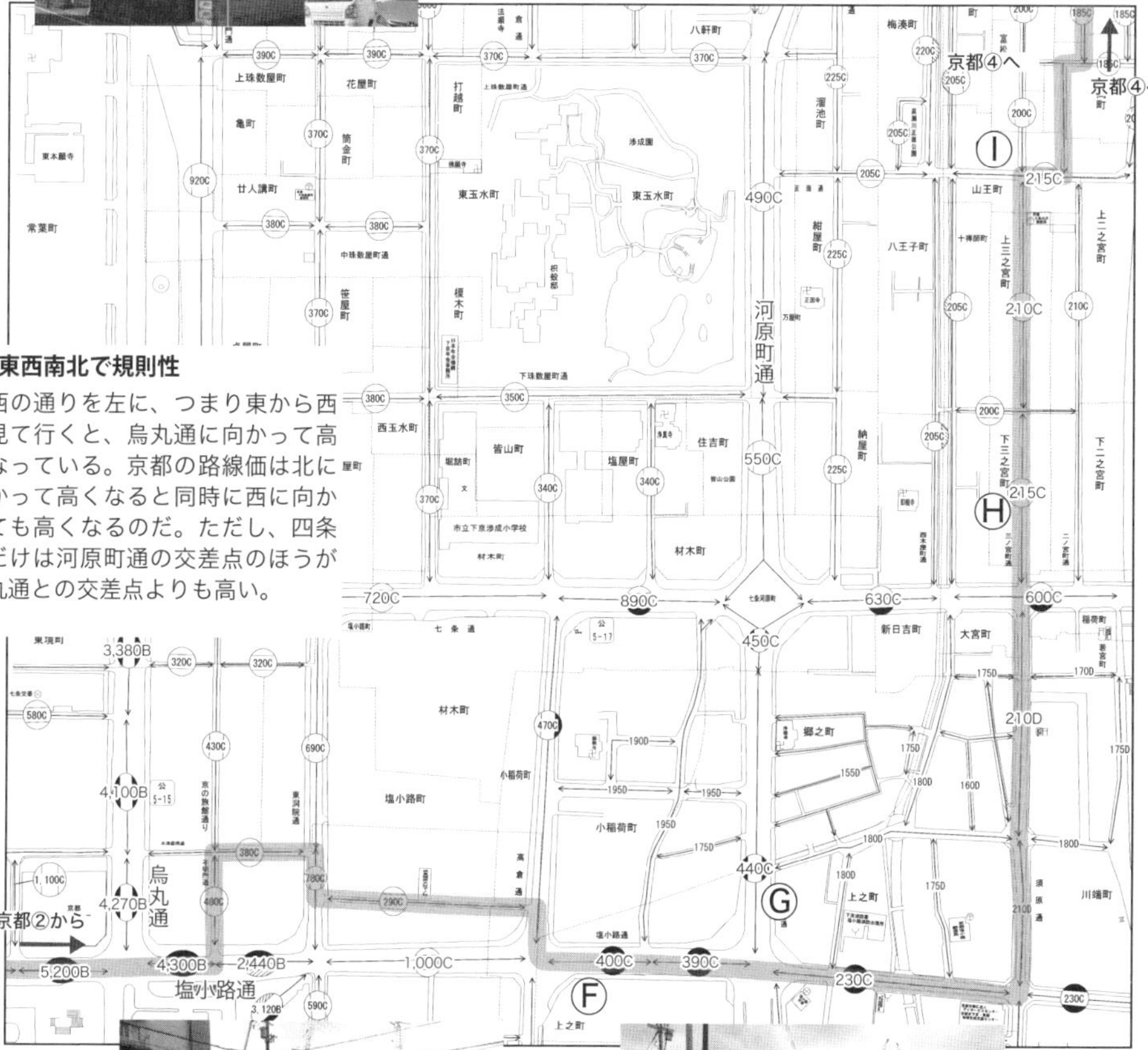

Ⓗ 東西南北で規則性

東西の通りを左に、つまり東から西に見て行くと、烏丸通に向かって高くなっている。京都の路線価は北に向かって高くなると同時に西に向かっても高くなるのだ。ただし、四条通だけは河原町通の交差点のほうが烏丸通との交差点よりも高い。

Ⓕ 大学移転の効果に注目

23 年秋開校を目指して京都市立芸術大学、銅駝美術工芸高の建設が進んでいる。以前は市営住宅があり、駅に近いにも関わらず、更新が進まず、路線価も安かったエリアである。

Ⓖ 河原町通が高くなるのは五条以北

南北に走る河原町通も烏丸通同様、北に向かうほど高くなる。駅前から高額な烏丸通と違い、河原町通の路線価が平米あたり 100 万円近くになってくるのは五条通を過ぎてから。中心部でのみ路線価が高い道路というわけである。

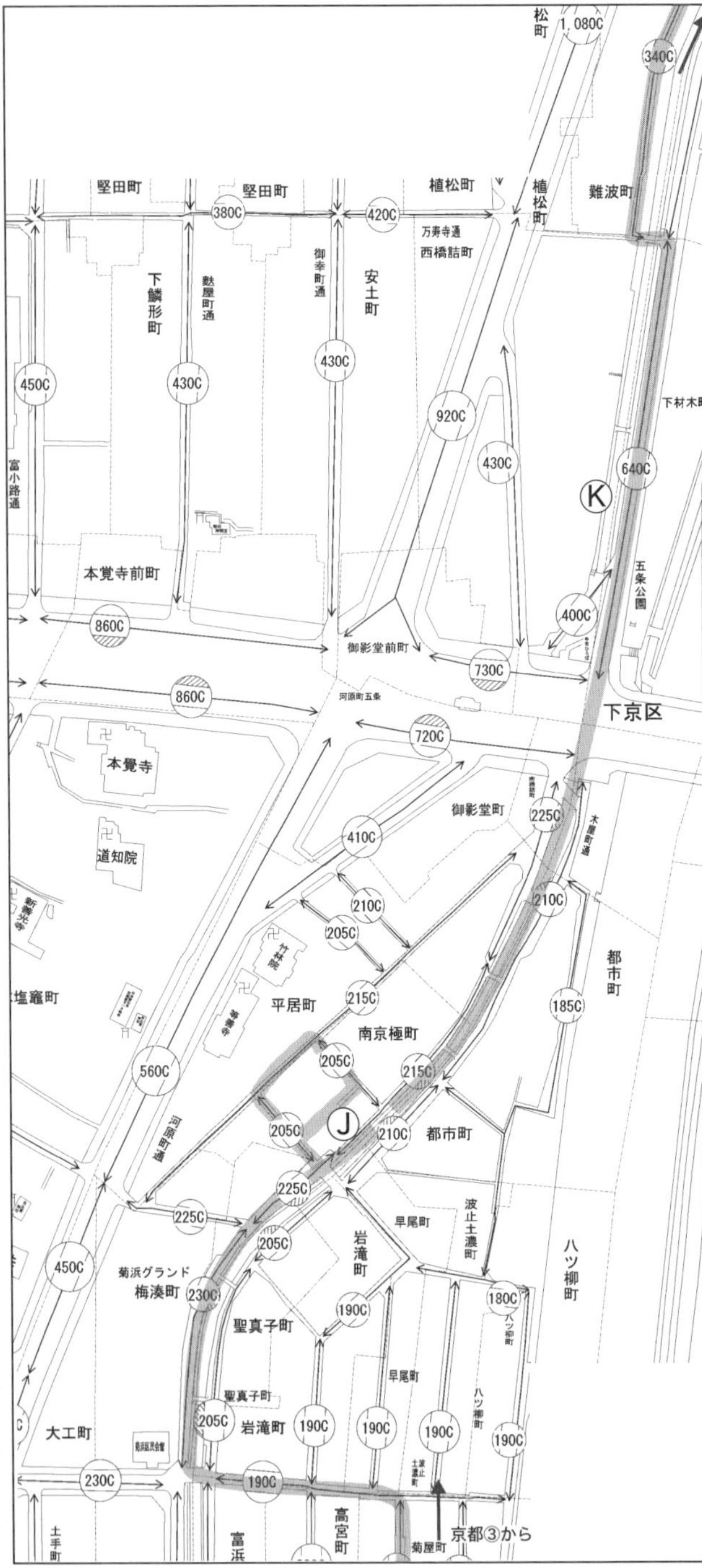

Ⓙ 土地価格の安いところに変化

五条楽園は2010（平成22）年以降、お茶屋、置屋は休業、営業の見込みはない。まちの独特な雰囲気が面白がられてか、コロナ以前はゲストハウスなどが増加。現在も不動産の価格の安さもあって、変化は続いている。土地の価格が安いところでは面白い動きは起こりやすい。

Ⓚ 路地に面した小規模店の魅力

五条通以北は四条通からの飲食店街が続いていると考えると分かりやすい。高瀬川西側は細い道に面して小規模な店舗が多い。総じて個人店が多い。店舗ごとに個性があるのが地価の高い大通り、開発エリアとは違う地域の魅力になっている。

）最高額は四条河原町

都市内でもっとも高い四条河原町の交差
。このエリアでは河原町通りと並行する寺
通、直行する三条通も m^2 単価 100 万円以
。ところが四条大橋を渡ると路線価は大き
変わる。四条通はそれなりに高いが、下京
内からすると半分くらいになる。

Ⓜ 規制と土地格差の関係

その理由は地域によって景観や眺望保全のために各種の地区計画があり、同じ商業地域でも規制が異なること。先斗町から祇園エリアにかけては四条河原町交差点周辺同様建ぺい率は80％だが、容積率は400％と300％ほど低く、さまざまな規制がかかる。それが美しい町並み、地域の価値を維持しているが、建物単体の稼ぐ力は低くなる。見下ろすと鴨川沿いに低層の建物が驚くほど多いことが分かる。

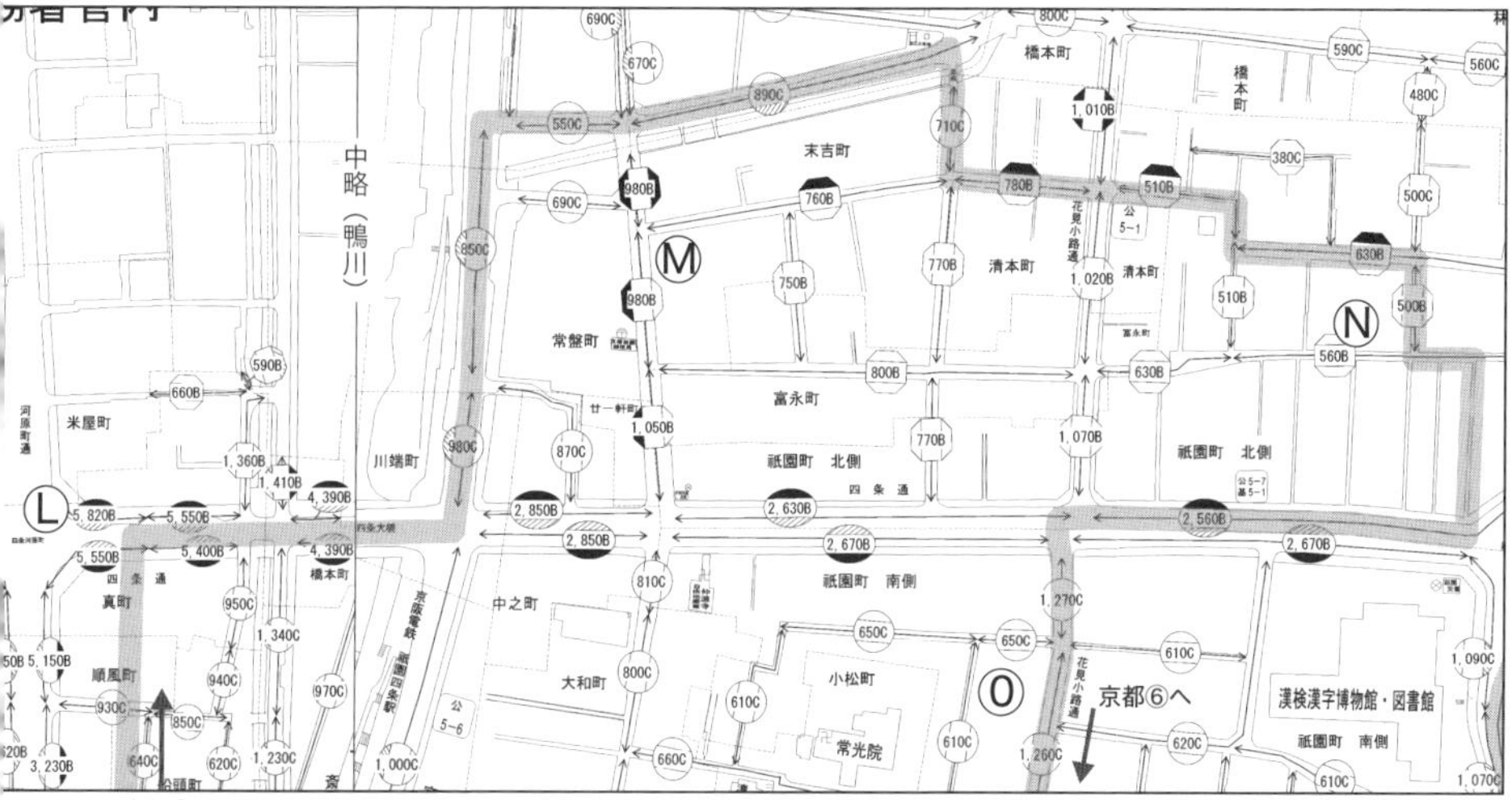

京都④から

京都⑤

Ⓝ 街の雰囲気と路線価

四条通の北側裏手は路地が続き、小規模なビルが並ぶ飲食店街。南側の石畳の風情、格式に比べると庶民的で、土地の価格も多少ながらお手頃。店舗の移り変わりはあっても建物の更新はそれほど多くない。

Ⓞ 花見小路通

観光名所でもある花見小路通。土地の価格も高く、格式の高い店が多い。コロナ禍では、北側に比べてダメージが大きかったことは路線価からも推察できる。規制が厳しいエリアでは、客単価が高くなければやっていけない。

Ⓟ 宮川筋には路線価変化なし

建仁寺がある一画は一部の通り沿いを除いて近隣商業という用途地域になっている。花見小路から来ると路線価は寺のある地域に入った途端に下がる。建仁寺の東側に宮川筋という花街があるが、路線価には全く変化がないのが不思議なところ。

Ⓠ 土地の安さが京町家バブルを生んだ⁉

石塀小路も観光スポットのひとつ。料亭、旅館や喫茶店が点在している。このあたりから西側は高台寺、清水寺などの観光名所が集中、下川原通以西では路線価も少しずつ上がる。とはいえ、首都圏からするとお手頃に見え、それが京町家バブルに繋がったのではないかという気がする。

Ⓢ 路線価で見る観光地

ゴールは八坂神社。観光地も路線価図で見ると違う見え方になる。京都では特定の通り沿い以外は各種規制などからどこもそれほど路線価は高くはなく、それが都心居住、個人店の出しやすさに繋がっているらしい。ただ、空家も散見。今後は保全だけではなく、更新も街の課題だろう。

Ⓡ 稼げる、ねねの道

高台寺前の、通称ねねの道。観光客が多い通りで、通りから石塀小路側 25 mまでは第二種住居地域、隣接する商業地域の 80、400 という建蔽率、容積率に比べると 60、200 と要件は厳しい。普通なら商業地域より安くなるはずだが、逆に高いのはそれだけこの通りに稼ぐ力があるということ。

古都金沢の歴史と発展を路線価で検証する

金沢駅から再開発で生まれたビル群の前を抜けて歴史のある横安江町商店街、近江町市場を通って市内一繁華な香林坊から飲食店街、住宅街を歩く。京都同様に景観その他を条例で厳しく制限しており、それが都心居住を可能にしているが、近年、マンションが増加。街並み、路線価も変わりつつある。

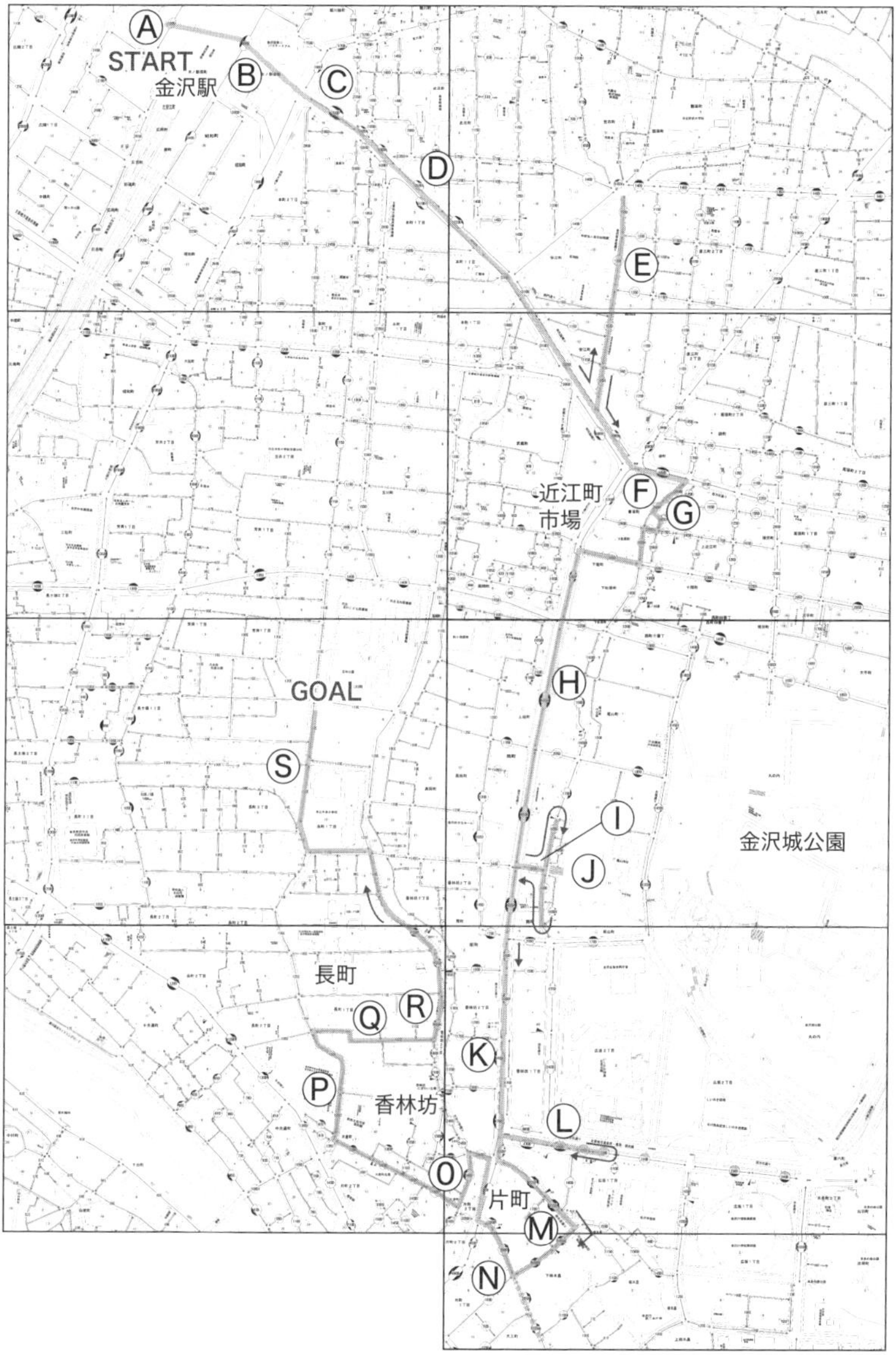

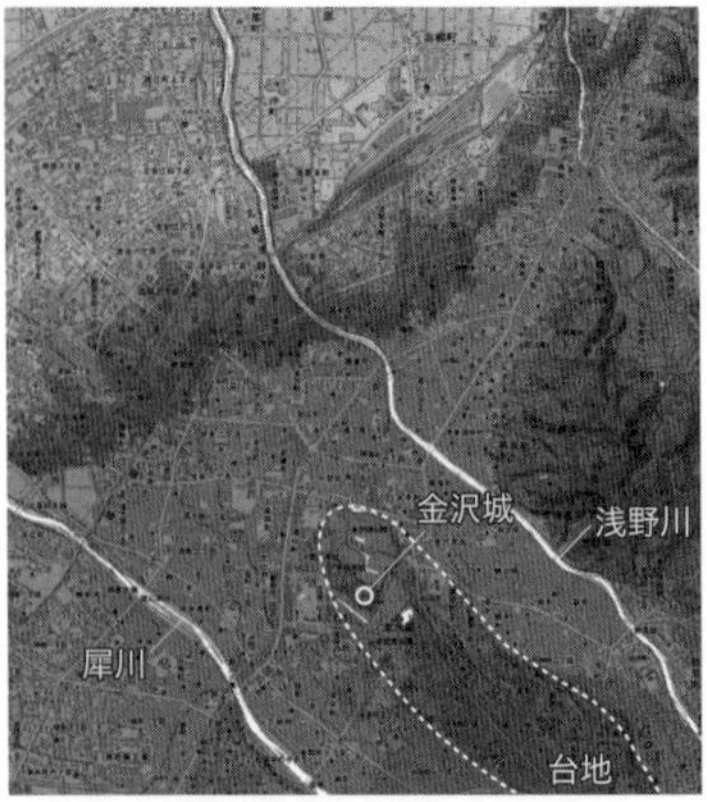

城下町が中心市街地

地形図右下の細長く伸びた小立野台地の突端に金沢城があり、西に犀川、東に浅野川が流れ、両河川の外側は台地。城下町は城から現在の金沢駅の手前まで。寛文 7 年の金沢図でも駅手前までが市街地で、1960 年頃までは変わっていなかった。

出典：国土地理院地図「デジタル標高地形図」金沢周辺
https://www.gsi.go.jp/common/000076303.pdf

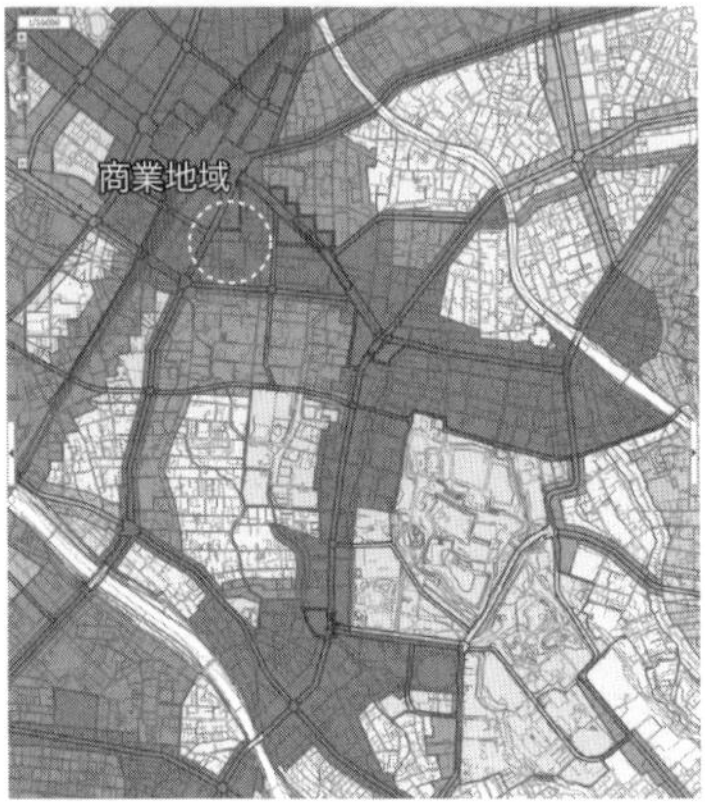

条例による規制多数

中心市街地の幹線道路沿いは商業地域、その背後に近隣商業、さらに奥が第一種住居。他都市と変わるところはないが、詳細を見ると条例により多くの規制がかけられている。伝統環境保存区域、眺望景観形成区域、屋外広告物（禁止地域等）、特定屋内広告物届出地区、照明環境形成地区など他都市にはない規制も多く、景観を守る努力が続けられている。

出典：金沢市まちづくり支援情報システム・都市計画関係情報
https://www2.wagmap.jp/kanazawa-mss/PositionSelect?mid=1&nm=%E9%83%BD%E5%B8%82%E8%A8%88%E7%94%BB%E9%96%A2%E4%BF%82%E6%83%85%E5%A0%B1&ctnm=%E9%83%BD%E5%B8%82%E8%A8%88%E7%94%BB%E9%96%A2%E4%BF%82%E6%83%85%E5%A0%B1

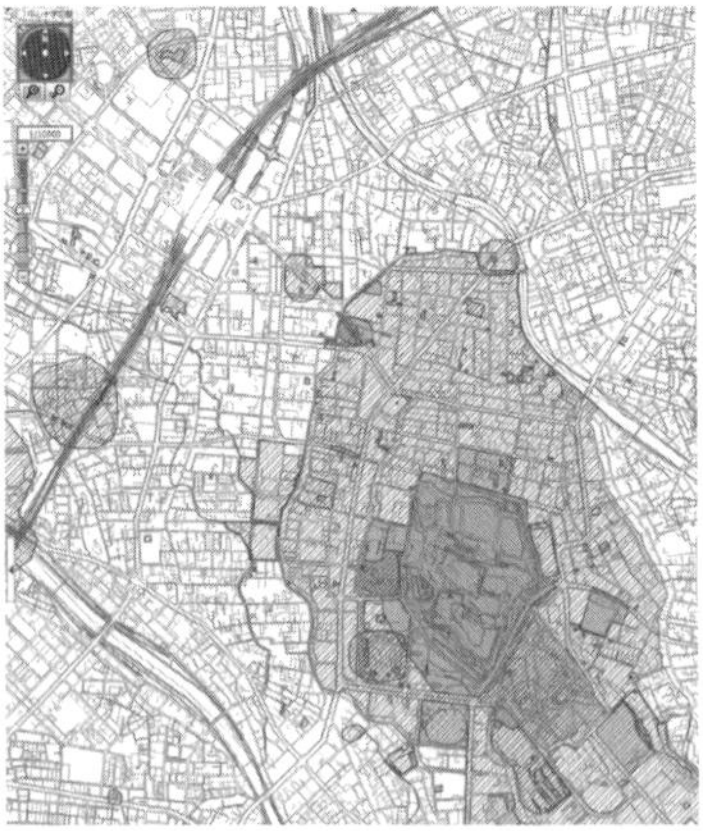

中心部は大半が埋蔵文化財包蔵地

中心部はほぼ埋蔵文化財包蔵地。城を囲む二重のラインは城下町を囲い込んだ土居などの防御施設、惣構の跡。1599（慶長4）年に作られた内惣構、1610（慶長 15）年に作られた外惣構からなる。路線価図を見ると緩やかにカーブする二本の道が確認でき、道路自体は当時から変わっていない。

出典：金沢市まちづくり支援情報システム・その他関連情報（遺跡地図）
https://www2.wagmap.jp/kanazawa-mss/Map?mid=4&mpx=136.6548577548&mpy=36.573340367700006&bsw=980&bsh=1210

Ⓐ 駅西口

石川県、金沢市は1970年から駅西副都心の整備をスタート。区画整理終了後、2010年から路線価が付けられており、その時点では西口215（1000円単位）に対し、東口490と西口は東口の半分以下。2022年には西口540、東口830である。

Ⓑ 金沢駅東広場

2005年に完成した金沢駅東広場。駅東口周辺が金沢市内ではもっとも路線価の高い地域である。

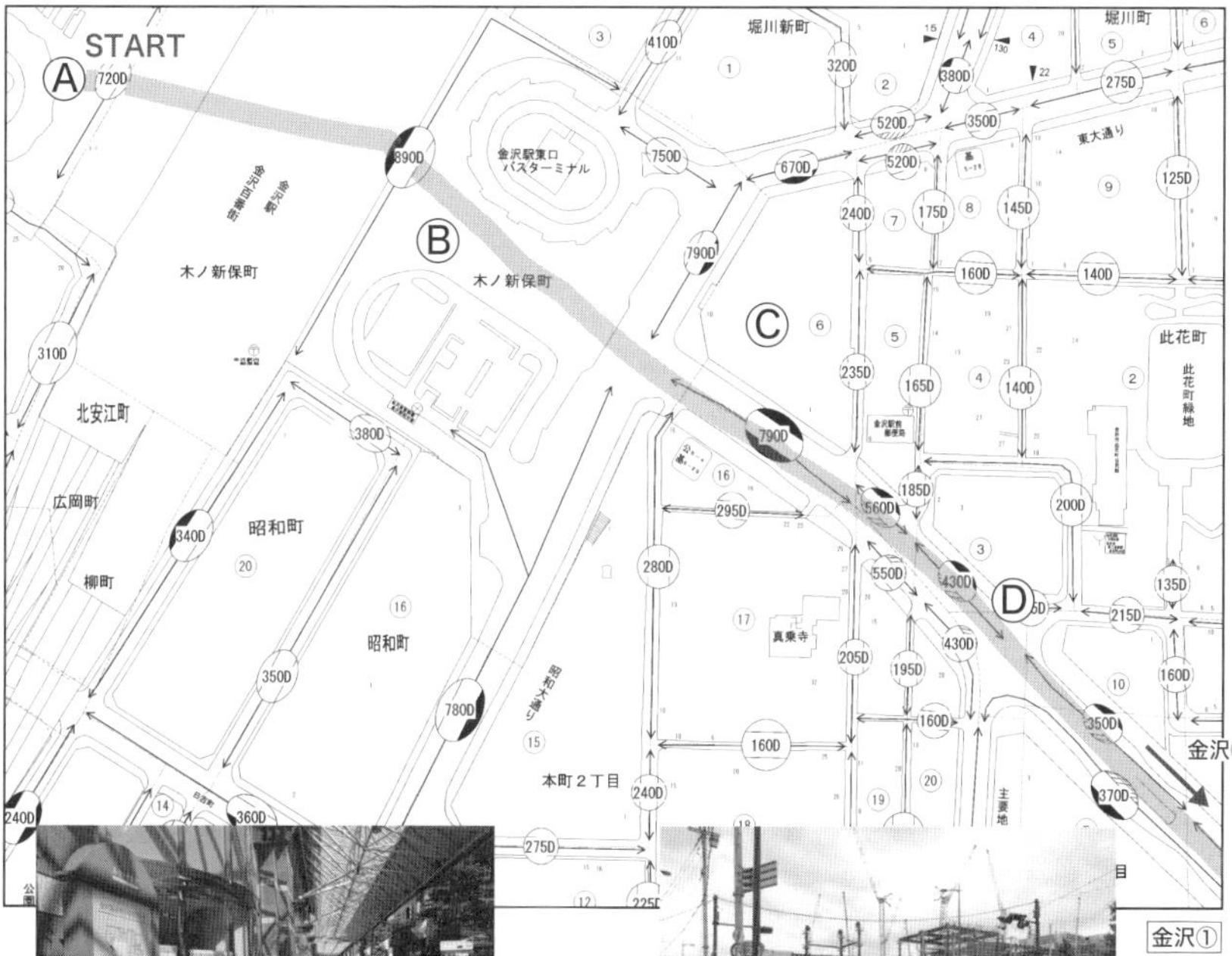

Ⓓ 活気のない再開発エリア

金沢駅から武蔵ヶ辻に向かう通り沿いには1982年から2012年までに金沢市が施行した市街地再開発事業で建設された５棟の高層建築物が並ぶ（加えて１棟民間施工のタワーも）。１階に魅力的な店舗が入っておらず、立地にも関わらず、活気がなく、路線価もあまり高くはない。

Ⓒ 駅前に大きな空地

金沢駅前に大きな空地がある。2017年３月に閉館、解体された金沢都ホテルの跡地だ。2020年をめどに複合ビルとして再開発されると言われていたが、現在のところは更地。高い土地だけに使われていないのはもったいない。

Ⓔ 横安江町商店街

300 年ほど前に浄土真宗金沢別院の門前町として始まったという横安江町商店街。2006 年に 46 年間あったアーケードを撤去、金澤表参道という街路となった。周辺に比べればやや高めのエリアだが……。

Ⓕ 近江町市場

1721（享保６）年に加賀藩が犀川、浅野川沿いにあった市場を集積、作られたのが現在の近江町市場。周辺の尾張町、武蔵町辺りには古い建物、モダンな建築も多く、路線価も高い。

Ⓖ 店内の段差

内惣構の遺構、２本の道が並行してく りながら続くエリア。近江町市場内の 通りが土塁、中通りが堀だったと言わ れており、建物内などに微妙な高低差が る。ただし、路線価にはさほど影響な

金沢②

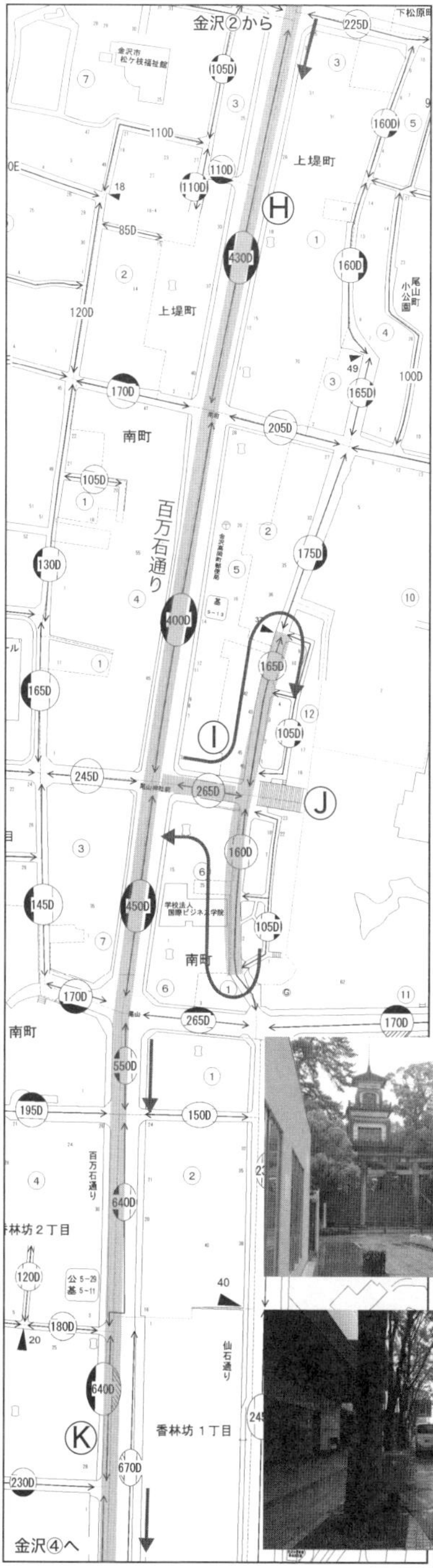

Ⓗ 百万石通り

武蔵ヶ辻から香林坊あたりまでの百万石通りはこの数年でホテルが急増。武蔵ヶ辻で少しアップした路線価は次に香林坊の辺りで再上昇する。武蔵ヶ辻から香林坊にかけては標高も数mほど高い。

Ⓘ 尾山神社前の水路

説明板によると 1873（明治 6）年に尾山神社が創建され、同 8 年までにその前面にあった惣構は埋め立てられて水路になったとのこと。周辺には闇市を思わせる飲食店街があり、裏路地は路線価も安い。

Ⓙ 尾山神社

尾山神社は加賀藩前田家初代の利家公、その正室のお松の方を祭ったもので、前述したように明治になっての建築。

Ⓚ 中心部、香林坊

2023 年 10 月に駅西エリアへの移転が予定されている日本銀行金沢支店（写真右）。繁華街香林坊に立つ 2 階建ての建物だが、移転後が金沢のホットな話題。高さ制限を撤廃、高層をという声もある。路線価も高い中心部だけに動向が気になる。

金沢⑤へ　　　　　　　　　　金沢③から

金沢④

Ⓝ 竪町商店街

430 mほどの一本道に 200 もの商店が並ぶ金沢竪町商店街。前田家 3 代藩主前田利常が犀川沿いに堤防を作り、河原に武家が暮らす住宅街を作ったことがきっかけとなり、彼らの日用に供するために生まれた。当時から今と同じ道幅で、柿木畠に比べると道幅、路線価ともに差があることは歴然。

Ⓛ 金沢 21 世紀美術館への通り

金沢市役所の前を通り、金沢 21 世紀美術館へ向かう通りで、公共施設が多く、稼ぐ通りではないが、交通量は多く、路線価もそれなり。一本入ると半分ほどになる。

Ⓞ 木倉町の飲食店街

繁華街片町に隣接する木倉町。周辺には小さな建物が密集した地域（江戸期の町家）と大きな区画（武家屋敷）が混在。飲食店街である木倉町の路線価は宅地である武家地より高くなっている場所も。

Ⓜ 柿木畠の飲食店街

鞍月用水、辰巳用水の間にある柿木畠人情商店街。並行する金沢竪町商店街に比べると小規模でのんびりした風情があるが、近年駐車場化が進んでいる。周辺より路線価はかなり安く、マンション建設も。

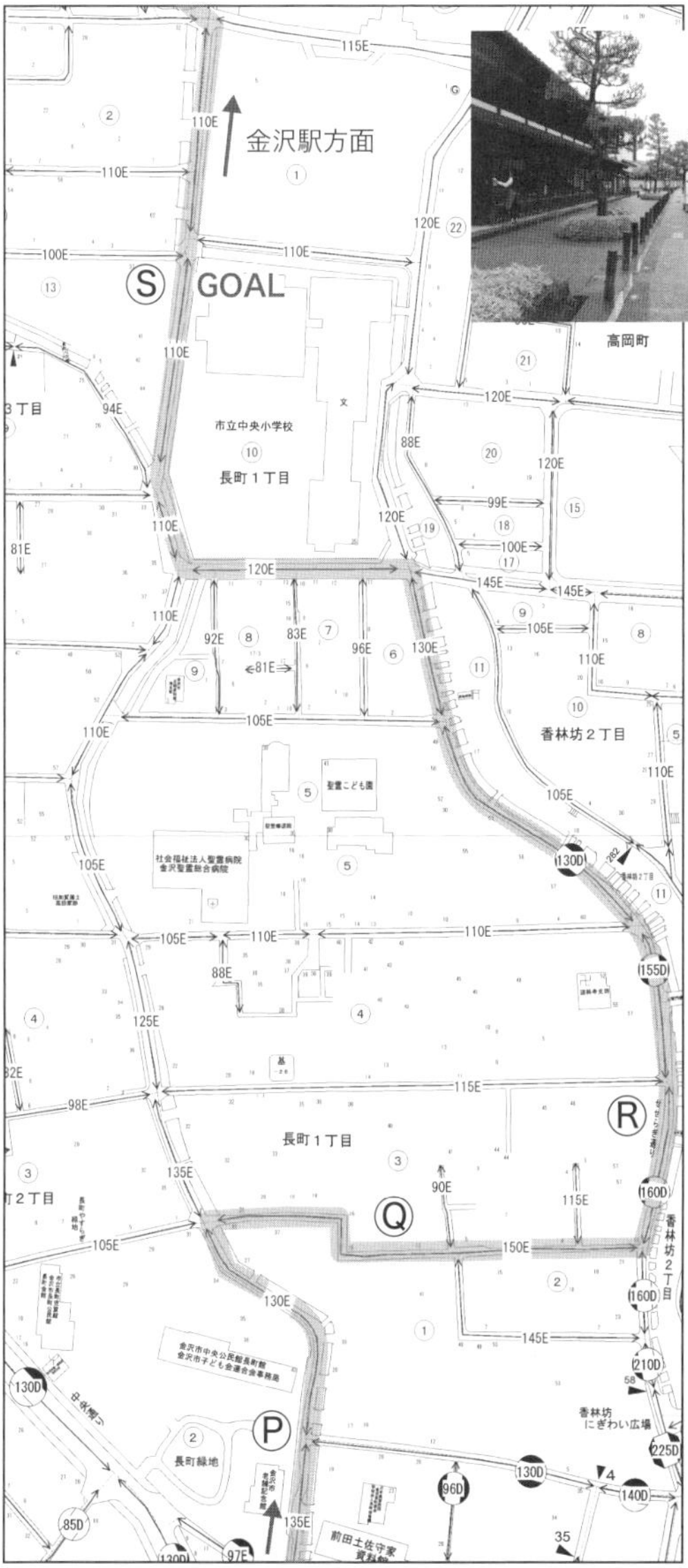

金沢④から

金沢⑤

Ⓟ 大野荘用水沿い

武家屋敷、老舗が多かった地域で今も金沢市老舗記念館（写真左）、前田土佐守家資料館、野村家武家屋敷跡など古い建物が並ぶ。路線価はそれほどは高くはない。住宅として使われている場合には維持管理が大変そうである。

Ⓠ 長町武家屋敷跡界隈

周囲からすると路線価はやや高めで、家の維持管理費もおそらく高め。中には建物を生かして軽飲食等の店舗として使っている例もあるが、数は少ない。

Ⓡ 用水沿いの店舗

1981 年に着手した香林坊再開発で親水空間の再生が掲げられ、1996 年に制定された用水保全条例に基づき、鞍月用水の蓋がけを撤去、開渠化された。駐車場が減るなど反対の声もあったそうだが、人通りが増え始めたことで賛意を得られるようになった。金沢らしい景観として親しまれ、用水沿いには人気ある店舗も。路線価も周囲に比べると高め。

Ⓢ 玉川公園周辺

玉川公園、市立玉川図書館、玉川こども図書館のある辺りは加賀八家と呼ばれる加賀藩の重鎮のひとつ、長家（3 万 3000 石）の屋敷があった。八家の屋敷跡は公園や小中学校、病院などになっており、市中には説明板も。特に路線価が高いというわけでもない。一部景観に恵まれている場所などについては多少高め。

住宅街として人気の世田谷区の凸凹を歩く　池尻〜下北沢

東急田園都市線池尻大橋駅近くから小田急線と京王井の頭線が交差する下北沢駅までを歩く。武蔵野台地上の住宅街で第一種低層住居専用地域とそれ以外の住宅街の違いを意識したい。小田急線の地下化で生まれた商業施設が話題だが、従来の商業施設と異なる、周辺住宅地の価値を上げる商業施設の作り方についても見学する。

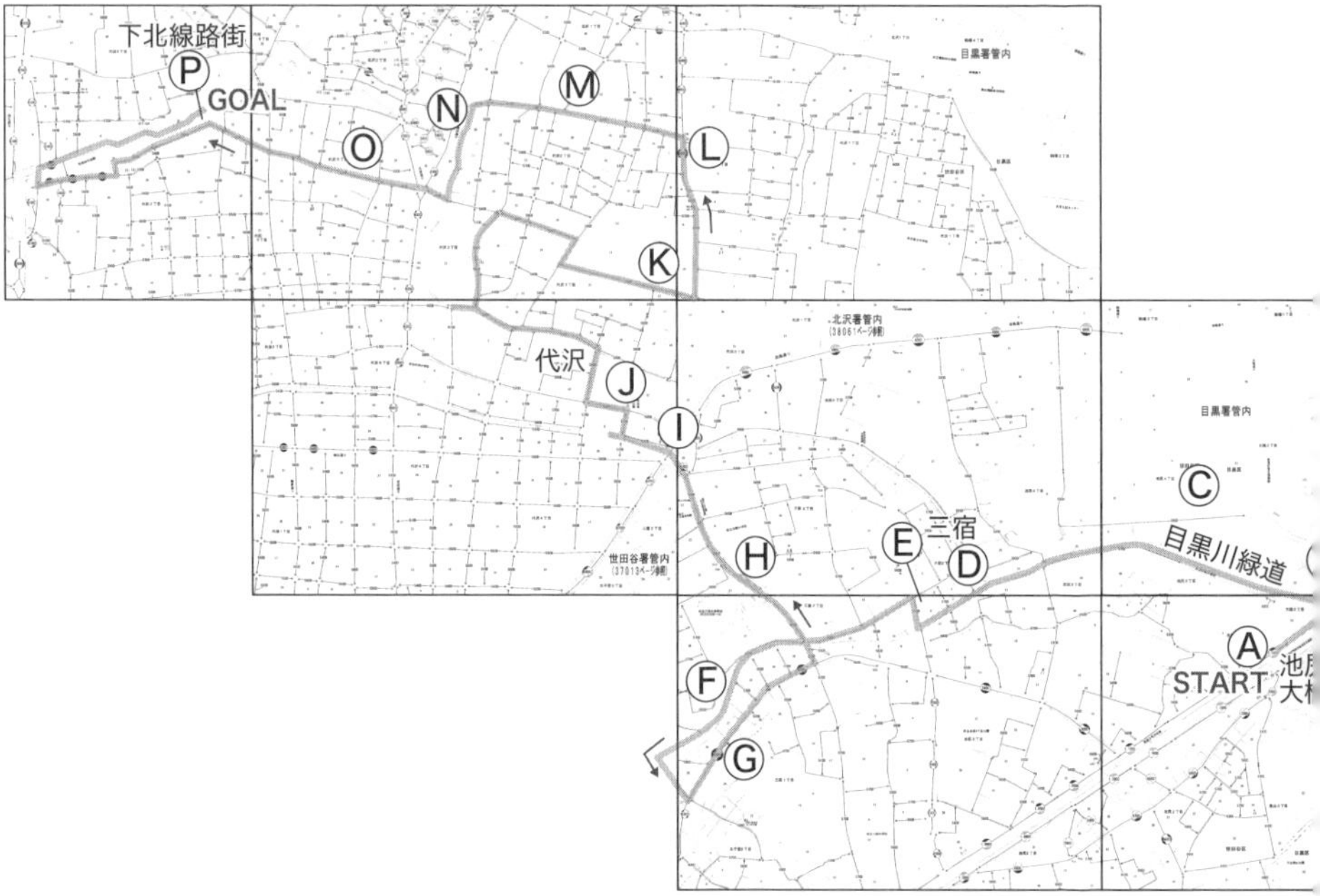

都心の再開発エリアと異なり、住宅地の路線価は道一本で倍になるような変化はなく、経年で見てもそれほど大きく変動しない。価格差の要因は主に地形、歴史で、駅周辺の商業エリアは高いが、ターミナル駅などに比べると高額なエリアはそれほどの広がりを持たない。まち歩きでは微細な差を見て歩くことになる。

コース前半では池尻大橋駅近くの目黒川緑道から烏山川緑道を歩き、高台にある代沢のお屋敷街を経て下北沢へ。下北沢駅近くにも川跡があり、意外に高低差があるコース。

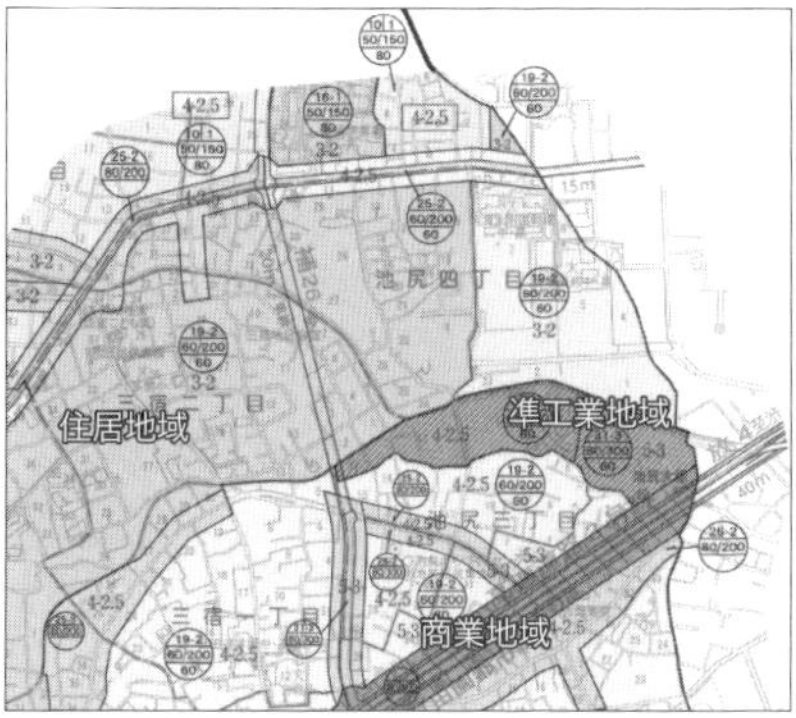

池尻周辺

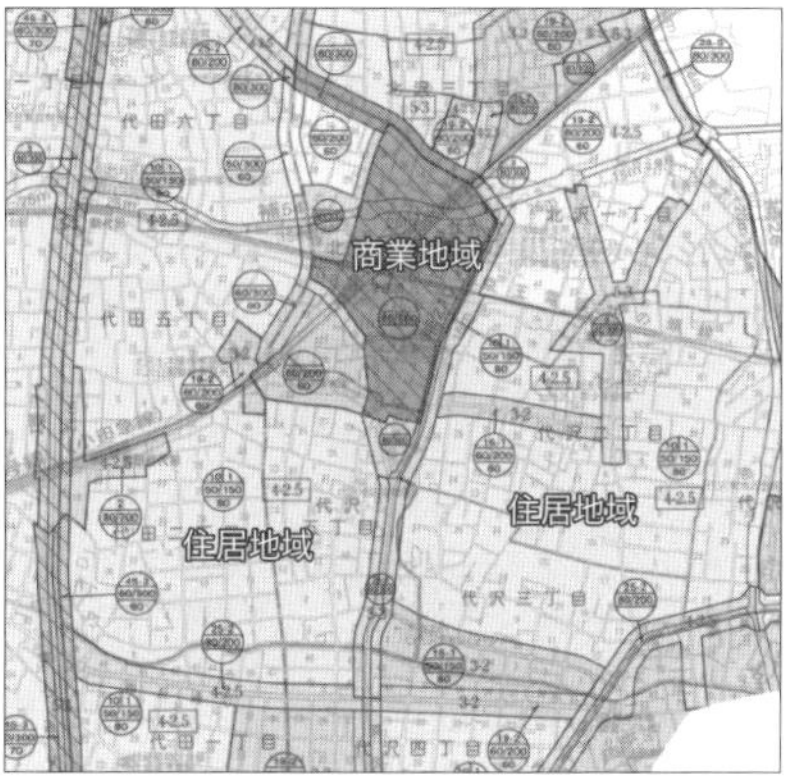

下北沢周辺

池尻周辺と下北沢周辺、２点の用途地域を比べてみると、下北沢周辺は駅の近くに商業地域はあるものの、それ以外は第一種低層住居専用地域が広範に広がっている。一方の池尻周辺は準工業もあるなど、住居専用地域ではなく、渋谷の隣駅という都心近くにあることから利便性が優先されている地域であることが分かる。一般的には利便性優先エリアのほうが路線価は高くなりがちだが、代沢はかつて佐藤栄作や竹下登なども住まいした知る人ぞ知るお屋敷街。実際の路線価はどうなっているだろうか。

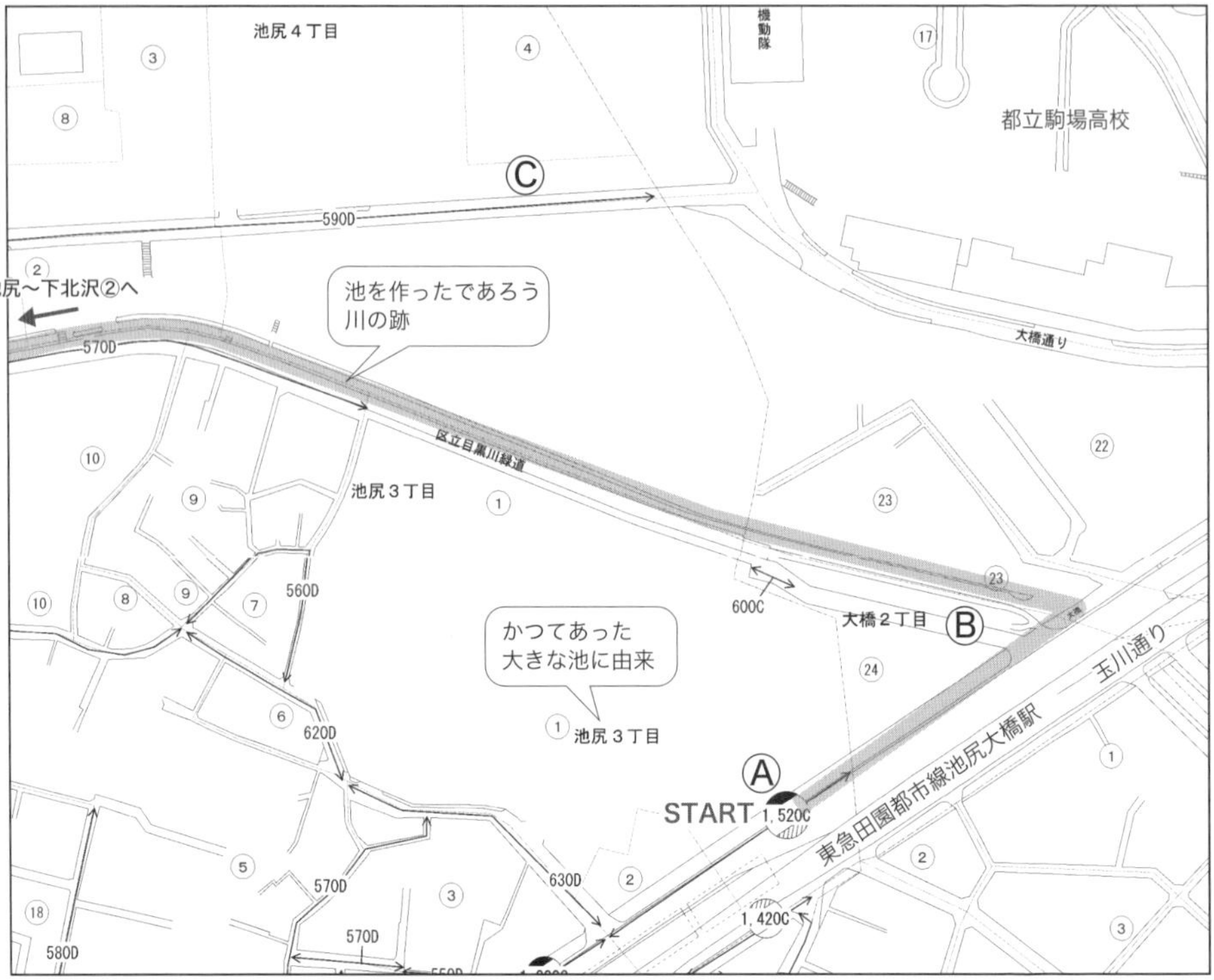

池尻〜下北沢①

Ⓐ 認知度アップで路線価もアップ

東急田園都市線池尻大橋駅は渋谷駅の隣駅だが、その先の三軒茶屋駅は古くから知られていたものの、1990年代まではほぼ無名の存在。現在では国道246号（玉川通）沿い、その南側に小規模で個性的な店が増え、認知度と路線価がアップ。

Ⓑ 区立目黒川緑道

桜で有名な目黒川は玉川通りの南側から開渠で、それ以前は暗渠。向かいにある大橋ジャンクションは首都高速道路3号渋谷線と中央環状（新宿 / 品川）線を結んでおり、上部には周辺を見渡せる目黒天空庭園。この周辺は軍用地だったエリア。より都心に近いためもあり、大橋ジャンクション付近は高め。

Ⓒ 区が違うと路線価に差

北の高台は都立駒場高校、その他の大学、公共施設のある地域。緑道右手の高台にあり、目黒区内の方が高め。

Ⓔ 工事中の都市計画道路

緑道から一時離れ、取材時工事中だった都市計画道路補助 26 号へ。板橋区氷川町から品川区東大井までを繋ぐ 20 m幅の道路になる。道幅が路線価を上げると考えると、完成後はどのような影響が及ぶだろう。

Ⓓ 2 緑道合流地点

世田谷区内を流れてきた烏山川、北沢川がここで合流、目黒川に。ここでは三軒茶屋へ向かう烏山川緑道を行く。東京の中小河川は関東大震災、第二次世界大戦で瓦礫処理のために埋立てられ、その後昭和 30 ～ 40 年代にドブ川化したためにさらに埋め立てられたが、その後、緑道の造成が始まり、世田谷区でも烏山川緑道をはじめ、8 本の緑道が 1979 年度に完成している。暗渠は道路ではないので、路線価は振られていない。

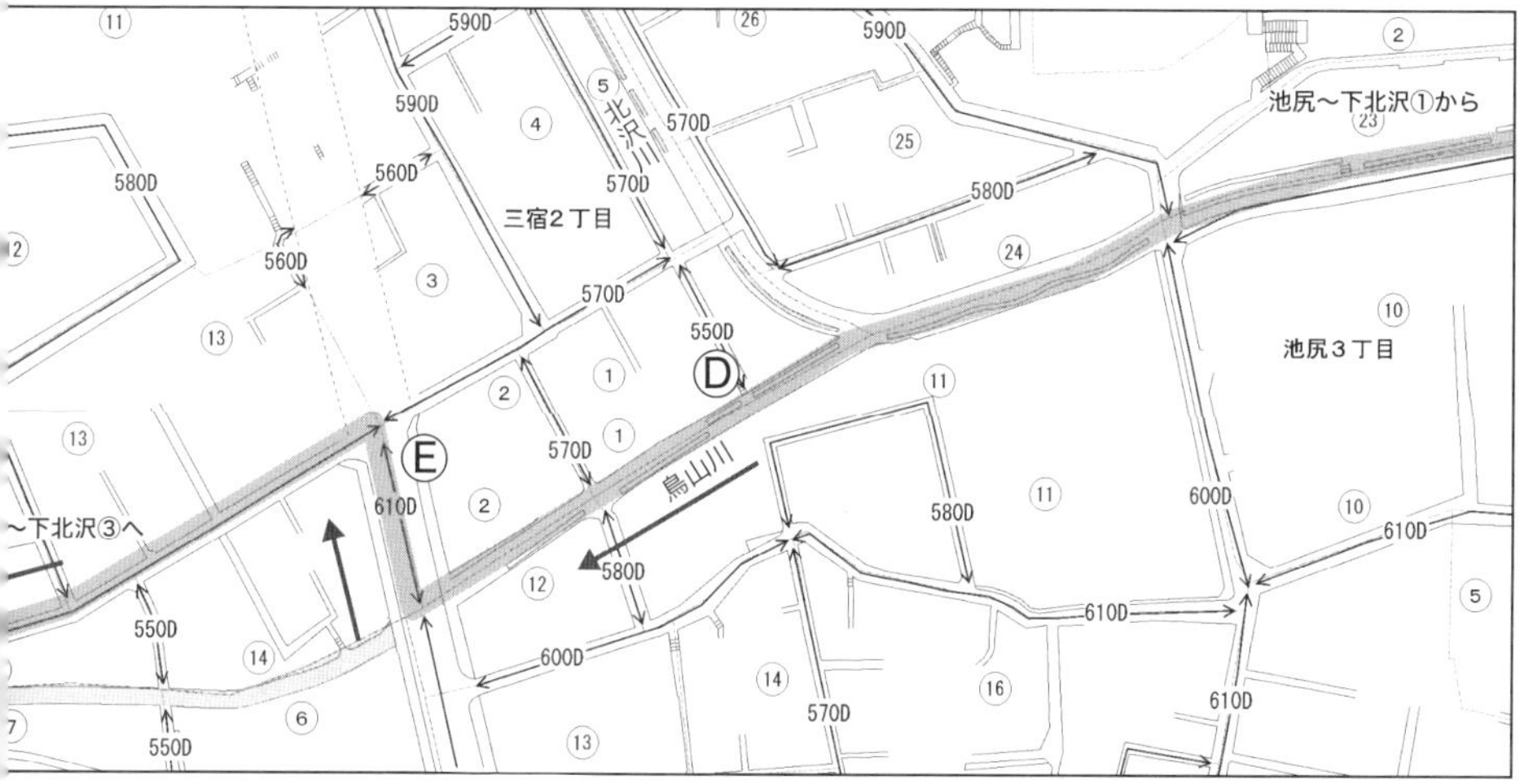

池尻～下北沢②

Ⓗ 地名にない名称

緑道沿いから坂を上る。右手に地名
はない名称の区立多聞小学校があ
が、ここに室町時代に世田谷吉良氏
世田谷城の東の備えとして多聞寺
（三宿砦とも）を置いたためとされる
東西に延びる台地の突端部分にあ
り、砦が作られていても不思議はない
高台のためか、この一画は路線価も
や高め。

Ⓕ 長年にわたる整備で路線アップ

このあたりから上流の三軒
屋周辺までの烏山川緑道沿
は細街路に古い木造家屋が
集していたが、1980 年に
田谷区主催によるまちづく
懇談会が開催されて以降、
年に渡って整備が行われ少
ずつ価値をあげてきた。

三宿１

Ⓖ 宅地化する元商店街

元々は商店街だった道。この先には関東大震災後に
東区下谷からの移住者が多かった下の谷商店街があ
たが、現在は見る影もない。それでも周辺よりいさ
か高めになっているのは商店街沿いで店舗可、築時
も多少規制が緩くなるためだ。

池尻～下北沢③

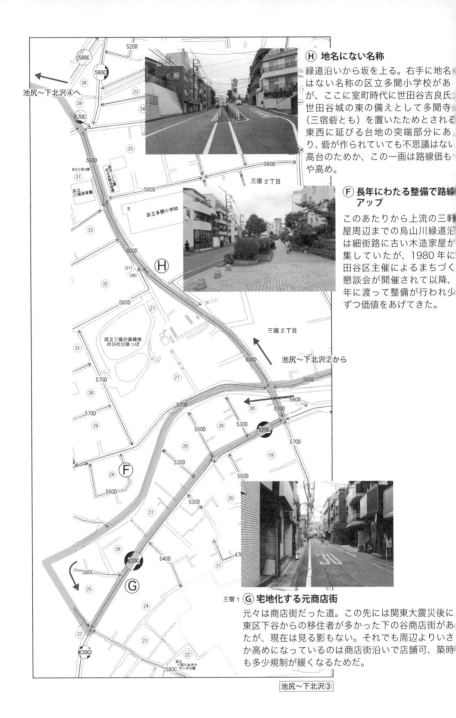

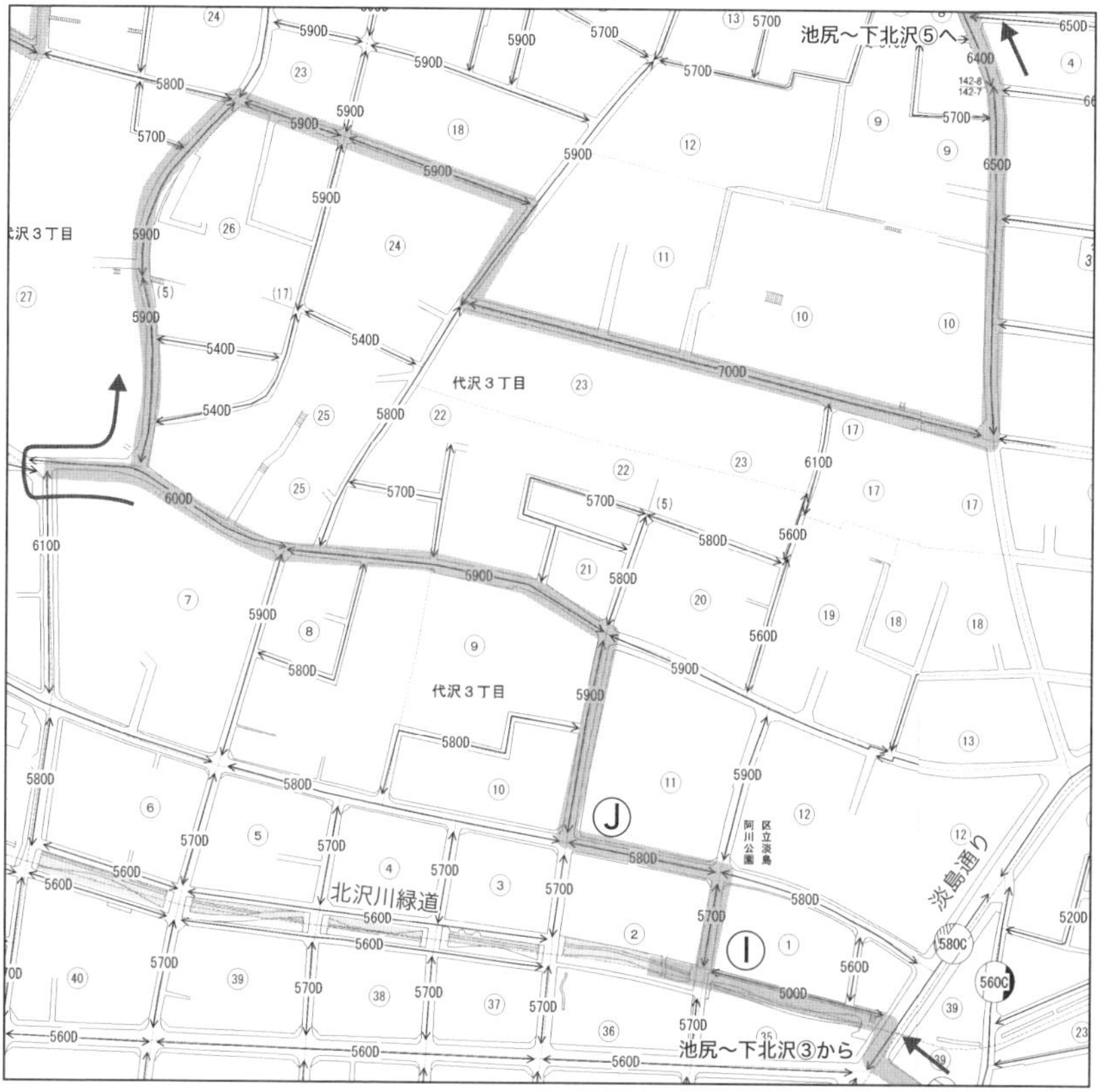

池尻〜下北沢④

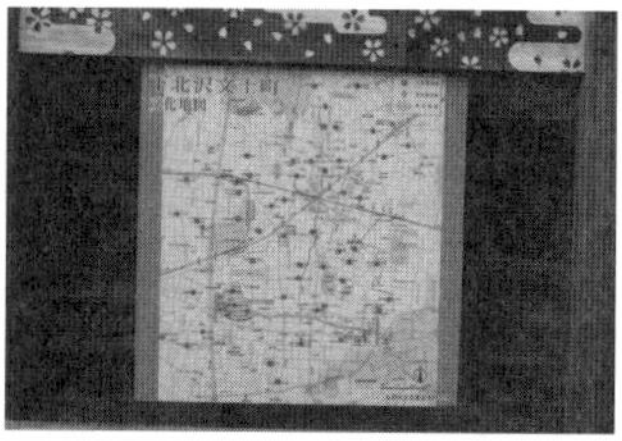

Ⓙ 旧家があった一帯

江戸時代に一帯の名主だった阿川家の門が残されている。少し離れたところには区立淡島阿川公園もあり、周囲より少し高め。

Ⓘ 作家などが多く居住

淡島通りを渡り北沢川緑道へ。この緑道周辺から北側にかけては戦前から多くの作家が居住、緑道沿いにはそれを記した掲示も。特に北側は北沢川を底に緩やかな上り坂で、日当たり、眺望などに恵まれた土地だったことが想定される。

Ⓜ **3階建てが目立つ通り**

この通りも元々は商店街。そのため、ここまで通ってきた通りよりも3階建てが目立ち、路線価も高い。

Ⓛ **かつての商店街**

京王井の頭線池ノ上駅から続く、こちらもかつての商店街だった通り。そのため、路線価も高めだが、現在は商店街の体をなしていない。出発点は池尻だったが、こちらは池ノ上。

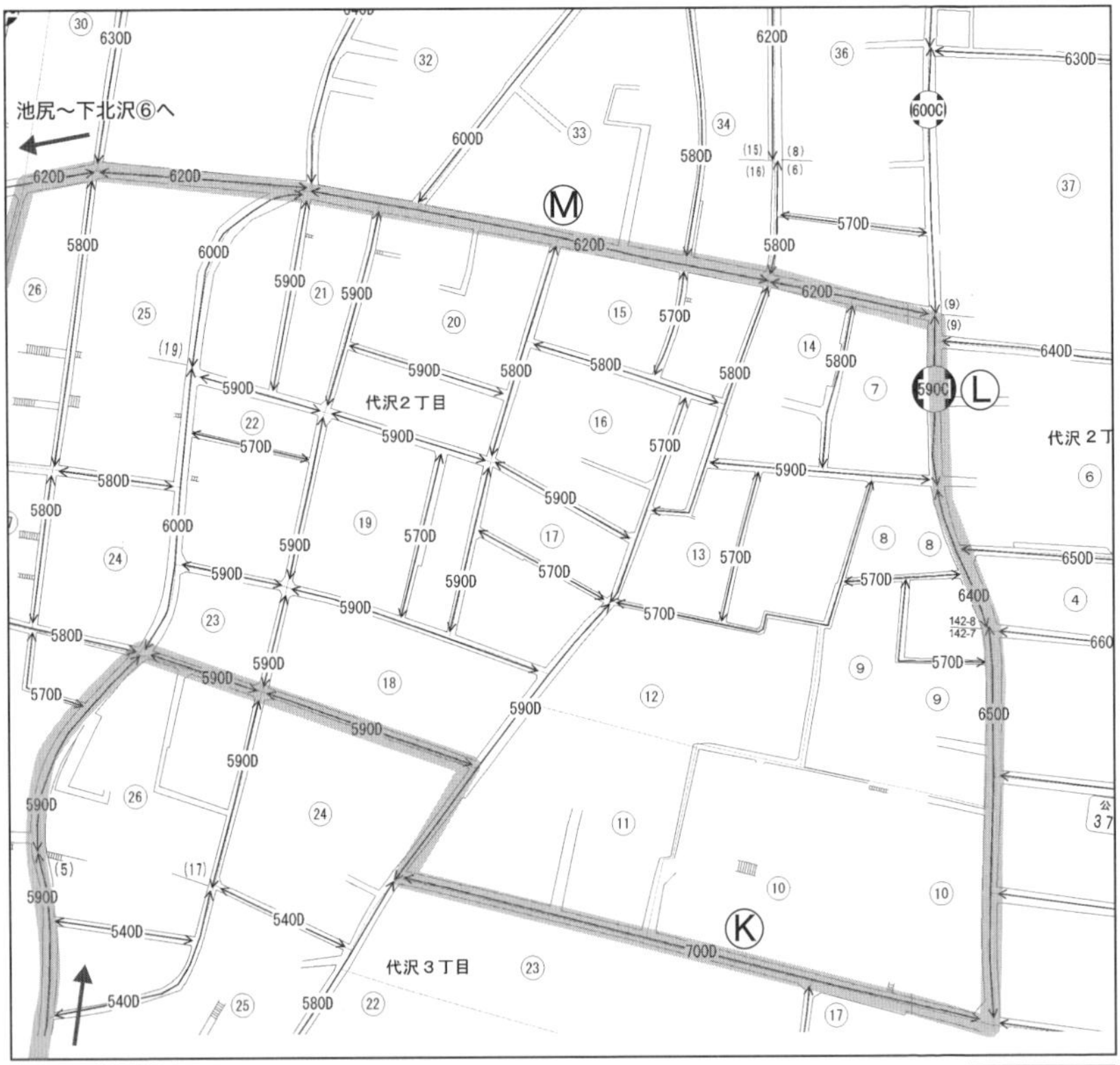

池尻〜下北沢④から

池尻〜下北沢⑤

Ⓚ **首相たちが住んだ地**

1928年に箱根土地が清風園という名称で分譲したエリア。1坪わずか58円均一で分譲された。高台の東南向きのひな壇で、佐藤栄作首相、その後には竹下登氏が住んだ。分譲地の範囲は厳密に分かっていないが、明らかに路線価の高い一画があり、高額そうなマンション等が並んでいる。

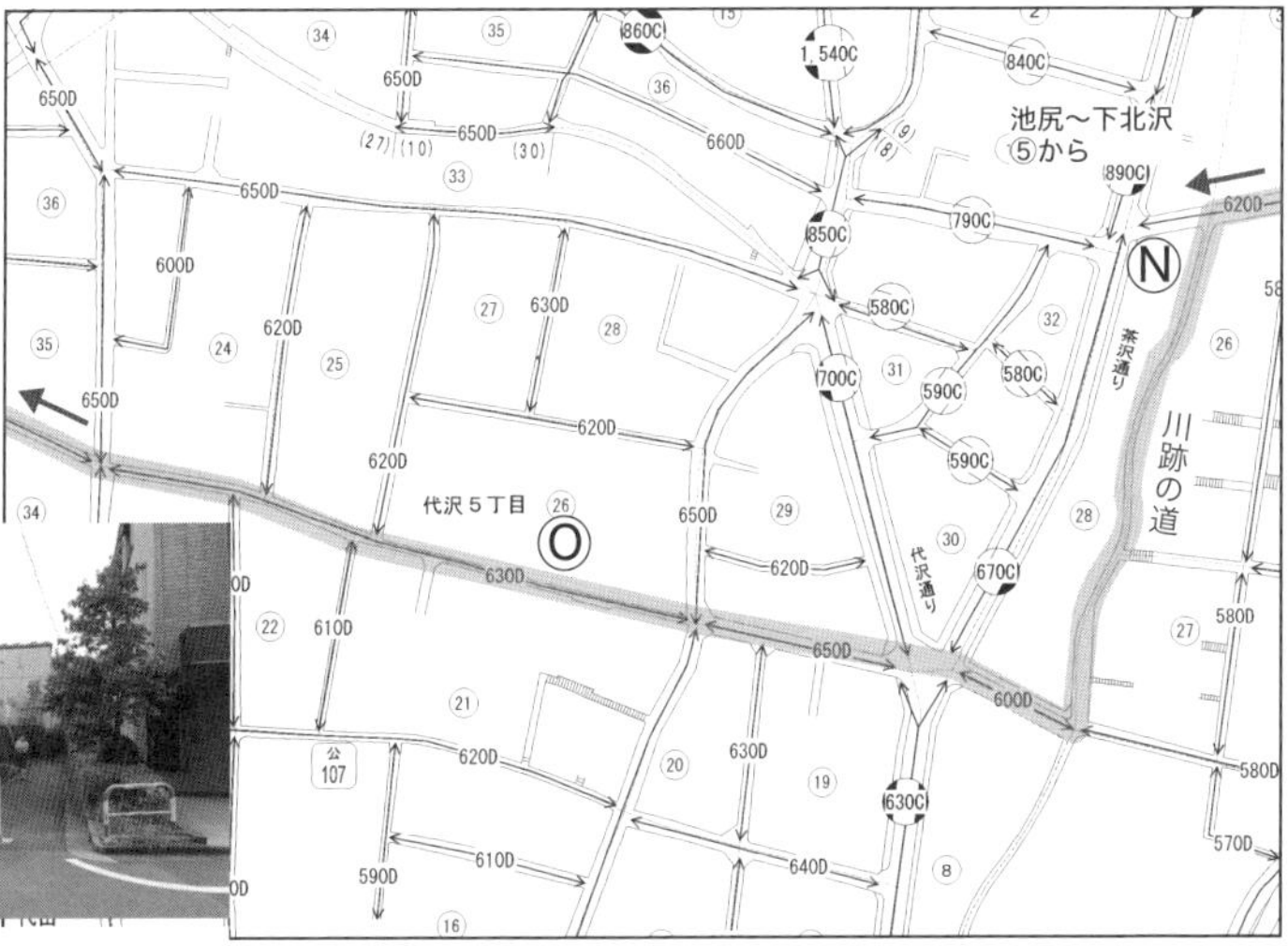

池尻～下北沢⑥

Ⓝ 川跡の道

路線価図に慣れてくるとこの道が川跡であることは容易に分かる。残念ながら名はない。

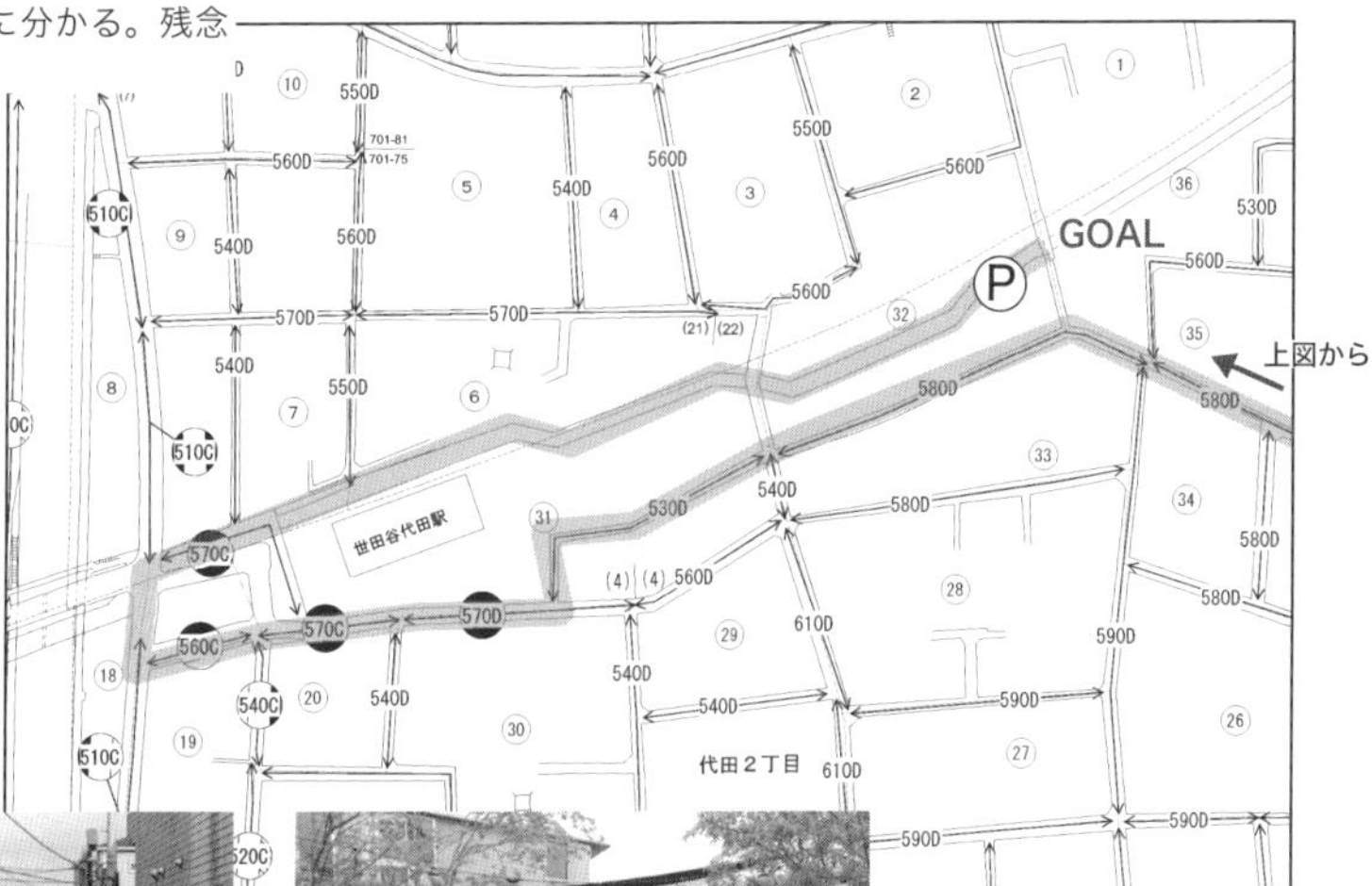

池尻～下北沢⑦

Ⓞ 駅に近い高台

茶沢通りを渡って西へ。坂を上がる。先ほどの川跡が底になっていたのだ。高台になっていること、下北沢駅に近づいていることから、路線価は川の東側よりも高め。ところどころには階段も。

Ⓟ 下北線路街

小田急線の地下化で生まれた土地を開発した下北線路街。３駅間の細長い土地に多彩な施設が並ぶ。話題になったのは広い中庭を作り、木造２階建ての店舗併用住宅を店舗として配した「ボーナストラック」。これまでの再開発からすると異色だが、周囲の空き家もある住宅街に影響を与え、街の価値を高めるのではないかと期待されている。

注釈

・注1　国土地理院の地図 (https://maps.gsi.go.jp)
・注2　国土交通省の PLATEAU （https://www.mlit.go.jp/plateau/）
・注3　グーグルアース （https://www.google.co.jp/intl/ja/earth/）
・注4　東京地形地図 （https://www.gridscapes.net/）
・注5　時系列地形図閲覧サイト「今昔マップ on the web」（https://ktgis.net/kjmapw/）
・注6　時層地図 （https://www.jmc.or.jp/digital/app/）
・注7　「戰災燒失區域表示帝都近傍圖」（https://lapis. nichibun.ac.jp/chizu/zoomify/mapview.php?m = 001815885_o）
・注8　横浜市行政地図情報提供システム （https://wwwm.city.yokohama.lg.jp/yokohama/Portal）
・注9　静岡県 GIS （https://www.gis.pref.shizuoka. jp/?z = 9 & ll = 34.9791%2C138.3831&t = roadmap&mp = 11001&op = 70&vlf = 000affffff0000040）
・注10　金沢市まちづくり支援情報システム （https://www2.wagmap.jp/kanazawa-mss/Portal）
・注11　金沢市の市街地再開発事業　（https://www4.city.kanazawa.lg.jp/soshikikarasagasu/shigaichisaiseika/gyomuannai/2/1/5562.html

第三章 路線価の変動から分かること

ここまで路線価図そのもの、路線価図とその他の地図を重ねて見ることで何が分かるかを見てきた。続いては路線価そのものの新旧や実際に手にして複数の街を歩いてみることで何が分かるかを見ていきたい。

再開発は凹型、凸型の二種類

単年で見るだけでなく、複数年を比べることで路線価の変化が分かる。どれだけ値上がり、あるいは値下がりしたかである。ただ、値下がりについては特定地域が大きく下がることは少ない。地域一体が平均的に下がることが多く、さほど新しい発見はない。

それに比べると分かりやすいのは値上がりで、主に再開発がその要因になる。一九九九年に都市再開発法改正で要件を満たした再開発組合を都道府県知事が「認めることができる」から「認めなくてはいけない」となり、さらに小泉政権下の都市再生特別措置法で再開発の主体は行政から民間へ。以前より容易に行えるようになったためだろう、都市部ではあちこちで再開発が行われるようになった。主に防災上の懸念のある駅前などのまとまった土地を再生することで土地が有効活用され、利便性、安全性が向上するとされており、実際、再開発が行われると該当地域の路線価はアップすることが多い。開発前、後を比べれば再開発でどのくらいその土地の稼ぐ力が上がったかが分かる。

そこでまち歩きで再開発地がある場合には、再開発前と現在の路線価図を用意し、前後でどのくらい変わったかを記載するようにしている。再開発前の路線価を現在の路線価に記載し、そこからどのくらい上がったかを計算するのである。悩むのはいつを開発前とするか。実際の工事が始まる前から再開発の噂は出回っているはずで、実際には着手以前からその地域に目を付ける人は出てきていると思われるが、それをいつからと限定するのは難しいため、着手前年を基本に完了後あるいは現在と比較することをルールとしている。

この作業をやってみることで、いくつか分かることがある。ひとつは再開発にはそもそも価値がある場所の価値をより高めるためにやる凸型、それほど高くなかった価値を上げるためにやる凹型の二種類があるということだ。当然だが、後者のほうが価値の上昇は著しく、どうせやるならこちらのほうが収益も高い。具体的には豊洲のような首都圏湾岸や内陸部の工場撤退などで使われなくなった土地の宅地化などがこちらのタイプで、最近の都心部の再開発の中ではどちらかといえば少数派。すでに再開発しつくしてしまったという言い方もできるかもしれない。

現在の再開発でいえば、東京都港区内の虎ノ門ヒルズ界隈や虎ノ門・麻布台プロジェクト、山手線の新駅高輪ゲートウェイ周辺、大阪駅北のうめきたエリアなどが後者の、凹んだ土地を持ち上げるタイプ。虎ノ門ヒルズ界隈は元々オフィス街でもあり、ある程度地価は高い場所

図1　2002年から開発が進むうめきた
大阪駅北にある、最後の超一等地といわれるうめきたエリア。2024年に街びらき、27年の全体開業を目指して工事が進む。

だったので、凸か凹か悩むところはあるが、「紙上再現！路線価図でまち歩き⑦」の虎ノ門ヒルズ森タワー前の新虎通りの路線価を見ると、一気に持ち上げられたことが分かる。新虎通りは新たに作られた道路であり、そこにいきなり周辺の四倍近い路線価が設定されるのである。都心では無から有を生むほうが価値上昇は高いのだ。

同様に現在開発が進んでいる虎ノ門・麻布台プロジェクトは我善坊谷と呼ばれた深い谷を埋めてビル群を建設している。過去の同地が都心にありながら寂れた風情の、周囲から隔絶した感のあった土地であることを考えると、そこからの値上がりはかなり大きくなるはずだ。高輪ゲートウェイ周辺、うめきたも元々の用途では使われなくなった都心の一等地に価値を付加するプロジェクトであり、路線価も、地域に与えるインパクトも大きい。

それ以外の開発は元々ある程度の価値があった場所が経年などで落ちた競争力を再開発でチャージ、より高くしようというもの。大丸有など東京駅周辺の長らく続く開発はそうしたものと解せるし、これから始まる新宿駅周辺の大改造、現在行われている百年に一度という渋谷の開発（紙上再現！路線価図でまち歩き①）、浜松町周辺の開発（紙上再現！路線価図でまち歩き⑦）なども同様である。

それ以外の郊外部の再開発も多くは駅に近い利便性の高い場所が中心で、ただし、防災面で課題があったとするものが多い。ただ、課題はあったとしても路線価自体は周辺よりも高かったことが多く、それを再開発でもう少しアップさせようというものである。

ひとつ、郊外部での再開発で加えておきたいのは、現時点では成り立っているかのように見えているものの、今後は郊外部での再開発は成り立たなくなる可能性が出て来るという点。二〇二三年三月現在、葛飾区立石周辺で京成立石駅を挟んで北口、南口の東地区、西地区の3ヶ所で再開発が計画されているのだが、北口の再開発では区役所移転が計画されている。二〇一五年に豊島区役所が上階にマンションが入ったビルに移転して以降、再開発を機に庁舎を新設するという手が発見された感があるが、葛飾区もその手を使おうとしているのである。

ただ、葛飾区の場合、区役所が移転しなければ再開発の収支が合わないとされており、それはこれまでには見られなかったこと。二〇二一年一〇月に東京都が北口の再開発組合を認可した時点での予算は約九三二億円。そこに約三八二億円の補助金が予定されているが、それでも約五五〇億円が足りない。一般にはそれを再開発組合が建設する建物の売却益で賄うことになるが、現在同計画で見込まれている民間への保留床売却、つまりマンション販売で賄われるであろう額は二八四億円弱となっており、約二六六億円が不足する（数字は立石駅北口地区市街地再開発組合事業計画書および定款から）。

そのままでは採算が取れないが、ここで区役所移転という手が出て来る。現在の区役所は京成立石駅から六〇〇メートルほど離れた地にあり、本館・議会棟は築六〇年、新館は築四四年。本館は二〇〇〇年に耐震改修を行っているが、二〇一一年には防災対策拠点としての耐震性能を満たしていないとして総合庁舎整備のあり方を検討する委員会が開かれている。

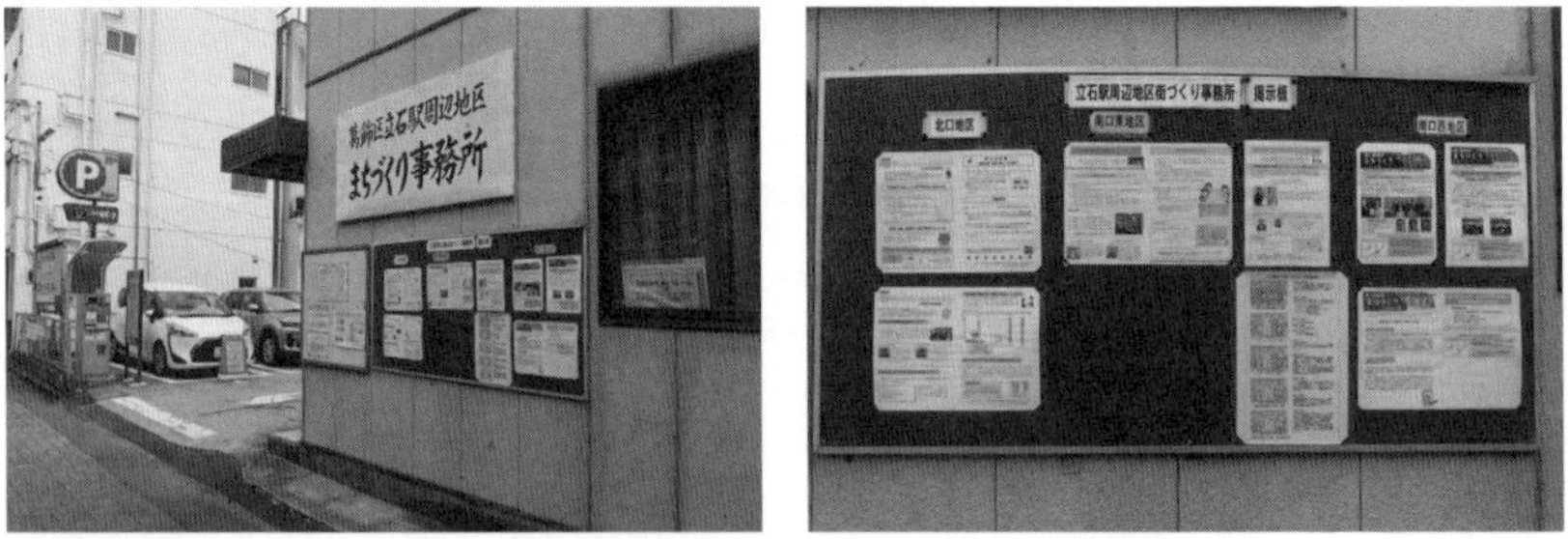

図２　開発計画多数の京成立石

賑やかな商店街、庶民的な飲食店街で知られる京成立石駅周辺では南北三ヶ所で街の風景を一新する三棟のタワーマンションを含む開発計画がある。

そこで京成立石駅前の再開発予定地に移転する案が上がり、議会での条例制定を経て移転が決まったのだが、反対も少なくないそうだ。民間がやる再開発なのに、区役所移転がなければ成り立たないのだ。それで一時、土地の価値が上がるとしても、後述するように住宅中心の再開発はその影響が及ぶ範囲はさほど広くはなく、しかも、土地価格は周辺より高い値を維持はするものの、再開発で持ち上げられた時ほどの上昇が以降に見られることはない。

立石北口の場合は建設は始まっていないものの、再開発組合が結成されているなどすでに動き始めている計画でもあり、これを止めるのは至難だが、今後の郊外での再開発では同じような事態が想定できる。つまり、防災上危ないとされる地域を再開発で安全であるとし、大量のマ

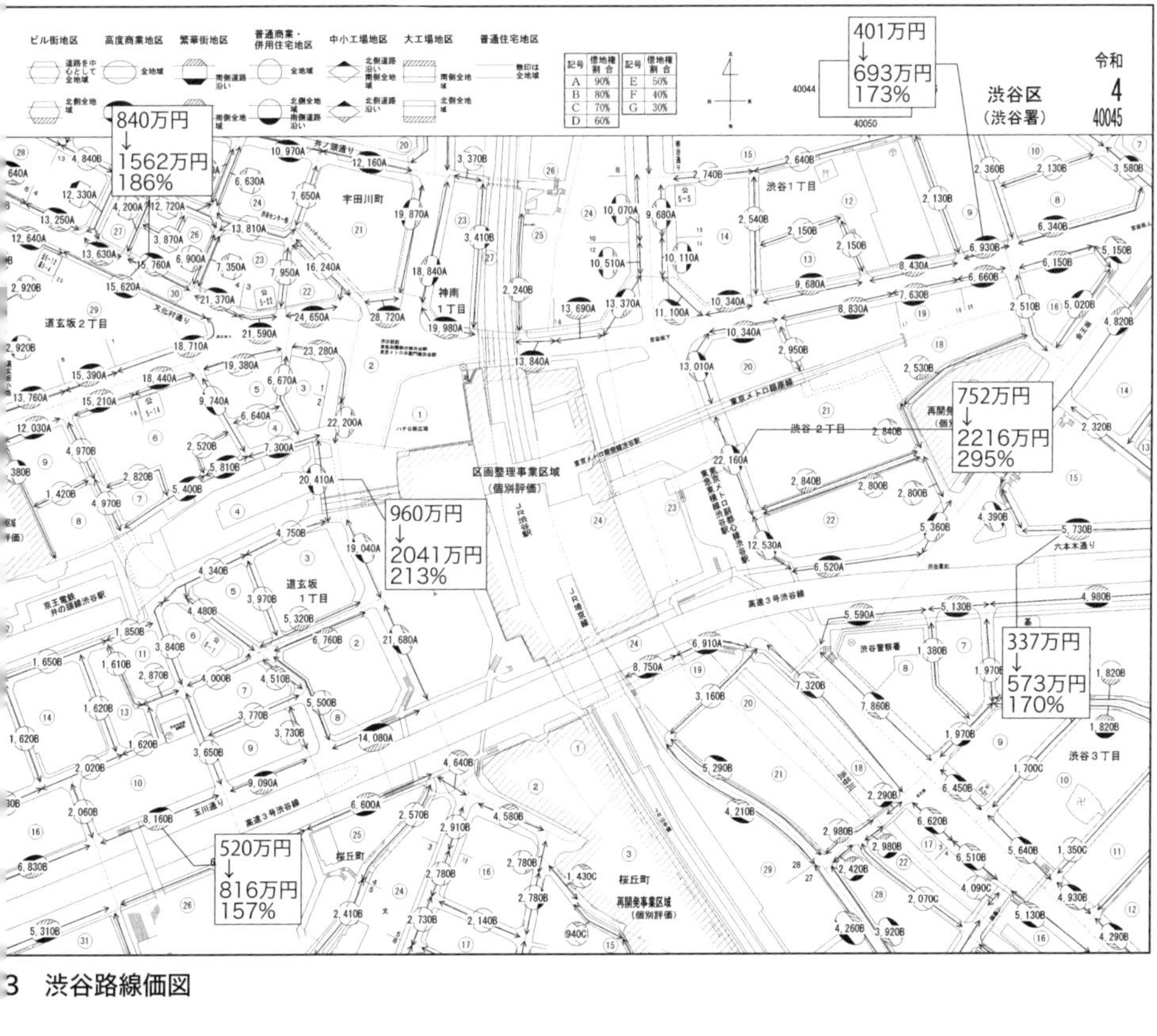

3　渋谷路線価図

ンション住戸を作って販売することで収支を合わせるというやり方が成り立たなくなるのである。再開発が成り立たなくなり、それによって地域の価値を上げるというやり方も取れなくなるというわけだ。

再開発では元値と値上がり率はリンクする

再開発では元々の価格が高い場所ほど値上がり率も高いという特徴がある。たとえば渋谷駅前の二〇一一年度と二〇二二年度の路線価を比べてみたのが図3。駅周辺の値上がりの割合が極端に高く、駅東口の最も上がった地点では七五二万円から二二一六万円と三倍近い上昇になっている。駅の周りではそれ以外でも二倍以上のエリアもいくつか。

だが、以遠に目をやると外に向かって少しずつ下がっていることが分かる。路線価自体も一般には駅に近いほうが高く、遠ざかるにつれて下がることを考えると、元々が高い場所と値上がりの割合はリンクすることが分かる。幹線道路沿いが高く、幅員のない道路沿いは安いのも路線価のルールだが、再開発時の上昇率にも同じ傾向があり、これは渋谷に限らず、どの街でも同じである。

渋谷駅周辺の値上がりの仕方を立体でイメージしてみると、中心部が塔のように屹立、その周辺に少し下がって広がるなだらかな山があるというような姿になる。渋谷の場合には周辺に広がるなだらかな山があるが、同じ再開発でも立地、規模や内容によってその山の状況、つまり再開発の周囲への影響力はそれぞれによって違う。これについては後述する。

再開発は格差拡大へ向かう

また、中心部から同じ距離圏で見た時に上がり方が違う地域があることも分かる。たとえば渋谷周辺で見た場合、渋谷駅の北側、ＪＲの線路の西側の一部に値上がり率が周囲に比べて低い場所がある。これには区画の大きさ、道幅、地形が関係している。例で挙げた図には含まれていないが、渋谷駅北側には急傾斜地があり、その地域では区画は小さく、道幅も狭い。結果、大規模な建物が建てにくく、評価としては低くなるのである。

こうした状況からは再開発は高かったところをより高く、低かったところを少し高くする、土地間の差異、価格差を拡大する方向に働くものとも言える。渋谷圏の場合には駅周辺は別として再開発エリアに近い、土地の条件が悪くない土地では路線価は四〇〜五〇％上がっており、地形や道路、区画等の条件が不利な場所は三〇％。さらにもう少し遠い住宅地は二〇％台となっており、差は広がる一方である。

再開発の波及効果は意外に小さい

価格差を広げる方向に働くこともある再開発だが、世の人が期待するほどには波及効果がない例もある。たとえば日暮里の駅前では二〇〇八（平成二〇）年に再開発が行われており（紙上再現！路線価図でまち歩き⑮）、タワーマンションを含む三棟が建設された。老朽化した家屋、駄菓子屋街が整然とした街区に変わったわけだが、現地の路線価を見てみると、影響があるのは再開発エリアの外周にしか及んでおらず、これによって周辺の路線価が上がっているようには見えない。

あるいは港区、浜松町駅から歩いて五分ほどのエリアで二区画を合体する再開発が行われ、タワーマンションが建設された（紙上再現！路線価図でまち歩き⑦）。この場合も物件周囲は二〇〇％以上と一気に高くなっているが、道一本分遠ざかるだけで周囲と同じくらいの一六〇％に。周囲に影響を与えることはほとんどないと言っても良いのである。

こうした周辺に影響を及ぼさない再開発は主に住宅を中心にしたものであることが多い。多額の公費を投入して再開発されたにも関わらず、良くなった地域は主にその敷地周辺だけ。前項で渋谷の再開発では塔のように中心部が屹立、周囲になだらかな山が広がる様子をイメージした。開発の影響が緩やかながら周囲にも及んでいる状況である。だが、日暮里。浜松町（の住宅のみの開発）の場合には再開発エリアだけが持ち上がり、周辺にそれに続くものは見られない。本当にピンポイントで価格が上がっているのである。

再開発では該当する敷地だけに大きな建物が建てられるように建蔽率、容積率等の規制が緩和されるため、どうしても、このように開発エリアだけが屹立した形になるわけだが、地域全体の底上げを考えると、それで良いのかという疑問を常に感じる。住宅はそもそも住んでいる人以外には関係のない、地域からは縁の切れたブラックボックス的な空間である。そこだけがぽこんと持ち上がった状態の場合、経年でその価値が低下していくと全体が元に戻ってしまうことに。それでは大金をはたいた開発の意味がないではないかと思うのだが、どうだろうか。

住宅地は単体では値上がりしにくい

渋谷、日暮里、浜松町と再開発地域の例を挙げたが、実際のまち歩きでは再開発エリアを組み込んだコースを考えることが多い。それは二時間、三時間歩く中で価格の変化を感じやすいからである。

逆に言うと、住宅地だけのコースは変化を感じにくいため、検討をしたことはあっても実際に歩いたことはほとんどない。途中に再開発でできたタワーマンションがあっても、ピンポイントで宅地分譲が活発なエリアがあっても、変化があるのはその周辺だけで、周囲に波及効果が認められないことが多いからである。また、毎年少しずつ同率で下がり続けている地域もまち歩きとして楽しいコースになるとは思えない。

以上のことから分かるように、住宅地は単体ではあまり価格が変動しない。この何年か、ずっと土地価格が上がってきたために相対的に安く思える首都圏の下町エリアが上がっている、景気が良くなってきているので全般に上がっている、近隣に知名度がある、あるいは知名度が上がったスポットがあるという理由で上がったなど、周辺との兼ね合いで上がる状況はあるものの、住宅地そのものの人気が高まって価格が上がるということはないのである。

これは商業地と違って住宅地では変化そのものが生まれにくいからではないかと考えている。ご存じのように日本人は欧米に比べて人生で引っ越す回数が平均で三回ほどと少なく、特に郊外の住宅地に不動産を購入した人の多くはそのままその土地から離れない傾向がある。人の流動性が低いわけで、それは同時に不動産の流動性が低いということでもある。ずっと人も建物も変わらないのだ。

その場合、新たな人はそこには入ってこない。住宅主体の再開発のところで書いたが、住宅地は住んでいる人以外には無縁な土地であり、時間とともに高齢化が進むと同時に忘却も始まる。周囲から忘れられていくのである。だとしたら、その土地の価値が上がるはずがない。

住んでいる人からすればそれは問題ではない。価格が上がらなければ税金も上がらないからだ。土地の価格が上がって資産価値が上がるとしても、税金も上がるのなら、上がらなくて良い、現状維持がベストと考える人もいるのではないかと思う。

だが、長期的な目で見るとそれで良いのかということになる。人も不動産も動かない地域では土地、不動産の価格はじりじりと下がっていくし、高齢化も進む。高齢化は地域の経済力、防災力の低下を意味する。もちろん、空き家も出てくるだろう。住んでいる人にとっても不便、不安なことが増えるのではないかと思う。さまざまな面を想像すると、流動性の低い住宅地は衰退に向かうしかない。住宅地だけが広がる地域の路線価図を眺めていると、そんな悲観的な思いがしてくるほどである。

それを防ぐためにはどうすれば良いか。路線価図の話からは脱線するが、いくつかの手があると考えている。ひとつはごく当たり前のことだが、住宅地に変化、多様性を持ち込むこと。具体的にはこれまでそこに住んでいなかった人を呼びこみ、その地域に無かった機能を持ち込むこと。この点に関してはすでにあちこちのまちづくり、賑わい作りで一種住専エリアに併用住宅を作るなどの手が行われている。併用住宅というやり方で住宅地に飲食、物販、オフィスその他の機能を持ち込もうというわけである。

このやり方で地域に経済の循環が生まれることになれば、それは家賃、住宅価格の上昇に繋がる。住んでいる人しかいない場合には家賃や住宅価格は上がらないが、そこでビジネスが成り立つことになれば多少は上がるはず。しかも、一般に店舗、オフィスの賃料は家賃よりも高く、築年数などの影響を受けない。同じ不動産を賃料で貸すよりも店舗、オフィスとして貸すほうが収益は高くなるのである。

個人的にはそろそろ一種住専そのものを見直したほうが良いのではないかと思っている。住環境を重視す

図4　住宅地に店舗などを作る試み
中央線武蔵境駅からバス便利用、団地に隣接する土地に建設された一階の一部を店舗などとしても使える集合住宅hocco。地域の人に喜ばれる店舗が入居、賑わうようになった。

るのはもちろん大事なことだが、それが住んでいる人の暮らしを不便、不安なものにしているとしたら逆効果である。住環境を守るためのある程度の制約は必要だが、もう少しその場所に応じて柔軟に対応できるような仕組みがあっても良いのではないかと思う。そうすれば前述したようなやり方で地域の価値を少しずつアップさせ、かつ住んでいる人にも便利で住みやすい地域づくりができるはずである。

もうひとつは商店街と住宅地の連携である。路線価図の値動きからは商業地の価格が上昇しているところでは住宅地にも上昇が見られており、場所にもよるが商業地の変化が住宅地を動かしていることが分かる。商業地の話題はニュースにもなりやすく、人は知っていること、ものを選ぶ傾向がある。商業地の場合、一軒魅力的な店ができることで周辺が変わってくることもあり、変化しやすい場所である、

であれば、これまで別々にまちづくり、にぎわいづくりをしてきた商店街、町会がタッグを組んで互いに助け合えば相乗効果が期待できるのではないかと思うのだ。これまでのまちづくりでは商店街は商工系の、住宅地は住民系の部署が担当することが多く、地域の組織としても別々であることが一般的だった。

だが、地元の商圏で地域の人が買いものをすることで、地元の商店街が賑わい、発展すればその恩恵は住宅地にも及ぶ。日本や世界経済といったレベルでのトリクルダウンは起きそうにないが、小さな地域の中でなら循環は起きうるように思うのである。

さらに脱線ついでに住宅街の変化について一言書いておきたい。それはコロナ禍は良い変化、きっかけを与えてくれたのかもしれないということ。

狭い部屋で在宅勤務を続けたこと、リモートワークが進んだことで、現在住んでいるところにこのまま住み続けて良いのかと疑問を感じるようになった人がおり、実際に行動した人がいたことは人の流動性を高めたのではないかと思う。リモートワークが広まり、家で仕事をする、家が難しければ地元の駅の近くなどのサテラ

イトオフィスなどを利用することが一般化すれば、住宅地に働く場、ちょっとした買い物の場などを作ることへの抵抗も和らぐだろう。とすれば、住宅地の中に新しい機能も挿入しやすくなる。

そのように考えると、路線価図から感じる住宅地の停滞にも光明があるように思えてくるというものである。

住宅メーカーに狙われる近隣商業地域

商店街の衰退が言われて久しいが、歩いてみて実感するのは近隣商業地域の宅地化の進展。住居を優先する地域でないため、北側斜線制限がないなど日当たりや日影などの各種制限が住居地域よりも緩く、同じ面積ならより住宅としてより大きな家が建てられるのである。狙われないはずがない。特に三階建て商品のある住宅メーカーであれば建てやすい、狙い目の地域が近隣商業地域なのではないかと思う。

実際に歩いてみると、近隣商業地域に入った途端に三階建てが並ぶ地域もあり、また、かつて商店街だった通りだけが周囲より少し高い（紙上再現！路線価図でまち歩き⑬）という例もある。

建物の用途としてはほぼなんでも建てられるとはいえ、風俗営業店は建てられず、小規模は許容されるものの大規模な工場は作れないため、住む人としては住宅地とそれほどの違いを感じずに済むという点も大きい。閑静さが最優先された時代と違い、利便性を優先する人が増えていることもあり、近隣商業地域に抵抗を感じる人は少ないのだ。

と、ここまでが路線価図、まち歩きで感じることなのだが、まちづくりという観点からはこの近隣商業地域をどう使うかは大きなポイントであると考えている。近隣商業地域は商業地域と住宅地域を繋ぐ場所にあり、住宅街の入口にあたる。前項で流動性のない住宅地をどうするかという話を書いたが、その手前にフレキシブルに使える近隣商業地域があるとしたら、ここを使わない手はない。

前項では商業地域との連携を書いたが、その手前に近隣商業地域があるとしたら、ここに種を蒔くことで商業地域、住宅地域に橋を渡し、そこから両方に変化を与えていくことがあり得る。その観点で路線価とともに近隣商業地域の位置と現状を見るという観点はそのまちのこれからの戦略を立てる上で面白いのではないかと思う。

土地価格は平準化へ向かう

商業地域、再開発地域では格差は拡大傾向にあると書いた。だが、面白いことに主に住宅地では土地価格は平準化へ向かう。分かりやすい例が近年の首都圏の東側人気がそれである。よくメディアでは東京スカイツリーの開発、北千住の変化など東側エリアでの動きが人気の要因であるように言うが、それはきっかけであり、身も蓋もない言い方になるが、本来の理由は西側エリアに比べて土地の価格が安かったということである。

言葉として分かりやすいのは狙い目、穴場という言い方である。リクルート住まいカンパニーが毎年行っている「SUUMO住みたい街ランキング」では、「住みたい街」以外に「穴場だと思う街」ランキングも行っており、そのラインナップを比べてみると、明らかに違いがあることが分かる。「住みたい街ランキング」では都心部やメディアに頻出するイメージの良い街、女性に受ける街が多く上がっているのに対し、「穴場な街」では郊外の、これまであまり注目されていなかったにも関わらず、最近注目度が上がった、これまでイメージが今ひとつだった街が上がっているのである。

街の場合、狙い目、穴場と言われだす頃には土地の価格は上がり始めていることも多く、一般の人がその存在を知る時期にはさして狙い目、穴場でないこともしばしば。だが、イメージというのは面白く、一度そのように呼ばれた土地は長らく狙い目として称され続けるのである。

街単位ではなく、歩いて分かる範囲でも同様のことは起きる。価格が上昇傾向にある住宅地の場合、価格の変動を経年で見ると元々の価格が安かった場所ほど値上がりの割合が高いのである。

それがどのような場所か、現地に行ってみると、坂道であるなど周辺より不利な要素があることが多い。不利があって周囲より安かったため、周囲より余分に値上がりしてもまだ周囲よりは安い。そうした場所なのである。言ってみれば穴場は発見された途端に穴を埋められるようになる存在というわけだ。

価格変動を見るとまちの課題が分かる

価格は上がるだけではなく、下がりもする。その上下それぞれの変動を詳細に見て行くことで、まちの課題が見えてくることがある。たとえば駅周辺の一部では値上がりしているところがあるものの、それ以外では値下がりが続く地域があるとしよう。全体として値下がりしているのだが、よくよく見ていくと値下がりの割合は必ずしも同じではない。

山側では値下がり幅が高く平地側で低いとしたら、土地の高低、上り下りの大変さが影響しているのだろうし、駅から遠いところが近いところより値下がりしているのも距離によるものだろう。

だが、駅からそれほど遠くないのに周囲に比べて値下がりしている地域があるとしたら、そこには何か要因があると思われる。地形的に窪んでいる、あるいは逆に高くなっていて階段がある、道が細くて再建築できない古い建物が集積している、いろいろ想像ができる。あるいは幹線道路の左右で値下がり割合が違うとしたら横断歩道が少なくて渡りにくい、交通量が多いなど、道路に何か問題があるのかもしれない。

まち歩きとしてはどういう理由から周囲よりも値下がりしているのだろうと理由を推測し、現地に行って「なるほど、そういう理由か」と納得するところで終わるのだが、その点を問題と考え、対処しようとするなら、その先を考える必要がある。その際、値下がりの割合が高い要因が推測できているか、いないかは大きな差だろうと思う。そこに路線価図でまちを見る、つまり、面でみる意味がある。

まちの問題の多くは点で見るより、面で見るべき問題だろうと思っている。たとえば空き家問題。単に「我が町の空き家をどうしましょう?」では解決策は見つからないが、空き家の分布を地図に落とし、そのうちから立地的に活用の可能性がある空き家だけを抽出、さらにそれらに共通する問題点を抽出、そこに手を打つという段階を踏めば、解決策が見出し得るかもしれないのである。

あるいは道路の整備状況に要因があるようなら、空き家問題の解決のために道路の改良を行うという、空き家だけを見ていては思いつかない解決策も浮かぶはず。面でものを見て要因を考えることには非常に意味があるのだ。

だが、地図に慣れていない人は地図上から問題を考える作業をしない。

ところが路線価図でまち歩きは地図から始まっているので、常に地図上でモノを考え、周辺を見ながら理由を探す。まちの課題が分かりやすく見えてくると言っても良いのではないかと思うのである。

V字回復は本当か。まちづくりで変わり始めた熱海

日本でも有数の歴史、認知度のある温泉地・熱海は江戸から昭和にかけて賑わい、新婚旅行のメッカだった時期も。バブル崩壊後に衰退、一時は寂れた温泉街の象徴とされるまでに。2006 年から 5 年間かけての財政再建で事態が好転、2011 年以降は観光客も増加傾向にあり、最近はまちづくりの好例とされている。市街地の半分以上が斜面地で、平均斜度も小樽市や横須賀市、尾道市などよりも高く、居住に向く平坦地は非常に少ない。2021 年時点で高齢化率も 48.3％と静岡県平均の 29.9％を上回っている。

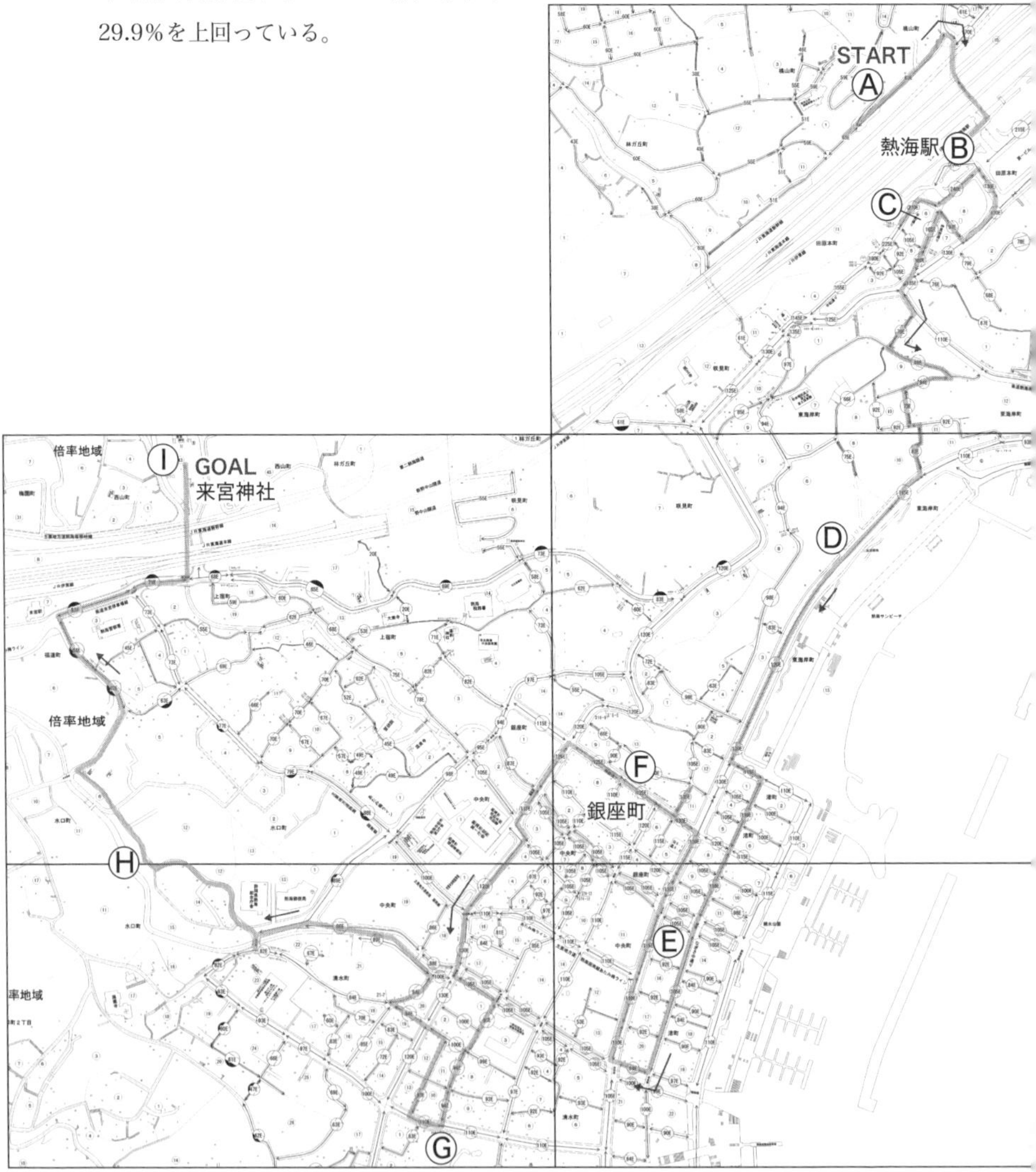

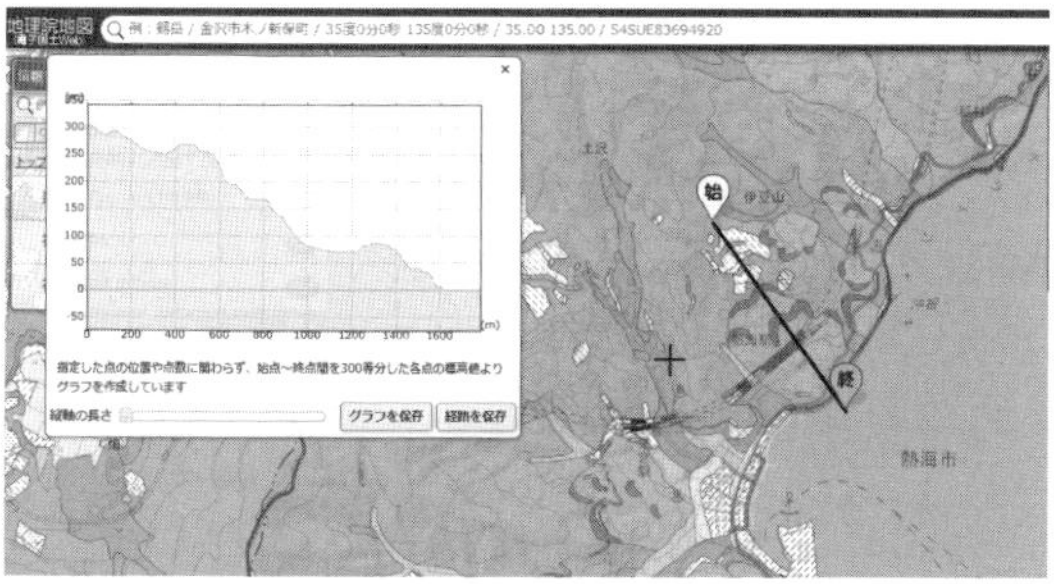

山側は急坂が続く

熱海駅が入るように山側から海までの断面図を作ってみると駅前に多少平坦地があるもののそれ以外、特に JR 線より山側は急傾斜地。その分、眺望に恵まれ、主に別荘エリアとなっている。

出典：地理院地図　色別標高図に断面図作成ツールを利用
https://maps.gsi.go.jp/#5/36.102376/140.097656/&base=std&ls=std%7Crelief&blend=1&disp=11&lcd=relief&vs=c1g1j0h0k0l0u0t0z0r0s0m0f1&d=m

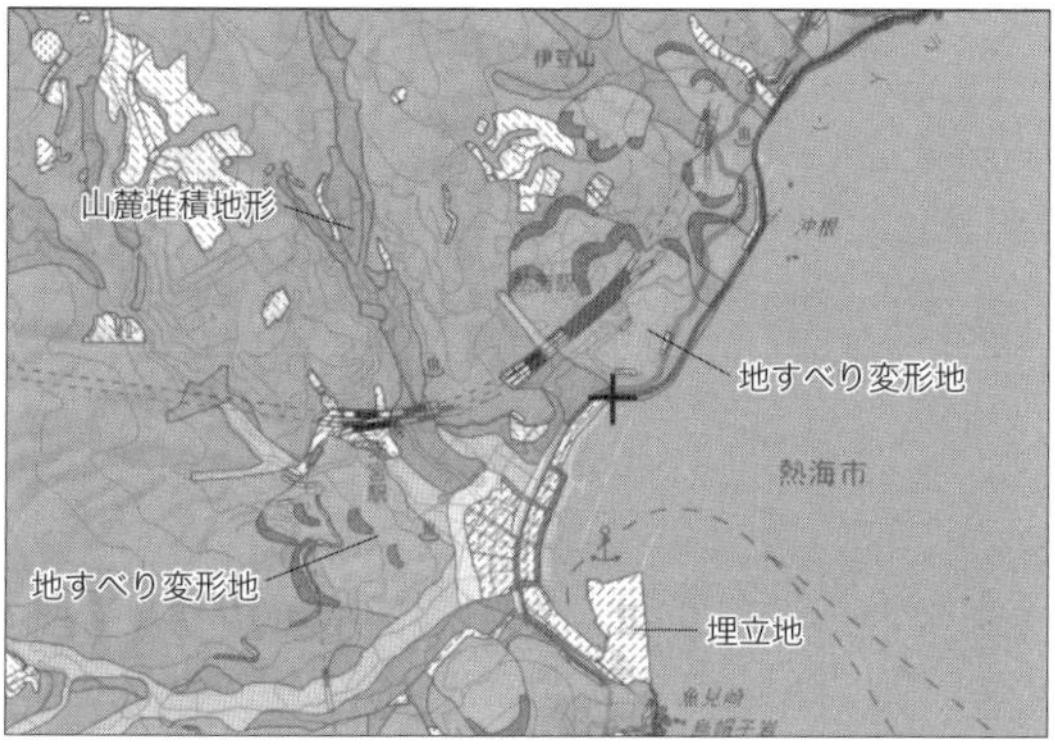

平坦な住宅適地の少ない地形

全体は山地斜面で駅の周辺、人が住んでいるエリアは崖や地滑り地形で、斜面を横切っているのは山麓堆積地形、海沿いには埋立地があり、住宅適地は非常に少ない。

出典：地理院地図　土地条件図（数値地図 25000）
https://maps.gsi.go.jp/#15/35.103725/139.077902/&base=std&ls=std%7Crelief%7Clcm25k_2012&blend=10&disp=111&lcd=lcm25k_2012&vs=c1g1j0h0k0l0u0t0z0r0s0m0f1&d=m1g1j0h0k0l0u0t0z0r0s0m0f1&d=m

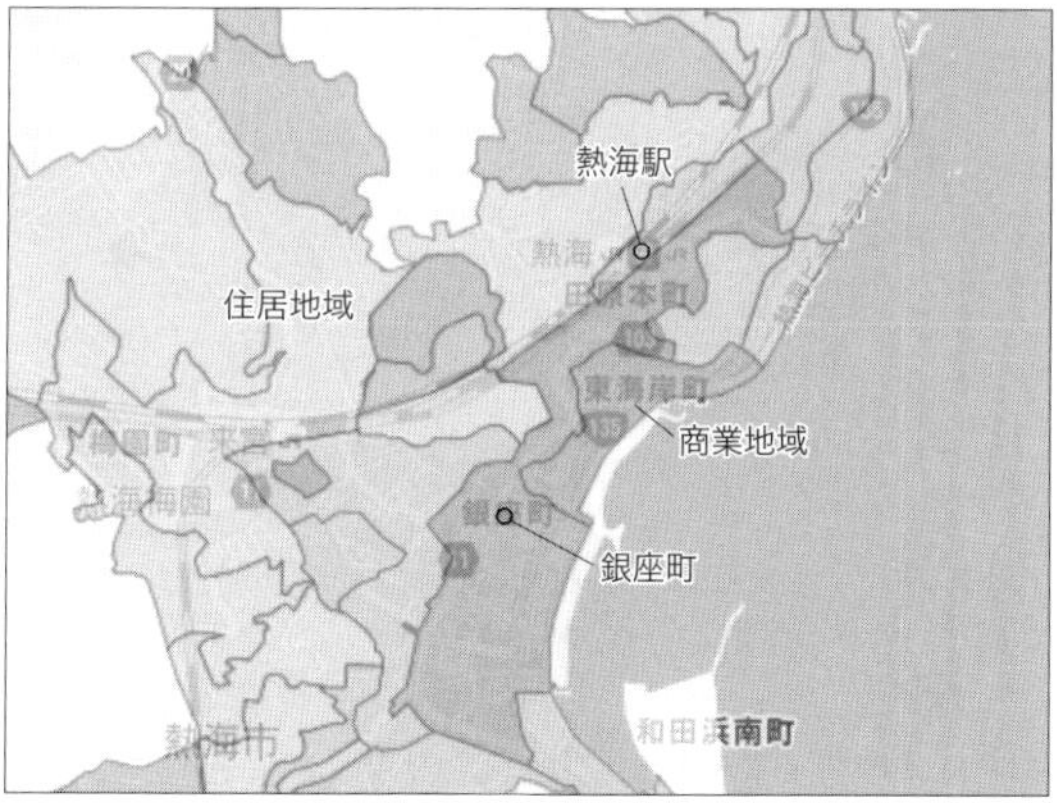

市街地の大半は商業、近隣商業地域

JR 線から海側の大半は商業地、近隣商業、山側は主に住居地域。繁華街は鉄道利用者が多い駅周辺、車利用者が利用しやすい海沿いの二極で、図の熱海駅から銀座町にかけての細長いエリアに該当。

出典：静岡県総合基盤地理情報システム　都市計画情報
https://www.gis.pref.shizuoka.jp/?z=15&ll=35.100736%2C139.082665&t=roadmap&mp=301&op=70&vlf=00000f

熱海が底と言われた 2011 年と 2022 年の路線価図を比べてみた。駅周辺、銀座通りなどではこの間で路線価が上昇していたが、駅から離れると 11 年前と変わっていない、下がっている地域もある。特に高低差のある坂道が続くエリアではまだ下がり続けており、斜面地の不利さが実感できる。

Ⓐ 山側の別荘地エリア

駅を出たところから急坂、階段が
き、高齢化が進む中、空き家が増
ている。用途地域が異なることも
り、駅側とは路線価が大きく異なる

Ⓑ 駅ビルで路線価アップ

熱海では2016年に36店舗が入った駅ビルが完成、駅前の雰囲気が大きく変わり、路線価も駅周辺では上昇。2011年と比べて上昇率が高いのは駅周辺だけで駅ビルの影響はまだまだ続いている。

熱海①

熱海②へ

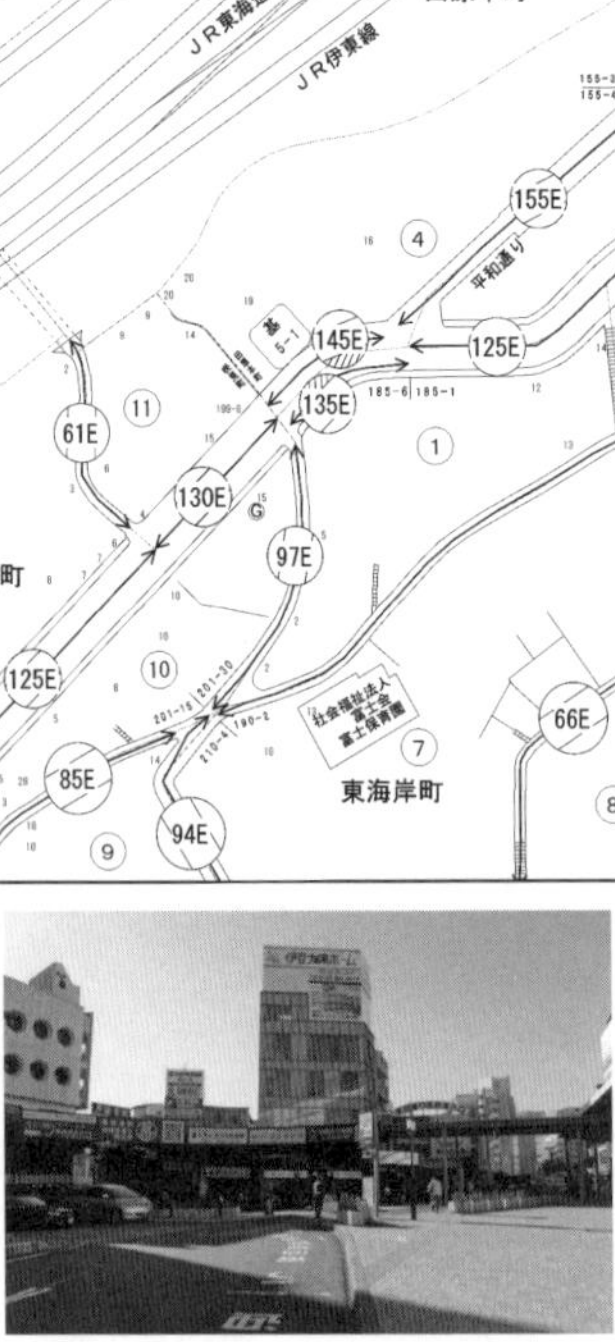

Ⓒ 差のある2本の商店街

平和通りと仲見世通りは、用途地域と駅からの距離にはさほど違いはないにも関わらず、賑わい、路線価にはかなり差がある。平和通りのほうが土産物店、飲食店、ホテルなど観光に関する業態が多く、仲見世通りには地元客を相手にしている店舗がある。

Ⓓ 海沿いに新施設

海岸沿いでは新たな宿泊施設の建設が進行。2017 年時点でスポットとして上昇している地点があり、そこが数年を経て着工したのだ。現在も上昇は続いている。

Ⓔ 海辺の飲食店街

銀座通りに近い場所を中心に少しずつ上がっている。2017 年時点では過去 10 年間で大きく下落した地域だった。街全体の上昇による恩恵に与かってはいるが、駅前や銀座通りの活気はそれほどは及んでいるようには見えない。それほど離れていないため、今安い分、やりようはありそう。

Ⓕ 変化し始めた銀座通り

銀座通りは中心的な商店街で、大型の建物が多く、2011 年以前は空き店舗が目立っていた。その後、この通り沿いを拠点にまちづくりが始まり、人が集まるようになった。結果、現在では空き店舗が無くなるまでに。路線価もわずかずつ上昇、成果が形に現れた好例。

Ⓘ 来宮神社

鉄道は山と次の山の間の、多少平坦な土地を走っており、高架の下を通って来宮神社へ。熱海復興のきっかけのひとつがこの来宮神社。ただし、急坂のある地域であり、人気と路線価はリンクしていない。

Ⓗ 急坂の倍率地域

坂を上って来宮神社方面へ。この地域の道と東側の路線価が振られている道を比べると傾斜が違い、コースになっている地域は息が切れるほど。そのため、不動産取引の少ない倍率地域となっている。

Ⓖ 観光スポット、起雲閣

昭和町には起雲閣という観光スポットがあり、周辺には多少値上がりしている地域も。ただ、その手前の道を境に路線価には差が生じている。境にある程度の道幅がある場合、そこが境となることが多い。

熱海③

観光が変えた谷根千、宅地経営発祥の地西片を歩く

日暮里駅から観光地として賑わう谷根千に向かい、根津神社、東京大学の脇を通って西片へ。西片は福山藩（現在の広島県福山市）の阿部家の中屋敷があった場所で、阿部家が明治初期から宅地経営をしてきた。ともに戦災にはあっていないため、雰囲気は異なるものの、いずれにも古い建物が残されており、風情がある。

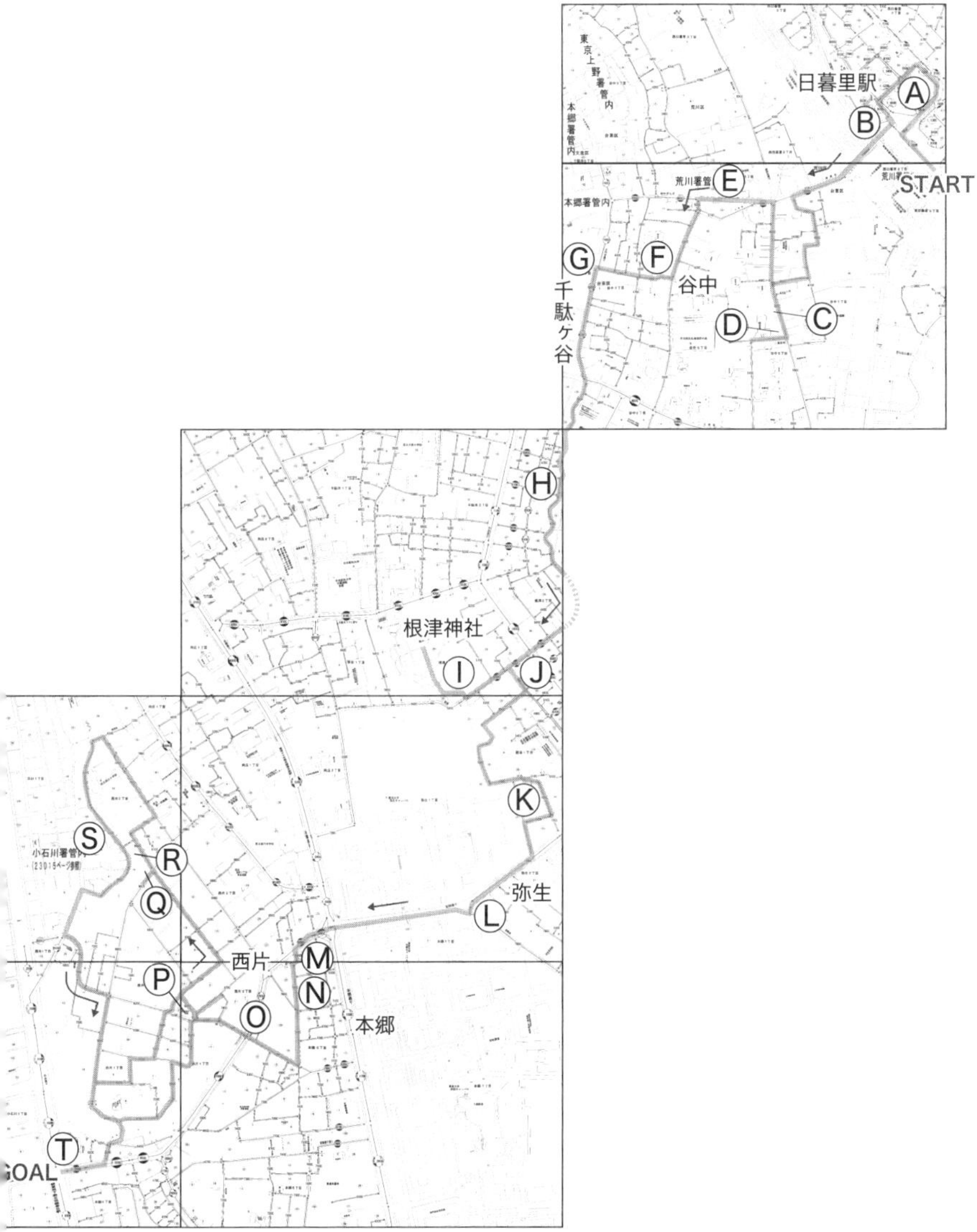

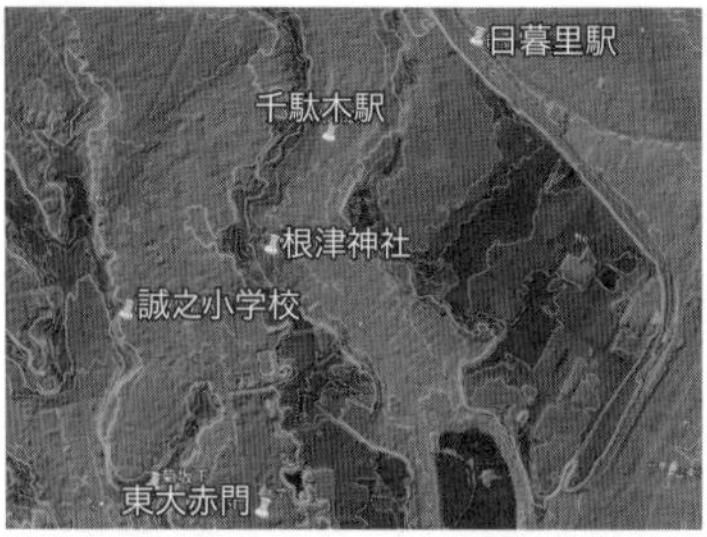

谷根千は低地、西片は高台

地形図を見ると、日暮里駅からは一度台地に上り、下って谷根千へ。再度上って西片、さらに再度下って白山方向に向かうことに。JR 線は低地と台地の間を走っている。谷根千のある谷にはかつて藍染川（上流では谷田川）が流れており、川跡が文京区と台東区の区境。西片の西側にも名がない川があった。

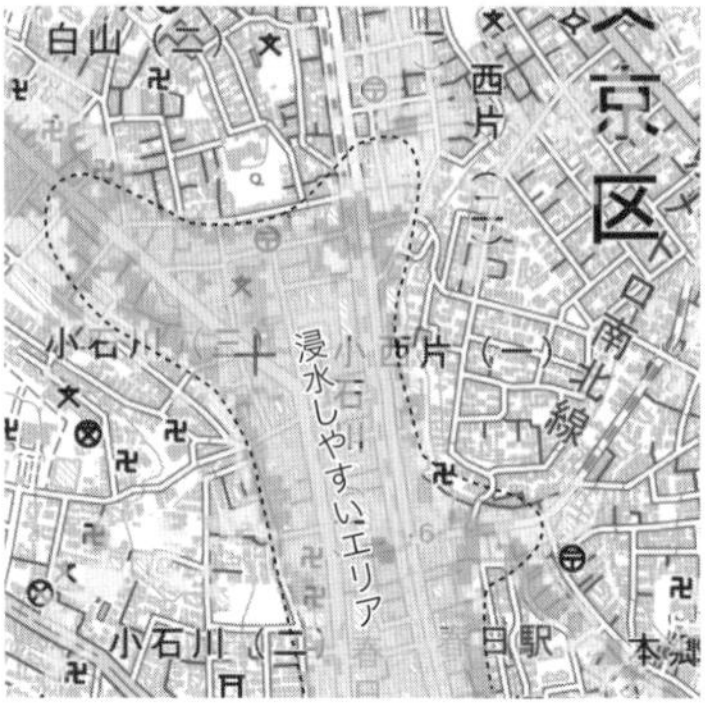

かつて川が流れていた地域で浸水リスク

かつて名もなき川が流れ、合流していた白山通りでの浸水リスクが高いと想定されている。

出典：東京都浸水リスク検索サービス
https://www.kensetsu2.metro.tokyo.lg.jp/jigyo/river/chusho_seibi/risk/kensaku.html

台東区の谷根千エリア

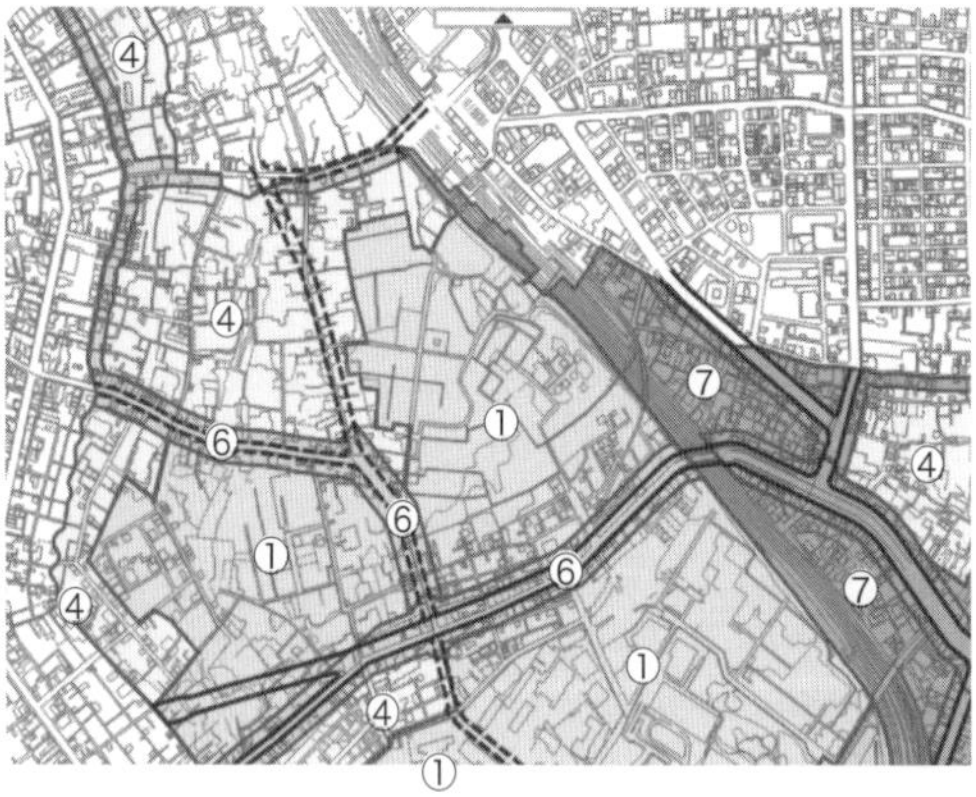

文京区の西片エリア

谷根千エリアで歩くのは主に第一種住居地域で、一部商店街が近隣商業。西片エリアは第一種低層住居専用地域で、さらに文教地区という特別用途地域がかかっている。非常に制限が厳しい地区というわけである。文京区側はそれ以外の地域も第一種中高層住居専用地域が大半で白山通りが近隣商業。全体として文京区側は台東区側よりも住環境に配慮した設定である。

①第一種中高層住居専用地域
②第二種中高層住居専用地域
③第一種低層住居専用地域
④第一種住居地域
⑤第二種住居地域
⑥近隣商業地域
⑦商業地域
⑧準工業地域

出典：たいとうマップ（都市計画マップ）
https://www2.wagmap.jp/taito/Portal

出典：文京区都市計画図検索システム
https://www.city.bunkyo.lg.jp/bosai/machizukuri/kensaku.html

Ⓐ 駅前の再開発ビル

日暮里駅前では 2007 年から 2009 年にかけて再開発ビルが続いて誕生。路線価図を見ると、再開発エリアは飛びぬけて高いが、道を挟んで反対側の街区にまでは及んでおらず、再開発の影響は意外に限定的。

Ⓑ 橋上は路線価とは無縁

JR 線は武蔵野台地の直下を走っており、ここ下御隠殿橋《しもごいんでんばし》（難読！）にはトレインミュージアムと呼ばれるバルコニーがある。地形好き、鉄道好きには人気の場所だが、橋上のため路線価には無縁。

谷根千①

Ⓒ 開発予定の裏道（218p）

御殿坂を上がって都立谷中霊園の脇、台東区立朝倉彫塑館の裏手を通って諏訪台通りへ。この通りから東西へは路線価のふられていない行き止まりの私道があり、そのうちには拡幅されて建物が更新されている場所も。都市計画道路として開発の予定があるが、地元には根強く反対運動も。

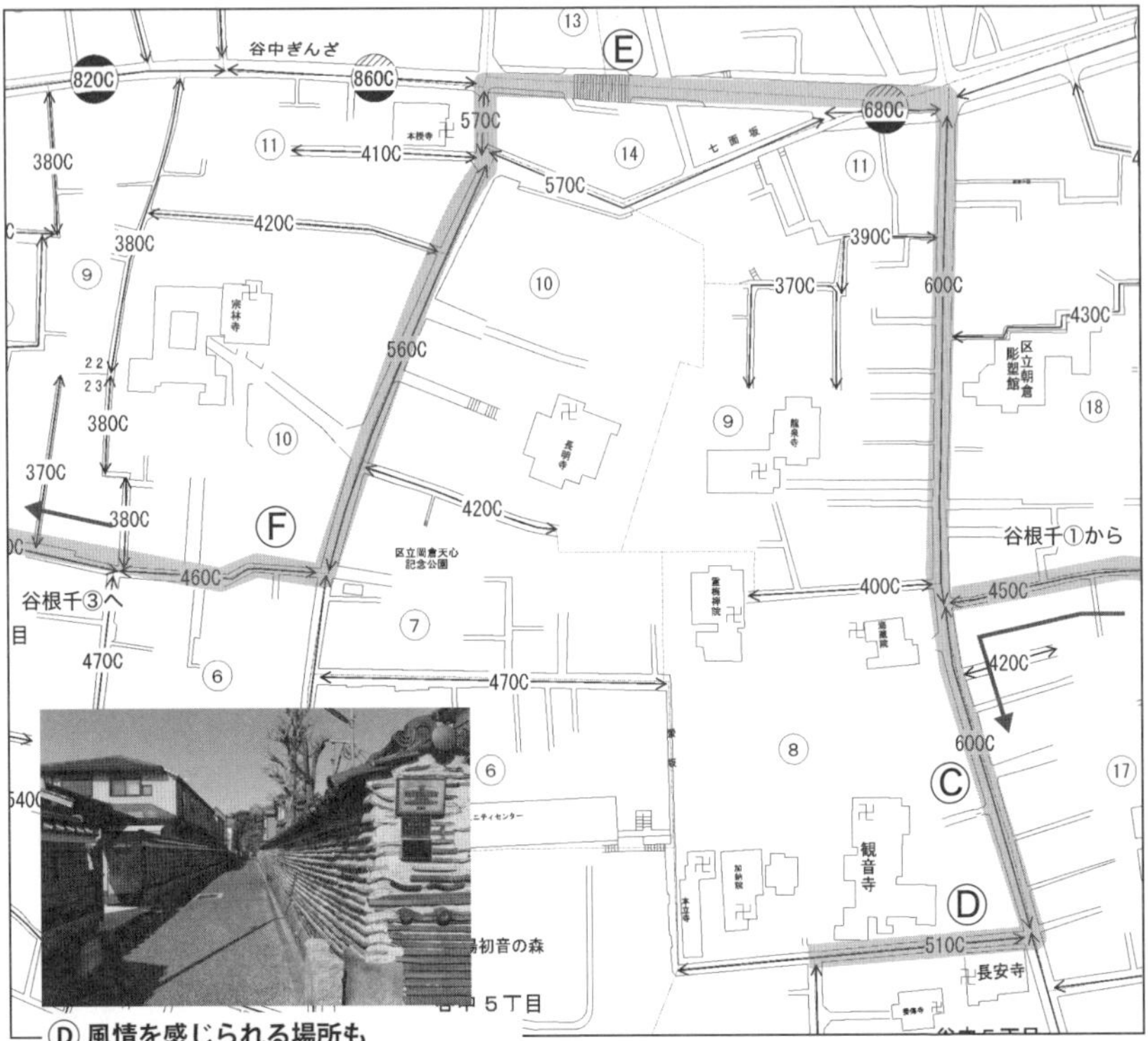

谷根千②

Ⓓ 風情を感じられる場所も

観音寺の築地塀などこの界隈には文化財指定を受けている風物もあり、路線価だけでなく周囲も見ながら歩くと楽しい。

Ⓕ 古い建物の活用が進む

戦災に遭わなかったため、路地、古い木造住宅が残り、新たな姿で活用されているものも。区立岡倉天心記念公園向かいの HAGISO は 1995 年築の木造アパートで 2011 年に解体予定だったが、利用していた芸大生によりイベントがきっかけで再生。谷中の名所のひとつとして価値上昇に貢献している。

Ⓔ 夕焼けだんだん

谷中を代表する風景。上から見ると谷になった商店街とその向こうにビル群が望め、地形の変化を感じられる。階段の下に広がる谷中ぎんざは元々は普通の商店街だったが、だんだんに観光客向けの店舗が増加。土日に賑わう。当然賑わいに比例して路線価もアップ。

Ⓖ **よみせ通り**

藍染川の暗渠跡に生まれた商店街。暗渠は大体の場合、裏路地的なものだが、ここではメインストリート。かつては歩くと肩が触れ合うほど賑わった。近年は新しい店も増えているが谷中ぎんざに比べると路線価はやや安め。

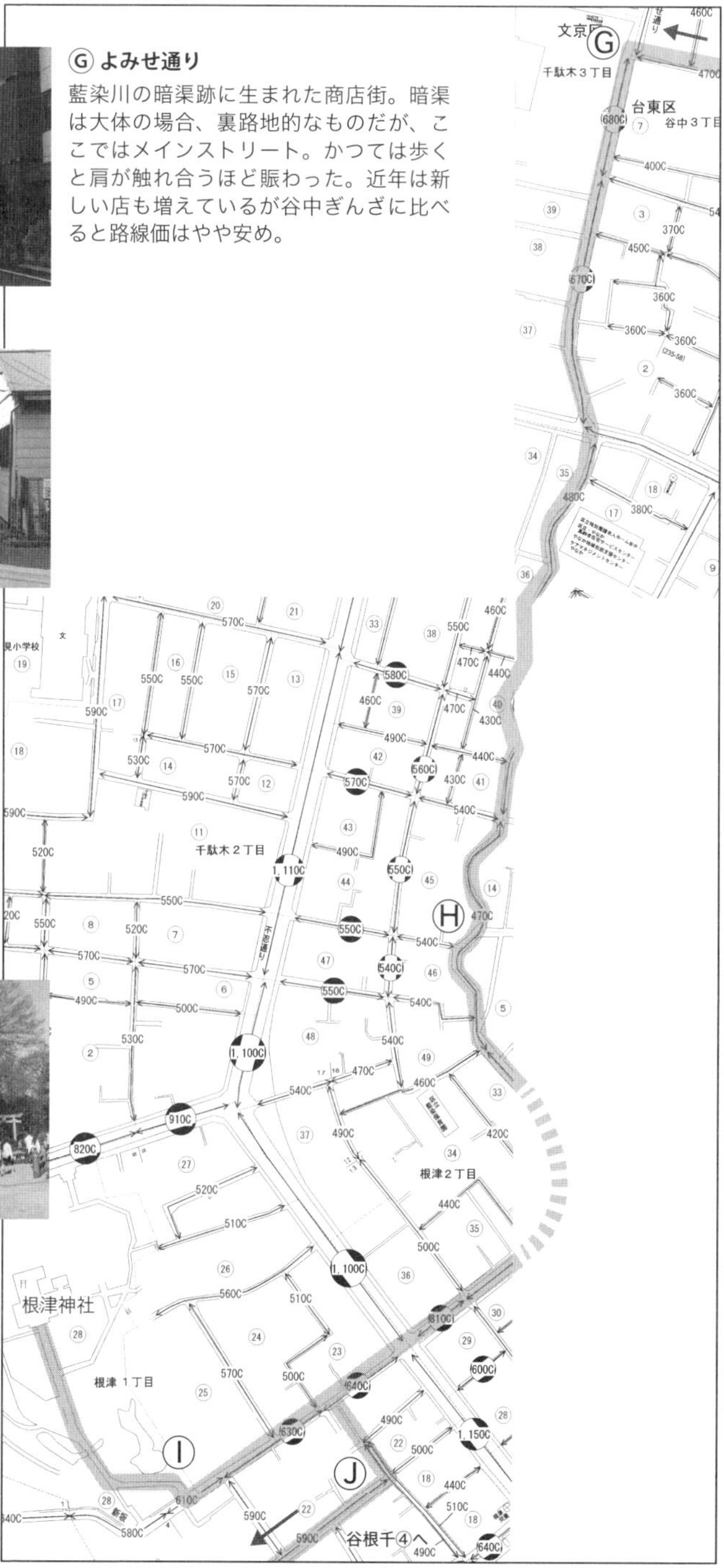

Ⓗ **へび道**

蛇行が激しく、へび道と呼ばれるエリア。道の左右で高さが異なっている場所もあり、この道が台東区と文京区の区境。周囲にも路地が残っており、区画は小さく、路線価も安め。だが、雰囲気が良いと道沿いには若い人たちがやっている店舗が多い。

Ⓘ **根津神社**

境内に入ると西側が高台になっており、神社はその下にある。この界隈には1988年に洲崎に移転するまで根津遊郭があり、根津神社前の染物店の壁には由来を書いた碑版が掲げられている。

谷根千③

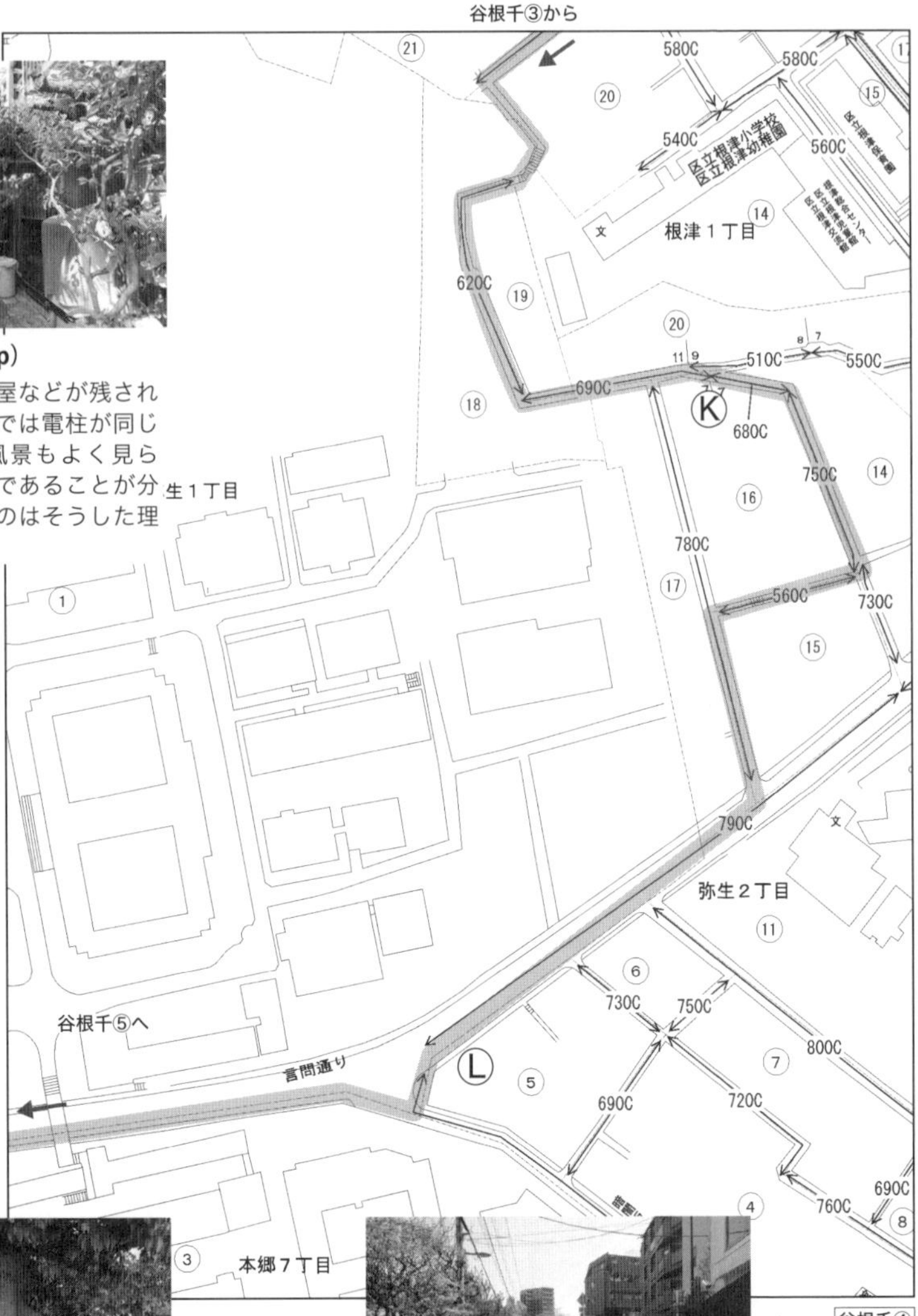

Ⓙ **長屋も残る（219p）**

路地に面して古い長屋などが残されている場所も。路地では電柱が同じ方向に傾いている風景もよく見られ、地盤が緩い地域であることが分かる。路線価が安いのはそうした理由からか。

Ⓛ **弥生式土器出土地**

文京区弥生は弥生時代の名称のもとになった土器が出土した地。通り沿いにはその碑がひっそりと佇んでいる。高台の、昔から住みやすかった土地は今も評価されているわけだ。

Ⓚ **高台ほど高い**

根津神社境内から見えていた高台が東京大学。階段を上ると路線価も上がってくる。面白いのは二股に分かれた道で極端に路線価が違う場所。道幅にそれほどの違いはないが、坂を上る道と下る道で、上る道は眺望が楽しめる場である。

Ⓜ川跡から本郷の高台へ

この下り坂は川だったもの。この先に橋が架かっており、それを渡った先が住宅地ながら路線価の高い西片になるが、ここでは一度坂を上がり、本郷の古い建物を眺めよう。

谷根千⑤

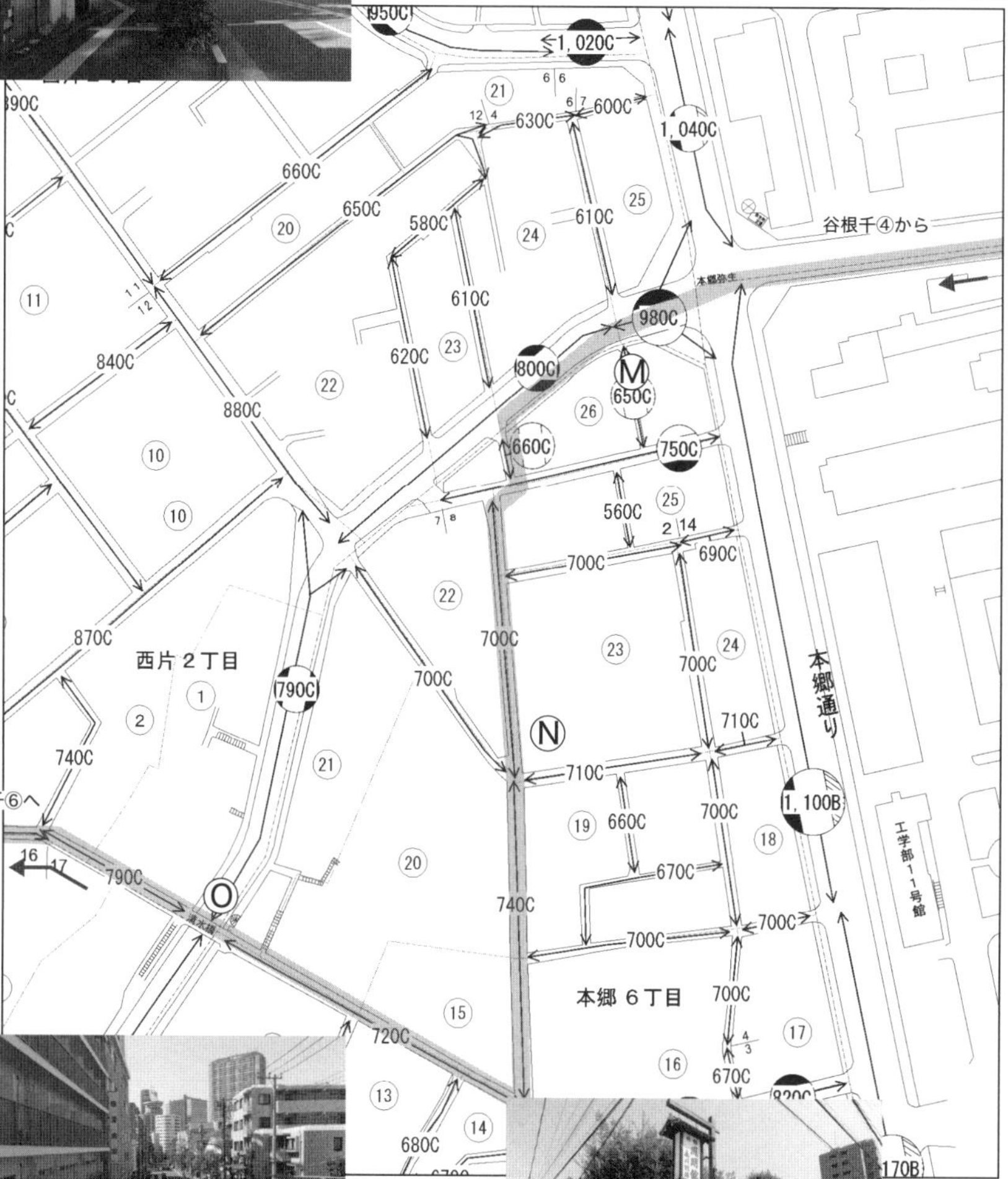

Ⓞ 橋を渡って西片へ

かつては川にかかっていた清水橋を渡って西片へ。橋から周囲を見ると西片エリアがぽっかりと高台になっている土地の高低と路線価の関係がわかる。戦災に遭わなかったため、地域内には複数の文化財となっている住宅が残されている。

Ⓝ 旅館街だった本郷

かつて本郷は旅館街だった。修学旅行生が泊まる宿が多かったのだが、現在は大半がマンションなどに建て替わり、残されているものはごくわずか。

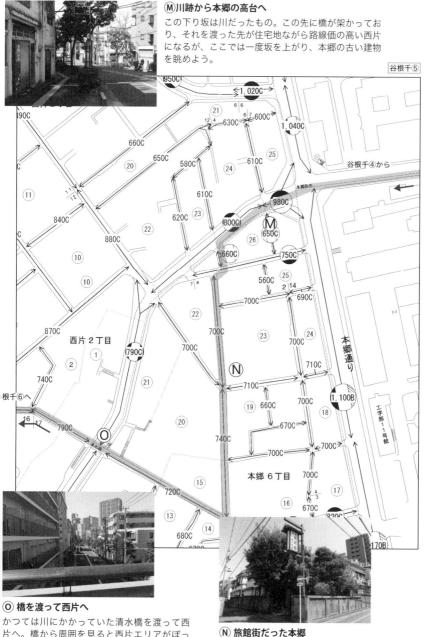

Ⓟ 西片公園

西片エリアに入ると路線価は一気に上がる。清水橋からまっすぐ進むと正面に西片公園があるが、これは旧主・阿部家が整備したもの。

Ⓠ 地形と路線価の変化

西片の高台は北に行くにつれて細長く道も細くなっており、そこでは路線価が下がる。北側にある区立第一幼稚園、区立誠之小学校はいずれも旧主・阿部家の援助によって生まれた歴史のある小学校で人気が高い。

Ⓡ 高低差に注目

高台の、区画が大きな地域の路線価と坂を下っていった辺りにはかなりの差がある。このエリアでは土地の高低が価格とリンクしている。西側には崖があって白山通りとは直接接していない。

谷根千⑥

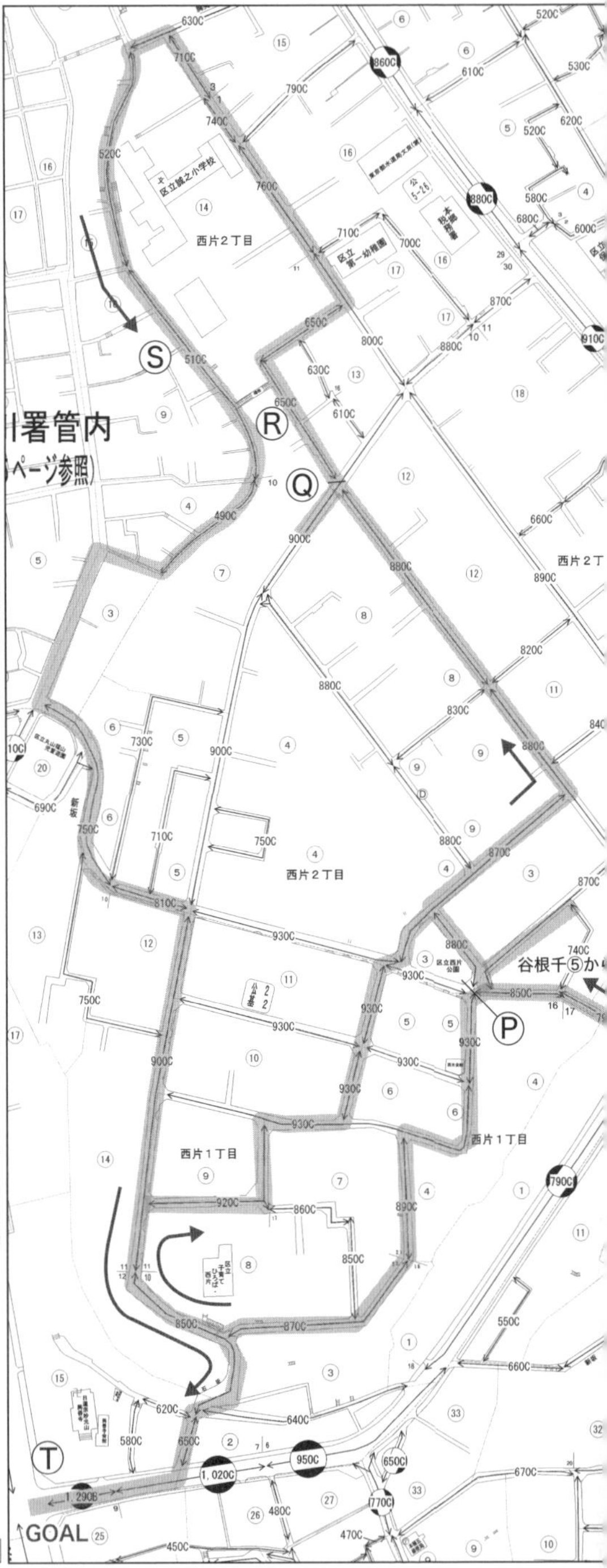

Ⓢ **大きな高低差**

誠之小学校の西側は直立した崖の下に道があり、高低差に驚かされる。価格差も大きい。東から西への道はほとんどなく、あるのは階段。低地側には井戸が残されてもいる。

Ⓣ **利便性の高い通り沿い**

坂を下りきったところにあるのが白山通り。浸水ハザードマップでは危険度の高い地域だが、利便性では高台の西片よりも高く、用途地域も異なるため、路線価はぐんと高い。

著者紹介

中川寛子（なかがわ　ひろこ）

住まいと街の解説者。（株）東京情報堂代表取締役。オールアバウト「住みやすい街選び（首都圏）」ガイド。ホームズプレス、東洋経済、プレジデント、全国賃貸住宅新聞その他各紙誌、ネット媒体などで幅広く執筆活動を行っている。専門は三〇年以上携わる不動産関連で、そのうちでも地盤、地形、街選びに詳しい。二〇一〇年代から首都圏を中心に「路線価図で街歩き」を多数実施。著書に『この街」に住んではいけない！』（マガジンハウス）、『解決！空き家問題』（ちくま新書）、『空き家再生でみんなが稼げる地元をつくる「がもよんモデル」の秘密』（学芸出版社）など。日本地理学会、日本地形学連合、東京スリバチ学会会員。宅地建物取引士、行政書士有資格者。

路線価図の利用に際しては背景地図の出版元であるゼンリンより許諾を得ています。
（許諾番号：Z23LC 第 342 号）

路線価図でまち歩き

土地の値段から地域を読みとく

2023年5月1日　第1版第1刷発行
2023年8月10日　第1版第3刷発行

著　者……………中川寛子

発行者……………井口夏実

発行所……………株式会社 学芸出版社
京都市下京区木津屋橋通西洞院東入
電話075-343-0811　〒600-8216
http://www.gakugei-pub.jp
Email　info@gakugei-pub.jp

編集担当…………岩﨑健一郎

D T P……………㈱ フルハウス

装　丁……………中川未子（紙とえんぴつ舎）

印　刷……………イチダ写真製版

製　本……………新生製本

ISBN 978-4-7615-2851-5　Printed in Japan